大学生创新素质培养与训练

DAXUESHENG CHUANGXIN SUZHI
PEIYANG YU XUNLIAN

◎主　编　李　志　陈培峰
◎副主编　向　征　刁宇翔

重庆大学出版社

内容提要

本书以贯彻实施创新驱动发展战略为背景,以培养和训练大学生创新素质为目的,完整地阐述了创新的意义,以及创新素质的概念、结构、影响因素及培养方法,系统、全面地介绍了创新意识、创新能力和创新人格等创新素质的作用机制和培养方式,以及如何从观念创新、技术创新、制度创新及管理创新等方面进行拓展训练,为新时代大学生创新教育提供了系统的理论指导和具体的方法参考。具体来说,本书具有以下3个方面的特色:

第一,基于实证研究,构建了创新素质的模型结构,为创新素质教育奠定了理论基础。教育实践离不开理论指导。大学生创新素质到底是什么?怎么衡量?影响因素是什么?怎么提高?这些都需要理论研究来提供答案。本书基于前期的实证研究,对创新与创新素质等概念进行了系统的界定和锚定,对创新素质的影响因素和影响机制等进行了论述,为构建大学生创新素质培养的方法体系提供了依据。

第二,基于教育实验,提出了创新素质的培养方法,为创新素质培养提供了方法体系。大学生创新素质的培养能否取得实效,不仅需要从理论上论证,也需要在实践中检验,还需要借鉴别人的成功经验。本书在前期教育实验的基础上,提出了大学生创新素质培养和训练的有效方法,既能保障方法体系的完整性和教育方法的有效性,也能提高培养教育方法的具体操作性。

第三,基于实践经验,提供了创新素质的拓展训练,为创新素质提升准备了案例参考。大学生创新素质的培养和训练不能停留在口头上,要在实践中检验和提高。本书提供了大量的拓展训练案例和题目,有助于读者基于理论和方法的学习,检验创新教育的有效性,提高创新素质的意识和体验,实现教育的多分类目标。

图书在版编目(CIP)数据

大学生创新素质培养与训练 / 李志,陈培峰主编
.-- 重庆:重庆大学出版社,2022.3
ISBN 978-7-5689-3099-4

Ⅰ.①大… Ⅱ.①李…②陈… Ⅲ.①大学生—创造教育 Ⅳ.①G640

中国版本图书馆 CIP 数据核字(2021)第 259616 号

大学生创新素质培养与训练

主 编:李 志 陈培峰
副主编:向 征 刁宇翔
策划编辑:尚东亮
责任编辑:李定群 版式设计:尚东亮
责任校对:王 倩 责任印制:张 策

*

重庆大学出版社出版发行
出版人:饶帮华
社址:重庆市沙坪坝区大学城西路 21 号
邮编:401331
电话:(023)88617190 88617185(中小学)
传真:(023)88617186 88617166
网址:http://www.cqup.com.cn
邮箱:fxk@cqup.com.cn(营销中心)
全国新华书店经销
重庆市联谊印务有限公司印刷

开本:787mm×1092mm 1/16 印张:16.5 字数:374 千
2022 年 3 月第 1 版 2022 年 3 月第 1 次印刷
ISBN 978-7-5689-3099-4 定价:48.00 元

前言

创新是一个民族进步的灵魂，是一个国家兴旺发达的不竭源泉，也是中华民族最深沉的民族禀赋。随着信息技术不断的更新与迭代，我国各行各业都发生了新的颠覆性的变化。知识获取、知识交互变得易如反掌，创新的掌控者也由原来的企业、科学家演变为大众。作为新时代高等学校大学生，更是肩负着创新的神圣职责。李克强总理强调，大学生是实施创新驱动发展战略和推进大众创业、万众创新的生力军，既要认真扎实学习、掌握更多知识，也要投身于创新创业、提高实践能力。大学生是国家培养的高级专门人才，是实现中华民族伟大复兴的预备人才。大学生创新能力的高低与好坏直接影响着中国经济和社会发展的速度，甚至决定着是缩短还是拉大与世界发达国家的差距。因此，在今天这个创新的时代，高校培养具备创新能力的大学生责无旁贷。

基于此，重庆大学李志教授所带领的团队撰写了《大学生创新素质培养与训练》一书，紧贴当下时代的需求。本书从9个方面逐层深入对该主题进行深刻剖析与论证，首先从认识创新与创新素质重要命题引入，就大学生的创新素质按研究的时间线进行了全景的勾勒；然后从大学生创新意识培养、大学生创新能力开发、大学生创新人格塑造过程中论述了大学生存在的问题与原因，并提出了可操作性的对策建议。为了让大学生创新素质的培养能更好地付诸实践，本书加强了观念创新、技术创新、制度创新及管理创新具体方法的阐述，增强了本书的实用性与实效性。

本书由李志、陈培峰任主编，向征、刁宇翔任副主编。具体各章撰写人员是：第一章蒋雨珈（重庆科技学院），第二章赵楠（重庆大学），第三章刁宇翔（重庆大学），第四章王琪琪（重庆大学），第五章熊健汝（重庆大学），第六章向征（成都信息工程大学），第七章李志、唐波（重庆大学），第八章李为（重庆大学）、第九章陈培峰（重庆大学）。重庆大学硕士研究生李红、张晓静为本书做了大量的资料收集和整理工作。

总的来讲，本书具有较强的理论性、实践性和操作性，能很好地帮助高校管理者、教育工作者认识大学生的创新素质特点，在教育管理中去提升大学生的创新素质，也有利于大学生认识和提升自己的创新素质。

尽管为了写好本书，我们做了较大的努力，但疏漏与不足难免，恳请读者批评指正。

编　者

2021年2月

目录

第一章　认识创新与创新素质

党的十九大报告中明确指出,建设现代化经济体系是跨越关口的迫切要求和我国发展的战略目标,而实现现代化经济体系的重要一步便是加快建设创新型国家。作为引领发展的第一动力,创新无疑是建设现代化经济体系的战略支撑,而创新的事业呼唤创新的人才,青年大学生作为未来我国人才输送最重要的主体之一,其创新素质的培养和提高便成为当下的重中之重。

第一节　创新与创新素质的内涵

一、创新的内涵

(一)什么是创新

创新(innovation)源于拉丁语,是一种以新思维、新发明和新描述为特征的概念化过程。《辞海》把"创新"二字进行了拆分,"创"是创始、首创;"新"意味着第一次出现,改造和更新。"创新"就是创建新的。

作为一个内涵丰富的概念,不同学者从不同的角度对创新进行了界定。

1912年,美籍奥地利经济学家J. A.熊彼特在其著作《经济发展理论》中首次提出了"创新"一词,并将创新视为"建立一种新的生产函数"或"在生产体系中引入一种新组合",其目的在于获取潜在的利润。[1]基于熊彼特理论对创新的理解,王琪琪进一步将创新定义为:提出解决问题的新途径,完成一项新设计或新方法,或创造一种新的艺术形式;在经济活动中,是指新事物的实际采用或引用。[2]

国内研究者对"创新"进行了界定。杨洁[3]认为,创新是改变、更新或执行一个新方案,改变、更新或制造一种新的东西,以获得更高社会或经济效果的过程或行为。黄艾

---

[1]傅家骥.技术创新学[M].北京:清华大学出版社,1998:130.
[2]王琪琪.大学生创新素质现状特征及创新意识培养开发的探索性研究[D].重庆:重庆大学,2012.
[3]杨洁.企业创新论[M].北京:经济管理出版社,1999.

华①把创新看成提高资源配置效率的新活动,具体包括两类:一类是技术性的,如技术创新、产品创新等;另一类是非技术创新,如制度创新、管理创新、教育创新、知识创新等。路长胜和肖东平等②认为,创新是科学精神的一个方面,是新知与新行的统一。新知即创新性思维,想前人所未想、想他人所不敢想的事;新行即进行创新实践活动,做前人所未做、做他人所不敢做的事。创新就是创造新事物。从心理学角度看,创新是人脑对客观现实的一种主观反映,是对现实社会发展变化进行信息加工以输出有价值结果的过程。

综上所述,创新是自觉认知过程和信息加工输出过程的结合,是通过主体对客体的认知进行创造性实践从而产生一定的突破形成新成果的过程;创新是创新主体凭借自身知识、能力和品格等要素,突破或变革他人已发现或发明的成果,产生有社会价值的新成果的活动过程。这种新成果既包括新思想、新概念、新理论、新方法等无形产品,也包括新发明、新技术、新工艺、新作品等有形产品。

材料1-1:用什么鼓励科技创新? 这些企业的做法简单粗暴效果杠杠的! ③

格力电器

5月14日,格力电器举行了科技创新大会暨2018届科技奖励大会,219个项目获得2018年格力电器科技进步奖,共计发出奖金5 000万元,单项目奖金最高达120万元。格力电器董事长董明珠说:"人才是格力最大的财富"。不仅仅是格力,如今很多企业,尤其是科技企业,都会为了人才不惜一掷千金。

腾 讯

2015年腾讯公司首次设立代表公司级里程碑产品最高荣誉的"名品堂"。对入选产品予以1亿元的奖励作为发展基金,历年的获奖项目包括微信支付、《王者荣耀》、穿越火线手游等。腾讯公司2018年名品堂奖项由小程序、光子战术竞技产品、腾讯视频获得。

百 度

每年8月,百度都会举办Summer Party,百度CEO李彦宏会亲自颁出当年的"百度最高奖"。这是百度最高级别的奖项,针对做出卓越贡献的10人以下的基层员工小团队,每个团队都会获得100万美元的奖励。自2011年以来,百度已发出了30个百度最高奖,累计金额超过2亿元人民币。

小 米

2019年4月,小米集团对外发布公告称,董事会议决根据股份奖励计划,奖励合计22 466 301股奖励股份给予299名选定参与者,所有选定参与者均为小米雇员。之后每年小米还设立百万元级别的重奖,激励小米的技术人才做出创新突破。

(二)什么是创造

创造(creation)也称"剙造",英文源于拉丁文的creatus,字面意义是"生长",原意为

---

① 黄艾华.论当代大学生创新素质培养[D].武汉:华中师范大学,2006.
② 路长胜,肖东平,许峰.新编大学生就业与创业指导[M].成都:电子科技大学出版社,2013.
③ 用什么鼓励科技创新? 这些企业的做法简单粗暴效果杠杠的![N].中国高新技术导报,2019-05-17.

"制造"或"制作"。创造是一个极其广泛和笼统的概念,囊括了社会的方方面面。单从学术角度看,"创造"一词的定义在学术界尚未有权威公认的表述。

Amabile[1]、Runco[2]认为,创造指的是新颖且适宜的想法、问题解决方案的形成。创造是一种思维活动,其实质是创新,即"想前人所没有想过的事",而达到"干前人所没有干过的事"。

刘仲林在《中国创造学概论》中从3个层面界定创造的概念:一是从成果层面将创造看成组合和选择的过程,即"创造成果";二是从过程层面将创造看成对已知要素进行组合和选择的过程,即"创造过程";三是从主体层面将创造看成只能在实践过程中体会的一种不可言传的道,即"创造境界"。[3]甘自恒[4]从狭义和广义两个视角对创造进行界定。他认为,狭义创造与广义创造的区别,主要在于成果的新颖性层次不同:广义创造,其成果的新颖性包括相对新颖和绝对新颖;狭义创造,其成果的新颖性则只包括绝对新颖,即从时间上看,它是世界历史进程中第一次产生的新成果;从空间上看,它是世界范围内第一次产生的新成果。

概言之,创造是一种典型的人类自主行为,它是产生出新颖、有价值的成果(精神成果、社会成果、物质成果)的认知和行为活动。创造最大的一个特点是有意识地对世界进行探索性劳动。

(三)创新与创造的关系

长期以来,两个词语的运用存在一定程度上的混用现象,甚至于我国创造学界内部也有一部分学者认为创新与创造基本上是同一个意思,也有一部分学者仍然坚持使用"创造"一词。[5]目前,从英文意义上看,创新(innovation)与创造(creation)已无多大实际的差别[6];而从中文意义上来看,两者之间有着密切的联系,值得梳理。

1.创新与创造的共同点

日常生活中,人们在提及创新与创造时,往往没有严格区分,因而人们经常将这两个术语互换使用。

一些研究者认为,它们是开发新系统、新产品和新技术的过程中所必需的共生现象。甚至,管理学会评论(Academy of Management Review)对"创造"的主题索引中也直接注明"请参考创新"。[7]德国著名教育心理学家海纳特,把创造分为真创造和类创造

①Amabile T M,Conti R,Coon H,et al.Assessing the work environment for creativity[J].Academy of Management Journal,1996,39(5):1154-1184.

②Runco M A.Personal creativity and Culture.In S.Lau,A.N.N.Hui,& G.Y.C.Ng(Eds),Creativity when East meets West[M].New Jersey:World Scientific,2004:9-22.

③毛天虹.创造视角下的两种文化交融[D].北京:中国科学技术大学,2008.

④甘自恒.中国化马克思主义创新论[M].桂林:广西师范大学出版社,2009:1-5.

⑤吴红,杜严勇.创造与创新辨析——兼论创造学与创新学[J].科学管理研究,2007,25(3):32-33,41.

⑥刘惠琴,白勇毅,林功实.创新与创造的若干概念辨析[J].清华大学教育研究,2000(3):14-16.

⑦Ford C M.A theory of individual creative action in multiple social domains[J].Academy of Management Review,1996(21):1112-1142.

两种:真创造是科学家和发明家最终产生了对于人类来说是具有独特性、新颖性和社会价值的成果的活动;类创造是对于个体而言的,其成果对于个人来说是新颖、独特的,而对于人类来说是已发现、发明的。例如,科学家的创造属于真创造,而处于学习过程的创造便被认为属于类创造。在这里的真创造与类创造,与人们通常所说的创新类似。

可知,"创造"和"创新"这两个概念基本同义,在一般情况下可相互替换使用,即使有差别也是很微小的,两者拥有一个最大的共同点是都具有"新颖性"的内涵,着重突出一个"新"字。

2.创新与创造的区别

尽管创新与创造两个词语基本同义,但也存在一些差别。

一方面两个相关概念的学科背景不同。有关创新的研究主要是在社会学、经济学和工程学等学科中进行探讨;相反,创造则主要是在心理学领域中进行研究,聚焦于个体和群体如何以特殊的方式构建知识。①大多数情况下,在组织和产业层面分析的创新研究者会忽略个体和团队方面的创造研究,而聚焦于创新过程的采纳与扩散等阶段的创新研究者,也会忽略新计划、新工艺、新产品或新服务的创造。②

另一方面两者强调的着重点不同。一是创新突出"结果",创造则更强调"过程"。创新主要是为了带来更大的利润,其要求结果必须是正面的而不能是反面的。如果某个企业家在熊彼特所提出的创新的5个方面都有所涉及,但未能产生积极的结果即获得更大的经济效益,就不能说是"创新"。创造则不同,只要主体活动的过程或结果无论哪一方面具有新颖性,均可称为"创造",也有学者在创造的定义中明确突出了创造的这一特点。③二是创新强调的是经济效益,而创造没有这方面的限制。创新在经济学理论中获得其确切含义也就天然地决定了创新必须要有经济效益。④能否获得商业价值或效益是衡量创新的关键所在。相反,创造既可以有经济效益,也可以没有。例如,作为创造成果标志的国家专利,在我国大约有90%不能打入市场,但是人们不可否认它们仍属于"创造"的范畴。从这个角度看,创造大于创新,创造包含了创新⑤。三是创新强调的是"有中生新",突出的是对前人的继承性,而创造更强调"独创性",它不但可以指"有中生新",而且还可以包括"无中生有"。换句话说,创新的新颖性是相对新颖,主要相较于与已有的对应事物,若没有已存在的对应事物,那么与之相关的创新也难以存在。⑥例如,管理创新、知识创新、技术创新等都是针对已有的事物而言的。显

①Taylor A, Greve H R. Superman or the fantastic four Knowledge combination and experience in innovative teams [J]. Academy of Management Journal, 2006, 49(4): 723-740.

②Damanpour F. Organizational innovation: A meta-analysis of effects of determinants and moderators [J]. Academy of Management Journal, 1991(34): 555-590.

③傅世侠.创新、创造与原发创造性[J].科学技术与辩证法,2002(1):39-42.

④朱丽兰.知识正在成为创新的核心[N].人民日报,1998-07-23.

⑤吴红,杜严勇.创造与创新辨析——兼论创造学与创新学[J].科学管理研究,2007,25(3):32-33,41.

⑥庄寿强.创新、创造及其与高等教育相关概念之探析[J].煤炭高等教育,2004(2):66-71.

然,创造则不受此限,它强调的是绝对新颖和适应性,即一个想法或一种问题解决方案的稀有性或罕见性。

二、创新素质的含义

随着社会文明的进步和人类认识的不断深化,人类对创新素质的认识也经历了一个漫长的演变过程。什么是创新素质?是否创新素质就是创造力?有必要理清楚二者之间的关系。

(一)什么是创新素质

"素质"概念具有明显的先天生理关系。《心理学大词典》中指出,素质一般是指有机体天生具有的某些解剖和心理的特性。①《辞海》中认为,素质是人的先天的解剖心理特点,同时也是在社会实践中逐渐发育和成熟起来的。②当前,学术界对"素质"存在狭义和广义的理解。狭义上的素质,从医学、生理学领域的角度出发,以解剖学为基础,将其生理特点归结为素质的主要构成,主要强调其生理素质;广义上的素质,不仅包括生理素质,还包括心理素质和社会素质,如创新意识、创新思维、创新知识、创新技能及创新人格。由此,创新素质可理解为通常意义上讲的个体的创新性,它是基于先天的生理和心理基础,在教育和后天的环境等影响因素的共同协调作用下,在长期社会实践过程中逐步形成的一种具有相对稳定的知识、能力和品格素养的整体素质。对于大学生创新素质而言,包含创新意识、创新能力和创新人格等。

材料1-2:创新素质的20个要素! ③

1. 独立的人格意识;

2. 积极的民主参与与热情;

3. 强烈的好奇心;

4. 合理的知识结构;

5. 广泛的兴趣爱好;

6. 独特的个性特长;

7. 正确的审美意识;

8. 顽强的意志;

9. 较强的"专刊意识"和"发表意识";

10. 大胆的冒险探索精神;

11. 良好的道德品质;

12. 勤奋踏实、积极进取的学习态度;

13. 团结协作的精神与协调指挥的能力;

14. 较强的模仿力;

---

① 朱贤智.心理学大词典[M].北京:北京师范大学出版社,1989:65.

② 舒新城,夏正农.辞海[M].上海:上海辞书出版社,1980:1222.

③ 刘宝文.创新素质的20个要素[N].教育文摘周报,2001-08-15.

15.敏锐的观察力；

16.丰富的想象力；

17.优秀的创造思维品质；

18.较强的实验动手能力；

19.定量的数理分析和严密的逻辑推理能力；

20.处理信息的能力。

（二）什么是创造力

创造力是创造学研究的核心问题。《韦氏词典》将创造力（creativity）解释为"赋予存在"，具有"无中生有"或"首创"的性质。对创造力的研究以1950年美国著名心理学家吉尔福特（J. P. Guilford）做了一次题为《创造力》的主题演讲而拉开序幕。之后，学术界开始对于创造力展开大力研究，渗透于心理、艺术、科学、文学以及企业等众多领域。针对创造力的定义，中外学者至今仍无一致的看法。基于不同学者的学科背景及其对创造力的观察、说明的侧重点不同，综合各家意见，大致可归纳为以下3种①：

1.个人特质观点（Person）

具备创造力的个体拥有某些与他人不同的人格特质，包括人格、智力、态度、价值及品行。如福德斯（M. Rhodes）提出的由创造者（Person）及其智力、态度、价值及品行构成的创造力四要素②。

2.过程中的行为观点（Process）

创造力是人从冥思苦想、克服困难直到获得新奇实用的成果的过程，以及整个阶段。如韦尔施（P. K. Welsch）提出的"4P"定义：创造力是通过转变现有产品而产生独特产品的过程，这些产品无论是有形的还是无形的，必须对于创造者而言是独特的，也必须符合创造的目的和创造者的价值观。③

3.产品能力观点（Product）

创造力是产生独特的、新奇的、适当的与有价值的产品的能力。如阿迈步利的创造力核心理论是创造力的组成成分理论，他从概念性定义和操作性定义分别界定创造力，并认为创造力分为与领域有关的技能（domain related skills）、与创造力有关的技能（creativity related skills）、任务动机（task motivation）。④多数学者认为，"产品能力观点"的角度最能体现创造力的特性。

创造力是创造主体遵循创造活动的规律基础，根据自己的活动目的，在认识世界、改造世界的实践过程中，产生变革动机，并利用领域知识、专业技能等开展能动性思维活动和实践探索，最终产生出某种新颖性成果（包括物质和精神的产品）的过程中所表现出来

①陈德辉.多层面组织创造力模型的探索［D］.大连：大连理工大学,2012.

②Rhodes M.An analysis of creativity［J］.Phi Delta Kappan,1961(42):305-310.

③Welsch P K. The nurturance of creative behavior in educational environments: A comprehensive Curriculum approach (Doctoral Dissertation)［D］.Michigan：University of Michigan,1980.

④Amabile T M.Creativity in Context［M］.Boulder Colo：West view Press,1966.

的能力。创造力最本质的内涵在于实践中产生出有价值的新颖成果的能力。

对于大学生创造力而言,它是大学生在开展具体的创造性活动中表现出来的各种能力总和。其具体体现为大学生运用一切已知信息,结合自身的学科知识、专业技能等开展能动思维活动,产生出某种新颖、独特、有个人或社会价值的物质产品或精神产品的能力。大学生创造力主要是由大学生创造性思维能力、大学生基础能力和大学生创造性行为能力3个部分组成。其中,大学生创造性思维能力是创造力的核心。大学生创造力一般是以大学生基础能力为起点,在创造性思维能力的指导下,发挥一定的创造性行为能力,最终表现出创造力①。

(三)创新素质与创造力的关系

创新素质与创造力的关系很大程度上取决于创新与创造内涵上的差异。创新素质与创造活动有着密切的关系。

①创新素质是创造力的前提条件,而创造力的发挥又是创新素质的一种外在表现形式。由此可推断,一个人的创新素质与创造力之间呈正相关关系。个体创新素质越高,其创造力越强。创新素质是创新活动必备的心理品质和特征,创新素质高的员工通常能打破常规,具有敏锐的洞察力、预测力,思维具有前瞻性,这些人往往也更具有创造力。②

②创新素质具有内隐性、潜在性,表现为一种创造的潜质;而创造力表现为明显的实践性,它是在创造活动过程中表现出来的一种能力品质。对于大学生而言,创新素质表现为创新意识、创新能力、创新人格等方面,而创造力则是其具体运用一切已知信息,结合自身的学科知识、专业技能等在具体的创造活动中产生某种新颖、独特、有个人或社会价值的物质产品或精神产品的能力,产生的活动成果越新颖有价值,其创造力则越强;反之,则越弱。

第二节　创新素质的结构

一、国外关于创新素质结构的研究

国外专家学者对创新素质的研究大多源于对创造的研究,基于如何才能产生创造成果,产生了不同的结构模型理论,这些理论构成了创新素质重要的内容要素,同时对全面科学认识创新素质结构有着非常重要的影响。

在早期的创造性研究中,常用的结构是Rhodes提出来的,他将创造性的结构划分为人格、过程、压力及产品4个图式。前期创造性研究经历了神秘主义范型(受柏拉图思想的影响,认为人的创造性是神赐的,如认为诗人的艺术创造灵感是受到了神的点拨)、实

①王婕.大学生领导力对创造力的影响机理研究[D].杭州:浙江大学,2013.
②胡阳阳.员工感知的领导情绪智力对员工创造力的影响——员工创新素质的调节作用[J].人力资源管理,2017:90-91.

用主义范型(该范型首先发展了创造性的研究,然后再来理解什么是创造性,如头脑风暴的提出。该范型仅重实践不关心理论,有的研究方法未经心理学验证)、心理动力范型(如Freud认为,创造性的源泉是意识到的现实和无意识的驱力之间的紧张感,认为艺术家创造的作品不过是将自己潜意识的愿望以公众接受的方式表达出来,他们的研究主要通过对名人的个案研究而获得证据)、心理测量范型(如Guilford认为创造性是一般人都具有的一种特殊能力,Torrance编制了著名的托兰斯创造性思维测验)、认知学派范型(以信息加工的观点探究人的创造性过程,进行计算机模拟,进行了"定式问题""问题启发"等实证研究。该范型开创了创造性研究的新思路,但忽视了人格和环境因素)、社会人格范型(认为创造性的人格因素、动机因素和社会文化因素才是人类创造性的源泉,他们假设创造性的个体人格特质不同于普通人,往往有创造的内在动机、成就动机及良好的外部环境)。当代心理学对创造性的研究建立在早期研究的基础上,采取融合的观点和方法,既考虑创造性个体的认知因素,又重视其社会人格因素和环境因素。

(一)吉尔福特的创造力六成分模型

美国加利福尼亚大学心理学家吉尔福特(J. P. Guilford)是国际著名的智能问题研究专家,他的重大研究贡献不仅表现在他所提出的智力三维模型,同样表现在他对创造力问题的研究。1950年他在就任美国心理学会主席时所发表的《创造力》演讲被视为创造力研究史上的里程碑,并在20世纪五六十年代的美国,掀起了创造力研究的热潮。在此之前,许多心理学家也认为,创造力与智力有着密切关系,并期望高智商的人表现出高创造性行为,智力测验特别是以学业成绩为主的智力测验成为当时主要的测量工具。Guilford对创造力进行了本质论述,他把创造力看成富有创造性的人们所特有的能力,然而他指出,如果认为这些富于创造的人们特别具备一种一般人所不具备的品质,那就是外行的见解了。每个人都可能有创造性行为,尽管这种行为可能是微弱的或不常发生的。重点要考虑连续的概念,这一概念的特点使那些不一定是著名人物的创造力研究成为可能。[①]

Guilford以信息论的观点解释创造力的性质,认为智力结构包括形象、符号、语言及行动4个部分内容,智力的操作过程包括认识、记忆、集中思维、分散思维及估价5个部分,并形成包括单元、关系、体系、转化、含蓄及意义6种成果。在关于创造力的因素方面,Guilford认为,发明家、作家、艺术家等虽有不同的创造因素,但也拥有下述6个共同的创造因素:敏感性(Sensibility)、流畅性(Fluency)、灵活性(Flexibility)、独创性(Originality)、再定义性(Redefinition)及洞察性(Penetration)。

敏感性(sensibility)是创造发明的一个重要因素,是指对于同样的客体和情境,有人不能发现问题,但有人却能看出问题所在。其中,牛顿和瓦特就是很好的例子,面对日常生活中常见的苹果落地及开水沸腾现象,他们却分别顿悟出了地心引力学说和蒸汽机的发明原理。流畅性(fluency)是指有创造力的个体能在指定时间内产生大量的观念,并用恰当的观念解决问题。灵活性(flexibility)包括自动灵活性(Automatic flexibility)和适应灵活性(Adjusting flexibility),这种变化还包括意义、解释、重新解释目标等方面的变化。

---

①吉尔福特.创造性才能——它们的性质、用途与培养[M].施良方,等,译.北京:人民教育出版社,1991.

独创性(originality)是指有创造力的个体常有新奇观念。

（二）托兰斯的发散思维结构模型

美国心理学家托兰斯(E. P. Torrance)是当今世界上享受盛名的创造力研究专家,20世纪50年代以来他对创造力特别是儿童创造力进行了专门研究,对创造力的研究和培养工作做出了突出贡献。托兰斯的创造力的定义侧重于创造过程,在他看来,创造力实际上就是创造性地解决问题的能力。他认为,好奇、探究、创造是人类的本性,不但人脑具有产生新事物、新观念的能力,这种探索精神就是人类创造活动的原动力。人类无时无刻不在发掘新的事物、思考新的观念、尝试新的联合、探寻新的关系、获得新的理解。由此,Torrance把创造力视为每一个健康个体都具有的一种普遍的心理能力,认为每个人都具有创造的可能性,都具有不同水平的创造性水平思维,创造力是一个水平,由低到高的连续体,人与人之间的创造力只有程度不同,而非全有或全无,并认为创造力的发展有自己特有的规律,可通过教养来培养①。

在创造力的结构方面,Torrance认为一个人在发散思维过程中的流畅性、灵活性、独创性和精致性4项指标可以衡量他的创造力水平。他以发散思维为创造力的操作性定义,并参照 Guilford 的创造力测验编制了著名的 Torrance Tests of Creative Thinking (TTCT)。该测验共有12个分测验,分3套(分别包含言语、图形、声音与象声词3个方面),每套有两个等值型。除此之外,他还编制了简便、易行、有效的创造性自陈量表,其中包含66个从研究中收集的人格特征。同时还编制了"个人—社会动机调查表""创造性动机量表"等测验。在创造力研究中,Torrance还注意采用评定法、作品分析法、教育实验法、实验法、访谈法等,取长补短,综合考察创造力。在创造力与智力的关系方面,托兰斯所测的创造力得分与智力测验呈现低相关,由此他认为他的创造思维测验和传统的智力测验是相互独立的,认为创造力是独立于智力而存在的。其研究表明,许多具有高创造力的儿童,其智力分数低于同龄者的平均水平,如果我们仅根据智力测验结果鉴别天才儿童,那么很可能将70%的高创造力儿童排除在外。同时,富有创造力的儿童具有哪些人格特点也是他十分关心的问题。

综上所述,Torrance在创造力的定义、测量及理论方面都作出了卓越贡献,加深了人们对创造力,特别是儿童创造力的认识。同时,Torrance的创造力研究也存在一些不足,在创造力的定义、创造力与智力的关系的理论、测量方法、研究结果的正确性和可靠性方面也受到了一些质疑和批评,许多问题还有待进一步探讨。

（三）斯滕伯格的创造力三侧面模型

现代心理学对创造力问题的探讨,主要是从认知研究与社会心理学研究两条基本途径展开的。认知研究把创造看成一种个体行为,认为思维能力和知识是创造力的基础。Guilford 等人的研究把创造力的认知研究推向了本领域的前沿,自那时起,认知途径一直占据创造力研究的主导地位。在这一途径上探索的研究者认为,创造力不只是发散性思

---

①董奇•E.P.托兰斯的创造力研究工作[J].心理科学与教育,1985(02):40-42.

维,而是由各种心理能力构成的,并对知觉过程、定义问题的能力、直觉能力、类比联想能力等展开了大量研究,并在此基础上构建出种种因素分析的创造力模型。另外,创造力作为人的高级智力机能之一,也需要借助比较的方法来研究。因此,创造力的社会心理学研究也日益受到重视。与认知研究不同,社会心理学途径更注重对人格变量、动机变量和社会文化环境与创造力之间的关系研究。创造学家们通过相关研究和高低创造力样本对比研究,界定出可能与创造力有关的一系列人格特征。经过半个世纪的发展,创造力研究者开拓出多种研究视角,加深了对创造力本质的理解:打破了创造神秘论的传统观念,指出创造力不再是某些天才人物所独有的禀赋,它在人群中是连续分布的;引入社会历史观点,对创造力的理解不再是绝对、永恒的,而是相对应特定的社会、历史情境认识、评价;从建构的、因素分析的角度,提出了不同的创造力理论模型,并发展出一系列测评创造力的方法。

继20世纪50年代出现创造力研究热潮以来,时至20世纪80年代中期,美国心理学界再一次掀起研究创造力问题的热情,涌现出一批新的代表人物和理论,斯滕伯格(Robert J. Sternberg)及其创造力理论是其中之一。斯滕伯格提出创造力三侧面模型,指出创造力包括创造力的智力维度、创造力智力方式维度、创造力的人格维度。

斯滕伯格早期学术研究的重点是对人类智力现象的关注。《超越智商人类智力的三元理论》一书的出版,标志着其智力思想的形成,在智力研究领域竖立起自己别具特色的旗帜。智力三元论虽然涉及创造力问题,但对创造力的论述上不全面。为了弄清创造力的本质,斯滕伯格比较了当时已有的创造力理论,发现已有理论基本来自实验室或书本的结论,缺乏外部效度。斯滕伯格等人用问卷法调查了外行们对智力、创造力和聪明的看法,发现其中隐含着某种共通的见解,称为内隐理论。在内隐理论的基础上,又提出了创造力三侧面模型,从智力、智力风格和人格3个侧面解释导致创造行为的心理过程[①]。

自提出三侧面模型后,斯滕伯格一方面对模型中已涉及的因素继续深入研究,另一方面对创造力与智力环境因素进行积极探索,并与同事合作提出了创造力的投资理论。投资理论认为,创造就是把自己的心理资源投入那些新颖的、高质量的想法上。如同在股票投资市场里,想要赚钱就必须"贱买贵卖"一样,创造作为观念世界的投资行为,也需要遵循"贱买贵卖"原则,专注于虽然被大多数人视为不合时宜,不屑一顾,但却有极大发展潜力的主意,努力向社会推销自己的主意,并在得到社会普遍认可后急流勇退,把填补细节的工作留给别人去做,及时转向新的研究领域。用于向创造力投资的心理资源包括智力、知识、思维风格、人格特征及动机五因素,这5种心理资源与环境一起共同决定着创造力。投资理论承认,创造行为是个体与环境相互作用的结果,并归纳出影响创造力的一系列环境变量,如工作环境、家庭氛围、角色模式、竞争及合作等。该理论认为,创造力绝对不是各成分简单相加的结果,只有认知成分、人格-动机成分和环境成分协同出现时,才能产生创造力。

从科学哲学角度来看,斯滕伯格理论缺乏可检验性;从具体内容来看,其创造力思想

还存在许多含混处。以三侧面模型为例，智力侧面的论述是比较透彻、清楚的，但对其他两个侧面的论述尚不够充分。[①]

（四）阿玛拜尔的创造力成分模型

阿玛拜尔（Teresa M. Amabile）是当代美国心理学家、创造学家，哈佛商学院企业家管理小组负责人，因其在创造力社会心理学方面的研究，闻名于国际心理学界和创造学界。Amabile 认为，着手研究时，至少要涉及以下 3 个基本问题：研究出发点、方法以及创造力的作用机制。她认为，一个人的创造力必定反映在其作品所具有的创造性中，故在创造力定义问题上，直接采用较为实用的产品定义（product definition）方法，如果一件产品是新颖（newness or originality）的、适宜（usefulness or appropriateness）的，那么它就是具有创造性的。

（五）Amabile 的创造力成分模型

Amabile 的创造力成分模型（Componential model）是一种构成要素理论，提出了一切领域产生创造性的必要和充分构成要素。她认为，创造性产品的产生是 3 个基本成分相互作用的结果：领域相关技能（Domain-relevant skills）、创造力相关技能（Creativity relevant skills）和工作动机（Task motivation）。[②]有关领域的技能是在中等专门化程度上起作用的，该成分包括所有与整个领域有关的技能，而不是仅仅与某个领域的某项具体课题有关的技能。有关创造性的技能是在最普遍程度上起作用的，它们可影响任何领域中的反应。这样，具有高创造性的个体才能在许多领域中作出贡献。工作动机是在最专门化程度上起作用的；动机可全部限制在某领域的特定工作中，并且对于某项工作来说，动机在一段时间内会发生变化。

二、国内关于创新素质结构的研究

从通俗意义上理解，创新素质就是指的创造性。这是一个含义丰富的词汇。创新素质具有综合性、层次性、模糊性等特点，国内外针对创新素质模型结构的研究虽多，但尚未形成完全一致的认识，也没有产生为大家公认的创新素质结构理论。但总体来说，国外学者大多从心理学角度分析创新素质结构，国内学者则更偏重从社会学或管理学角度。

（一）强调创新人才素质的综合性

朱清时[③]把创新人才的素质归纳为 6 点：广博的多学科交叉的知识、浓厚的好奇心和兴趣、敏锐的洞察力、勤奋刻苦和集中注意力及易被社会接受的品质（包括诚实、责任感和自信心）。杨名声等[④]认为，创新人才必须具有较高的创新素质，包括：创新的意识、思

①孙雍君.斯滕伯格创造理论述评[J].自然辩证法通讯,2001(10):29-36.
②郭娜娜.Amabile 创造力理论述评[J].知识经济,2012(10):51.
③造就创新的人才——加强技术创新发展高科技实现产业化述评之三[N].人民日报,1999-08-26.
④杨名声,等.创新与思维[M].北京:教育科技出版社,2002.

维、知识、能力及人格;有较强的学习能力、信息能力、研究能力及操作能力;具有健全的人格和良好的心理素质,具有敢于怀疑、敢于批判、敢于冒险的科学精神。

(二)重点研究创新人才某几类素质

张庆林[1]从创新思维能力、创新人格特征等方面对创造性进行了全面的研究。朱洪波[2]指出,创新人才是具有探索性、创造性、开拓性的人才。李志[3]认为,企业家的创造性由企业家创新意识、企业家创新人格和企业家创新决策能力3个方面构成。李志等[4]将硕士研究生的创新素质分为创新意识、创新能力和创新人格3个维度。在学生创新素质培养中,"健全创新人格,培养创新意识,提高创新能力"常作为培养目标。

(三)从特定素质研究创新人才素质

赵修渝[5]从知识素质角度,将创新人才特征归纳为创新人才的理性因素,即坚实的知识背景,创新的能力才干。王树祥[6]认为,创新人才就是有着创新知识和技能,具有强烈的创造意识和创造激情,富于探索精神的人才。

本书主要根据张庆林、刘夏、李志、田巍路长胜等等的研究,将创新素质归纳为创新意识、创新能力和创新人格三大要素。创新意识主要包含创新需要、创新动机等;创新能力主要包括创新知识、创新思维;创新人格主要包括创新精神、创新个性等。

第三节　创新素质的测量方法

创造力是人类所独具的特质,它与智力一样,凡人皆有之,仅多寡程度之不同,并非有或无的区别[7]。创造性的个体被认为具有以下认知和情感特质:想象流畅灵活,不循规蹈矩,有社会性敏感,较少有心理防御,愿意承认错误,以及与父母关系密切等。

识别和评价创造力的途径之一是创造力测验。优秀的测验均有一定的理论逻辑基础,创造力的理论研究目前有两种取向:创造性人格特征取向和创造性思维特征取向。受理论驱动,有些创造力测验测量创造性人格特征,如创造才能团体调查表;而有些测验则测量创造性思维特征,如著名的托兰斯创造思维测验。将两种取向相结合的测验相对较少,威廉斯创造力测验包(Creativity Assessment Packet,CAP)算是其中有代表性的一种。

①张庆林.创造性研究手册[M].成都:四川教育出版社,2002(327).

②朱洪波.论高等学校创新人才培养的重要性[J].贵州大学学报:社会科学版,2004(3):1124.

③李志.企业家创造性与创新行为和企业绩效关系的研究[D].重庆:西南大学,2008.

④李志,等.人才资源开发与管理实证研究[M].北京:中央文献出版社,2011.

⑤赵修渝.关于知识创新的人才素质的研究[J].探索,2003(2).

⑥王树祥.浅谈高等教育如何培养创新人才[J].中国教育教学杂志:高等教育版,2006(12):158-159.

⑦Williams F E.Intellectual creativity and the teacher[J].The Journal of Creative Behavior,1967,1(2):173-180.

一、托兰斯创造思维测验（TTCT）

托兰斯创造思维测验由美国明尼苏达大学心理学教授托兰斯1966年编制，是目前应用最广泛的创造力测验之一。该测验包括12个分测验，称为"活动"，以缓解被试紧张心理。它适合于幼儿直至成人被试。它主要有3套测验，每套皆有两个复本。

（一）言语创造性思维测验

言语创造性思维测验包括7项活动：活动1—活动3要求被试者根据所呈现的图画，列举出为了解该图欲询问的问题、图中所描绘的行为可能的原因及该行为可能的后果；活动4要求被试者对给定玩具提出改进意见；活动5要求被试者说出普通物体的特殊用途；活动6要求对同一物体提出不寻常的问题；活动7要求被试者推断一种不可能发生的事情一旦发生会出现什么后果。测验按流畅性、变通性和独创性计分。

（二）图画创造性思维测验

图画创造性思维测验包括3项活动：活动1要求被试者把一个边缘为曲线的颜色鲜明的纸片贴在一张空白纸上，贴的部分由自己选择，然后以此为出发点，画一个非同寻常的能说明一段有趣的振奋人心的故事的图画；活动2要求利用所给的少量不规则线条画物体的草图；活动3要求利用成对的短平行线（A本）或圆（B本）尽可能多地画出不同的图。此套测验皆根据基础图案绘图，可得到流畅性、灵活性、独创性及精确性4个分数。

（三）声音词语创造性思维测验

这是后发展起来的测验，两个分测验均用录音磁带实施。第一个活动为音响想象，要求被试者对熟悉及不熟悉的音响刺激作出想象；第二个活动为象声词想象，10个如"嘎吱嘎吱"等模仿自然声响的象声词展开想象。两个活动皆为言语性反应，对刺激作自由想象，并写出联想到的有关物体或活动。根据反应的罕见性，记独特性分数。

托兰斯测验的评分者信度为0.80～0.90，其复本及分半信度在0.70～0.90，没有可靠的效度证据。托兰斯创造思维测验是发散思维测验。它是一种基于常模参照的，在流畅性、灵活性和独创性3个维度上评估个体创造力水平的测量问卷。该测验使用便捷，适用范围及对象较广，应用普遍，然而也存在结构效度不高、预测效度不稳定、生态效度较低等不足。

二、威廉斯创造力测验包（CAP）

威廉斯创造力测验包由美国学者 Frank E. Williams 原创，经台湾学者林幸台和王木荣两次修订而得。它由3个测验组成，分别为威廉斯创造性倾向量表、威廉斯创造性思维测验和威廉斯创造性思维与倾向评定量表。其中，威廉斯创造性思维测验部分让被试者完成有意义的图画，从而测验他们思维的流畅性、开放性、变通性、独创性及精密性等方面的能力，该测验类似于托兰斯创造性思维测验；威廉斯创造力倾向量表则是测量被试者的创造性格,共包含50道题,该测验包括冒险性、好奇性、想象力及挑战性4个方面[1];威廉斯创造性思维与倾向评定量表由家长和教师根据观察结果评定被试者的创造行为,包含8种发散性思维与情意因素,有48题为三选一短句,另有4道开放式问题可作定性分析,了解教师或家长对儿童创造力的态度。该测验所得结果可与上述两种测验结果相互比较。与其他创造力测验相比,威廉斯创造力测验因同时测量人格和思维两个方面而为识别和评价学生的创造力提供了更为全面、客观的证据。

在中国内地,一方面,关于威廉斯创造力测验中倾向量表部分的研究和应用相对较多,其信效度在一些研究中得到检验[2];另一方面,关于思考活动的研究和应用则极少。刘晓陵等以上海市某高中约120名高一学生为被试样本,同时施测创造性倾向量表和创造性思考活动。1年后重测,分别基于经典测验理论和概化理论对测验信度进行多方面检验,并初步分析测验效度和考察两个测验的关系。得出以下结论:倾向量表的信度令人满意,思考活动大部分维度的信度良好;两个测验的内部相关分析结果在一定程度上支持了他们的结构效度;两个测验有一定关系,但并不紧密,结合使用两个测验才能全面评估学生的创造力。

三、成人创新心理素质量表

目前,国内有关创新心理素质的理论探讨较多,具体的考证性研究则较少,这与缺乏标准化的创新心理素质测评工具有很大的关系。为了更好地促进国内创新心理素质的实证性研究,中国科学院心理研究所王极盛等专门编制了创新心理素质量表,并针对我国成年人进行了大量的调查和研究,以期为创新心理素质的研究提供有效的评估工具。所构建的创新心理素质量表包括了创新意识、创新能力和竞争心3个分量表,拟从这3个方面来测评个体的创新心理素质水平[3]。

创新心理素质量表共有3个分量表,分别为创新意识、创新能力和竞争心分量表。成人创新心理素质量表包括创新意识、创新能力和竞争心3个分量表。整个量表共有52个项目。其中,创新意识分量表为18个项目,创新能力分量表有18个项目,竞争心分量表有16个项目。每个项目均为5等级计分,分别表示为1:无;2:偶尔;3:时有;4:经常;5:总是。对北京、广州、河北及广西等地的1 300名成人进行成人创新心理素质量表的测试,经检验认为分量表均具有较高的信度和效度。测试数据显示,成人创新心理素质存在明显的性别、年龄和学历差异,男性的创新能力高于女性,31~40岁年龄组成人的创新意识显著高于30岁以下组,同时其创新能力显著高于41~60岁以上组。本科以上和专科学历组在创新意识和创新能力上均显著高于中专以下组。该量表初步建立了成人创新心理素质的地区常模,以及性别、年龄、学历的地区常模。

---

① Williams F.E.Intellectual creativity and the teacher[J].The Journal of Creative Behavior,1967,1(2):173-180.

② 盛红勇.大学生创造力倾向与心理健康相关研究[J].中国健康心理学杂志,2007,15(2):111-113.

③ 王极盛.成人创新心理素质量表的编制与应用[J].中国公共卫生,2006(10):1190-1191.

【思考与训练】

一、创新思维本领测试

认真思考下列 10 个题目,结合自己的实际情况作出判断(每题用时 30 s 左右)测一测你是否具备创新思维本领。假设完全符合你的情况,在括号里面填"是";不符合的,填"否";说不清楚的,填"不确定"。

1.你认为那些使用古怪和生僻词语的作家,纯粹是为了炫耀。　　　　　　(　　)

2.无论什么问题,要让你产生兴趣,总比让别人产生兴趣要困难得多。　　(　　)

3.对那些经常做没把握事情的人,你不看好他们。　　　　　　　　　　(　　)

4.你常常凭直觉来判断问题的正确与错误。　　　　　　　　　　　　　(　　)

5.你善于分析问题,但不擅长对分析结果进行综合、提炼。　　　　　　　(　　)

6.你审美能力较强。　　　　　　　　　　　　　　　　　　　　　　　(　　)

7.你的兴趣在于不断提出新的建议,而不在于说服别人去接受这些建议。(　　)

8.你喜欢那些一门心思埋头苦干的人。　　　　　　　　　　　　　　　(　　)

9.你不喜欢提那些显得无知的问题。　　　　　　　　　　　　　　　　(　　)

10.你做事总是有的放矢,不盲目行事。　　　　　　　　　　　　　　(　　)

评分标准:按照每道题"是""否""不确定"进行相应打分。

•1—1,0,2;2—0,1,4;3—0,1,2;4—4,0,2;5—1,0,2;

•6—3,0,1;7—2,1,0;8—0,1,2;9—0,1,3;10—0,1,2。

•得分 21 ~ 11 分,则说明被测试者善于在创造性与习惯做法之间找出平衡,具有一定的创新意识,适合从事打点事情,也适合从事其他很多与人打交道的事情,如市场营销;

•得分 10 分以下,则说明被测试者缺乏创新思维本领,属于安分守己的人,做事一板一眼,一丝不苟,适合从事对规律性要求较高的职位,如管账、质量监督员等岗位。

二、创造力测试

下面有 20 个问题,结合自己的实际情况作出判断(每题用时 30 s 左右),测一测你是否具备创造力。假设符合你的情况,在括号里面打"√";不符合的,打"×"。

1.听别人措辞时,你总能专心倾听。　　　　　　　　　　　　　　　　(　　)

2.完成了上级部署的某项事情,你总有一种欢快感。　　　　　　　　　(　　)

3.调查事物来历很有趣。　　　　　　　　　　　　　　　　　　　　　(　　)

4.你在措辞以及写文章时常常应用类比的方法。　　　　　　　　　　　(　　)

5.你总能全神贯注地念书、绘画。　　　　　　　　　　　　　　　　　(　　)

6.你从来不迷信权威。　　　　　　　　　　　　　　　　　　　　　　(　　)

7.做事情喜欢寻根问底。　　　　　　　　　　　　　　　　　　　　　(　　)

8.平时喜欢进修或琢磨问题。 （　）

9.常常思考事物的新谜底和新方法。 （　）

10.可以常常从别人的谈话中发现问题。 （　）

11.从事带有创造性的事情时,常常忘记时间。 （　）

12.可以主动发现问题,并思考和问题有关的各种解决办法。 （　）

13.老是对周围的事物保持好奇心。 （　）

14.常常预测工作的实际成效,并正确验证这一成效。 （　）

15.老是有些新设想在脑袋里涌现。 （　）

16.有很敏锐的调查力和提出问题的本领。 （　）

17.遇到困难,从不气馁。 （　）

18.在事情陷入窘境时,常能回归问题本身另辟蹊径去解决。 （　）

19.在解决问题过程中找到新的解决办法,你总会感觉十分快乐。 （　）

20.碰到问题,能从多方面多途径摸索解决它的办法。 （　）

评分标准:

•20道题都打"√",证明创造力很强;

•13道题以上打"√"证明创造力较强;

•10～13道题内打"√",证明创造力一般;

•低于10道题内打"√",证明创造力较差。

第二章　大学生的创新素质

在今天这个创新的时代,创新素质是能力素质的核心。培养出的大学生具有高创新素质,方能更好地适应未来社会的变化,才能更好地改变现有社会在诸多方面存在的问题和不足。因此,世界各国无不高度重视大学生创新素质的培养。

第一节　大学生创新素质的时代价值

一、人类社会的发展始终需要具有创新素质的人才

在人类社会发展中,始终面临着进一步认识社会和改造社会的重要历史使命,以此推动社会的发展和文明进步。要进一步认识世界和改造世界,必须要有创新型人才为社会提供创造性成果。纵观历史,社会进步和经济发展都是由人类的创新创造所推动的。正因为有了原始社会的钻木取火,人类告别了饮血茹毛的野蛮生活,也为改造自然界、制作工具提供了有力的手段。随着金属农具的创造,人类结束了渔猎游牧生活,开始了定居生活并从事农业生产。而后随着纺织机和蒸汽机的出现,从英国开始的工业革命,相继在欧美大陆完成,世界进入了工业经济时代。自此以后,每一个发明创造都极大地推动着社会和经济向前发展,特别是第二次世界大战结束后,科学技术迅速发展,1946年第一台电子数字计算机ENAC使用了18 000只电子管,消耗功率几百千瓦,重达30吨,占地150平方米。随着集成电路的出现和集成度的不断提高,今天人们使用的台式计算机和笔记本电脑的性能已是ENAC所无法比拟的。计算机技术、人工智能的发展极大地改变着人类社会,是创造对社会改变和发展起重要作用的一个最好的例证。正是人类的创造活动使人类从野蛮过渡到文明时代。创新是推动社会发展的最根本动力,创造性人才对社会发展的作用很早就被一些发达国家认识到,并非常重视人才创造力的培养与开发。美国是很早就开始注重人才创新素质的发达国家,1938年,美国著名学者奥斯本提出了"头脑风暴法",并运用于实践,正式首创了创造教育。1973年,美国又将麻省理工学院、卡纳西——梅隆大学和俄勒冈大学列为"创造教育中心"。至20世纪90年代,美国各大学均普遍开设了培养创造思维和创造技能的课程。为了培养学生的创新素质,美国大学

在课程设置和人才创新素质上不断进行探索,很早就实行具有美国特色的学分制:学生只要完成了规定的必修课程,就可根据自己的兴趣、专长和自身学习情况,任意选修其他感兴趣的课程;学生选修课程有很大自由度,以此培养学生创新的素质;学生的修业期没有一定的限制,既可在三四年完成学分而获得学位资格,也可在10年内完成其大学课程;学校的专业课程体系比较灵活,除了一些基础课程和专业基础课程保持相对稳定不变外,老师可根据新的科研成果或人才市场需求开设新的选修课程。同样是一门课程,不同教师采用不同的教材,同一个教师,在不同学期讲同一门课程,内容也会有所不同。[1] 世界各国教育界也纷纷调整课程结构,改变教育方式,以提升人才的创新素质。

现代社会是市场经济社会,要在市场经济中立于不败之地,就要具备竞争实力,而竞争实力的获得主要源于创新。因此,市场经济呼唤人才的创新素质,创新人才得到前所未有的重视。企业管理专家吉尔默曾代表企业界对高等教育发出了这样的呼吁:请大学给我这样的人——会(假如必要可以强迫)独立思考的人;不相信显而易见事情的人;怀疑已有做法的人;对未来有明晰想法的人;有胆量和想象力,敢于开拓新经营体制和新业务的人;有能力并愿意开发和改进新装置新技术的人;我们需要懂得创造性原理,为了改善人类生活不怕嘲笑的人。吉尔默提出的人才素质正是创新型人才素质,他提出的要求代表了现代社会对人才创新素质的呼唤。IBM公司的总裁沃森认为,IBM公司的成功不是靠资源的分配,也不是靠研究部门或推销部门的勤奋工作,主要是靠全体职员开动脑筋进行独立思考。沃森指示,在IBM公司的所有厂房和办公室内都挂着写有"思考"两个字的牌子,以便随时提醒人们每天不要因为杂事忘记了最重要的思考。不论大会小会,只要沃森到场,他总要把"思考"的牌子挂在身后,以提醒员工思考的重要。这里的思考,就是要员工有所创新,不要人云亦云,要推陈出新。我国高科技企业华为公司更是花天价在全球招揽具有非凡创新素质的顶尖人才。时代的呼唤就是对当代大学生的命令,必须积极行动起来,在实践中切实提升自己的创新素质。

材料2-1:华为招聘8名应届顶尖博士生　年薪最高201万[2]

7月23日,华为内部发文公布了由任正非签发的8名顶尖学生的年薪方案。据媒体报道,这8名人员全部为2019届应届顶尖学生,其年薪最低为89.6万元,最高为201万元。中国青年报记者发现,"顶尖学生"所学专业多与人工智能等前沿领域有关。

这则《关于对部分2019届顶尖学生实行年薪制管理的通知》(以下简称《通知》)指出,华为公司要打赢未来的技术与商业战争,技术创新与商业创新双轮驱动是核心动力,创新就必须要有世界顶尖的人才,有顶尖人才充分挥发才智的组织土壤,我们首先要用顶级的挑战和顶级的薪酬去吸引顶尖人才。

《通知》显示,华为此次公布的2019届顶尖学生的年薪中,共分为3个区间:最高为182万~201万元,其次为140.5万~156.5万元,最低为89.6万~100.8万元。

此次华为招聘的8名博士中,获得最高年薪之一的钟钊是中国科学院大学2014级硕

①赵铸.美国高校创新教育给我们的启示[J].西南民族大学学报:人文社科版,2008(2):267-269.
②华为最高201万年薪招顶尖学生 多为人工智能等领域[N].中国青年报,2019-07-24.

士生、2016级博士生。7月23日下午,中国青年报·中国青年网记者独家采访了他的博士生导师、中国科学院自动化研究所副所长刘成林。刘成林表示,钟钊的培养单位是中国科学院自动化研究所,硕博阶段攻读专业都是"模式识别与智能系统"。

刘成林分析认为,之所以钟钊可以获得如此高的年薪,与他的研究方向有关。"他的研究方向比较新,而且实用。他研究的是深度神经网络结构的自动设计,就是让机器自动学习神经网络的结构,相比人工设计的网络拥有更好的性能,也很有发展前景,现在研究这个方向的人也比较少。我想华为是看重这一点。"

二、创新素质是大学生成才的必备素质

当今世界的竞争关键是人才的竞争,核心是人才创新素质的竞争。大学生要成为对社会有用的人才必须具备创新能力,就必须在自己的知识能力基础上通过创造性劳动为社会发展提供创新性的精神和物质成果。由此,大学生创新素质水平高低便成为是否最终得到"人才"认可的重要标志。

在现当代,科学技术是一个增强国家综合国力,使国家在竞争中保持抗衡力量的关键因素。要使国家的科学技术处于世界领先水平,靠一般人的劳动是不行的,最重要的是要有一批高创造力的人才。我国的科学技术近几十年来有了长足的发展,有的学科、领域已处于世界领先地位,但是就整体水平看,与发达国家相比差距还很大,要进一步缩短与世界先进国家的差距,我们必须走科技创新的道路,依靠创新发展中国的科学技术,增强中国的生产力发展水平,提高综合国力。习近平总书记强调指出,创新是一个民族进步的灵魂,是一个国家兴旺发达的不竭动力,也是中华民族最深沉的民族禀赋。在激烈的国际竞争中,惟创新者进,惟创新者强,惟创新者胜。人才是创新的根基,是创新的核心要素。创新驱动实质上是人才驱动。可以说,时代的要求和国家发展都急切需要涌现大批富于创造素质的高层次人才。大学生是国家培养的高级专门人才,是人才的预备队员,自然将要担负着缩短中国与世界发达国家的差距的历史重任,而大学生创造能力的高低,创造素养的好坏就将会直接影响着中国经济和社会发展的速度,甚至决定着是缩短还是拉大与世界发达国家差距。大学生要完成肩负的历史使命,成为国家的有用之才,得到社会的普遍认可,靠的只能是自己的创造素质及其所获得的成果。为此,抓紧时间努力学习实践,提高创造素养,掌握创造技法成为大学生当前学习任务的重中之重。

第二节　影响大学生创新素质发展的因素

一、知识因素

知识是创新的基础,创新需要知识积累,只有具有相应的知识才能对创新领域的问题进行深入思考,从而产生创新性成果。在创新领域著名的十年定律和一万小时定律都

明确告诉我们要创新是需要知识积累的。

材料2-2：十年定律与一万小时定律

十年定律：是1973年由诺贝尔经济学奖得主、人工智能研究的开拓者赫伯特·西蒙（Herbert Simon）和威廉·蔡斯（William Chase）在研究国际象棋大师的成长时总结出来的。他们发现，几乎没有一个人能够不经过10年左右的训练而达到国际象棋大师的水平。

一万小时定律：美国两位畅销书作家，丹尼尔·科伊尔的《一万小时天才理论》与马尔科姆·格拉德韦尔的一本类似"成功学"的书《异类》，其核心都是"一万小时定律"，就是不管你做什么事情，只要坚持一万小时，基本上都可成为该领域的专家。

由很多创新型人才的成果可知，适度的知识储备是创新的重要基础。李彦宏在创办百度之前在美国做了8年的计算机工程师。他们的知识储备无不为他们改变自己的命运提供了强劲的动力。机会总是给有准备的人的，而这个准备就是知识的准备。很多时候就是这样，当你看到机会来临之时，总是因为没有做好知识准备而错失。我们没法去控制机会到来的时机，却可以调整自己，让自己时刻准备着相应的知识，等待机会来临一举抓住。

知识多创造力不一定强，有时反被知识所制约。1～3岁的小孩一个人被关在房间，他敢爬窗而出，这样也就成就了很多最美的赞誉，也极大程度挖掘出凡人的创造潜能，而长大了他不爬，因为他知道这是危险的。一个教授出一道很简单的数学题目1+1等于几？小学生都回答是2，但博士生都不知道怎么下手。大化学家李比希，他对从海藻中提取碘时沉淀下来的一层深褐色液体，轻率地贴上了一张氯化碘的标签，而使新元素溴的发现者著在了法国青年波拉德名下。这个失误使他痛心疾首，视那张标签为耻辱，他在标签上写上"李比希的耻辱"贴在床头，以日夜警醒自己。

从有利于大学生创造力培养和提高的角度，我们认为大学生应建立的知识结构包括以下3个方面：

（一）基础知识

扎实、宽厚的基础知识是形成稳固、宽泛知识的基础。只有具备扎实、宽厚的基础知识，才能适应现代学科既高度分化又综合的要求，在专业学习和创造上取得巨大的成就。当代大学生需要具备一定的自然科学和人文社会科学基础知识，全面拓宽知识面。如哲学知识、语言文字知识、外语、计算机知识数学知识等对于大学生而言都是十分重要的基础知识；对获得"中国大学生实用科技发明大奖赛"奖励的大学生调查发现，他们中多数认为本科期间应学好各门基础课。他们认为"基础知识特别重要"，"要打好坚固的基础"。[1]

（二）专业知识

专业知识是人才知识构成的特色、创新人才知识结构的主体。要在某一领域有所建树，必须掌握和能够灵活运用该领域精深的专业基础理论、专业技术和实践等知识以及

---

[1]谢光辉，张庆林.中国大学生实用科技发明大奖赛获奖者人格特征的研究[J].心理科学，1995(1).

该知识领域前沿的最新动态。各门学科对专业知识要求不一样,大学生应在教师的指导下,主动探索本专业最佳知识结构,最大限度发挥自己的创造力。

（三）相关知识

要掌握与所学专业相关或相近的知识,拓宽知识面,开阔视野,借助相关学科的知识,加强本学科的研究。同时,要适应科学技术综合化、交叉化、边缘化发展的趋势,要注意多学科知识的学习,促进多学科知识的相互补充,增强创新意识,使本专业的学习研究走向深入。获得"中国大学生实用科技发明大奖赛"奖励的大学生们多数认为,在学好专业基础的前提下尽量博览群书,博采众长,拓宽自己的知识面。他们说,"应该多读书,多看报","多进图书馆","应该兴趣广泛","多读自己感兴趣的科学知识","多出去走走,如看看博览会、展览会、展销会"。这些建议实际上都是对大学生知识面的要求。[①]

大学生在构建合理的知识结构时,要注意处理好基础知识与专业知识的关系、知识与能力的关系,形成合理的知识智能结构,从而有效促进创造力的提高。

二、能力因素

能力是完成一项目标或者任务所体现出来的综合素质,是直接影响活动效率,并使活动顺利完成的个性心理特征。不同能力的人在完成活动中表现出来的任务完成效果有所不同。任何一项创造性的成果都是在实践领域,包括社会实践、生产实践、科学实践中取得的。创新成果不是纯粹空想出来的,它最终还是做出来的。这说明,创新人才的创新能力十分重要。诺贝尔物理学奖获得者朱棣文也认为,动手能力强往往能创造出惊人的成绩。创新能力主要包括创新主体的学习能力、信息加工能力、一般工作能力、动手能力或操作能力以及掌握和运用创新技法的能力等。它不仅是一种智力特征,更是一种综合素质的体现。企业家要在创新活动中取得成绩,同样需要各种各样的能力支撑。

在知识经济时代,知识更新快,信息传递快,科技转化快。因此,在创新能力的培养方面,尤其要提升学习能力,重点是自学能力,在创新突破的关键点上是没有现成书本知识可依的,这就要求自学和融会贯通,这种学习能力使人能在复杂局面中迅速地把握信息,独立地提出问题、分析问题和解决问题。

材料2-3：企业家取得成功涉及的能力内容[②]

企业家究竟需要哪些能力?通过对我国发表的47篇企业家能力研究论文涉及的能力进行统计分析发现,47篇论文共涉及80种能力。频率最高的能力主要是创新能力、决策能力、预见能力、判断能力、应变能力、组织能力、管理能力、用人能力、协调能力、投资经营能力及信息运用能力。

对80种能力进行内容分析,可概括为7种能力类型:创新能力;决策管理能力,主要包括计划、分析、策划、决策、战略管理能力;组织指挥能力,主要包括组织、控制、指挥领导、投资经营、营销能力;沟通协调能力,主要包括协调、谈判、竞争合作、人际交往、信息

①谢光辉,张庆林.中国大学生实用科技发明大奖赛获奖者人格特征的研究[J].心理科学,1995(1).
②李志,郎福臣,等.对我国"企业家能力"研究文献的内容分析[J].重庆大学学报:社会科学版,2005(3).

沟通能力;人事管理能力,主要包括用人、激励、评价、关心爱护下级能力;专业技术能力,主要包括专业知识、专业技能;基本能力,主要包括记忆、适应、表达、预见、学习、自控、心理承受、想象、洞察、判断、自信、问题解决、实干等能力。进一步分析发现,文献中对企业家的基本能力也提出了较高要求,强调企业家应具有较高的智力水平,能很好地捕捉外部信息、进行科学加工与处理;学者们也较为强调企业家的非智力方面的能力要素。

三、人格因素

人格是指一个人总的心理面貌,是相对独立稳定并具有独特倾向性的心理特征的总和。它是在社会实践中逐步形成与发展的。人格对人的行为具有重要影响,良好的人格特征能促进人的创新行为,而不良人格对人的创新行为起着阻碍作用。强烈的自信心、远大的理想、坚定的信念、务实的作风、求实的态度、无畏的胆识、坚强的意志力、丰富的情感、浓厚的兴趣等人格特征能极大促进人的创新性。没有自信心和无畏的胆识,便缺乏创新的勇气;没有远大理想和浓厚兴趣,便缺乏创新的动力;没有务实作风、求实态度便缺乏创新的科学性;没有坚强的意志和丰富情感,便不可能创出新成果。创新对于其本质而言,是对传统与现有事物的扬弃,不仅有来自创新本身的困难,还有来自外部环境的困难,即来自意识形态领域与现实生活的多种压力与阻力。一个缺乏独立人格的人很难战胜各种困难,也难于创新。创新人格来自主体的有意识的培养,创新人格的生成即一个培养主体独立性的过程。在这个过程中,它需要强化文化素质教育,特别是人文教育,以此来有意识地发展人格结构中积极的、有利于创造才能发挥的因素,克服消极因素。

国内学者张积家对442名大学生调查发现,大学生认为科学家的人格特质主要包括11个因素,正是这11个因素对科学家创新起到了重要的促进影响。

材料2-4:大学生科学家人格特征[①]

表2-1 大学生科学家人格特征内隐观的因素结构

因素	内 容	贡献率/%	累积贡献率/%
1	具有钻研精神,有恒心,创新意识强,思维活跃,具有超前意识,思维度创新强,专注于工作,洞察力敏锐,聪明,求知欲旺盛,好奇心强	23.48	23.48
2	呆板,远离生活,内向孤僻,孤傲,难接近,情感贫乏,古怪,神经质,年纪偏大,儒雅,冲动	10.19	33.67
3	正义感,心胸宽广,乐观开朗,幽默,具有童心,诚实正直,有个性,有合作精神	6.17	39.84
4	灵感,有主见,不盲从权威,逆向思维,想象力丰富,不拘一格,动手能力强,独立性强,发散性思维	4.14	43.98

①张积家.大学生科学家人格特征内隐观的研究[J].心理科学,2003(5).

续表

因素	内　容	贡献率/%	累积贡献率/%
5	事业心强，记忆力强，专业知识扎实，细心，理想远大，精力充沛，具有冒险精神	2.65	46.63
6	刻苦，勤奋，坚信科学，简朴，有奉献精神，稳重踏实，坚忍不拔	2.32	48.95
7	冷静，严谨，自信	2.10	50.05
8	兴趣广泛，多才多艺，知识渊博，经验丰富	2.04	52.00
9	追求完美，争强好胜	2.03	54.12
10	热爱真理	1.75	55.87
11	执着	1.70	57.57
12	不拘小节	1.62	60.18

四、环境因素

从是否有利于创新的角度来看，环境有以下3个方面：一是好的环境（顺境），二是差的环境（逆境），三是变革时的环境。不管是顺境还是逆境都能成才，好的环境你的起点高，可少走弯路。但有些人往往只能逆境才能不挥霍青春。变革时的环境对循旧者是一个灾难，但对变革者就是一个机会，时势造英雄。

培养创新素质绝不是一蹴而就的，而是一项系统工作。既需要来自主体内部的力量，也需要一定的外部环境。人是环境的产物，良好的创新氛围下，能很好激发人们的创新意识。马克思说过，一切创造都需要一个表现这种力量的场合，需要以它所引起的反应汲取新的创造力量。

我国著名科学家钱学森生前在各种场合不止一次提出的问题：为什么我们的学校总是培养不出杰出人才？2005年，温家宝总理在看望钱学森的时候，钱老感慨说："这么多年培养的学生，还没有哪一个的学术成就，能够跟民国时期培养的大师相比。"钱老又发问："为什么我们的学校总是培养不出杰出的人才？"这被称为钱学森之问。2010年5月4日，温家宝总理来到北京大学，与同学们共度过五四青年节。一位学生向温总理提出了如何理解钱学森关于中国大学为什么培养不出杰出人才的问题。温家宝说："钱学森之问对我们是个很大的刺痛，也是很大的鞭策。"温家宝认为，大学改革要为学生创造独立思考、勇于创新的环境。创新需要的环境是多方面的：创新需要民主的环境。百花齐放，百家争鸣，有自由讨论的空间，才能激发人们发挥自身的创造性；创新需要安定的环境。各种创新活动的开展只能在和平安定的环境下才能充分进行。过去20年中，我国科技创新硕果辈出，与我们有安定团结的环境是分不开的；创新需要竞争的环境。创新本身是一项富有挑战性的工作，它需要主体既敢于挑战客体，也敢于挑战自我。只有在竞争中当人的潜力被激发、激活,才会有新的突破、新的发现;创新需要交流与合作的环境。我国许多科学家都指出,创新必须交流,关起门来是不能有所创新的,因为在交流与合作中可以广泛学习借鉴他人的经验和技术,可以充分地继承人类的先进文化成果,这些都是创新活动不可或缺的。

五、大学生自身的认识因素

正确的认识指引着正确行动,唯有对创新素质提升有着正确认识的大学生才会积极努力去提升自己的创新素质。当前,创新逐渐成为一种生活和工作方式,然而一些大学生对创新的认识还存在着误区。

(一)认为创新是一种天赋和灵感

在部分大学生心目中,历史上但凡具有创造力的大师,如牛顿、爱因斯坦、米开朗琪罗等,其创新能力似乎都是与生俱来的,是一种天赋,是难以传授的。事实是,创新素质是我们诸多素质的组成部分,这些素质相互促进和相互影响。天才是百分之一的灵感,加百分之九十九的汗水。创新是需要努力和基础的,设想假如不接受钢琴训练,即使像李斯特这样的天才也会被埋没。同样,如果我们不为创新做任何努力,再高的创新天赋也难以显现。但是,如果我们能进行系统的训练,就可提高创新的总体水平。大学生在经过一段时间较为科学的创新训练后,自身创新素质就会得到明显的提高。

(二)认为创新离个人生活很远

一提创新,很多人都会率先想到历史上著名的发明创造,或者当下的产品创新、技术创新等,下意识觉得创新成本高,与个人日常生活、工作、学习相距甚远。可见,创新与发明常常交织在一起。因此,很多人把两者混为一谈,但创新与发明有着根本的区别。有些创新根本不包含发明。即使某个具体的创新与发明有关,创新也不仅仅指发明。其实创新是可以以目标为导向展开解决工作、学习中的具体问题的。例如,工作中希望提高效率,就以此为目标,探索解决的办法,这个办法的成果实施就是创新。

(三)对创新的本质认识不足

调查发现,多数大学生能意识到创新的重要性,但却不清楚什么是创新。目前,学术界普遍认可的是斯滕伯格对创新的定义:生产出新颖并且适用的产品,判断一项事物是不是创新,必须满足新颖性和适宜性两个标准。可见,创新不是单纯的求异,不是任何一个新思维、新方法、新发明都可以成为创新,创新必须同时兼具新颖性和适宜性,必须要在新的基础上有实际的应用价值才谈得上创新。

(四)把传统与创新放到对立面

在有些人看来,传统观念是阻碍思维创新的重要因素,是思维创新的大敌。一方面传统观念确实会使人的思维受原有思维空间的限制,跳不出原有的框框,因而无法实现对原有认识和现存世界进行超越,导致因循守旧、墨守成规等。事实上也确有其事。例如,物理学家普朗克当年发现量子现象时,就曾因自己的理论与经典力学的创始人牛顿的理论不相符而动摇过。但我们不能因为传统的观点对创新有消极作用的一面，就对它进行彻底否定。正如牛顿所言的，他之所以能比别人看得远，是因为他站在巨人的肩膀上。他所说的巨人，主要指的就是开普勒和伽利略。这种传统与现在的继承关系，无论在人文社会科学还是在技术科学领域，都是十分重要的。

（五）对环境氛围与创新的关系认识片面

美国学者托兰斯认为，创造力的发展必须在自由而安全的气氛中才能形成。由教师单向传授知识的模式强化了教师在教学过程中的权威身份，压制了学生思维和行为的自由，一定程度上阻碍了学生创新精神的发展。因此，改革高等教育中专业选择、课程学习和学习方式的限定，将有利于大学生创新素质的提高。但是，这并不意味着高校对学生所要达到的学业水平、精神追求等方面也应给予绝对的自由和宽松。创新过程本身就是一个克服巨大困难、突破现有壁垒，最后收获成果的过程。如果单纯地将对创新环境及氛围的营造理解为给予学生绝对的自由和宽松，如放宽了对学生的学业和思想要求等，这不仅不利于学生创新素质的培养，而且容易导致学生不思进取、缺乏危机感和责任感。大学阶段是学生创新精神发展的最重要教育阶段，如果没有经过艰苦和细致的学习和训练就会影响将来一生的发展。因此，高校在营造良好创新环境与氛围时，不能片面理解，应在给予学生充分享有学习自由的同时，坚持高标准、高质量的要求，将宽松自由和严格要求有机结合，确保学生的培养质量，为创新人才的脱颖而出奠定坚实基础。

上述认识对大学生的创新素质提升无疑产生不良影响，对此必须引起高度重视。

第三节　大学生创新素质的培养

一、大学生创新素质提升的制约因素

（一）传统观念的影响

以往传统观念中的错误想法从思想根源上制约了大学生创新思维、创新意识等的养成，遏制了大学生创新素质的发展。

1.传统文化的负面思想影响了大学生创新素质培养

我国几千年来的封建文化思想主张平均主义和中庸思想，在这种思想的影响下，会使个体形成一种求同的心理定式，压制创新冲动，扼杀创造动机。此外，传统文化中的"枪打出头鸟""人怕出名猪怕壮"等文化取向，很大程度上会妨碍大学生个体的创新素质发展。

2.家庭教育培养模式阻挠了大学生创新能力的发展

儒家伦理文化中的"父为子纲"思想强调子女对父母的绝对服从，在这种缺乏民主和平等的文化影响下，孩子总是按照父母的决策行事，陷入被动依赖状态，其自主性、独立性均被剥夺,创造性也受到压制。此外,父母对孩子360°生活中全方位的保姆式关怀,也在一定程度上影响了孩子的实践能力。

3.社会观念的诱导抑制学校创新素质培养

现代社会经济的发展亟须具有创新素质的人才,而高等学校教育的目的是为社会输送人才,高等教育就必须充分考虑人才的创新素质问题。但是,现代社会中"学历主义"之风盛行,企业在招聘人才时的评判标准以关注学生毕业于什么层次的学校,班级排名,以及四、六级通过率等量化的数据为依据,这些过于表面化的评判标准诱使大学生更关注学习成绩、追逐学历等,用人单位功利主义和过于简单的选人取向在很大程度上制约了学校创新人才培养的积极性。

(二)学校教育体制的桎梏

尽管现在我国强调对学生进行全面素质教育,但因受到传统固化的教学体制影响,学生很难凸显自己的创新个性、提高个人的创新能力。这具体表现在以下3个方面:

1.传统应试教育体制限制大学生创新素质发展

毫无疑问,在我国现行的教育体制下,教学资源的分配本身就是不均匀的,如现在的"双一流"高校的教学资源势必优于"一流高校",教学资源占比的多少在很大程度上影响了高校的办学水平,而办学水平高的学校对学生的就业和未来发展起着十分重要的作用。由此,引发以高考为代表的应试教育弊端的综合显现,学校、学生、家长必须均以分数为中心,以高考成败论学校质量。这自然使学生始终围绕分数中心,围绕考试死记硬背,长此以往即便进入大学没有了升学竞争压力,但应试教育形成的根深蒂固影响依然使大学生围绕期末考试,四、六级考试,等级证书考试,以及考研等死记硬背、僵化学习,思维僵化地学习课本知识,缺乏对问题本身的深入思考以及钻研精神,严重影响学生创新素质发展。

2.教学模式的局限制约了大学生创新素质的培养

一方面由于传统的教学模式突出以传授已有的知识为目的,强调对知识的记忆、模仿和练习;教学内容、课程体系相对陈旧,一些专业课涉及的学科前沿知识不够;在教学方法上,主要还是"满堂灌"式的学生被动接受为主,对更适合于创新思维培养的"问题教学法""讨论教学法""研究式教学法"等教学方法用得不够[1],加上高校教学管理虽然鼓励多样性或创新性,但多对教师教学进度、教学内容、第二课堂的有统一化的安排,这就造成素质参差不齐的学生学习同样的内容,表现出标准化、统一化的特点,教学对学生个性的关照明显不够。另一方面,当前成绩仍然是高校评价学生学习能力、专业知识技能的主要标准,虽然提倡学生发展综合素质和能力,但客观上对这些能力缺少有效的评价机制,事实上学生们追逐成绩,忽视对自我其他能力培养的状况并没有得到彻底改变。基于上述背景,学生自主学习、独立思考的锻炼非常有限,更多的大学生习惯运用相同思维思考,人云亦云,缺乏创新的精神和

①相伟丹.当代大学生创新素质教育研究[D].石家庄:河北科技大学,2016.

创新能力,最终成为高校"批量"输出的人才。

3.高校大学生非智力因素培养上的不足很大程度上阻碍了大学生创新素质的提升

目前,我国高校对学生的培养更多的仍然是智力因素的提升,如记忆力、理解力和思维力等认知因素的培养,而对学生非智力因素(意志力、自信心、人际关系处理能力、情绪管理等)的挖掘和培养显得明显薄弱。随着传统时代的工作正在被人工智能所取代,但与人打交道方面的工作依然是人的优势,非智力因素对学生个人的发展起着更为重要的作用,也更有价值。创新素质是一种包含智力因素与非智力因素的综合素质。在智力因素导向上的人才模式培养出来的学生,明显折射出难以将理论知识转化为生产力的明锐,缺乏自主创新的能力。

(三)消极观念和惰性思维的制约

①受到前文所提到的高等教育的"统一化"的影响,学生们已习惯于遵循用"正确答案"思维思考问题,而不是带着批判的眼光去寻找解决问题的办法。惰性思维一旦形成惯式就很难具备运用辩证和批判的精神进行思考的能力,很难创新性地提出观点和想法。

②中国自古认为,"尊师重道"是学生应有之道,学生们对教师自然而然存有敬畏之心,由此使部分学生永远以教师为真理,逐步养成不深入思考的惰性,即使内心有不同想法,仍服从老师的权威,屈从于老师的观点而怀疑甚至放弃自己的想法,久而久之,学生们便习惯于思想上的依赖,不再主动思考,不敢表达意见。

③大学生重理论知识学习,忽略实践能力培养的错误观念制约了大学生创新素质自我提升的自觉。要将理论知识创造性地转化为生产力还需要过硬的实操能力,大学生受到"成绩指挥棒"的影响,理论知识的学习投入时间多,对那种需要大学生发挥动手能力的"第二课堂"活动,总觉得"不重要""没有用",不愿意花时间参与,参与越少对包括创新素质在内的综合素质的认识越浅薄。在这样的观念导向下,大学生普遍缺乏创新素质自我提升的内在要求,能将创新素质自我提升付之行动的更是少之又少。

二、国外大学生创新素质培养模式的举措与经验

(一)美国常春藤大学对大学生创新素质的共性特点[①]

常春藤大学本科教育实践被誉为全球一流本科教育的典范,其培养出的一大批杰出人才,是诸多因素共同作用的结果。其中,最重要原因之一是与其长期以来形成的各自独具特色的本科人才培养模式有着密切联系。纵观常春藤大学的本科人才培养模式,其在人才培养理念、人才遴选方式、导师制度、教学组织形式、课程设置体系、写作与科研训练项目及开拓海外视野等方面都具有相似的共性。

---

①本节案例主要摘自:叶前林,翟亚超,岳中心.重塑一流本科教育人才培养模式——基于美国常春藤大学案例剖析[J].中国高校科技,2020(07):52-56.

1.强调通识教育的"全才"育人理念

人才培养理念是高校人才培养目标价值与理想追求的集中体现,是教学实践活动的先导,在整个人才培养过程中扮演着十分重要的角色。常春藤大学通识教育的"全才"育人理念,最早源于传统的大学教育理想,在大学创设之初就致力于培养文雅有教养的人,并伴随美国社会与大学的变革与发展而发生变化。在长期探索与实践中,形成了各具特色的通识教育模式与风格。哈佛大学的"全人"教育理念,不仅是对学生进行简单的知识传授,而且还特别强调培养学生的独立思考、批判精神和解决问题能力。普林斯顿大学"重基础、强交叉"的育人理念,着力培养学生的科学思维能力,使其成为正确对待学习、生活的高素质全面发展之人。耶鲁大学一以贯之实施的通识教育,目标在于培养学生独立思考、理性思考和批判能力,使之成为有思想的公民。无论通识教育如何发展,课程内容如何变革,其注重培养学生具备独立思考能力的全面发展人才宗旨却从未改变。哥伦比亚大学通过率先在全美开设"当代文明""文学人文""大学写作""自然科学前沿"等10门核心课程,并以小班制的授课研讨模式,注重师生之间密切交流与对学术问题的共同探究,培养学生以问题意识为特征的批判性思维,从而确保哥伦比亚的本科教育质量。

2.实施严格又灵活的人才遴选方式

人才遴选与录取是培养人才的第一步。世界一流大学本科教育,是以遴选和培育具有全球化视野、创新能力的领袖型人才为己任。坚持高标准、严要求,灵活地择优录取,是常春藤大学长期坚守的招生原则。美国常春藤名校通过考察申请者的学术潜质、领袖能力、社会责任感、实习经历及文书写作等方面的能力状况,确保拥有高质量的本科生源。当然,也不排除在遴选标准之外存在某项才能极为突出的"偏才、奇才和怪才"。面对这一类潜质人才,常春藤名校将组织专家进行笔试、面试和实际操作等高度严格的评定过程,对确定有突出才能的将予以录取。常春藤高校以培养社会精英为使命,招收全面发展且具有领导潜质的多元化精英人才,其本科入学竞争异常激烈,录取率低、难度高。在激烈竞争中胜出的优秀生源,为常春藤高校一流本科教育提供了源源不断的优质生源。2018年,常春藤高校录取率在4.6%~10.3%,其中,哈佛大学本科入学竞争最为激烈,录取率为4.6%;康奈尔大学竞争相对较弱,录取率为10.3%。其他常春藤高校录取率由低到高依次为:普林斯顿大学和哥伦比亚大学5.5%,耶鲁大学6.31%,布朗大学7.2%,宾夕法尼亚大学8.39%,达特茅斯特学院8.7%。

3.注重个性化培养的本科导师制度

美国常春藤大学培养制度充分体现以"学生为主体,注重学生个性化发展"的教育理念,赋予学生较大的自主选择权,在人才培养过程中实行本科导师制度,这对常春藤大学保持一流本科教育具有重要的推动作用。哈佛大学的导师制是在借鉴牛津大学的基础上创新与发展的。导师制不仅使导师们树立了更好地培养学生抱负的信念,也使学生们的学习态度发生了较大改变,在学习成绩方面获得了很大提升。哈佛大学不仅为每个年级学生配备专业领域的学术导师,还在学业指导、专业选择、人际交流、社团活动及职业发展等方面配备全方位、个性化指导的导师。另外,还有与其生活在一起的住宿导师,从而架构起了学生归属感、交流与合作意识的桥梁。普林斯顿大学的导修制是比较有特色的教学方法,其导师无须对学生学业情况考察与评分,它唯一的使命与职责是让学生学习更有兴趣,并培养学生研讨问题的习惯性思维。在多数人文社会科学课程中,特别注重课堂的研讨与每周1 h的导修,其导修的作用主要是鼓励和引导学生对主题的评价与见解能力,而不是对课堂讲授内容与理解事实能力的测验。

4. 鼓励互动研讨的教学组织形式

教学组织形式是教学活动过程中对"教"和"学"的时空安排和组织方式,不同的教学组织形式,对学生的独立思考、批判性精神与创新能力的提升具有重要影响。常春藤大学普遍重视教学组织形式的创新与改革,在教学活动过程充分体现学生的主体地位,鼓励学生参与课堂互动与研讨,逐渐培养学生问题意识和解决问题的能力。小班教学是常春藤大学本科教育的教学组织基本特征,其课堂规模一般维持在20人以下。其中,哈佛大学、耶鲁大学,小班教学课堂比例基本占据75%左右,哥伦比亚大学甚至高达80%。这种小规模教学为分组讨论、案例研究、角色扮演及课题演讲等灵活多样的教学组织形式提供了便利,也为教师因材施教、课堂充分沟通与研讨,创造了有利的环境。因此,常春藤大学普遍重视探究式教学方式,引导学生积极参与课堂问题探究,从而达到培养学生创新能力的目标。另外,常春藤大学均要求教授给本科生讲授课程,让本科生接触学科前沿,这种小班教学模式拉近了学生与教授的距离。例如,在达特茅斯特学院实施的"总统学者"计划,不仅为入选者提供巨额奖学金,还为其提供"一对一"的教授辅导,为学生科学研究创造了良好的环境。

5. 设置自由广博和跨专业的课程体系

常春藤大学非常重视通识教育,在课程设置方面注重文理工多学科交叉与融合,其灵活和跨学科的课程设置体系,为学生个性化培养理念和自由探究、好奇心的培养奠定了基础。在课程设置方面,遵循兴趣选择通识课程及跨学科选修课程,促进学科交叉、打破学科藩篱,培养跨学科思维和创新能力成了常春藤大学的特色之处。普林斯顿大学形成了"通识课+专业预修/核心课+自选课"的总体课程架构,并通过嵌入式交叉学科课程和跨学科选修两种方式,促进学科交叉和跨学科思维能力的提升。以德语系为例,其专业核心课程8门,其中4门需要从文、史、体、哲等系开设的资本主义分析、康德哲学、北欧文艺复兴等13门课程中选择,还提供了多达40余门交叉学科课程供学生选修。康奈尔大学为培养本科生跨学科思维能力,开设了多达80个主修学科、122门辅修学科和20门跨学科领域,这些课程学习效果都将被跟踪和监测,确保跨学科教育的质量水平。布朗大学为本科生开设了多达40个学科领域的2 000门课程,还为学生提供跨学科个性化学习课程,以培养学生自由个性化的独立探索问题能力。

6. 推行思维训练的写作和科研项目模式

文书写作能力作为常春藤大学遴选本科生最重要标准之一,在培养本科生发现问题、问题意识习惯、批判性思维形成、有效清晰表达及归纳总结能力等方面具有非常重要的作用。为全面提升本科生写作能力,常春藤大学普遍推行各种写作训练项目。布朗大学制订了"写作伙伴"计划,由教师与高年级学生组成。首先,由学生写出初稿;然后,写作伙伴对学生的初稿立意、内容、逻辑、表达等提出修改性意见;最后,学生修改稿件后,反馈给教授们作批注与专业指导。宾夕法尼亚大学推行马克斯写作中心计划(MFWC),该中心提供专门的创意写作训练项目并给予专业的辅导,并组织专门的写作研讨会以及各种外出社区活动。普林斯顿大学为不同年级、专业的本科生分门别类提供各种写作项目。其中,为新生提供写作研讨会项目,为老生提供"一对一"的写作指导项目,为理工科提供科学与工程写作项目,为全体学生提供利于写作能力提升的项目。另外,常春藤大学坚持"科研育人"理念,为本科生提供大量不同类型的科研项目,培养学生的思维方式和创新能力。例如,哈佛大学设立了科学工程研究、市场与组织研究、夏季人文艺术研究等诸多科研项目。布朗大学实施了旨在全面提升本科生批判性思维、研究技巧、数据分析、写作表达、沟通与交流等方面能力的"问题解决理论与实践"研究项目。

7.拓展学生国际视野的海外课程与交流计划

海外研修历练、拓展国际视野、了解学科前沿是促进学生相互交流、加强沟通与文化往来的有效手段。美国常春藤大学将本科生海外课程与交流项目,作为本科教育的一种重要补充,每年均会提供不同类型的海外课程与交流项目。

1)海外大学课程项目

该项目针对的是希望通过海外大学专业课程学习所获学分得到同等认可。例如,哥伦比亚大学,每年为本科生提供境外课程选修学分计划,在境外合作高校选修相关学分课程,经认定可视为校内同等有效学分。

2)海外定向研究项目

常春藤大学与海外顶尖科研院所、研究机构签署合作协议,每年派遣本科生参与指定的研究项目。例如,耶鲁大学的福克斯国际学生项目(FIFP),会为学生赴海外著名高校,从事国际与区域研究活动提供资金支持。

3)海外实践项目

常春藤大学鼓励本科生参与国际交流,积极参加海外当地的实践活动,了解当地人文风情、生活习性和社区活动,提升跨国生活与文化交流技能。例如,耶鲁大学通过发挥校友资源优势,在世界各城市建立海外学习实践基地,并为其提供经济资助,帮助学生了解其他国家的历史与文化。另外,普林斯顿大学的国际实习计划(IIP),为新入学本科生免费提供为期9个月的"诺沃格拉茨"年度计划实践项目,拓展新生国际视野,提升跨国文化交流能力。

(二)日本大学的创新素质培养新举措[①]

2011年开始,日本文部科学省提出"博士课程教育引领计划"的设想和初步规划后,交由其下属的日本最大的官办科学资助机构"日本学术振兴会"负责实施执行。该计划

---

① 本节案例主要摘自:陈晓清,邹冬云,陈谦,等.日本"博士课程教育引领计划"的创新举措及实施成效[J].学位与研究生教育,2019(03):65-70.

旨在培养跨越产业、学术、行政等领域的综合型、领袖型人才,实施周期为7年,已投入资金达1 016亿日元。至目前为止,共有33所大学的62个项目获批资助。该计划分为3种人才培养类型:全能型,培养活跃在日本国内外政产学研领域的跨界领军人才,构筑文理全能型的博士学位项目体系;复合型,培养能解决人类社会重大问题的综合型人才,构筑复合领域的博士学位项目;唯一型,培养独特优势领域的高端人才,构筑新领域的博士学位项目。为保证项目评审的公正性,该计划实行第三方评价制度,在入选项目执行后的第4年和第7年分别实行中间评价和事后评价,评委由来自教育界、学术界、产业界及行政界的专家学者组成。评价结果由高到低分为S,A,B,C,D 5个等级,向社会公布,并与后续经费的增额、减额或停止挂钩。

1.日本"博士课程教育引领计划"的创新举措

为了培养全能型、复合型、国际化的一流博士生,日本"博士课程教育引领计划"采取了多项创新举措。从实际运作情况看,主要体现在以下4个方面:

①汇聚行政机关、产业、国际机构、研究机构、大学等优势,将研究成果与社会和产业的需求相融合,为教育与实践的互动创造实战环境。如日本庆应大学全能型项目"超成熟社会发展的科学"以人类社会可持续发展中出现的诸多问题,如能源危机、粮食问题、地球温暖化等为研究课题,从文、理、医三大科系的13个学科中选拔优秀博士生为培养对象,与企业、行政机构共同打造文理融合、政产学研联合的教育环境和体系。该项目新设立了"MMD学位体系",规定博士生主修本专业同时,还须修读一门和本专业不同的跨文理学科,从而在5年间先后拿到3个学位,即主专业的硕士学位(M)、副专业的硕士学位(M)和主专业的博士学位(D)。庆应大学与25所海外大学和机构结成教育联盟,要求每一个参加项目的博士生在攻读博士学位的第一年期间,赴海外伙伴高校进行为期半年的短期留学,促使博士生建立海外教研联络网,拓展国际化视野。庆应大学还与17家企业和2个地方政府团体结成培训联盟,每周邀请企业和政府机构的高级技术或管理人员来校担任教员,开设3~6人的小型研讨会以指导博士生。博士生发表的论文和研究成果在毕业时会作为政府政策建言或企业长期战略建议向社会发布,应用于解决社会或企业的实际需求中。

②集结全球各界一流教员,构筑严密的考核评估机制以及紧密的教育和研究指导体系,为高端人才培养提供质量保障。日本九州大学的复合型项目"绿色亚洲国际战略项目"为了培养具备"研究力、实践力、俯瞰力、国际力、领导力"五大能力的理工科人才,在教育和研究指导体制、教师队伍建设方面采取了以下措施:

a.设立MCU(Mentoring Care Unit)研究指导体制。MCU研究指导体制改变过去研究生由所在研究室单一导师培养的模式,根据博士生所在的学年阶段,依次引入5名教员进行共同指导。这5名教员包括博士生在日本国内研修期间的博士项目主负责教授、副指导讲师、技术实践导师、海外实习期间的国外导师、学位论文审查期间的指导教员。5名指导教师来自多个领域,包括学术界、产业界、行政界及海外教育研究机构等。MCU研究指导体制使得博士生可以接受跨界的一流教员的指导,开拓了博士生未来发展模式。

b.构筑教育效果保障体系的"阶段门槛考核制度"。该项目采用硕博连读五年制培养体系。在这5年中,博士生要接受6次资格审查与认定的考核,即入学考试、博士资格认定审查、研究提案的开题审查、中期研究报告审查、课题论文审查及学位论文审查。通过增设严格的考核,博士生能实时了解外部专家对自身当前研究水平的评判,根据评估意见及时调整研究方案,从而保证了博士生课题研究的质量。

c.引入研究室轮转制度。该制度打破了传统的博士生读博期间固定在一个研究室的模式,要求博士生经历3个不同研究室的研修,在每个研究室至少3个月。这种研究室的轮转使得博士生能获取不同学科的研究方法,启发多维度思维方式。

③创造以博士生为主体的研究与实践机会,多渠道激发博士生创新能力,为博士生的能力提升给予强力支撑。日本东京大学的全能型项目"社会构想与管理的全球领袖人才培养项目"重视提升博士生统合各领域知识的能力和基于全球视野的解决问题的能力。该项目要求博士生毕业后具备三大能力:

a.培养贯穿文理学科的"水平展开力"。该项目集结了东京大学公共政策学、法学政治学、经济学、工学、生命科学、新领域创成科学、医学、信息工学、跨学科信息学九大领域21个专业的59名教师和104名博士生,跨越文理学科开展教学和研究,让博士生能接触不同专业的思维模式和理念。

b.培养活用知识的"设计力"。为了训练博士生宏观把控知识体系的能力和活用知识的组织能力,该项目设立了四大课程体系组成"俯瞰课程群",涉及150多门课程,博士生须选择和修满至少12个学分的课程。从课题的选定开始,到研究方案的企划与运作,直到最后的完成,全部以博士生为主体进行设计和规划。

c.培养解决实际问题的"行动力"。项目要求博士生在读期间须赴海外大学或国际组织实习3~12个月,针对自己关注的综合性课题,与国外师生开展共同研究。该海外实践被纳入博士毕业的必修内容之一,博士生在海外期间要定期提交实习感想和研修成果报告给国内导师,以便实时监测和指导。

④跨越传统学科分类,为博士生建立知识的整体基盘和开放体系,培养全能型、复合型领军人才,为博士生拓展多样化就业渠道。日本京都大学的复合型项目"全球生存学研究院合作项目"是集合了教育学、经济学、理学、医学、工学、农学、亚非地域研究、信息学、地球环境学九大传统学科,联合了生存圈研究所、防灾研究所、东南亚研究所3个校内机构的博士学位项目。为了构建博士生宏观的知识体系,该项目主要以讲义和实习两大形式,从培养计划的制订、课程体系、实习形式和场所、研究选题等方面全方位培养博士生,形成开放式教育体系。讲义方面,京都大学特别设立了新型交叉复合类课程供博士生选修,博士生须从4个交叉学科中选修8个学分的必修课,从9大传统学科中跨学科选择6个学分的选修课。实习方面,所涉研究主题分为6种形式:跨学科课题研究、跨学科研讨、政产学研机构的调研实习、国际会议上研究报告的发表、与企业人士联合开展项目、与国外机构共同开展项目。通过这种多样化的培养模式,让博士生接触不同专业方向的人员,在多元化的教育环境中成长,拓宽了博士生毕业后的就职通道。2016年从该项目毕业的10名博士生中,6人在大学任教,2人在企业任职,还有2人在公共研究机关任职。

2.日本"博士课程教育引领计划"的经验启示

1)博士培养目标应与社会发展相结合

目前,我国博士生教育也面临着前所未有的发展机遇和挑战,应将博士生培养与经济社会发展需求紧密结合,如"一带一路"建设、鼓励培养创新创业人才的"双创教育"、推进世界一流大学和一流学科的"双一流"建设等。

2)博士生培养过程应建立规范的教学、科研、实践指导体系

我国高校的博士生培养方式普遍保持传统的单一实验室、单一导师指导模式。由于承担繁重的科研和行政任务,很多导师鲜有时间指导博士生,多数博士生必须自行找课题、设计研究方案,没有接受规范的研究训练。

3)博士生毕业评价应建立多元化评价体系

目前,我国高校的博士生培养目标主要是学术研究领域的后备力量,评价主要集中在考核博士生发表学术论文、参与科研项目的方面,考核方主要是高校教师,人才测评标准、学术发展路径相对单一。

(三)英国大学的创新素质培养特点[1]

英国政府高度重视创新创业教育。2014年,英国企业界和部分国会议员开展了一项题为"适合企业家的教育体系"的研究,该研究得到政府的关注,并推动英国政府出台了文件《一切为了创新》(Enterprise for All)。2016年,英国科学与技术委员会致信首相,强调在大学开展正式的创业教育的重要性。2017年,英国教育部出台的《教学卓越框架》(Teaching Excellence Framework)特别重视创新创业教育,将学生投入创新创业活动的程度、毕业生初创企业的数量及影响作为高校教学卓越的证据之一。尽管英国高校普遍实施创新创业教育,但英国工业联合会2017年的调查结果发现,40%的企业雇主对毕业生的商业意识不满意。在上述背景下,英国2019年11月发布了高校《创新创业教育框架》(Enterprise and Entrepreneurship Education Framework)。该框架打破了"创业教育就是培养企业家"的认识误区,将创新创业教育回归到"培养创新能力"的教育本质,构建了层次分明的内容体系,具有较高的应用价值。

1.英国《创新创业教育框架》的理念更新

英国政府认为,高等教育改革与创新的目的是"一切为了学生的成功",但大学生的成功是个性化和多样化的,其中就业能力是确保学生未来成功的前提条件,而实施创新创业教育有助于提升学生的就业能力。英国《创新创业教育框架》折射出的最重要的理念,一是强调创新能力的重要作用,因为它能协同其他就业胜任力,增效学生的成功;二是明晰了创新教育与创业教育的区分及衔接关系。

1)创新能力与就业胜任力的协同增效

毕业生就业的最佳匹配点受到诸多因素的影响,如自身的专业和行业能力、就业地点和地理环境,以及雇主对毕业生能力期望与毕业生实际能力之间的差距等,其中就业

---

[1]本节案例主要摘自:崔军.英国高校创新创业教育国家框架:理念更新与思路借鉴[J].比较教育研究,2020,42(05):63-69.

胜任力是其关键因素。在高等教育中，就业胜任力被定义为："学生在个人特质、技能和理解力等方面的收获，这些收获使学生有更多机会就业，也更可能在选择的职业中获得成功，从而在个人发展、工作岗位、社会经济等方面产生效益。"在诸多就业胜任力中，创新能力是关键能力之一，对学生的职业发展影响较大，能协同其他就业胜任力，增强毕业生的就业与创业效能。因此，英国《创新创业教育框架》强调创新创业教育的出发点和落脚点应当是培养学生的创新能力。

2）创新教育与创业教育的区分与衔接

目前，创新教育和创业教育的定义较为模糊，英国高等教育质量保障署（The Quality Assurance Agency for Higher Education，QAA）为消除这种模糊做出了积极贡献。英国《创新创业教育框架》采用了QAA的定义："创新"是"在实际情境下产生新的想法，并付诸行动"。创新教育的目的在于培养学生提出新想法和将新想法付诸实践的能力，其本质是促进学生将新想法转化为行动，这种教育与就业胜任力培养步调一致。"创业"被定义为："创新特质、能力与行为在文化、社会或经济中的价值创新，这能导致创办企业，但创办企业不是唯一结果。"创业教育的目不仅在于培养能创办企业的人才，更在于培养将来能支持和协助企业家发展企业的毕业生。因此，创业教育重点是培养学生在企业环境下运用创新思维与技能的能力，其实质是将学习环境从一般的创新环境延伸到有风险的企业环境。英国《创新创业教育框架》认可创新教育与创业教育的区分和衔接，并界定"创新创业教育"这一概念既包含创新教育，又包含创业教育，两者的区分与衔接关系如图2-1所示。

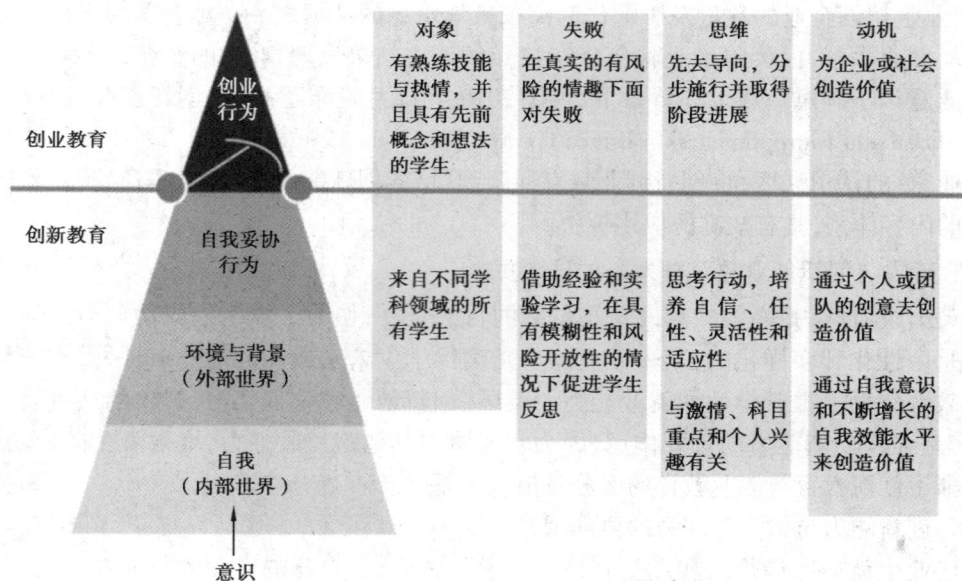

图2-1　创新教育与创业教育的区分与衔接

资料来源：QAA .Enterprise and Entrepreneurship Education：Guidance for UK Higher Education Providers.The Quality Assurance Agency for Higher Education，2018：16.（略有改动）

2.英国《创新创业教育框架》的内容体系

英国《创新创业教育框架》是国家层面的顶层设计,是高校实施创新创业教育的指南,蕴含着丰富的内容,构成了完整的体系。该框架包含不同角度(目标、学生、教师、学校)的4层内容,对应图2-2中由内及外的4个圈层。

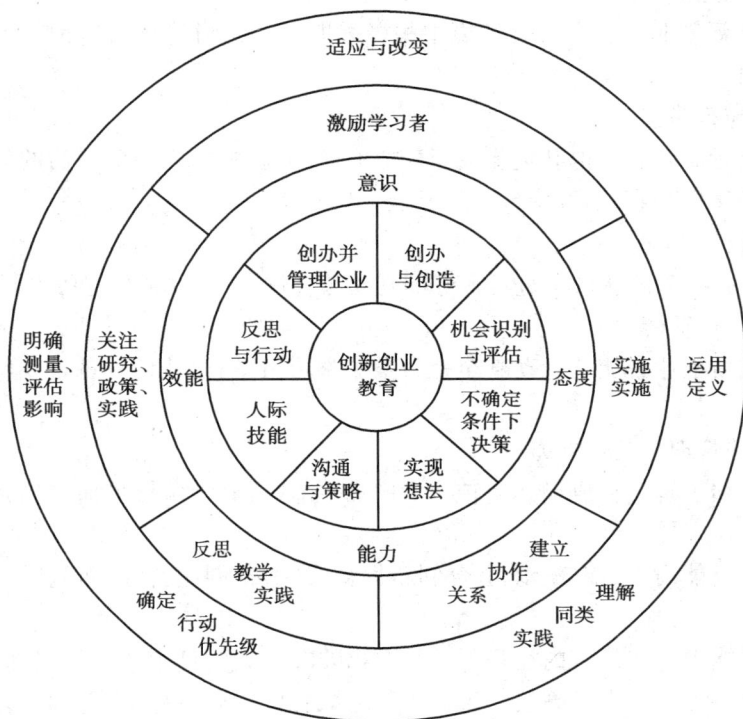

图2-2　英国高校《创新创业教育框架》

资料来源：AHE.Framework for Enterprise and Entrepreneurship Education.Advance Higher Education，2019：5．（略有改动）

1)创新创业教育的目标

英国《创新创业教育框架》的最终目的是培养学生具备一些关键能力(特质、技能或行为)。教育过程应为学生提供在广泛情境下实践的机会,以帮助学生树立对这些关键能力的信心。英国《创新创业教育框架》专家委员会采用主题分类法遴选了诸多关键能力,作为引导高校确定本校创新创业教育目标的指南。该框架由里向外第一层确立了与创新创业有关的8个关键能力：

(1)创新与创造能力

创新是创造的前提,创造是创新的结果,创业的想法和行动需要创新与创造能力。

(2)机会识别与评估能力

创新创业的核心是从多个可能的创意中识别机会,这需要创新创业者能够识别潜在机会,并评估机会的价值。

（3）在不确定条件下做决策的能力

企业家和岗位创新者需要整合新见解并做出决策,尤其是在资源有限、信息不清晰或需考虑情感因素的情形下,这种不确定的条件对决策者是一种重大的考验,他们须具备这种决策能力。

（4）实现想法的能力

成功的创新创业者能在社会情境中积极采取行动,执行决定,这种能力是创新创业者不可缺失的。

（5）沟通与策略技能

创新创业者需要和其他利益相关者建立有效沟通,并制订高效灵活的计划和实施策略,故沟通与策略技能必不可少。

（6）人际技能

创新创业者要和团队成员进行良好的互动与合作,必须具备良好的人际技能。

（7）反思与行动能力

成功的创新创业者能从行动甚至是失败中学习,这需要他们具备自我反思与行动的能力。

（8）创办并管理企业的能力

创新者必须了解创新成果如何转换为产品,创业者必须掌握如何初创并维持企业运行的技能。

在上述关键能力中,前7个既适合创新教育,又适合创业教育,而最后一个更适合创业教育。

这些关键能力之间具有内在联系,因此,需要在实践情境中整体学习,而不是孤立地学习。培养这些关键能力是高校实施创新创业教育的首要目标,也是创新创业学习旅途的"目的地"。

2)学习者的"旅程"

《创新创业教育框架》第二层阐明了为达到上述预期学习结果,学生在学习创业的"旅程"中需经历的4个关键阶段:提高创新意识、养成创新创业态度、培养创新创业能力及获得创业效能。学习者可在该"旅程"的不同"站点"进入和退出,这取决于学生的兴趣、动机、先前经历以及感知到的体验结果。

①创新意识是指理解创新对自己意味着什么,如能理解创新的专业价值,以及理解创新对个人的意义等。

②创新创业态度是指一系列看待问题的认知与思考习惯,如对个性和社会身份的自我认知、自我管理并具有灵活性和韧性,对价值创新的可能性充满好奇,以新方法来解决问题、把握机遇,以及容忍事情的不确定性、模糊性、风险和失败等。

③创新创业能力是指从事创业活动所必需的技能和能力,也就是框架第一层确立的8个关键能力,英国《创新创业教框架》专家委员会也推荐欧盟创业能力框架界定的15项创新创业核心能力。

④创业效能是指学习者在理解创新创业过程与结果后,外在表现为自己有能力成为不同类型的创业者,如领导者、企业创办者、市场引领者、媒体沟通者及价值评估者等。

上述4个关键阶段的学习既可借助正式课程,也可借助创业课外活动来完成。创业课外活动作为正式课程的补充,在培养学生建立自信、人际交往、创新等方面具有重要价值。然而,孤立的课外活动不能为学生提供足够的能力和洞察力,在课内课程中嵌入创新元素能激发学生参加创业课外活动的兴趣。因此,课内课程和课外活动需相辅相成,协同发挥效用。

3)教师的角色和素质

《创新创业教育框架》第三层描述了创新创业教师应有的角色和素质。无论是课内学习还是课外学习,教师应启发、培养和鼓励学生的创新创业思维、技能与行动;设计、开发并实施创新创业课程;建立学生、教育者和企业雇主等利益相关者之间的合作关系;反思自己作为一名创新创业教师的教学实践,持续改进自己的教学;关注研究、政策与实践。当然,这些角色所需的能力受到一些外部因素的影响,如教师所在高校的背景、性质及发展的战略重点,以及教师的工作职责是教授学术课程、帮助学生提高就业能力,还是在创业孵化器或加速器中指导学生创新创业的顾问等。该框架还指出,为了成功担当创新创业教学的重任,教师应具备的关键素质是:集成领导力,通过创建适合的学习环境鼓励学生和教学同仁培养学生的创新精神和创业行动力;教学改革能力,能尝试不同创业教学法、学习活动和评价方式,积极探索情境教学,不断提高教学实践能力;机会创新,为提升学生的学习经验而不断发掘新的学习机会;反思,有规律地回顾、评估和分析教学实践;参与,联合有创新能力的企业家、发明家、机构负责人等利益相关者紧密合作,共同参与教学;赋能,激励并赋予学生将专业学习和个人发展、职业抱负联系在一起的能力;将教学内容与外部社会当前的诉求和未来趋势相匹配。

4)学校的支持环境

《创新创业教育框架》最外层明确了学校层面应当对创新创业教育提供哪些支持环境,因为学校的文化、发展策略和实践等因素不仅会影响创新创业教育的内容,而且会影响创新创业教育的本质和重点。因此,《创新创业教育框架》提出学校层面应采取的策略是:

①学校要理解创新教育与创业教育的内涵,并明确其定义,这将体现院校文化,强化学生完成创业学习后的身份认同,也有助于学生接触企业雇主。

②规划与评估学校的创新创业教育项目,并参照其他高校的同类项目确定适当的基准和绩效指标。

③确定实施多种创业教育类型的优先级,并配置所需的资源,开展教师培训。

④评估创新创业教育对内部和外部利益相关者的影响,如对学生、雇主等相关者的影响。

⑤根据评估结果对已有项目加以改进,使创新创业教育的有效性持续增值。

三、构建科学的大学生创新素质培养体系

一直以来,我国高等教育在向社会输送人才方面过多地强调培养人才的规模,忽视了人才的质量,尤其是忽视了人才创新素质的培养,而是更加强调培养大学生在知识结构领域内的知识掌握,毫无疑问这会限制大学生创新思维和创新能力的培养。因此,在面向加快建设创新型国家的大背景下,我国迫切需要高等学校摒弃以往的共性人才培养模式,更新教育观念,同时引进创新型师资队伍并培训现有的教师队伍,实施差异化的教育策略,对不同的学生进行因材施教,展开不同的教育方式方法,达到兼顾整体和个体的目的,以期培养符合现代社会经济发展所需的具有创新精神和创新能力人才的要求。

(一)科教融合培养适应创新素质教育的教师队伍

1.创新素质培养对高校教师提出新要求

高校教师是大学生创新素质培养的主体,构建大学生创新素质培养模式,首先需要打造一支具有适应创新素质培养的知识、理念、素质和方法的高校教师队伍。

1)高校教师的知识结构具有"活性"

培养大学生创新素质,要求教师要有意识地关注相近学科知识更新的程度,了解学生各科学习的内容和进度,在完善自身知识结构的过程中,首先让自己的知识结构具有"活性"。只有教师的知识结构具备"活性",才能更好地在教育教学过程中给学生以知识和方法上的积极的引导和启示,与学生形成相同学习体验基础上的共鸣和交流,切实帮助学生解决学习中遇到的问题。高校教师具备有较为全面的知识结构,在创新素质培养中,高校教师个人需要不断更新自身的综合知识结构,包括个人的知识结构更新、教育知识更新和创新素质培养知识的更新。在当前信息化背景下,知识量几何级增加,不断实现个人知识结构升级是高校教师的基本职业修养。教育知识更新是针对教育对象学习特点不断变化的实际,高校教师更新教育知识以便能更有效地对教育对象施加教育影响;创新素质培养知识的更新则是更有针对性地指向大学生创新素质培养所需具备的专业前沿知识和跨学科知识的更新。这种综合知识结构的更新,既可通过高校及教育相关部门的培训工作完成,也可通过教师个人的自我学习提升来实现。这个过程实质是使高校教师的知识结构具有"活性",也是创新素质培养主体客体化的过程。

2)高校教师的创新素质培养理念更具"弹性"

培养大学生创新素质需要教师具有更有"弹性"的创新素质培养理念,这种"弹性"体现在教师的创新素质培养观念、教学质量观念和学生发展评价观念。对于大学生创新素质的培养来说,能不能树立正确的创新素质观就意味着有没有正确的素质培养目标。因此,树立教师正确的创新素质观念是前提。要帮助教师认识到:创新素质的构成是一个体系,创新素质也受到多个因素的影响。创新素质包括创新知识、创新人格和创新意识,其发展受到主观因素、环境因素、教学因素及社会氛围等影响。教师需要构建创新素质和别样的教学质量观念,不能以知识传授为唯一目的;不以考试为衡量教学质量的唯一

方式,不追求教学形式的标准化;面向全体学生,因材施教。帮助教师树立科学的学生发展观强调学生在创新素质培养中的主动性,强调学生个性化的发展。

3)高校教师的创新素质培养教育方法手段具有"柔性"

在教师综合知识结构、创新素质培养理念更新的同时,教师掌握"柔性"的创新素质培养的教育方法也是极其重要的。通过教学方法的工作坊、创新素质培养教育方法研讨会等方式,不断交流、提升教师创新素质培养的教学驾驭能力。

4)高效教师的创新素质培养工作需要更有"深度"

这种深度体现在思想层面对创新素质培养的深刻理解和深邃的教育思想;体现在教育行为层面的,对学生更多的时间投入,花更多的时间就具体的问题给予学生指导,帮助学生成长与进步,体现教师传道授业解惑的作用。

2.科教融合提升教师创新素质培养能力

教师在教学科研工作的创新是提升教师自身创新素质的有效途径,也是大学生对自己创新素质培养的最好范例。提升高校教师创新素质主要从以下3个方面着手:

1)建立科教融合平台,汇聚优质创新资源

致力于搭建国际一流的科教融合平台,汇集国际一流的科教资源,研究专业前沿问题、行业重大需求问题,在用新方法解决新问题的过程中提升高校教师创新素质,提升教师对创新素质培养的元认知水平。同时,教师将对创新素质提升的个人经验,与专业前沿问题研究的理论知识与实践经验传授给学生,由己及人更好地指导学生。

2)建立科研绩效导向,提升教师创新工作动力

在全球范围内新问题层出不穷、新技术日新月异的背景下,不关注新问题的研究的教师很难有力地完成大学生创新素质培养的任务。建立科研绩效导向的高校教师激励机制,是通过正向强化教师的科研行为和科研成果,培养、塑造高校教师关注前沿问题,不断突破已有成绩,开拓创新,从而让教师本人更加认同创新素质的意义、内涵和提升路径,让教师有内外合一的从事创新工作的原动力。

3)组建科教融合团队,形成创新工作合力

要让教师保持持续的创新能力,除了平台建设和绩效导向,建设一个相互补充、相互支持的科教创新团队是有效的保障。

（二）激发大学生创新素质的自我教育需求

1.创新素质培养对大学生自我教育提出新要求

大学生作为创新素质提升的主体自觉性的发挥,既是推动教育改革创新的必然选择,也是培养创新型人才的必然要求。在着力提升大学生创新素质的过程中,除了学校、教师等教育方的大力推进之外,还需要唤醒学生的主体自觉性,只有这样才能形成内外合力,进一步强化创新教育的实效性。因此,教育应想方设法让学生发现创新素质提升的迫切需要。

1)激发学生创新素质自我教育的自觉

没有主观能动性和积极性的发挥,就没有创新的动机和愿望,即使其他条件再好,在

创新素质提升也很难达到很好的效果。但要激起大学生的能动性和积极性,首先要激起他们对创新素质提升的需要。就其途径来说,可通过正面机理、引导学生发现创新价值、增加创新素质提升的紧迫感和使命感等途径来实现。

2)建立提升创新素质的合理自我预期

创新素质并不在那些取得巨大创新突破的个人身上,从创新意识、创新能力和创新人格3个方面,每个人都可以有所提升。大学生中蕴藏着巨大的创新潜能,经常出现创新的萌芽,但因没得到及时的支持、保护和引导,很多非常有价值的想法、创意止步于各种障碍面前。如此的现实,久而久之必将极大地挫伤学生的创新热情。因此,高校教师应通过指导学生创新工作,提升创新工作的层次;提升学生对创新素质的认识与理解;帮助学生取得创新成果体验成就满足感,帮助学生形成创新素质提升的合理心理预期。

3)形成创新素质自我提升的意志品质

任何创新成果的取得都有一个持续努力的准备过程,创新素质的提高也不是一蹴而就的。大学生创新素质的自我培养也是一个持续的过程,要求大学生持之以恒地努力。因此,良好的意志品质也是创新素质自我提升的必要条件。

2.着力提升大学生创新素质培养内在需求

1)搭建实践交流平台,激发创新素质自我教育需要

提供大学生与一流高校、科研院所、一流企业的师生、专家、职称人士之间交流的机会,让大学生形成对创新素质的感性认识;开展爱国主义教育,让大学生认识创新能力对弥补与发达国家之间经济、技术等方面差异的重大意义,催生提升创新素质的使命感与责任感。

2)职业发展指导,树立远大目标

学生的自我教育往往需要引导和激励,具体可通过两个渠道进行:一是帮助学生树立正确的"自我认识",通过大学生生涯设计规划、个别谈心、主题班会等活动,引导学生对自己进行审视,找出优势和不足;二是积极地对学生的创新进行宣传,通过榜样示范,促使学生发现追寻目标、树立赶超意识以及学习他人的成功路径。

3)开设创新素质提升课程,树立创新素质提升自信

高校有必要开设创新素质培养的相关课程,帮助大学生形成创新素质是什么,创新素质如何培养,作为个体可以做什么等一系列问题的正确认识,让大学生知道是什么,能不能做,怎么做。

(三)构建3个平台打造创新素质培养教育体系

1.构建学科交叉课程教育体系

1)建立融入创新素质提升的教学目标

改变以掌握知识和技术为首要目标的课堂教学观念,课程教学的目标应致力于创新精神培养,激发学生从已知世界不断探索未知世界的内心渴望,在教学目标的设置中体现对学生创新意识、创新能力和创新人格的培养。

2）实施融入创新素质提升的学科交叉课程设置

学科交叉是催生创新的重要途径,高校可根据大学生专业特点,对相关学科课程进行交叉整合,建设跨学科的科教教师团队和科教平台,成立跨学科研究机构和学术委员会,组建多专业联合的教学团队,持续推进学科交叉与融合。由此,学科交叉的课程体系既可体现为同一课程内的理论+实践+科研,也可体现为不同课程之间的专业+通识+前沿。

3）推进教学手段与教学方法创新

以学生兴趣为出发点,强化课上教师引导和课下创新第二课堂相结合。兴趣是一切创新能力培养的根本前提,一个对行业没有任何兴趣的人无论如何也不可能做到真正的创新。随着科技的飞速发展,高校课堂已出现很难抓住学生兴趣,甚至难以吸引学生注意的尴尬局面。这就要求教师在教学手段和教学方法上有更多的学习思考和创新,通过学习国际一流高校创新素质培养做法,借用学生感兴趣的新媒体载体和素材,有意识设置课程教学的兴奋点;发现并利用学生的兴趣点作为课程的起点和生长点,设置中层递进的教学内容;利用学生团队的群体动力,进一步加强学生在课后的自主互助式探索学习,这都将有利于培养学生的创新素质。

2. 实践教育体系

1）积极鼓励大学生参与教师的科研活动

参加教师主持的实际科研项目,是大学生创新素质提升的显著影响因素。事实上,很多大学生对参与教师的科研项目有着很高的期望。让学生直接参与教师的科研项目,对于学生而言,是提升其创新素质的最直接、最有效的途径。通过参与教师的科研项目,让学生的学习找到依附,帮助他们发现知识的价值。同时,通过项目合作带来的近距离频繁接触,老师和学生之间更容易建立融洽的关系,消除师生距离感,学生更容易向教师敞开自己求知的内心世界,教师也更容易了解学生知识掌握的真实状况。

2）加强校企合作

与行业领军企业建立学科建设和人才培养的密切合作,建立校企双导师制,为大学生提供丰富的高质量企业实践工作机会。校企合作和双导师制能帮助学生进入企业了解行业发展最新需求,掌握专业前沿应用技术,更好地理解专业理论知识,激发学习与研究兴趣,更好地将理论与实践相结合,在实际情境中提升创新素质。

3）发挥学生社团作用

完全有可能以对某一问题有一定研究能力和兴趣的学生骨干为基础,形成相应的专业社团,一方面吸收更多有兴趣的爱好者走到一起来,在培养创新思维的同时,进一步培养学生的合作能力和沟通能力,便于专业的相互交流与学科的相互融合,使学生树立交叉创新的理念,促进学生之间的沟通合作和共同创新。

3. 创新创业平台

高校创新创业平台是学生创新素质训练的重要平台。它主要包括科技创新平台和创业训练平台。一方面高校应积极组织、悉心指导学生参与国内外重要科技竞赛活动,另一方面高校可组织专业团队指导学生开展创业训练。

（四）完善评价管理制度

教学评价是依据教学目标对教学过程及结果进行价值判断并为教学决策服务的活动。教学评价对创新素质培养的重要意义是对教师的教和学生的学的效果评估和反馈。与教育相伴相生的教学评估，对创新素质教育具有巨大的推动作用。尽管在长期的教学实践中，教学评价已形成了一套有效的模式，但考虑创新素质培养的特殊性，大学生创新素质培养的教学评价还应把握好以下要点：

1.把握创新素质培养的教学评价原则

创新素质培养的教学评价原则是确定创新素质培养的教学评价方式时所采取的基本立场。面向大学生创新素质的教学活动有许多自己的特点，在教学评价原则上也应注意突出自己的特色。具体来说，需要把握以下3个原则：

1）定量与定性的评价结合原则

定量的教学评价有利于更宏观地把握教育效果的总体情况与个体差异程度。考虑与个体创新素质发展高度相关的如态度、情感、意志、兴趣等品质难以直接采用定量评价的方式进行测量，因此，有必要在创新素质培养的效果评估中将定量与定性的评价相结合。

2）正向性和发展性评价为主原则

教学评价是为教育服务的，是为创新素质培养服务的。无论是教师还是大学生，对创新素质的培养的积极尝试与探索都是值得被鼓励、肯定和欣赏的。不断对师生开展创新素质培养的行为进行正向的强化，是教学评价应该把握的重要原则。

3）共性与个性结合原则

个性化教育理论在创新素质培养实践中的重要体现，就是在教学评价环节，采用共性评价的同时也充分考量不同个体智力结构的差异化发展，不用一把尺子量所有人，充分鼓励学生的个性发展与成长。

2.把握创新素质培养的教学评价功能

要发挥好教学评价在创新素质培养中的作用，就要把握好教学评价的诊断、激励、导向及反馈四大功能。

1）把握好教学评价的诊断功能

教学评价的诊断功能不仅体现在对教学效果、学习水平的高低进行评价，更应体现在对取得成绩的优势、经验进行系统总结，并积极寻找与教学目标尚存在差异的原因。从正反两个方面分析影响创新素质培养的因素，以便师生双方在下一阶段调整、优化，不断推动教学活动趋近于创新素质培养的目标。

2）把握好教学评价的激励功能

要充分挖掘教学评价对教师和学生起到的监督、强化与激励的功能。经验和研究都表明，在一定的限度内，经常性地进行教学评价相对于间隔较长时间才进行的教学评价有更好的激励作用。因此，在大学生创新素质培养的过程中，要注意将过程性评价与结果性评价结合起来,尤其要强调对过程性评价的使用。

3)把握好教学评价的导向功能

教学评价指标的设置实质体现了对创新素质培养的价值导向,将成为教师教学和学生学习的风向标。因此,教学评价指标设置需要充分考虑教学评价的3项原则以及创新素质培养的教育规律,充分体现素质教育、主体教育和个性化教育的教育理念。

4)把握好教学评价的反馈功能

教学评价的反馈功能是通过对教师和学生双方反馈评价结果,帮助其多角度地认识和分析创新素质培养实践的客观情况;给予建设性意见,帮助师生有效调整和优化下一阶段教学和学习来实现的。发挥好教学评价的作用,要用好教学评价的反馈功能,同时也要注意反馈的方式与技巧。

【思考与训练】

一、讨论题

假如给你一片桃树园,运用发散思维想一想,你能利用这片桃树园做哪些创业项目?

二、案例分析题

抖音是一款音乐创意短视频社交软件。该软件于2016年9月上线,是一个专注年轻人的音乐短视频社区。用户可通过这款软件选择歌曲,拍摄音乐短视频,形成自己的作品。基于对品牌定位的变化,抖音将slogan从"让崇拜从这里开始"改为"记录美好生活",随着新口号的诞生,抖音开始着手"DOU"计划、"美好挑战"计划和社会责任计划,在丰富内容类型、扩展产品线的同时,立志将"美好感"和正能量传递给用户。抖音用户群体中女性比男性更多,对于爱美的女性来说,美颜功能、表情道具、面部萌化都能让其找到自信,也不排除目前抖音的内容和功能设置更适合女性用户。

(一)经营模式分析

抖音是在2016年9月上线的,但是真正进入大众视野是在2017年3月份左右,随之就是一发不可收拾的爆红。爆红不是一件偶然的事,也可以说是必然的。

卧薪尝胆。抖音上线后没有急于做市场推广,这期间培养抖音忠实的用户,让用户去传播产品,并且根据用户的反馈去不断更新迭代产品。去了解用户最真实的需求,从抖音的每次迭代记录中可以看到,每一次的迭代都会感谢提出改进意见的用户,让用户有参与感,有主人翁的意识。

一举成名。2017年3月,岳云鹏先后两次在有1 471万粉丝的微博上转发了一段模仿他唱歌的视频,视频的水印带着抖音。一下子把抖音推进了公共视野中,引起了抖音下载量和用户量的激增。抖音定位是年轻人,作为一款娱乐社交产品,抖音看见了市场上明星效应和粉丝经济。随后又邀请了胡彦斌等明星玩家加入,以及娱乐圈众多明星推荐。还邀请到鹿晗等当红明星在抖音宣传自己的新歌与新电影,并上线了3人独有的明星贴纸和专属挑战,又与当时的热门综艺节目《中国有嘻哈》进行合作,这一系列举措让抖音吸引了更多人的目光,用户量持续高速增长。

万箭齐发。9月21日,抖音首发3支品牌原生视频广告,携手Airbnb、雪佛兰、哈尔滨啤酒三大品牌,共启"抖音品牌视频广告首秀"计划。凭借平台出色表现,抖音吸引了不少品牌广告主与其合作。从牵手联想开始,到与天猫、MICHAEL KORS和必胜客等知名品牌合作,合作的这些中视频有两个明显的亮点:"竖屏"显示,符合移动端单手操作的使用习惯;个性化的创意视频,魔性的转场,以及慢动作、反复、抖动等特效使抖音视频看起来十分炫酷,再加上触动人心的背景音乐,用户情不自禁就会被这种旋律所吸引,从而进而点赞、评论等互动。

精耕细作。搜索引擎优化(SEO),抖音背靠今日头条,有强大的技术支持,抖音可在各个搜索引擎上进行关键词设置、内容个性化推送分发等,以及代码和网站结构的优化;通过社会化媒体传播,如微博、微信公众号、博客社区论坛等,上面有各种关于抖音的软文;站内活动,抖音内部会有热门挑战、热门音乐等,参与过后还有作品排名,满足了用户的好奇心、自我表现等需求。同时,还有新颖的H5游戏、优秀的教学视频、不断更新的视频模板及抖音小助手,从多方面来降低用户的操作成本。

(二)盈利模式分析

1.广告变现,抖音采用广告变现的方式,即信息流广告+App开屏广告,也就是我们常说的软广和硬广。据了解,在抖音首页推荐中,浏览十五个视频左右,会出现一个广告短视频。目前抖音的信息流广告费用大概是每千人成本200多元,如果按照一条浏览量100万人次算,那就是每天20万元左右。

2.直播打赏抽成,据了解,目前,抖音直播的抖币和人民币的兑换比例为7:1,而抖音直播礼物中,棒棒糖为9抖币,仙女棒为19抖币,boom为199抖币。

(三)商业模式分析

在短频领域,商业模式一直都较单一,主要集中于广告、电商、直播打赏、平台抽成及MCN等形式,而且很多问题还处于待解的状态。抖音的启动页面就是一个广告,这种广告模式大部分App都采用。此外,抖音在广告上还做了一些创新,投入原生态品牌视频广告,从市场上的反应来看是较成功的。通过个性化推荐,让广告成为用户感兴趣的内容,将广告与抖音产品特性充分融合。未来,抖音可能会帮助网红变现,与网红合作抽成,这对双方都是好事。

问题:抖音带来了哪些创新的商业运营模式?对你有哪些启示?

三、测评题

1.请列举铅笔的用途(至少10个,多于10个酌情加分)。

2.请提出对运动鞋的种种希望,并提出改进设想(至少5种)。

3.请提出对学生书包的种种希望,并提出改进设想(5种以上)。

4.运用多种联想方式,填写下表。

列如：钢笔 → 书桌 → 窗帘 →月亮
鼠标 → （　　　）→ （　　　）→大树
镜子 → （　　　）→ （　　　）→高山
石头 → （　　　）→ （　　　）→奖状
钢笔 → （　　　）→ （　　　）→大象
香蕉 → （　　　）→ （　　　）→电视机
面包 → （　　　）→ （　　　）→瀑布
飞机 → （　　　）→ （　　　）→钢琴

5.在保留以下主体功能不变的情况下,加上其他附加物,以扩大其功能,把结果填入表内。

主　体	附加物	改进后的名称
示例：手表	日历	带日历的手表
钢笔		
椅子		
雨伞		
饭桌		
钓鱼竿		

第三章　大学生创新意识培养

　　乔布斯有一句经典名言,领袖和跟风者的区别就在于创新。创新无极限! 只要敢想,没有什么不可能。这句话的核心就是创新意识。创新意识是创新活动的起点,没有创新意识就不可能有创新。创新意识是根据客观需要而产生的强烈的不安于现状、执意于创新的要求的动力。创新是产生新颖而有价值的观念、产品等的行为,而这种行为的产生离不开作为出发点和内在动力的创新意识,正是因为创新主体具有创新意识,才会产生创新的观念和积极创新的欲望。国家管理、企业发展、个人进步无一不需要创新意识。在习近平总书记的执政思路中,"创新"始终占据着重要位置,他多次提出,创新是一个民族进步的灵魂,是一个国家兴旺发达的不竭源泉,也是中华民族最鲜明的民族禀赋。无论是在推进改革中强调"把科技创新摆在国家发展全局的核心位置",还是在经济转型中提出"科技发展的方向就是创新、创新、再创新"。著名企业家亚柯卡认识到创新对于企业而言,是关乎企业生死存亡的生命线,不创新,不紧握时代脉搏,再高大的巨人,也会迅速倒下,因而提出了"无创意,不创新,毋宁死"的格言,表现出了极为强烈的创新意识。

　　强烈的创新意识会使创新者的思想系统中弥散浸润着思新求变的意向与冲动。对于青年学生而言,创新意识又常常表现为异想天开或独特的思维方式与行为特征,其等同于问题意识,即长期养成的找问题、挑毛病的思维。作为创造思维和创造力的前提,创新意识是青年学生自觉地确定创新目标,并有效地调节自己的行为,克服一切困难和障碍去实现目标的心理过程。具体而言,它包括了创新动机、创新兴趣、创新情感及创新意志等。

　　总而言之,创新意识除了能促成人才素质结构的变化、提升人的本质力量外,还能有效激发人的主体性、能动性、创造性的进一步发挥,从而使人自身的内涵获得极大丰富和扩展。

第一节　正确认识大学生创新意识

一、创新意识的内涵及结构

(一)意识与创新意识

创新意识涉及创新和意识两部分。要弄清楚创新意识的概念,有必要弄清楚意识和创新两个概念。

对于意识内涵概念而言,马克思主义哲学原理告诉我们,"意识是人脑的机能""意识是客观世界的主观映象"。不可否认的是对意识的研究历来在心理学领域中占据着重要地位。现代心理学源于对心理和意识的研究①。从内容心理学、意动心理学、构造主义、机能主义、精神分析一直到人本主义和认知心理学,关于意识的研究,心理学领域至今都无法给出一个统一的概念界定。心理学研究中对意识的内涵尚无定论。巴尔斯认为意识不仅包括有"是什么"的求知性认识,也涉及"如何是"的认识方式;维果斯基将意识理解为"机体的心灵",即意识是以需要、动机、目的为最高调节器的各种高级心理技能的复合系统。认知心理学家索拉索指出,意识是一门持续激起人们的兴趣、争论和实践的课题②。目前的心理学界已进入了一个"意识革命的时代"③。国内心理学者朱滢提出,心理学家常常认为意识是理解心理学的核心问题。国内,黄希庭认为意识是心理反应的最高形式,是人所特有的心理现象,从活动的形式上来看,意识可表现为认知的、情绪的和意志的形式;张春兴也认为意识是一个包括多重概念的集合名词,其含义是指个人运用感觉、知觉、思考、记忆等心理活动,对自己的身心状态(内在的)与外在的综合觉察与认识。霍涌泉在对国内外意识分析的基础上总结出狭义意识和广义意识之说,狭义的意识定义将觉知、认识即"认识到"作为意识的基本内容;广义的意识概念是认识、情感、意志的统一。综上所述,本书更倾向于意识是认知、情感和意志的统一,其中认知和情感又是态度中的重要成分。因此,态度可作为意识的重要部分进行研究。

对意识的概念问题争议很大,英国学者亨利指出,意识概念的混乱问题在于意识这一术语本身就缺乏清晰性,有不少学者怀疑自然界是否存在这种现象,同时人的意识经验也有多种类型,在这些不同的类型之间共同性较少④。因此,人类意识的高度复杂性导致了意识概念混乱的现象并不奇怪,这需要我们对目前各种意识概念进行梳理寻找共性。在意识的本质看法方面:第一种看法认为,意识就是心理;第二种看法认为,意识就

---

① 荆其诚,等.心理学的意识概念——意识与大脑[M].北京:人民出版社,2003:44.

② 罗伯特·索拉索.心理科学与21世纪——21世纪的心理科学与脑科学[M].朱莹,等,译.北京:北京大学出版社,2002:296.

③ Mandler G.Recovered of consciousness[M].Keith Sutherland Press,2002:17.

④ Henry J.The study of conscious experience in psychological science[J].British Journal of Psychology,1999(4):533-543.

是认识;第三种看法认为,意识是主体对客体的自觉认识、情感和意志的统一,是人所有的心理活动的总和[①]。

创新一词,创是创始、首创的意思,新是第一次出现,改造和更新的意思,创新就是创建新的观念、事物、思想之意思。《辞海》中对创新的解释为"创"为"创始"或"首创"之意。"新"为"初次出现"或"改旧更新之意",对创造的解释为:"首创前所未有的事物。"由此,创新和创造可认为同一概念。马克思认为,创造是一个很难从人们意识中排除的观念[②]。

对于创新意识而言,国内外的研究都较为稀缺,国内虽然存在创新意识的研究,但却缺少实证研究,国外并没有直接的创新意识(creativity consciousness)概念,与此相关的更多集中于对创新态度的研究,巴萨杜尔指出个体对创新的态度会影响组织的创新绩效。威廉认为创新态度与个体的思维、感受和行为倾向有相关,当个体有积极的创新态度时会产生许多创新观点,并且乐意与人交流。同时,在评价他人不寻常观点时,也会认真分析思考。巴萨杜尔和芬克本尼尔的研究对 ATDT(Attitude towards Divergent Thinking)进行了重新界定,通过因素分析得出了创新思维态度的两个维度:对发散产品观念的偏爱(the preference of divergent production of ideas)和对早期评判的偏爱(the preference for premature evaluation)。其中,对发散产品观念的偏爱是指个体喜欢听说、产生、思考和建立不寻常的观点,高发散产品观念偏爱的人喜欢产生新的观点超过传统的观点;对早期评判的偏爱是指个体喜欢在给出结论、进行交流之前对特定观点的质量进行评定,早期评判倾向的人有更强的批判思维,因此在一定程度上会阻碍发散思维。此外,许多研究者将创新态度作为评估个体创造性水平的重要指标。朱琦对成人的工作创造性态度进行了研究,发现创造性态度包含对新奇的开放性,对自己创造性的信心,关于解决问题和接受挑战的倾向,对变化的态度,学习和思维倾向,问题发现与机会把握,以及对工作及其创新价值的认同。

国内有学者对创新意识的概念进行了界定。有学者认为,创新意识是指创新主体的一种创新精神或一种创新的动机状态[③]。创新意识是创新活动的起点,是求新求异意识、求真求实意识,又是求变意识和问题意识[④],同时也是一种发现问题并且积极探索的心理取向[⑤]。

高道才在《广义创新学》一书中认为,创新意识是指人们对已形成的思想、观点、方法及周围事物保持着总想有所发现、有所改进的思维警觉。王复亮在《创新教育学概论》一书中则认为,人的创新意识,通俗地讲,是指每个人对创新的认识、要求、欲望和激情,反映了要求创新的迫切程度。叶蓉、文峥嵘在《职业素养通修教程》中指出,创新意识是人们对创新与创新的价值性、重要性的一种认识水平、认识程度以及由此形成的对待创新

①霍涌泉.意识心理世界的科学重建和发展前景——当代意识心理学新进展研究[D].南京:南京师范大学,2005.

②中共中央马克思恩格斯列宁斯大林著作编译局.马克思恩格斯全集:第1卷[M].北京:人民出版社,1995:129.

③陶仁杰.当代大学生创新意识培育研究[D].南昌:南昌大学,2017.

④陈敬全、孙柳燕.创新意识[M].上海:上海科学技术出版社,2010:2.

⑤何春岐,王永明.论思想政治理论课中大学生创新意识的培养[J].黑龙江高教研究,2008(05):127-128.

的态度,并以这种态度来规范和调整自己活动方向的一种稳定的精神态势。[①]

综上可以发现,创新意识包含着两层意思:一是个体对创新活动的认识和态度;二是创新意识具有推动个体去创新的动力。由此,我们认为,创新意识是指个体对创新的认识和态度,是个体进行创造活动的内在推动力量。[②]

(二)创新意识的结构

对创新意识内涵结构系统性的实证研究并不多见,目前比较有代表性的成果是:李苑凌在2007年的硕士毕业论文《重庆市高校硕士研究生创新意识与创新人格及其关系研究》一文中对创新意识的概念界定为创新意识是个体对创新的认识和态度,以及由此引发的情感和意向,这一心理活动或过程由认知、情感和意向3种成分组成,即创新认识、创新情感和创新动机。2008年李志在研究企业家创新意识时得出企业家的创新意识分为创新需要与动机意识、创新手段意识、创新价值意识。2012年王琪琪将大学生创新意识分为3个维度,即创新认识(创新本质和创新价值的认识)、创新情绪(正向情绪和负向情绪)和创新准备。

此外,在有关著作中,有学者也提出了自己对创新意识的结构的看法。例如,彭宗祥等认为,创新意识是一个内容庞大的体系,并且各种形式之间具有层次性,即由低级向高级层层递进的特点。[③]也就是说,低级创新意识是高一级创新意识形成的基础,高一级创新意识是低一级创新意识的发展和升华。具体而言,创新意识由低到高包括了创新需要、创新动机、创新兴趣、创新理想、创新信念及创新世界观6个层次。他们认为,在整个创新意识体系中,虽然每一层次的创新意识都能指导人们去创新,但它们表现的力量和自觉程度是不一样的,越是高级的创新意识越能表现出创新的自觉性,并能提供更持久、更强大的动力。

于丽荣、郭艳红在其著作中指出,创新意识包括创造动机、创造兴趣、创造情感及创造意志等。[④]其中,创造动机是创造活动的动力因素,它能推动和激励人们发动和维持进行创造性活动;创造兴趣能促进创造活动的成功,是促使人们积极探求新奇事物的一种心理倾向;创造情感是引起、推进乃至完成创造的心理因素,只有具有正确的创造情感才能使创造成功;创造意志是在创造中克服困难,冲破阻碍的心理因素,具有目的性、顽强性和自制性。

综上可以发现,对创新意识结构尽管目前没有形成统一意见,但至少可得出两点统一意见:一是我国学者对创新意识的结构大都注意了其认知、情绪情感、行为倾向等层面;二是创新意识与主体特性密切相关,不同的主体有不同的创新意识内容。由此,可认为,创新意识在结构上包含创新认识系统、创新情绪系统和创新行为倾向系统。创新认识系统回答:对创新有无价值;创新情绪系统回答:对创新有无兴趣、激情和动力;创新行

---

①叶蓉,文峥嵘.职业素养通修教程[M].天津:天津大学出版社,2014:34.

②李志.高新技术企业企业家创造性研究[M].重庆:重庆大学出版社,2013:12.

③彭宗祥,徐卫,徐国权.大学生创新创造读本[M].上海:华东理工大学出版社,2003:192.

④于丽荣,郭艳红.大学生创新教育[M].武汉:武汉大学出版社,2012.

为倾向系统回答:对创新是否采取了积极的行为准备和实施了相应措施。具体到大学生,通过观察和分析认为,有创新意识的大学生应该是认可创新是有价值的且自身是有创新需要的,创新对于自己而言情绪上是有兴奋、乐趣等体验的,并在创新中积极行动的且不断想方设法去创新的。

因此,大学生的创新意识包括创新价值与需要意识、创新行动意识、创新手段意识及乐于创新意识。创新价值与需要意识是创新意识的核心,一个人只有觉得创新有价值且意识到创新的内在需要才会积极去创新;创新行动意识是使创新走入实践成果的关键,没有行动意识,创新就永远停留在空想阶段,不会有实际结果;创新手段意识是产生良好创新效果的重要因素,具有手段意识就会不断思考如何去做更好的创新;乐于创新意识是伴随着创新活动产生的情绪情感觉察,一个人如果对创新活动没有情绪情感上的体验,那么这种创新活动既不会深刻,也不会持久。

二、培养大学生创新意识的价值

(一)创新意识是时代赋予大学生的特殊职责

早在20世纪80年代,国外学者就研究指出,作为当代人应具备12条素质:一是现代人准备和乐于接受他未经历过的新的生活经验、新的思想观念、新的行为方式;二是准备接受社会的改革和变化;三是思路广阔,头脑开放,尊重并愿意考虑各方面的不同意见和看法;四是注意现在和未来,守时惜时;五是强烈的个人效能感,对人和社会的能力充满信心,办事讲究效率;六是制订长期的计划;七是尽可能多地获取知识;八是具有可依赖性和可信任感;九是重视专门技术,有愿意根据技术水平高低来领取不同报酬的心理基础;十是乐于让自己和他的后代选择离开传统所尊敬的职业,对教育的内容和传统只会敢于挑战;十一是相互了解、尊重和自尊;十二是了解生产及过程。对这12条素质仔细分析会发现,作者放在最前面的3条素质都是讲的人的创新意识。[①]作为接受高等教育的大学生更需要具备创新意识。

当今社会"万众创新"已成为时代的主题,整个社会的发展需要所有人参与创新,革新观念,创新技术。随着新一代信息技术所带来的知识获取、知识交互的便宜性,创新的主体也由原来的企业、科学家变为普通大众。作为大学生,更肩负着创新的神圣职责。国务院总理李克强就大学生创新创业强调指出,大学生是实施创新驱动发展战略和推进"大众创业、万众创新"的生力军,既要认真扎实学习、掌握更多知识,也要投身于创新创业,提高实践能力。面对时代的发展,党和国家对大学生创新的高度期望,大学生必须具备强烈的创新意识,积极投身创新实践。2013年5月4日,习近平在同各界优秀青年代表座谈时的讲话指出,广大青年一定要勇于创新创造。创新是一个民族进步的灵魂,是一个国家兴旺发达的不竭源泉,也是中华民族最深沉的民族禀赋,正所谓"苟日新,日日新,又日新"。生活从不眷顾因循守旧、满足现状者,从不等待不思进取、坐享其成者,而是将

①殷陆君.人的现代化:心理·思想·态度·行为[M].成都:四川人民出版社,1985.

更多机遇留给善于和勇于创新的人们。青年是社会上最富活力、最具创造性的群体,理应走在创新创造前列。在激烈的国际竞争中,唯创新者进,唯创新者强,唯创新者胜。可以说,作为当代大学生必须要具有想别人之不敢想、做他人之不敢做,敢第一个吃螃蟹、永立潮头的创新意识,这是时代赋予大学生的特殊使命和不可推卸的责任。

(二)创新意识是大学生成为创新人才的基础

据1935年罗斯曼对701位发明家的研究发现,发明家的最佳创新年龄为25～29岁,但完成最重大发明的平均年龄为38.9岁。1946年,亚当斯调查了4万多名科学家的研究成就与年龄的关系发现,他们产生最优秀作品时的年龄在43岁,其中有9%在30岁以下。丹尼斯研究了100位寿命在70～79岁和56位80～89岁的科学家发表科研论文的数量情况,结果发现,他们在20岁时发表论文的数量很少,30～59岁则相当多,平均每人每年有两篇,而60～69岁时论文数量减少了20%。我国的研究工作者张笛梅和王通讯等对公元600—1960年的1 243名科学家的1 911项重大创新发明进行了研究。结果表明,中年早期和中年中期是发明创新的最佳时期[①]。从这里可以发现,人的创新收获季节或许不在青年,但是,没有青年时期大学生的创新意识培养、知识积累,要在未来产生创新成果是不可能的。

一个人要发展得好,就不能走别人的老路,必须有新思想、新方法,出新产品,这就决定了必须要有创新意识,随时去思考别人没有思考的问题,去走创新发展之路。大学生创新意识是增强大学生的创新素质、创新能力的重要基础。大学生如果没有创新意识,凡事因循守旧,不愿意突破旧思想、旧传统、旧办法,那么他就不可能去创新、去探索,永远停留在陈旧的路上。

具有创新意识的大学生对创新活动具有积极的兴趣,能积极去追求创新、投身创新,能克服在创新中遇到的困难和障碍。这样的大学生能够产生新观念、新产品、新成果,更容易成为经济社会发展中的稀缺人才。

(三)创新意识是大学生未来的核心素质

未来社会,科技发展日新月异,网络发展、世界经济全球化,科学技术、管理技术等前沿知识和理念的冲击,如何在国际经济发展中立于不败之地,不仅要学习国外先进的科学文化知识,还要有自己的创新,这也就需要我国的人才在掌握扎实的专业知识技能的前提下,还要有创新意识,只有创新才能真正带动我国的长远发展。

作为未来人才的大学生究竟应该具备什么素质问题,引起了国内外学者的高度关注。国内学者在这一阶段对大学生综合素质进行了进一步的讨论和研究,研究成果十分突出。学者黄殿臣认为,大学生应具备的基本素质包括思想道德素质、科学文化素质、专业素质、身体心理素质、创新意识、创新精神、创新能力及实践能力[②]。学者卫荣凡将黄殿

---

① 柳新华.创新致胜济南市[M].济南:山东人民出版社,2000:243.
② 黄殿臣.大学生综合素质评价体系的研究[J].黑龙江高教研究,2001(05):37-39.

臣提出的创新意识、创新精神、创新能力总结为创新素质,提出大学生综合素质内容主要由思想道德素质、专业素质、身心素质、人文素质及创新素质等构成①。在这些研究成果中,突出强调了要重视大学生创新意识和实践素质的培养。

近年来,智能机器人的发展进入新阶段,国外有学者估计全球50%的工作内容可通过智能科技实现自动化。在智能机器人时代,究竟具备什么素质的人才不会被淘汰? 研究者发现智能机器人在规则性强、协作要求低、流程节点少、有一定模式的、重复性劳动及非创造性工作方面具有优势,但智能机器人创造性差、情感体验弱,它无法代替创造性强、情感需要丰富的劳动。因此,要想让当代大学生在未来立于不败之地,在与机器人竞争中取胜,唯有培养大学生的创新意识,使大学生将创新纳入自身生活发展之中,激发创新动机,并在创造活动中表现出创新意向、愿望和设想。

材料3-1:五易画风的白石老人和晚年趋于保守的牛顿

齐白石,本是个木匠,靠着自学,成为画家,荣获世界和平奖。然而,面对已取得的成功,他没有满足,而是不断汲取历代名画家的长处,改变自己作品的风格。他60岁以后的画,明显地不同于60岁以前。70岁以后,他的画风又变了一次。80岁以后,他的画风再度变化。据说,齐白石的一生,曾五易画风。正因为白石老人在成功后仍马不停蹄,所以他晚年的作品比早期的作品更为成熟,形成独特的流派与风格。

牛顿是世界上最伟大的科学家之一,他对科学的贡献是史无前例的。牛顿的一生有许多伟大的发现:力学三定律、万有引力、光学环、光微粒说、冷却定律及微积分,然而到了晚年,他的研究陷入了亚里士多德的柏拉图学说的范畴而不能自拔。他花了10年的时间来研究上帝的存在,结果自然毫无所得。由此看来,即使是一个伟大的学者,一旦落入陈旧的范畴,就谈不上有丝毫的成就。

第二节　大学生创新意识存在的问题

揭示大学生创新意识存在的问题,对有效提升大学生创新意识有着十分重要的意义。从有关文献资料和对大学生创新意识的观察分析可以发现,当前大学生具有一定的创新意识,但大学生创新意识水平并不高,创新情绪体验上不够丰富;行动上具有一定的创新实践,但大胆创新的心理准备不足。

一、当代大学生创新意识存在的主要问题

当代大学生具有一定的创新意识,但是整体水平还有待提升。王琪琪通过对多所高校822名在校大学生创新意识的测量,在一定程度上了解了大学生创新意识方面的特点。从测验数据的总体情况来看,当代大学生具备一定的创新意识,但创新意识整体水平还有待提高。

---

①卫荣凡.大学生应有的综合素质[J].广西商业高等专科学校学报,2002(01):2-6.

（一）创新意识不够全面深刻

创新有着丰富的内涵，凡是产生新颖而有价值的东西都意味着创新，包括观念创新、制度创新、方法创新等诸多方面。国内有学者调查发现，近乎一半的大学生认为创新只是拥有独特的想法而已。[①]一些大学生简单地认为，创新是科研工作人员的事，学生不需要搞创新；[②]有研究者在对大学生关于创新创业概念的认知调查中，有45.5%的学生认为开发一项创新项目，20.3%的学生认为开公司或企业，25%的学生认为开创一份事业，9%的学生认为创业就是赚钱。[③]实际上，创新的内涵非常丰富，观察别人未曾看到的，思考别人未曾想到的，创新别人未曾做到的，挑战别人未敢质疑的，这些统统都是创新的内容，大学生把对创新的认识局限在很狭小的范围内，其深刻度明显不够。[④]

材料3-2：大学生创业意愿分析[⑤]

对444名在校大学生创业兴趣的调查结果显示，51.8%的大学生对创业感兴趣，22.7%的大学生对创业不感兴趣，25.5%的大学生选择不确定。这表明过半大学生对创业有兴趣、有热情，也在一定程度上预示着创业将是大学生个人职业发展中的一个重要目标。尽管过半大学生对创业感兴趣，但当问及"毕业后，您是否愿意自主创业?"时，55.2%的大学生明确表示毕业时不愿意创业，仅44.8%的大学生表示毕业时即愿意创业。可见，当前多数学生毕业即创业的意愿并不强烈。日前中国教育频道报道指出，获得创业设计大赛冠军的北京某大学生表现出的创业意愿也并不强烈，这一现象也值得引人深思。针对不愿意创业的大学生进行进一步调查，毕业即创业的意愿不强的原因主要在于：

（1）自身不足是主因

分析调查结果发现，有56.3%的大学生认为"自身社会经验不足"是不选择创业的主要原因，由于"个人创业能力不足"而不愿意选择创业的大学生占29.8%，因为"创业知识不足"而放弃创业的大学生比例为12.7%。

（2）缺乏资金、人际关系不足是重要原因

从调查结果看，有48.6%的大学生认为"缺乏创业资金"是自己不选择创业的关键原因，占20.8%的大学生认为"人际关系不足"是让自己止步于创业活动的主要原因。

（3）个性不符与志趣不在于创业是不可忽视的因素

如果说经验、资金、能力不足可通过时间和努力克服的话，个人特质是否适合创业需要慎重考虑。调查结果表明，27.8%的大学生认为"自己个性不适合创业"，18.0%的大学生认为自己"志不在创业"。

（4）信心不足也是大学生创业意愿不强的因素之一

从调查结果来看，占11.4%的大学生认为信心不足是自己不会选择创业的主要原

①陶仁杰.当代大学生创新意识研究[D].南昌：南昌大学,2017.

②郑景丹.大学生创新意识培养研究[D].太原：中北大学,2016.

③侯海荣,向欣,唐楠.大学生创新创业教育的现状与思考——基于对吉林省25所高校的实证调查[J].现代教育科学,2017(12):30-37+42.

④刘琳琳.基于大学生创新心理动机的创新力研究[J].科学管理研究,2014,32(6):111-114.

⑤龚丽,谢丽芸.大学生创业心理特征及对策研究[J].青年探索,2009(3):68-72.

因。这在一定程度上也反映了当前大学生对创业前景的积极预期不够,自信心不足。

综上可见,当代大学生在参与创业活动之前更多的是理性的思考,较充分地认识到大学生创业可能面临的问题,而不仅仅凭借个人的激情,这是值得肯定的;但是,也反映出大学生对创业前景信心不足的现状,这也需要学校给予积极引导,在好的机遇前,要充分发挥敢干敢拼的创业精神。

(二)创新兴趣与动力不足

耶鲁大学心理学家斯滕伯格(R. Sternberg)发现,个性中的兴趣和动机是人们从事创造性活动的驱动力。兴趣源于对事物的好奇心,是个体从事创造思维的内驱力。兴趣和动机可驱使个体集中注意力于所从事的创造性活动。美国心理学家托伦斯的研究发现,创造性学生的行为特征是:具有较强的好奇心,不断地提问,思维和行为的独立性强,个人主义,想象力丰富,不随大流,不过多依赖集体的意志,主意多,喜欢搞试验,顽强、坚韧,富于幻想等。[①]

创新兴趣与动力不仅是影响创新意识的重要因素,也是创新意识的重要表现。对于影响因素而言,缺乏创新兴趣与创新动力的大学生就不会去思考如何去创新,也不会主动去创新。国内有调查发现,有接近40%的被访者对创新创业的兴趣不高。受传统的教育模式及传统就业观念的影响,很多大学生缺乏创新创业精神,女生占的比例更高。[②]国内有调查发现,大学生在创新心理上动机的功利化较为浓厚,"为了将来能进好企业,获得高薪"以及"为了毕业后到大城市就业"成为不少学生追求创新的主要动机。

(三)创新意志力不坚定

人们在进行创新活动时,往往会遇到各种各样的内在心理的和外在环境的障碍和压力。只有意志顽强的人,才能冲破种种阻力获得创新成功。大学生创新意志力差,难以有效应对创新中可能遇到的困难和挫折。创新意志是在创新过程中克服困难、消除障碍,实现目的的心理过程。创新需要毅力、勇气,需要克服创新过程中重重困难,方能取得一定的成功。创新意志力强的人为了获得创造成功,他会压制自己的不符合于创造要求的动机和行为的产生与出现。当代大学生在面对创新活动中困难的时候,短期的困难尚具有一定的意志品质,但当困难的时间稍微长一点便退缩,在困难程度较低的情况下也会激发自己去克服,但是稍微困难大一点点便放弃自己努力的情况较突出,表现出创新意志水平较为薄弱的状况。

大学生在创新中的意志不坚定主要表现在缺乏明确的创新活动目标,惰性心理较突出,遇到问题后缺乏足够的心理承受能力。创造源于勤奋、源于坚强意志的支撑,离开了长期艰苦的探索,不经历无数困难、失败的阻碍和打击,不可能获得成功。科学发明中神秘的灵感,看似一念之间、相当容易,但它也是经过长期摸索、积累而炼化出来的。它是对艰苦劳动的奖赏,而非侥幸、投机的产物。海涅就曾对来访的艺术家说,"人们在那儿

①王汉清,况志华,王庆生,等.大学生创新能力总体状况调查分析[J].高等教育研究,2005(9):88-93.
②张秀峰,陈士勇.大学生创新创业教育现状调查与思考——基于北京市31所高校的实证调查[J].中国青年社会科学,2017,36(3):94-100.

高谈阔论天启和灵感之类的东西,而我却像首饰匠打金锁链那样地精心劳动着,把一个个小环非常合适地连接起来"。有的大学生整天沉浸于空想幻想,不愿实际动手,总在期待机遇的来临,希望不花力气或少花力气投机取巧地取得创新成果。正是有缺乏目标、懒惰心理的存在,使人失去了进取、钻研精神,失去了创新的基本本钱。

(四)创新情绪情感体验不够积极

创新是走别人没有走过的路,说别人没有说过的话,只有具有自信心的人才能在创新道路上坚持下去直到成功。一些大学生在创新面前表现自卑,他们往往过分高估或过分低估自身的能力,前者在创新失败后一蹶不振,后者将创新视为高不可攀,非具超凡能力的天才伟人才能完成,认为自己才智一般,想要有所创造简直是天方夜谭,根本不敢去尝试创新,因而导致创新麻痹,毫无创造意识,逐渐成为一个庸人。

(五)创新认识与创新行为不统一

根据吉林省25所高校的实证调查发现,19.8%的学生对创新创业很有兴趣,36.4%的学生比较感兴趣,24.3%的学生兴趣一般,17.5%的学生不太感兴趣,2%的学生没有兴趣;51.3%的学生表示如果有创业想法,肯定会努力付诸行动。然而在回答"您毕业后有何打算"时,有创业意愿的只占12.4%;全部被试中就业和考研的意愿分别为32.3%和45.3%。[1]

国内有研究者就学生参加创新活动的情况进行调查发现[2],"你对创新活动的参与程度"中,"积极"占4.68%,"比较积极"占29.77%,"一般"占57.86%,"不参与"占7.69%。其中,大四学生选"积极"和"比较积极"的占36.27%,"一般"占57.14%,"不参与"占6.59%。

麦可思研究院撰写的《中国大学生就业报告》(社科文献出版社)显示,2011届大学生中自主创业比例为1.6%,2012届为1.8%,2013届为2.3%,2014届上升到2.9%。[3]虽然自主创业的比例略有增加,但依然很低。向征研究表明,四川省高校大学生"比较愿意"和"很愿意"创业的人数分别占比37.6%和18.9%,实际付出创业行动的人只有24.6%,不到四分之一。说明,创业意识对实际创业行为的影响不大。[4]

二、大学生创新意识存在问题的主要原因

(一)大学生自身的原因

外因是变化的条件,内因是变化的根据。大学生创新意识的问题首先得从大学生自身角度来找原因。根据国内外相关研究,大学生创新意识不足的原因主要表现在:

①侯海荣,向欣,唐楠.大学生创新创业教育的现状与思考——基于对吉林省25所高校的实证调查[J].现代教育科学,2017(12):30-37.

②居占杰,刘洛彤.创新创业教育背景下大学生创新能力培养问题研究——基于G大学经济学专业本科生调查的分析[J].湖南师范大学教育科学学报,2016,15(02):71-75.

③卫彦瑾.就业蓝皮书显示:大学生自主创业比例持续上升[EB/OL].中国教育新闻网,2015-06-12.

④向征,李余丹,严译.大学生创业意识、创业能力与创业行为的协同研究[J].四川劳动保障,2018(2):1-5.

1.功利主义思想的影响

在全球化和社会转型的大背景下,西方功利主义思潮给尚未完全走向社会的高校大学生带来深刻的影响,使当代大学生在价值取向上表现出不同程度的功利主义倾向。[①]虽然在当代大学生的价值观念中,体现社会主义核心价值体系的集体主义观念和奉献社会精神仍居主流,但也无法忽视的是具有浓厚世俗色彩的功利主义正在逐步侵蚀大学生的思想。[②]大学生的功利主义主要表现为学习目的功利化、入党动机功利性,功利主义思想必然致使大学生只想当前,少想长远;只求稳定,不求风险。考公务员、进国有单位成为大学生的普遍选择,凡事求稳求妥,不思创新,也不追求创新。

2.自身消极心理因素的影响

"创新意识产生的内在因素就是心理因素。"[③]积极开放的心态是大学生创新意识产生的前提和基础。创新意识并非智力因素,也非先天因素,可通过后天培养获得。积极的心理因素是我国当代大学生创新意识培养过程中的重要因素,直接影响大学生创新意识的培养能否取得成功,因为内因起决定作用;反之,消极的心理因素会制约大学生创新意识的培养。[④]影响大学生创新意识的消极心理因素:一是心理定式,即在长期的学习中已形成的固定化的思维习惯,喜欢用陈旧模式去思考问题,难以打破固定的思维框架;二是对创新的畏惧心理,创造是一项艰辛,甚至危险重重的工作,需要我们具备较强的心理承受能力和坚强的意志力去面对可能遇到的艰苦和失败,需要有冒险敢为的精神去探索未知世界;三是自卑心理,自卑源于对创造过分高估、对自身能力过分低估,从而二者形成强烈反差,失去创造的自信心,有的大学生将创造视为高不可攀、非具超凡能力的天才伟人才能完成,认为自己才智一般,想要有所创造简直是天方夜谭,因而导致创造麻痹,毫无创造意识;四是懒惰心理,现实生活中,有的大学生爱幻想,不愿实际动手,总在期待灵感的来临,希望不花力气或少花力气投机取巧地取得成果,懒惰使人失去了进取、钻研精神,失去了创新的动力。[⑤]

(二)家庭教育的原因

创新意识强的人往往具有较强的独立性和进取心,有着远大的理想,对客观世界具有强烈的好奇心和求知欲望;他们善于继承前人的知识成果,不因循守旧,墨守成规,敢于在大胆怀疑的基础上提出自己对事物的创造性见解。成长过程中所处的教育环境和文化氛围对创新意识的培养有着十分重要的作用,家庭是人生的第一所学校,家长是子女的第一任教师,家庭教育具有时间上的先入性、教育方式的特殊性以及长期持久的特点,因而对学生的创新意识培养具有十分独特的地位。面对当前我国大学生创新意识不强的问题,家庭教育具有不可推卸的责任:

①孟繁英,赵志超.西方功利主义思潮对当代大学生的影响分析[J].学校党建与思想教育,2017(14):51-53.

②张彪.如何应对大学生的功利主义[N].光明日报,2014-06-17.

③周天梅,杨小玲.论罗杰斯的创造观与创新教育[J].外国教育研究,2003(11):9-12.

④郑景丹.大学生创新意识培养研究[D].太原:中北大学,2016.

⑤李志,陶宇平.大学生心理及其调适[M].重庆:重庆大学出版社,1998:175.

①长期只重视子女的知识学习、轻视子女的劳动实践成为家庭教育的普遍现象。长期以来"万般皆下品,唯有读书高",让子女多读书、读好书,上好学校成为家长始终的追求,为了让子女有一个好的学习成绩,城里的家长在孩子很小的时候就开始送读各种各样的学习培训班,以便让孩子考上更好的初中、高中、大学,孩子成天除了读书、还是读书,尽管一些家长也注意到让子女参加一些书法、讲故事等活动,但是一旦孩子的学习上出现问题,这些兴趣班马上就会终止,由于过度的学习负担,好多学生不仅没有培养出学习兴趣,反而培养出了对学习的厌恶情绪。同时,大量的时间被占用到了考试性的知识学习上,学生家长害怕让学生参加实践劳动耽误和影响子女学习,因而学生逐渐地只有书本,没有实践,创新意识自然难以培养起来。

②由于现在的大学生独生子女在家庭中扮演着特别的角色,家长特别关心子女的安全问题,生怕其出现危险。因此,凡稍有危险的事情都不让子女参与,逐渐地小孩变得循规蹈矩,缺乏冒险精神、拼搏意识。创新在一定程度上是需要有冒险精神的,而冒险就意味着不安全、风险系数增大,从小习惯了在安全环境中生活的大学生自然不敢越雷池一步,行事处处小心谨慎,就业首先寻找安全。就大学生就业调查发现,到政府机关、事业单位是大学生的首选,而民营企业是大学生不得已的选择,为什么?因为进机关事业单位安全、稳定,而民营企业竞争压力大。大学生们做这样的选择很大程度上与家庭教育相关,在大学生找工作的过程中,家长比学生积极的现象随处可见,为什么家长这么积极,因为家长担心子女未来的安全。如果这样的家庭教育不改变,期望中国的学生出现很强的创新意识恐怕还有很长的路要走。

(三)学校教育的原因

"为什么我们的学校总是培养不出杰出人才?"这个"钱学森之问"引起国内外学者和高等教育界的深思。高等学校肩负着培养出具有创新意识、创新精神的杰出人才的重任,虽然近年来我国高校在培养大学生创新意识方面做出了很大努力,但仍存在一些制约大学生创新意识培养的因素。

学校在办学中受制于学生安全第一位的影响,不愿意放手去培养学生的创新意识。在培养学生的过程,稍微可能造成学生不安全的因素,学校就不敢去尝试。例如,过去长期坚持的大学生实习、中小学生春游等活动,对学生开阔视野、提高兴趣、认识社会、体验社会具有非常重要的作用。但是,很多学校不愿意去组织这类有重要价值因素的活动,究其原因是害怕在组织这类活动中出事情而担不起责任。长此以往,培养出来的学生胆小、畏缩,缺乏进取、拼搏的意志品质,面对新事物不敢去尝试。

由于片面追求升学率的因素影响,学校定位好学生的标准上有明显偏颇。会读书、会考试的学生普遍被认为好学生,素质教育被变为简单的应试教育,学校除了教学生读书外,很少去培养学生的综合素质技能、创新意识。国内有学者指出,虽然各级教育部门和全社会都在强调素质教育,但在实际生活中,往往难以走出分数教育的怪圈,分数第一、文凭至上的观念仍深深扎根于人们的思想观念中。一些学校仍按分数高低对学生进行优劣分类。孩子们从小学开始,就开始背起分数的重担,考中学、大学,分数成为在激烈竞争中成败的唯一判据,这使得学生的主要时间和精力消耗在日常课程的学习、复习上,为提高几分,要重复做大量的练习题。在当今信息时代,电视、互联网等媒体和其他社会活动成为获取知识、拓宽视野、启发创新思维的重要渠道,可是很多学生却无心顾及。对培养其创新能力和动手能力的其他训练也较为缺乏,无形中其创造力遭到抑制。高智低能现象十分令人担忧①。

在课堂教学方式上,注重知识灌输的教育较为严重,制约了学生创新意识的培养。一个世纪前,美国教育家杜威(J. Dewey)就曾针对当时传统教育以书本、课堂、教师为中心的状况,指出这样的静坐教育不仅激发不起学生内在的兴趣,而且使得学生以知识学习为学习的目的,所学习的知识不会运用到实际问题的解决中。可是,长期的以课堂、教材、教师为中心的课堂教学模式并未在大中小学课堂教学中得到根本性改变,始终是"填鸭式"的教学方式占主导,启发式明显不足。课堂教学中,把学生当成知识的容器,生硬地把知识传授给学生,学生死记硬背知识,学生的知识量尽管增加了,考试分数也上去了,但学生的学习兴趣、学习主动性没有了,本应培养的创新意识也随之被葬送。

在对大学生的学业考试上,长期以来考知识多,考创新思维、批判思维不足,学生在学习上为了得高分只需要记住老师讲的标准答案或书本上提供的知识,而对现有知识存在的不足缺乏应有的批判性思考,久而久之导致学生过分依赖书本,死读书读死书,创新意识明显不足。

第三节　大学生创新意识的培养与训练

基于大学生创新意识的内容结构,要使大学生创新意识进一步提升,需要让大学生正确认识到社会处处需要创新,人人皆可以创新外,必须着重培养以下6个方面:

一、培养敢于创新的胆量

畏惧是创造最危险的敌人。因为有畏惧思想,就会怕困难、怕艰苦、怕失败;畏惧会磨灭人的想象力和独创精神,使人在许多有可能获得创造成功的机会中,丢失了这种机会②。创新意味着破除旧有的东西,创造新东西,而新生事物往往不容易被人所接受。由此,要创新勇气是关键,没有敢于打破旧框架、旧体系的勇气,没有标新立异不怕耻笑的气魄,没有第一个吃螃蟹的精神就不可能在创新的路上有所建树。马寅初先生曾经说:"言人之所言,那很容易;言人之所欲言,那就不太容易;言人之所不敢言,就更难。我就言人之所欲言,言人之所不敢言。"这就是马寅初先生创新的胆量。作为当代大学生必须要有"敢想,敢闯,敢于创造,敢为天下先"的精神,坚定奋勇争先的历史责任感和使命感,冲破狭隘,大胆进行创新实践。

---

①尚勇.创新纵论[M].北京:经济管理出版社,2003:223.
②朱卫嘉.大学生心理素质培养与训练[M].成都:西南交通大学出版社,2002.

敢于创新,关键在"敢"字上,创新有时需要付出很高昂很惨痛的代价。例如,哥白尼的"日心说"发表之前,"地心说"在中世纪的欧洲一直居于统治地位。人们早已认定这是真理,虽然有人对"地心说"产生过怀疑,却没有人敢于真正去探究,而哥白尼敢于挑战,以自己的生命为代价,推翻错误观念,创立了新的宇宙观,否则人们至今还以为太阳围着地球转呢。湖南科学技术出版社出版的《科学蒙难集》对历史上科技创新的蒙难归纳了10种情况:一是传统观念的束缚。新的科学发现和理论常常是原有理论所无法解释的,是与传统观念相冲突的,因此受传统观念的束缚,固执于旧理论,必然造成科学成果在发现和公认时间上的延迟和传播空间上的限制;二是学术权威的压制;三是习惯势力的阻挠;四是反动阶级的扼杀;五是认识水平的限制;六是管理的政策和方法不当;七是错误哲学思想的阻碍;八是嫉妒思想的干扰;九是争名夺利的诋毁;十是自然灾害的袭击。由此,作者提出对于科学工作者来说,就必须培养创新精神,勇于向未知领域进行探索,敢于向权威挑战;必须培养顽强精神,乐于在困苦中探索,善于在失败中取胜;就必须培养忘我精神,正确对待荣誉,尊重他人劳动成果,忠于科学事业,不惜为科学事业献身。可见,没有敢于创新的胆量,就难以在创新活动中取得成绩[①]。从中可以看出,要成为一个影响世界的大科学家,并非一帆风顺的,会面临各种各样的阻挠与束缚,这离不开拼搏竞争意识。

二、培养大学生问题意识

所谓问题意识,就是能随时从问题的角度思考所面对的各种现象。问题意识就是主动发现问题、主动查找问题,从无问题中发现有问题,从有问题中发现无问题。爱因斯坦指出,提出一个问题,往往比解决一个问题更为重要,因为解决问题仅是一个数学上或实验上的技能而已,而提出新的问题、新的可能性,从新的角度去看旧的问题,却需要有创造性的想象力。法国著名作家巴尔扎克(Balzac)说,打开一切科学的钥匙都毫无异议地是问号,我们大部分的伟大发现都应该出于如何,而生活的伟大智慧大概在于逢事都问个为什么。在科学发展史上,通过发现问题取得成功的例子比比皆是。例如,1928年英国细菌学家弗莱明在研究细菌时发现,在只接种了葡萄球菌的培养基上长出了青霉,发现这一问题后他开始为此而烦恼,一个偶然的现象引起他的注意:培养基其余部分都布满葡萄球菌的菌落,只有青霉菌菌落的周围没有葡萄球菌的菌落。由此他发现,青霉菌能产生抑制细菌生长的青霉素,为以后的医学发展做出了惊人的贡献。著名科学家达尔文也是在观察到一些古生物的化石和现存的生物十分相似但又有所不同这些问题后,再根据各种对比观察分析论证,才提出生物进化论学说的。可以说,发现问题和提出问题对科学发展和社会进步有着非常关键的作用,我们很难想象,一个头脑中没有任何问题的人,他/她会去思考如何创新。

问题意识是创新的原因和原动力,是创新之母。如何培养问题意识?

---

①解恩泽.科学蒙难集[M].长沙:湖南科学技术出版社,1998:1-21.

1.要善于抓住生活中的矛盾，进行深入分析思考

在现实生活中有许多矛盾，让我们感到困惑。例如,学习非常努力的学生为什么会学习成绩不好,高分为什么会出现低能,以及成绩好的学生为什么不想去创业等,根据这些问题的分析,我们就会不断培养我们的创新思维能力水平。这方面的例子比比皆是。例如,1804年的一天,英国邮政大臣罗兰·希尔爵士在乡间小路上散步,突然看见一个信差和一位乡下少女正在争吵。原来信差走了很远的路来为少女送信,少女却只看了看信封,然后说她付不起邮资,不愿收信。当时,邮资是由收信人付的。爵士替少女付了钱,送走了信差。少女告诉爵士,信是她未婚夫写来的,但她实在很穷,没法付邮资,于是跟未婚夫约好,如果他平安,就在信封上面画两个圈,这样她看看信封就够了。少女的话引起了爵士的深思,他发现了当时付邮方式的漏洞:一是不便利,二是容易给不付钱的人造成钻空子的机会。经过认真思考,他向英国政府提出建议:发行一种邮票,由发信人出钱购买,然后贴在信封上,作为已付邮资的凭据。政府接受了他的建议,很快发行了世界上的首批邮票。从这个案例中可以发现,爵士正是有很强的问题意识,促使了他不断去思考解决问题的方法,从而提出了创新的办法。

2.要具有比较意识

问题往往源于比较,一个工作方法、观点、制度、效果、行为究竟有没有问题,只要你去比较就容易发现问题。例如,自己所在的学校究竟在培养人才方面有没有问题呢? 如果仅仅从学校自身来看恐怕难以发现问题,但如果把自己所在学校与其他兄弟学校比较、把学校的教育教学与家长及学生的期望比较、与理想状态比较、与办学历史比较,通过这不同方面的比较,我们就容易找到学校办学存在的问题。

3.学会从不同角度看问题

不同的人往往会有不同的立场、观点、方法、需要,因而看待事物的角度也会不同。对一个现象、一个方法从不同角度看会得出不同的认识,一个现象是否存在问题、一个方法是否科学,从不同的角度会有不同的看法,在这些看法的矛盾和冲突就是问题。例如,作为工作人员怎样找到自己工作中的问题,多从服务对象的角度去看待自己的工作,那么问题也就容易发现了。

4.营造敢于"唱反调"的和谐氛围

任何人面对专门挑刺的人心理也不会痛快,要人专门给自己找问题并不容易。因此,要培养大学生的问题意识,必须得营造"唱反调"的氛围。

三、培养批判和怀疑精神

批判和怀疑精神是指人类不迷信传统、权威,不相信终极真理存在,反对教条主义和权威主义的理性批判精神;是敢于向旧思想、旧理论挑战的一种实证精神和创新品质。批判和怀疑精神是创造的助动力,缺乏批判精神的学习永远只会跟在别人后面亦步亦趋。哲学家笛卡儿认为怀疑是智慧的开端,并提倡无处不怀疑。英国哲人科学家皮尔逊(1857—1936)指出,"通向知识和最终确信的唯一真实道路是怀疑和怀疑论",而"常识往

往是理智冷漠的名字"。他进而揭示出,与不动脑筋的推理、轻松的和过分现成的信仰相比,诚实的怀疑对于共同体来说更为健康。①哥白尼对托勒密的"地心说"深信不疑,他就提不出"日心说",马赫和彭加勒对牛顿力学及其基础绝对时空观深信不疑,他们就不会对它展开猛烈的攻击,而如果没有马赫和彭加勒对牛顿力学和绝对时空观的批判,就不会诞生爱因斯坦的相对论,如果达尔文对物种不变论深信不疑,就不会提出生物进化论。只有保持批判和怀疑精神,才会促使人们积极地思考问题,不断发现新的问题和研究思路。要敢于对现有的理论、观点、方法,尤其是面对权威说"不"。

要培养批判和怀疑精神,就需要做到以下4点:

1. 不要迷信权威

迷信权威,就不会有批判和怀疑精神的产生。必须知道,任何权威都只能是一定时期、一定范围的,事物在不断发展变化,因而权威的观点、论断也可能会出现错误。因此,只有敢于怀疑权威的人,才可能抓住伴随时代发展变化所产生新生事物的机会,才会得到社会发展的青睐。

2. 要不断提升自身的知识能力素质

批判和怀疑的精神并不等于靠胆子大随便乱批判、乱怀疑,而必须建立在自身应有的知识技能基础之上,方能有所作为。

3. 要在实践中不断提升自己的批判与怀疑方法

批判和怀疑不是一切都予以否定和批判,而是在遵从事物发展规律的同时,不断以批判和怀疑的眼光揭示事物因时间、地点、内外因素变化所产生的错误,从而产生新观点、新想法。

4. 要营造批判和怀疑的氛围

在现实生活中,要对他人进行批判和怀疑往往会认为对他人过于严苛、不友善,往往会遭到对方的情绪抵触和众人的不理解。因此,就必须在大学生中培养批判和怀疑的氛围,让大学生与老师、与同学交往中要敢于怀疑,不要人云亦云,对批判和怀疑者要善意对待,不要懂不懂就扣帽子、打棍子,从而造成牺牲创新意识的表面一团和气。

四、打破定式思维,善于从新角度看问题

材料3-3:如何向和尚推销梳子

有一家效益相当好的公司,为了扩大经营规模,高薪招聘营销主管。打出广告后,报名者云集。面对众多应聘者,招聘经理为了有效评价他们的营销能力,便出了一道题目:让他们用一天时间去向和尚推销梳子,推销越多评分越高。很多人都认为这是不可能的,和尚是没有头发的,怎么可能向他们推销呢?于是,很多人就放弃了这个机会。但是,有3个人愿意试试,经理给了他们3天时间。

第三天,他们回来了。第一个人说:经理呀,我推销了一把梳子。经理说:你告诉我

①李醒民.皮尔逊.怀疑和批判是科学的生命[J].民主与科学,2003(02):18-21.

你怎么向和尚推销的？第一个人说：我到处和尚讲，我们的梳子是多么的好，对头发是多么的好，结果那些和尚都骂我有精神病，说我笑他们没有头发，赶我走，甚至要打我。我很绝望，这时候我看到一个小和尚，头上生了很多癞子，很痒，在那里有手抓。我就骗他告诉他，抓头用梳子梳，我骗他，卖出了一把。

第二个回来后给经理说：经理呀，我卖出了10把梳子。经理说：你怎么向和尚推销的呢？第二个人说：我想了很多办法，后来我到了一个最高的山上的寺庙里，我问和尚这里是不是有很多人来拜佛？和尚说是的，我又问他们，如果他们的头发被风吹乱了，拜佛尊敬不尊敬？和尚说当然不尊敬。我说你知道了又不提醒他们，是不是一种罪过？他说当然是一种罪过。于是，我建议他在每个佛前摆一把梳子，游客来了，梳完头再拜佛！一共有10个佛像，我卖出去10把。

第三个回来说：经理呀，我卖出去了3 000把梳子！经理说：你告诉我你怎么卖的？第三个人说：我到了最大的寺庙里，直接跟方丈讲，你想不想增加收入？方丈说想。我就告诉他，在寺庙最繁华的地方贴上标语，捐钱有礼物拿。什么礼物呢，一把功德梳。这个梳子有个特点，一定要在人多的地方梳头，这样就能梳去晦气梳来运气。于是，很多人捐钱后就梳头，又使很多人去捐钱。一下子就卖出了3 000把。

生物学家贝尔纳说，"妨碍学习的最大障碍，并不是未知的东西，而是已知的东西"。这句话中的"已知的东西"可引申为记忆中的思维定式。所谓思维定式又称习惯性思维，是人们学习和实际生活过程中长期积累而形成的一种思维活动、经验教训和思维习惯，往往是个人经验思维、从众思维或权威思维。人们在思维过程中一旦形成了某种定式，在条件不变时，靠思维的"惯性"可用已有知识和经验把新问题迅速解决，起一定的积极作用。靠定式思维解决问题的优点为时间短、效率高。

由材料3-3可知，一般人大脑中存在着"梳子是自己梳头发的工具"这一思维定式，因而当面临要向和尚推销梳子的时候，自然而然地想到这是不可能的事情。在应聘的三个人中，第二个人明显摆脱了梳子是梳自己头发工具这一思维定式，它也可以梳别人的头发，这样获得了一定成功。而第三个人认为梳子不仅可以梳别人头发，而且还是可以赚钱的工具，因而获得了很大成功。从中可以看出，要创新就需要打破思维定式。

如何打破思维定式呢？克服思维定式障碍，应做好以下3点：

1.不断接触新学科，扩大知识面

知识老化、知识面偏窄是形成思想狭窄、刻板的重要原因。广泛涉猎、更新知识，一方面可同时运用多学科知识方法去分析各种不同和相同的问题，借助其他学科的方法寻找创造思路；另一方面知识面广就可能从各种知识的碰撞中产生许多新问题、新设想，把过去认为无关的事物联系起来，从司空见惯的现象中重新迸发出创造性。现代交叉学科、边缘学科正是在几门学科的相互碰撞中应运而生的。

2.要学会从不同角度看问题

思维定式往往是从一个固定角度看问题，培养从不同角度看问题就会使思维更系统、更完善，也能看出一般人看不出来的东西。例如，一个学生受到老师批评，从学生角度看或许会觉得老师对自己很严苛，对自己太挑剔，心理不容易接受，但只要站到老师角度就会发现,这个批评包含了老师对学生的爱,内心就会很释然。

3.要不断突破原有的思维方式和方法

习惯化的思维具有一定的惰性,它使人对事物的认识刻板化、固定化,要想在此基础上寻求新的发现或发明,常易使人陷入死胡同。要突破习惯性思维,就要注意培养求异思维,不人云亦云,经常有意识地使用其他思维方式,哪怕是自己不习惯、不喜欢的思维方式。

此外,经常参加各种讨论、争论,从其他人那里学习新的思考方法等都有利于突破固定的思维方式,从而产生新的创造思路,迸发灵感的火花。

五、培养创新兴趣

富于创造性的人,往往对创新具有很强的兴趣,见到新东西总要问"什么""怎么"和"为什么"这样一类问题,从而进行深入的探究。

所谓兴趣,就是积极从事和探究某种事物或进行某种活动的倾向。兴趣是在社会实践中发生、发展起来的。人们在社会实践中可能形成各种兴趣,有由事物本身引起的直接兴趣,也有由事物或活动的目的和任务引起的间接兴趣,有产生于活动过程中而在活动结束后即消失的短暂兴趣,也有成为个人心理特征的稳定兴趣。生活中,人们常常要根据需要,有意识地培养某些方面的兴趣。当前创新迫切需要培养一种创新的兴趣意识,使之成为民族恒常、稳定的心理特征。

兴趣对一个人的创新非常重要。孔子曾提出"知之者不如好之者,好之者不如乐之者"的思想。兴趣爱好对创新有着重大的作用:一是使人产生一种执着追求的积极性,从而极大地挖掘和发挥自己的潜能;二是使人注意力高度集中,能很好地排除外界的干扰;三是提供一种长久的驱动力,激发人们从事某项工作或活动的积极性;四是使人们把艰苦的劳动变成一种享受,以愉悦的身心,饱满的热情去创新。许多科技工作者,常常为一个新的发明、新的发现,全神贯注,废寝忘食,通宵达旦,苦而忘忧,就是因为对创新有一种特别的兴趣。当前生活中的球迷歌迷追星族实际上就是对某一事物或活动他们特别爱好、感兴趣,从他们身上也可看到兴趣意识对驱动一个人行为的巨大的能量[①]。

在创新兴趣培养上,应做到以下3点:

①善于从创新中体会创新的快乐,从而强化创新兴趣。

②注重对创新间接兴趣的培养。间接兴趣是与直接兴趣相对应的,直接兴趣是一个人对某类事物或某一活动本身感兴趣。例如,儿童喜欢玩游戏就是一种直接兴趣。间接兴趣则是对某一事物或某一活动本身并不一定感兴趣,而是对事物及活动的结果感兴趣。对于大学生而言,要看到创新活动产生新思想、新观点、新方法对社会的巨大推动价值,从而热心于不断创新和探索,在创新中体会到快乐。

③处理创新兴趣与知识经验的关系。很多事情在缺乏知识经验的时候,往往是缺乏

---

①冯正刚.创新意识"结构"初探[J].广东社会科学,2002(01):1-6.

兴趣的,但随着知识经验的丰富和对该问题的探索,会逐步增强和产生兴趣。例如,我们刚生下来的时候,是缺乏对物理学、化学、哲学等问题的兴趣的,但随着知识经验的增多,尤其是到大学学习了相关的知识,加之在实践中不断的实践与锻炼,对一些学科的兴趣会逐渐浓厚。对此,需要静下心来,潜心学习一些专业知识,提升科学文化水平,并在生产实践活动中,不断发现和培养自己的创新兴趣。

六、培养创新激情

创新激情是一种积极创新、有所作为的情绪体验和意识。通常伴随着兴奋、冲动、愉悦、不达目的誓不罢休的强烈愿望等创新情绪情感体验。有创新激情的人面对创新会精神亢奋,在这种状态下将产生强大的创新驱动力,会带着激情去工作,就会自我加压,激发干劲,产生韧劲,获取动力;反之,则缺乏激情,精神会萎靡不振,遇到小困难也会畏难发愁,怨天尤人,做不好工作,办不成事情。

要有崇高的使命感和社会责任感。创新激情源于崇高的使命感和责任感,具有这种使命感和责任感的人,就会有坚定的创新信念,从而心里装着创新,手里做着创新,始终把通过创新改变社会、造福社会放在第一位,不断解决社会面临的问题和矛盾,提升服务社会的质量水平,从而在创新道路上飞得高、走得远。我国著名科学家钱学森有着富国富民的信念,他说,"今后我将竭尽全力,和中国人民一道建设自己的国家,使我的同胞能过上有尊严的幸福生活"。对此他强调创新坚持创新,他说,"我们不能人云亦云,这不是科学精神,科学精神最重要的就是创新","如果不创新,我们将成为无能之辈!"为了我国科学技术的发展,数十年如一日紧跟科技发展的前沿,即使到了高龄也从不间断、从不松懈、从不放弃,保持着对科学技术的持久创新激情。钱学森的节假日几乎都是在科学研究中度过的,就连在春节这种传统佳节里,他也无心欢度,而是推辞各种应酬,抓紧时间投心于科学研究,将所有的精力倾注在祖国的科学发展事业;从工作岗位上退下来以后,钱学森依然激情满怀地坚持自己的科学创新之路。

要认识创新价值并培养自己的创新需要。创新往往伴随着失败和痛苦体验,如果缺乏创新需要,认识不到创新价值,是难以产生持久的创新激情的,而缺乏持久的激情往往会半途而废,难以坚持的。有企业家说,"一时的激情是没有价值的,只有持久的激情才是能赚钱的"。为此,大学生需要充分认识创新对自己、对他人、对社会、对国家的价值所在,将创新纳入自己的生活,不断寻找自己的内在需要,把自己的需要与创新相结合。

善于在创新实践活动中培养创新乐趣。没有乐趣难以激发创新激情,为此,需要大胆投身创新实践活动,不断去探索发现新事物新方法创造新产品,在创新实践活动体会创新的价值、人生的价值,从而激发自身的创新激情。

材料3-4：习惯势力对科学创新的阻挠①

墨守成规的保守思想是一种较为普遍的习惯势力。它阻碍科学发现的事例，在科学发展史上是屡见不鲜的。中国古代历法改革之所以多次受阻，主要就是由于当时朝廷中保守势力的破坏所造成的。南北朝时期的祖冲之，经过精密观测和推算，改变了19年7闰的旧历，定出了391年置144个闰月的新闰周，于公元462年制订了与实际更为符合的《大明历》，并进呈给当时朝廷。然而，这一改革在朝廷里却掀起了轩然大波，遭到了以朝廷宠臣戴法兴为代表的保守势力的激烈反对。他们攻击祖冲之的改革是"削闰坏章""诬天背经"。

旧道德是习惯势力的又一种表现形式。计划生育事业的开拓者、美国著名医学家玛格丽特·桑格，为了解除妇女的沉重负担和痛苦，20世纪初就开始积极倡导节育，并研究了节育方法，制成了避孕药，开办了节育诊所，受到了美国广大妇女的响应和支持。然而，她的这些节育活动却被一些人说成"非法的""不道德的"。纽约道德维持会会长安东尼·康斯托克，在1873年促进美国国会通过的一项禁止利用邮政和火车、轮船传递色情品的法律中，塞进了一条禁止避孕用具和禁止传播避孕知识的条令。他把这些避孕用具和药品说成"猥亵、下流、淫荡、邪恶、污秽和令人作呕的东西"。若触犯康斯托克塞进法律的这些条令，要被判处10年监禁和巨额罚款。康斯托克授意在纽约州刑事法中确立的条令，规定得更为严厉：无论什么人以什么理由宣传节育，都将被判为犯罪。在美国，桑格的节育诊所连遭查抄，她本人多次被捕入狱，受尽了折磨。在中国，桑格也受到了无理指责。当她来中国宣传节育时，有人污蔑她要使中国人灭种。在日本，桑格先是遭到日本政府不允许她上岸的无理阻挠；排除重重困难上岸后，日本政府又企图阻止她宣传节育。后来，经过桑格长期而顽强的斗争，克服了旧道德的重重阻挠，才使这一造福于人类的伟大事业得以存在和发展。

【思考与训练】

一、创新意识测试②

认真思考下列20个测试题，结合自己的实际情况作出判断，每题用时30 s左右。完全符合的，在括号里面填"A"；有些符合的，填"B"；说不清楚，填"C"；不符合，填"D"。

1.我重视学习新知识。　　　　　　　　　　　　　　　　　（　　）

2.我愿意提问题。　　　　　　　　　　　　　　　　　　　（　　）

3.我好奇心比较强。　　　　　　　　　　　　　　　　　　（　　）

4.我不愿意人云亦云、随大流。　　　　　　　　　　　　　（　　）

5.我喜欢诙谐、幽默。　　　　　　　　　　　　　　　　　（　　）

---

① 解恩泽.科学蒙难集[M].长沙：湖南科学技术出版社，1998：1-21.

② 刘培育.创新思维导论[M].北京：大众文艺出版社，1999：105-106.

6.我说话写文章经常用比喻。 （　　　　）

7.我比较珍惜时间。 （　　　　）

8.我不喜欢思想保守、墨守成规的人。 （　　　　）

9.我有克服困难的自信心。 （　　　　）

10.我喜欢下棋、猜谜语等智力游戏。 （　　　　）

11.我比较喜欢发表意见。 （　　　　）

12.阅读文学作品时,我脑海里经常浮现各种人物。 （　　　　）

13.我喜欢与别人交流学习、工作的心得体会。 （　　　　）

14.我对于开发智力的书籍兴趣浓厚。 （　　　　）

15.我愿意与思想活跃的人交往。 （　　　　）

16.读书时我喜欢联想。 （　　　　）

17.我比较注意汲取新的学习、工作方法。 （　　　　）

18.在解决问题时,我经常变换思路。 （　　　　）

19.我喜欢读和写有新意的文章。 （　　　　）

20.我喜欢用样式新颖的办公及生活用品。 （　　　　）

评分标准:A,5分;B,4分;C,2分;D,0分。满分80分以上,创新意识强;70~80分, 创新意识较强;60~69分,创新意识一般;50~59分,创新意识较差;50分以下,创新意 识差。

二、创新意识训练

案例:某夜,有个名叫吕班的怪盗、侦探,潜入一个公爵的住宅,在3楼卧室里,偷盗一份重要的外交信件。他正要离开房间,突然听到门外有脚步声——公爵参加晚会回来了。吕班进退维谷。窗下有一条运河,如果跳进运河就可以脱身,但吕班顾虑外交信件被弄湿而前功尽弃。踌躇中,他看到自己的帮手在对面大楼窗口等待接应,于是灵机一动,决定先把信件递给帮手,再只身逃走。他钻到窗外,站在窗台上,探身、伸手,可是很遗憾,还差一点点,够不着,手边又没有杆子或棍子之类的工具,对面大楼的窗台很窄,跳过去也没有落脚之处,把信件扔过去,又担心被风刮跑。一时,怪盗吕班竟束手无策。可是仅仅数秒之后,吕班就有了办法,什么工具也没有用,就把信件递给了帮手,然后只身跳入运河中,匆匆离去。

根据这个案例,猜猜吕班是如何做到没有工具并不惊扰公爵的前提下,将信件递给帮手并成功脱身? 同时针对此案例,从理论应用、理论批判、理论完善的角度进行创新性思考是否有其他解决办法。

三、创新意识分析

案例:甲、乙、丙3人分别来到一家公司应聘管理人员,在应聘的时候,HR直接给他们每个人发了一根米尺,告知应聘者必须在0.5 h内,利用唯一的米尺这一测量工具,测出所在的这栋20层大楼的高度,谁能精确测算出该栋大楼的高度,就聘用谁。

对HR给出的难题,甲应聘者思考了一会儿,随即带着米尺来到底楼,利用几何知识进行了烦琐的计算;乙应聘者爬到楼顶利用绳子系上米尺进行测量;而丙在听到HR的问题后,非常从容淡定地来到了一楼大厅管理处询问,不到1 min便得到了该栋大楼准备的高度。最后,丙毫无疑问地得到了该职位。

结合以上案例分析应聘者的做法,进一步说明甲乙两位应聘者在思考问题时所存在的问题,并分析如何通过训练才能具备灵活的应变能力。

第四章　大学生创新能力开发

当今社会的竞争,与其说是人才的竞争,不如说是人的创造力的竞争。对于大学生而言,创新能力具有举足轻重的作用。创新能力是新时代对人才的基本要求之一,创新能力往往与良好的专业理论、知识水平密切相关,体现着一个人的综合素质。近年来,国家和高校特别注重大学生创新能力的提升。大学阶段是人一生中获取知识和培养能力的关键阶段,全面提升大学生的创新能力,对大学生未来的发展有着非常重要的意义。

第一节　正确认识大学生创新能力

一、创新能力的内涵及结构

(一)创新能力的内涵

"能力"的解释为:从事某种活动的技能。按照创造程度,可将能力分为模仿能力和创造能力。这里的创造能力,是指独立地掌握知识和技能、发现新的规律、创造新方法的能力。在我国,早在2 000多年前,儒家经典《大学》即主张:"苟日新,日日新,又日新。"孔子曰:"不愤不启,不悱不发。举一隅不以三隅反,则不复也。"这些都明确地反映了不断更新、不断创造的思想。

Zhou和Shalley认为,创新能力就是指产生与产品、实践、服务或者程序有关的新奇并且对组织具有潜在的有用性想法的能力[1]。彭宗祥等认为,创新能力是指人们在继承和学习已有知识的基础上,突出新概念、新方法的能力,是创新活动得以实现的重要因素[2]。刘助柏等研究认为,对于大学生来说,创新能力更多指学生在学习中所表现出来的用已

---

①Zhou J, Shalley C E.Research on Employee Creativity:A Critical Review and Directions for Future Research[C].Research in Personnel and Human Resource Management,Oxford,England Elsevier,2003:165-217.

②彭宗祥,等.大学生创新创造读本[M].上海:华东理工大学出版社,2003:249.

有知识创造性地解决问题以及发现新事物、掌握新方法的能力[①]。蒋晓虹等认为,广义的创新能力包含学习的能力、发现问题的能力、提出解决问题方案的能力、实践方案的能力[②]。王亚娟认为,创新能力是具有创新潜能的主体在创新智能的控制下形成的创新主体行为技巧的能力[③]。

尽管不同学者对创新能力的内涵并不完全一致,但有两点是比较一致的:一是创新能力需要突破原有的想法、观念,关键点是思维能力;二是创新能力需要在创新活动中才能得以体现,如果没有具体的创新活动,创新能力只能是潜在的能力。由此可以认为,创新能力是在创新活动中产生创造性解决问题所需要的新观念、新想法的能力。

(二)大学生创新能力的结构

关于创新能力的研究,在20世纪50年代开始有了突飞猛进的发展。1950年美国心理学家Guilford在美国心理学年会上发表了著名演讲"Creation",提出了对创新能力重视不足及由此产生的后果,认为心理学界应加强对创新能力的研究。Guilford于1967年提出智力三维结构模型理论,认为智力结构应从操作、内容和产物3个维度进行考虑,创造性思维的核心是发散思维。自此,当代心理学开始越来越多地关注对创新能力理论模型的建构,通常认为当多种成分汇聚在一起时才会产生创新能力,认为创新能力包含多种成分。

我国学界对创新能力的研究起步相对较晚,在20世纪80年代才有论述出现。近期关于创新能力的结构的代表性研究有:张武升认为,创新能力不仅是智力化特征的能力,也是人格化特征的能力。不是单纯的智力品质,也是一种性格特征、精神状态和综合素质[④]。陈若松认为,创新能力是个体在创新活动中表现出来的创新思维能力、创新智力化能力以及创新人格化能力的内在整合,其中创新思维能力是核心,创新智力化能力是手段,创新人格化能力是动力[⑤]。关于大学生的创新能力的结构,高美才和陈勃认为存在着3个维度共同支撑着大学生创新能力这一内核,维度一为"自知"与"他知"相结合,即创新的知识结构;维度二为从历史到未来,认为发展是创新的动力系统;维度三为理论与实践相结合,这成为创新的途径[⑥]。何杜明、滕发祥对大学生创新能力的知识结构进行了研究,认为其包括拓展常识性知识面、减少熟练性知识的积累、精选深刻性知识的内容3个方面[⑦]。

关于创新能力的评价因素的研究也值得参考,Schaefer最早研发了一套创造性态度

①刘助柏,梁辰.知识创新学[M].北京:机械工业出版社,2005:130.

②蒋晓虹,卢永嘉.大学生创新能力的学理分析和培养要素[J].苏州大学学报:哲学社会科学版,2009:6(11):117-118.

③王亚娟.培养大学生创新能力之路径探析[J].价值工程,2011(14):245-246.

④张武升.教育创新论[M].上海:上海教育出版社,2000:421.

⑤陈若松.论创新能力的内在整合[J].求索,2003(5):169-170.

⑥高美才,陈勃.大学生创新能力的三维性研究[J].江苏高教,2003(1):26-28.

⑦何杜明,滕发祥.大学生创新能力的知识结构[J].黑龙江高教研究,2006(1):169-171.

测量(Creativity Attitude Survey)工具①。Csikszentmihalyi认为仅仅把创新视为一种个人的心理过程并不足以说明创新的本质,因为这样忽略了个人发挥创新潜能的历史文化背景和现实社会条件,因此他提出了创新研究系统模型,其核心观点为:创新不但是一种心理事件,同时也是一种文化事件和社会事件,因此只有将创新过程置于个人、文化与社会构成的相互作用的系统中才能获得全面理解②。李志对国外企业员工创新能力进行研究发现,影响员工创新能力的因素包括内部系统因素和外部系统因素,内部系统因素包括人格因素、技能因素、认知风格因素、动机因素和价值观因素,外部系统因素包括组织氛围因素、企业管理者因素、管理方式因素③。崔总合和杨梅对企业技术创新能力评价指标体系进行了构建,认为从企业创新的维度和要素内容来看创新主要包括技术创新、管理创新、市场创新和制度创新④。郭建如和邓峰利用多层线性模型从学校、院系和个体层面考察大学生创新能力的影响机制,将创新能力描述为创新人格和创新思维两个变量⑤。

尽管创新能力受到创新意识、创新人格等因素影响,但对于内涵而言,创新能力与创新人格、创新态度是有区别的,创新人格、创新意识不属于创新能力。参考相关研究成果,本书认为,大学生创新能力主要包含创新思维能力、创新学习能力和创新实践能力3方面内容。

二、开发大学生创新能力的价值

(一)创新能力是创新素质的核心

创新素质本质上是指一个人在先天生理基础上,通过后天环境影响和教育所获得的、内化的和相对稳定的、对创新活动发挥关键作用的心理特点和基本品质。创新素质是个人整体素质的重要组成部分,由多种心理因素所构成,具有复杂的结构。创新素质的结构包含创新意识、创新能力、创新人格3个部分。创新意识是个体对创新的认识,由创新引发的情绪反应,以及为创新活动所做的准备;创新能力是个体创造某种符合国家、社会或个人价值需要的具有革新性或独创性的产品所具备的主观条件;创新人格是内在、持久、稳定地促使个体取得创新的人格特征。

创新能力是一种综合性、涵盖性很强的素质,在创新素质的3个部分中它是直接指向问题解决和创新成果的部分,只有具备了创新能力,在创新活动中才能更好地发现问题、分析问题并解决问题。因此,创新能力是创新素质的核心。创新能力可分为创新思维能力、创新学习能力、创新实践能力3个维度。具体来讲,创新思维能力包括批判性思维能力、发散思维能力、逻辑思维能力等要素;创新学习能力是采取新观点新方法进行学习、获取创新知识的能力;创新实践能力是将创新的理论知识运用于实践,并在实践中产生

①Schaefer C E.Creativity attitude survey[M].Jacksonville,IL:Psychologists and Educators,Inc,1971.
②Csikszentmihalyi M.Implications of a system Perspective of the study of creativity[M].IN R.J.Sternberg(Ed).Handbook of creativity.UK:Cambridge University Press,1999:313-335.
③李志,朱帆.国外企业员工创新能力研究进展及相关启示[J].西南交通大学学报:社会科学版,2007,4(8):114-117.
④崔总合,杨梅.企业技术创新能力评价指标体系构建研究[J].科技进步与对策,2012(07):139-141.
⑤郭建如,邓峰.高校人才培养改革对大学生创新能力的影响[J].高等教育研究,2020,41(7):70-77.

创新行为、创造性解决问题的能力。由此,创新能力是创新素质的核心素养,创新能力的高低决定了一个人的创新素质水平。

(二)创新能力是大学生成长成才的重要素质

美国哈佛大学校长普西认为,一个人是否具有创新能力,是一流人才和三流人才的分水岭。未来的社会,一个缺乏创新能力的人,终究是会被社会淘汰的。[①]一个人创新能力越强、水平越高,意味着走上工作岗位、进入社会后工作能力会越强,起点越高,社会适应性越强。因此,创新能力是大学生一项至关重要的素质。但是,大学生创新能力的培养开发是需要一定时间积累的,教育的成效并非一蹴而就,但只要经过不懈努力,持续推广,大学生创新能力必定会有整体提升。

目前,我国高校人才培养模式还存在着以知识传授为根本任务的目标体系,在这种模式下培养的大学生,理解能力较强,直觉判断较准确,道德认识清晰,但人文知识较薄弱,创新能力较欠缺,缺乏运用知识解决问题的能力[②]。

长期以来,我国高等教育都侧重于理论知识的传授,这样做是十分必要的。但在培养学生的创新能力方面,重视力度不够。学生学习知识往往只是机械地背诵和重复,无法理解知识的内涵,也常常忽视对学生的好奇心和想象力的激发,缺乏主动提出、分析和解决新问题的探索精神与能力。

新加坡总理李显龙说过:"我们得少教一点,让学生多学一点。成绩诚然重要,考试一定要及格,但成绩不是生命的唯一大事,在学校里,还有许多生活上的事务,值得我们学习。"

材料4-1:人民日报:加强高校创新教育[③]

"深化教育改革,推进素质教育",是习近平同志对教育工作提出的明确要求,也是提高人才培养质量的根本途径。加强创新教育,是深化教育改革、推进素质教育的题中应有之义,也是我国高等教育的重要使命。当前,加强创新教育必须从高校内部因素着手,用好高校资源优势。

加大创新在人才培养中的权重。创新教育的目标是培养造就创新人才。目前,我国高校人才培养仍存在"空对空"问题,教学内容以理论为主、脱离实际,方式方法缺乏自主性、探究性,培养出的人才创新精神与创新能力不足。加强创新教育,在人才培养上要加大创新权重。首先,进一步明确高等教育培养创新人才的目标定位。从现在以至未来社会实际需要出发确定教育目标和课程设置,以创新能力为核心确立人才质量标准,以国家创新体系为指导、以综合院校多学科资源为依托来构建程序性课程与策略性课程相结合的课程体系。由于社会对人才的需求具有变化性和不确定性,因此高校应在形成相对固定的课程序列基础上增强课程序列的灵活性。然后,倡导研究性教学。努力使教学与研究相统一,引导学生深入理解知识的产生和发展过程,建立知识体系的整体框架,理解

---

① 笪远平.大学生成才与创新能力培养[J].中国青年研究,2004(7):130-133.
② 冯明荣.论创新教育层面下体育教育的价值评价和实现[J].教育与现代化,2010(4):25-28.
③ 武海英.加强高校创新教育[N].人民日报,2015-03-11.

知识中蕴含的思维形式和方法。最后,强化学生实践应用能力。结合学生的专业学科特点,积极为学生搭建实践创新平台,组建科技创新团队,鼓励学生参加各种创新活动,真正使大学生的创新能力在实践中形成、在实践中提升。

第二节　大学生创新能力培养现状

大学肩负着为国家培养人才,尤其是培养创新型人才的使命。但是,由于当前的大学教育和管理模式与大学生创新能力培养要求不相适应,使得当代大学生总体创新能力不强。目前,从整体上看我国大学生的创新能力还比较低,多数大学生创新性思维能力不足。有些大学生也想创新,但并不知道如何去创新,他们在直觉思维能力、逻辑思维能力、联想思维能力、发散思维能力、逆向思维能力等方面都还较稚嫩,需要加强培养和锻炼。同时,在创新学习能力、创新实践能力方面也表现出明显不足。

创新过程中,非智力因素的动力和调节作用在个体身上的反映是十分明显的,古今中外大量事实表明,在其他条件相等的情况下,个人的成功既要靠智力因素,更要靠非智力因素。因此,在创新教育中,我们只注重理论知识的灌输而忽略学生的情感体验、兴趣培养、感情沟通、意志锻炼等非智力因素的引导是远远不够的,这远离了教育对创新人才培养的要求,也是不可取的。

一、大学生创新能力培养存在的问题

(一)大学生创新能力明显不足,创新实践能力亟待提升

为有效把握大学生创新能力状况,本书课题组在对创新能力研究文献进行内容分析及相关访谈基础上编制了包含23个条目的《大学生创新能力调查问卷》[①],其中包括创新思维能力、创新学习能力、创新实践能力3个维度。问卷采用Likert 5点量表,要求被试者从"非常符合"到"很不符合"进行自我评价,依次计为5分、4分、3分、2分、1分,得分越高表明越符合该题项内容。问卷采用无记名、随机抽样方式对重庆大学、吉林大学、重庆交通大学、重庆工商大学、重庆师范大学等高校的950名在校本科生进行调查,获得有效问卷822份,有效回收率为86.5%。其中,男生398名,女生424名,分别占总数的48.4%,51.6%;学生干部456人,普通学生366人,分别占55.5%,44.5%。

调查发现,大学生创新能力总体以及3个维度的得分均达不到良好水平。其中,创新思维能力平均分相对最高,创新实践能力的平均分居中,而创新学习能力平均分相对略低。因此,可以认为,当前大学生的创新能力整体上一般,其中创新实践能力水平相对偏低。这表明,大学生能独立思考问题并进行一定的反思和总结,具备基本的创新性思维,但获取新知识、新理论的主动性明显不足,创新学习能力不足,

---

[①]问卷的内部一致性信度为0.92,信度良好;问卷的各维度之间具备一定的独立性并表现出对总问卷的归属性,表明结构效度良好。

同时实际操作能力较为欠缺,创新实践能力水平一般。此研究结果与已有研究相一致,王汉清等研究认为,虽然我国学生的智力水平极高,但创造力倾向并不出众,因此除正规教育外,还应加强对大学生个性特质的培养[①]。创新能力各维度均数排序见表4-1。

表4-1　创新能力各维度均数排序

排序	创新能力维度	M±SD
1	创新思维能力	3.64±0.64
2	创新实践能力	3.57±0.69
3	创新学习能力	3.54±0.73

注:M表示平均数,SD表示标准差,下同。

创新实践能力是创新能力落地的关键所在。对创新实践能力的具体条目分析(见表4-2)发现,分数相对最高的题项为"在处理问题时,总能提出行之有效的解决方案",次之为"在学习和生活中,总能发现一些常人难以发现的问题",排在第三位的是"擅长对做过的事进行总结并提炼出规律",位列第四的为"乐于通过实际操作锻炼自己的动手能力",得分排在第五位的为"善于观察周边的事物,感知客观事物的特征",得分相对最低的为"与人交流中,能清晰、准确地表达自己的思想,实现意图"。从中可以看出,大学生的创新实践能力并不理想,相对而言,发现问题和解决问题能力相对稍高,沟通交流能力相对最弱。从访谈中也了解到,多数大学生有与人沟通交流的意愿,但并没有提高沟通能力的具体方法和措施,并常为不能准确表达自己意图而困扰。

表4-2　创新实践能力各题项均数排序

排序	题　项	M±SD
1	在处理问题时，总能提出行之有效的解决方案	3.85±0.87
2	在学习和生活中，总能发现一些常人难以发现的问题	3.70±0.91
3	擅长对做过的事进行总结并提炼出规律	3.52±0.93
4	乐于通过实际操作锻炼自己的动手能力	3.48±0.98
5	善于观察周边的事物，感知客观事物的特征	3.35±0.93
6	与人交流中，能够清晰准确地表达自己的思想，实现意图	3.33±0.96

(二)对创新的重要性认识不足,缺乏创新培养相关引导

创新培养是一个漫长而又艰辛的过程。我国的创造性思维研究始于20世纪80

①王汉清,等.大学生创新能力总体状况调查分析[J].高等教育研究,2005(9):88-93.

年代,在钱学森倡导下,成立了中国创造学研究所。1993年,成立了全国中小学创造教育研究会。1995年,成立了中国发明协会高校创造教育分会。各大学普遍开设了创造学、创造性思维教育的研究及其教学,可是实际上这些创造性思维课程的开设,并未改变我国高等教育总体上落后于一些创造性教育起步较早国家的状况。当前,高校在大学生的培养目标设定上比较宽泛,人才培养目标较为模糊。大多数教学计划实行统一版本,学生在学习上缺乏自主选择。国内不同层次的高校在同一专业的培养计划上几乎一致,没有体现出人才培养的特色。教育过程中也没有因材施教,教学理念仍是以知识为本,仅局限于对现有知识的传递,而缺乏对学生探究问题的鼓励。同时,缺乏对大学生创新能力差异化的正确应对,尚不能根据学生自身条件和特点进行创新能力的个性化培养,也没有意识到教师的言传身教对学生发挥创新的巨大影响。

现代科学知识发展的总体趋势是多学科领域知识的交叉,这就要求我们必须不断打破学科之间的壁垒,运用多学科的视野来全面、客观地分析、研究和解决问题。例如,美国麻省理工学院虽然是一所理工科院校,但非常重视学科之间的交流、交叉学科研究机构的建立,并且强调人文科学、社会科学与管理科学同工程技术的交叉研究与教学结合,这就使美国麻省理工学院的师生能不断开辟新领域,既抓应用研究,又抓基础研究,为工业和国民经济提供科研成果,形成适应新的科学、工业和文化发展的新思维方式,不断培养优秀的创造性人才。我国民国时期高等教育也曾有过"通识教育"的思路,蔡元培先生强调大学生应注重学科之间的联系,尤其要注重文理渗透,但这种教育思路并未坚持下去。

材料4-2:美国西北大学校长: 通识教育更易培养创新力[①]

美国西北大学校长莫顿·夏皮诺近日在接受《环球时报》记者采访时认为,跨学科的通识教育是美国高等教育排名靠前的法宝,它有助于培养大学生的创新能力。他建议,中国大学应打破传统的院系之间的僵化界限,不要因为限定学科"专业方向"而抑制对学生创新能力的培养。

环球时报:美国大学在培养学生能力方面都有不同的价值期待,如美国霍普金斯大学校长3年前曾说"不创新,毋宁死"。那么,西北大学最看重培养学生哪些方面的能力?

夏皮诺:我们最看重培养学生3样东西:创造力、企业家能力和为公众服务。我个人最喜欢与赞赏的是我们大学不人为地设置学科之间的障碍。举个例子,医学健康领域非常需要创新精神。我们开设的全球健康课程不仅针对医学院的学生,也让经济学和数学专业的学生来听,甚至商学院、法学院、新闻学院的学生也来上,他们能从中了解医疗健康行业涉及的商业与法律问题,能够知道跨国公司在非洲应用的艾滋病疫苗每支成本到底需不需要2美元。事实上,创新就是源于自然、艺术、商业、社会等不同学科领域的新的"大整合"。

环球时报:对学生的创新力,您有什么特别的感受?

---

① 乌元春.美国西北大学校长:通识教育更易培养创新力[EB/OL].2010-07-26.

夏皮诺:我们医学院有一个预防癌症方面的研究项目。前不久,我去他们的技术实验室看望,发现了一种奇怪的仪器。学生说那是他们自己动手制造的新检测设备,比外面买的更可靠。我知道,如果一旦研究走在前沿,很多科学仪器设备是根本买不到的。学生们还开玩笑说,他们就像"修炉工","修修补补,胡乱搞出来的"。其实,这就是创造力。

大学生创新人才培养过程中,应发现并转变大学生对创新思维能力的理解脱离实际的倾向。目前,对改进教学模式和创新教育引入课堂的形式上实践较多,对学生创新思维、创新学习能力等专业素养关注不足,对专业发展前沿涉猎较少,使大学生对专业创新领域的认识较少。许多高校举办了大学生创新创业相关活动,但很多措施还处于初期阶段,尤其对大学生的创新创业活动的引导与教育还不够完善,导致大学生的创新能力普遍不高。

(三)大学生缺乏创新的主动性,创新条件和实践锻炼机会不多

无论是对现有创新能力文献的分析,还是对大学生的实证调查都表明,创新实践能力是创新能力的重要组成部分,在当前大学生创新能力的提升中,创新实践能力的培养至关重要,我们必须高度重视。

虽然多数大学生认同创新能力是大学生应当具备的基本素质之一,对未来的就业及职业发展都有极大好处,他们也对加强大学生创新能力培养持肯定态度。但是,在实际的学习和生活中,却只有少部分人能积极参与创新实践活动,大多数学生并没有主动参与的积极性。我们对学生干部与普通学生的创新实践能力进行了差异检验(见表4-3),在创新实践能力总体以及3个题项上存在显著性差异。具体来看,"善于观察周边的事物,感知客观事物的特征"一项上学生干部分数显著高于普通学生($p<0.01$);"在学习和生活中,总能发现一些常人难以发现的问题""在处理问题时,总能提出行之有效的解决方案"两项上学生干部的平均分显著高于普通学生($p<0.05$);创新实践能力总体上学生干部均分也显著高于普通学生($p<0.05$)。这表明,学生干部与其他学生相比,创新实践能力相对略为突出。在高校中,学生干部相对普通学生承担了更多的具体事务及任务,一定程度上锻炼了自身的实践能力和沟通协调能力,这直接影响着创新实践能力的发展。访谈中笔者也发现,学生干部的表达能力往往更好,思路更清晰,从事的创新活动更丰富。

表4-3　学生干部与普通学生创新实践能力的差异比较

题项及总分	学生干部 (M±SD)	普通学生 (M±SD)	t	p
擅长对做过的事进行总结并提炼出规律	3.56±0.92	3.48±0.94	1.301	0.194
善于观察周边的事物,感知客观事物的特征	3.43±0.89	3.24±0.96	3.059**	0.002
与人交流中,能够清晰准确地表达自己的思想,实现意图	3.36±0.94	3.29±0.98	1.148	0.251

续表

题项及总分	学生干部 （M±SD）	普通学生 （M±SD）	t	p
乐于通过实际操作锻炼自己的动手能力	3.50±0.99	3.45±0.97	0.859	0.391
在学习和生活中，总能发现一些常人难以发现的问题	3.76±0.90	3.63±0.91	1.970*	0.049
在处理问题时，总能提出行之有效的解决方案	3.91±0.85	3.78±0.90	1.987*	0.047
创新实践能力总分	3.59±0.69	3.47±0.70	2.329*	0.020

大学生朝气蓬勃，思维相对活跃，易于接受新思想、新事物，更容易产生一些独特的想法和见解，也敢于打破常规去创新。但目前的现状是，大多数学生只能从书本上学习，往往由于缺少创新条件和实践锻炼的机会，他们的创新观点得不到重视和及时实施，而创新能力的提升是非常重视实际操作和实践经历的。

二、影响大学生创新能力的主客观因素

(一)个人因素

1.知识因素

知识是人类思维的原材料。创新并不是无中生有，不存在脱离知识的创新能力，创新对于其本质而言，是一种对现有知识的重新组合和突破现有思维的转换。通常一个人的知识储备越多，可调动的知识就越多，运用起来也就越灵活，产生创新思想的机会就越多，能力也就越强。因此，大学生要在学校接受教育，学习和积累知识，同时更要对所学知识进行消化吸收和融合，并学会灵活运用知识，创造新的知识。

2.智力因素

智力是人认识能力的总和，包括理解、计划、解决问题、抽象思维、表达意念以及语言和学习的能力。尽管不同个体的智力因素会有所差异，但整体而言，大学生智力因素一般不存在严重问题，对知识的学习和事物的认识已具备了一定能力。高校的教育就是要充分地挖掘出学生的潜能，使学生的智力得到充分的发挥。

3.非智力因素

非智力因素是指除智力因素之外的一切心理因素，它制约着人的认识过程。它包括动机、兴趣、情感、意志、性格等。这些因素尽管不直接参与学生的认知和实践活动，但却极大地影响着大学生实践结果。杨振宁教授曾指出："在国外，中国留学生胆子小，老师没讲过的不敢想，老师没做过的不敢做。"当今很多大学生在心理上都存在着缺乏自信、害怕失败和守旧、顺从的误区，这些都会影响大学生创新能力的发展。

(二)环境因素

1.社会环境因素

一个人的认知与人格品质发展,是环境条件与个人能力及人格倾向交互作用的结果。社会环境因素主要是指社会舆论和风尚。社会舆论是一种强大的社会心理力量;社会风尚是一种社会心理现象,是社会一定时期流行的风气。当社会舆论重视知识和技术、社会风尚尊重知识和人才、尊重科学创造的价值时,那么社会环境就会大大地激发人们的创造欲,从而促进个体发挥创造力,以致整个社会创造能力的发展。

2.学校环境因素

高校是培养人才的场所,人才的突出特征就是具有创新能力,其校园文化所营造的氛围对大学生创新能力有着潜移默化的影响。例如,学校是否提供给学生自主创新的场所,设施是否健全,学术研究与交流的气氛,以及创新活动的组织情况等,这些因素都制约着大学生创新能力的自由发展。同时,高校的校园文化和大学精神等人文环境因素,也体现着学校的精神力量。良好的校园文化可营造出一种积极的校园文化环境,塑造学生的人格,激发学生开拓进取的精神。

(三)教育教学因素

1.人才培养模式

人才培养模式指的是人才的培养目标和培养规格以及实现这些培养目标的方法或手段。它主要包括课程设置与课程内容、教学模式与教学方法、教学管理及学生评价体系等。

①课程设置与课程内容直接影响大学生的知识结构。

②教学模式与教学方法对高校人才培养质量有重要影响,但多数高校并未形成以大学生创新能力为培养目标的课堂教学模式。

③一所高校的教学管理是否科学严谨,直接影响高校的教学质量和人才培养的质量。因此,教学管理对大学生创新能力培养也是至关重要的。

④目前,高校对大学生的评价依靠的主要为考试成绩,但现行的这种评价方式无法体现出大学生的创新能力水平,严重影响了大学生创新能力的提高。

2.教师因素

林崇德认为,教师在拔尖创新人才培养中起着独特的关键性作用。[①]教师的知识结构、思维方式、处事态度及办事风格都会影响和制约大学生的创新能力培养,教师对学生的引导、示范和表率作用是无法估量的。具有良好创新教育素质和创新精神的教师,在教学中就会言传身教,通过各种方式鼓励学生创新,激发学生的创新热情,有目的地培养学生的创新意识,从而加强对学生创新能力的培养。要想使教师和教学的创新活动在大学生的创新能力培养上发挥作用,关键在于教师与学生之间能否进行有效互动。要培养大学生的创新能力,就需要形成师生学习共同体,在有效互动中产生情感共鸣、思维共振,以此引起学生的创新欲望。

---

① 林崇德.创造性心理学的几项研究[J].山东师范大学学报:人文社科版,2014(6):7-16.

第三节 大学生创新能力的培养与训练

一、创新思维能力的培养

（一）批判性思维能力的培养

1.批判性思维能力的内涵

批判性思维能力或称评判性思维（Critical Thinking），其思维过程依据理性思考，而非个人情感偏好。Critical Thinking 在英语中指的是那种能抓住要领，善于质疑辨析，基于严格推断，富于机智灵气，清晰敏捷的日常思维。批判（critical）一词，源于字根 skeri 和希腊文 kritikos。skeri 意指切割、分离或分析。kritikos 意思是洞察力、辨别力、判断力，引申义有敏锐、精明的意思。kritikos 又源于 krinein，意指做出决断。

1987年，美国批判性思维运动的开拓者 Robert Ennis 提出，批判性思维就是指在确定相信什么或者做什么时所进行的合理而成熟的思考。1990年，一个由46位代表组成的跨学科国际性协作组对批判性思维作出以下定义：在对证据、具体情境、概念或理论、方法和标准等给予充分考虑的基础上进行的有目的的、自我调控的判断过程。1998年美国心理学家 D. Alan Bensley 指出，批判性思维是一种成熟的思考过程，它包括对其观点的相关证据进行评估，并最终从这些证据中得出合理的结论。基于此，我们认为具有批判性思维能力的人应具备以下特点：第一，具有推理的知识；第二，具有推理中所需要的认知技能；第三，具有所思考问题的所有相关知识；第四，有进行批判性思维的倾向。

批判性思维能力包括三要素：反思能力、分析能力和评价能力。反思能力是一个人不断矫正错误，不断探索和走向新的境界的能力。反思的明确目的是消除困惑，解决问题，促进实践，增强合理性，需要有良好的道德和坚强的意志。分析能力是把一件事情、一种现象、一个概念分成较简单的组成部分，找出这些部分的本质属性和彼此之间的关系单独进行剖析、分辨、观察和研究的一种能力。评价能力是指对评价对象的各个方面进行衡量，根据评价标准进行量化和非量化的测量过程，最终得出一个可靠的符合逻辑的结论的能力。

批判性思维的特点主要表现为：

①抓准"陈述"的意思。

②判断推理是否含糊。

③判断多项"陈述"之间是否互相矛盾。

④判断结论是否必要。

⑤判断"陈述"是否正确。

⑥判断"观察性陈述"是否可信。

⑦判断"归纳性结论"是否有其来源。

⑧判断"问题"是否已确定下来。

⑨判断所说的是否只是假设。

⑩判断所下的定义是否合适。

⑪判断引述某一权威言辞是否可接受。

想要锻炼个人的批判性思维能力,不仅要加强批判性技能训练,更要注重正确应用这些技能的前提和保证——批判性意愿和倾向,"评判"不只是针对他人,还包括完善自己的人格。培养批判性思维能力,要从这些能力内化为人格特征,从而提高应对能力。

2.批判性思维能力训练要领

1)反思能力训练

反思能力是一个人持续发展所必备的素质之一,只有学会反思,一个人才能不断矫正错误,不断探索和走向新的境界。美国教育家杜威认为,反思的主要步骤为:第一,形成一种产生思维活动的怀疑、犹豫、困惑、心灵困难的状态;第二,为了发现和解决这种怀疑,消除和清楚这种困惑而进行的探索、收集、探究的行为。反思是一种思维活动,反思的明确目的是消除困惑,解决问题,促进实践,增强合理性,反思需要有良好的道德和坚强的意志。

材料4-3:一位实习大学生的反思

最近常常感受到一种挫败感,这种挫败感是因自己所做的工作,交上去之后带教的姐姐都会全部重新做一遍。看到自己对工作进度没有一点作用,反而让带教姐姐加班熬夜,心里很不是滋味。带教的姐姐也很不高兴,认为我没有用心在完成工作,但实际上自己已付出了很多心思并认真地去做自己负责的内容,所以就在反思问题到底出在哪里:

①自己的能力实际上达不到他们现在的工作标准,但他们会按照现在的工作标准对我有所要求和期待。这需要有一个磨合的过程,让他们清楚地了解自己实际的能力情况,同时自己也要去找工作标准,刻意地训练自己。

②自己的空杯心态不够,我把师门里面学到的做研究的思路用到了这次的工作上,但他们有他们的一套思路,是另一个逻辑方式,而我的变通度不够,空杯心态不够,认为只有我们研究的逻辑思考方式才是科学正确的,所以出现了"水土不服"。

不敢犯错,脸皮薄,不敢让别人知道我实际上不懂。我可能没有完全地把握到他们到底想要做出来什么样子,目标状态并不是我以为的那样,但是又不敢多问,实际在理解上已出现了偏差,所以做不出来他们想要的结果。

反思能力的培养需要良好的道德和坚强的意志。从理念到实践,从个体到全局,从教师到学生,从课堂到管理、评价,都是全新的变革。教师要承受各种压力和负担,要付出智慧和精力;要学习和掌握许多新的理念,要抛弃许多旧的东西,甚至是那些多年积累的已驾轻就熟的经验;会历尽各种坎坷、挫折以及困惑和迷惘。因此,不管遇到多少艰难困苦,都要有良好的道德和坚定的意志,充满必胜的信心,不仅注重理论的学习,更要在实践中融会贯通。

现行教育中存在着弊端阻碍着学生反思能力的发展,而各种知识和技能的学习中需要学生的反思能力。长期以来,由于受到传统的教育思想的影响,加之功利性极强的"应试教育"的影响,"重结果,轻过程"的现象普遍存在,更谈不上引导学生对知识产生的过程及知识本身进行反思,往往只是以知识传授为中心的知识再现为目的,于是"知其然而不知其所以然",只能是机械的记忆与简单的模仿,这种现状极不适应当前时代对人才培养的要求,阻碍着学生创新精神的培养。学生是认知的主体,有能力也有必要及时了解自己的学习情况,根据自己的学习方法和学习情况主动调节自己的学习策略。而在这一环节中,及时反馈是很重要的前提条件。教师及时了解学生的学习情况,便于提示学生改进学习方法;学生及时了解自己的学习情况,便于进行反思,提高学习效率,增强学习动机。反思是整个学习过程不可或缺的重要环节。通过反思,如方法对、效率高,则学习劲头更足;而当学习活动出现偏差且达到一定的程度,通过反思则能予以纠正,甚至暂时中止学习,避免做无用功。例如,数学课堂教学,不仅要重视结论的证明和应用,更要重视探索发现的过程,要让学生沿着教师精心设计的"再发现"的道路去探索和发现规律,形成概念。为此,教师要积极创造和寻找可供学生反思的机会,以调动学生参与的热情,帮助学生正确而深刻地理解和掌握知识。

培养反思能力要遵循两个原则:一是主动性原则。反思应该是自我主动行动,是主体基于自身成长和发展需要而自我驱动的行为。由此,反思者要充分意识到反思的重要意义,掌握基本的方法,在不断训练中提升反思水平。二是渐进性原则。与认知活动的发生发展规律一样,反思活动也是渐进的。从他律到自律,从单维到多维,从浅显到深入,从简单到复杂。正基于此,我们在对学生训练时,切勿急躁,要遵循规律,分成阶段,逐步实行。既要有序,又要有层,让学生在反思活动的实践中提高自我认识能力。

2)分析能力训练

分析能力就是把一件事情、一种现象、一个概念分成较简单的组成部分,找出这些部分的本质属性和彼此之间的关系单独进行剖析、分辨、观察及研究的一种能力。分析能力较强的人,往往学术有专攻,技能有专长,在自己擅长的领域里,有着独到的成就和见解,并进入常人所难以达到的境界。一般情况下,一个看似复杂的问题,经过理性思维的梳理后,会变得简单化、规律化,从而轻松、顺畅地被解答出来,这就是分析能力的魅力。

分析能力的培养,首先需要有相关的知识储备。例如,我们要分析大学生利用假期多参加社会实践活动对于公共管理专业学生而言究竟有没有价值。首先,必须对社会实践、公共管理专业、价值等概念有清晰地把握,如果缺乏相应的知识,就没有办法进行相应的分析;其次,要掌握分析问题的基本方法。分析是一种高层次思维,其特点可用"庖丁解牛"来表述。要做到和厨师那样的水平,首先要对牛的组织结构有非常清晰的认识,同时对各个部件之间的联结方式、关键点等有清晰的把握,在这个基础上,才能非常准确、轻松地将牛分解成所需要的各个部分,既不费力气,也不损伤刀刃。找到事物的共性以及整体结构特征,明确它们之间的联系,是进行分析的基础。分析能力强的人在分析问题时始终有一个框架,善于从不同角度、不同层次看问题,把一个复杂问题,通过不同层面、不同角度的分析使得问题呈现更加清晰明了。要养成经常从不同角度去发现问题与分析问题的习惯。问题就是矛盾、困惑、冲突,面对社会生活中的各种现象,大学生一定要善于去发现问题,然后运用所学习的理论知识去进行分析,长此以往,分析能力会得到大大提升。

材料4-4:在回答中看看自己的分析能力

题目:厦门大学一名女博士,随校方组织的博士团到闽北山区的原国家级贫困县政和县做有关生态与经济发展的课题调研。3天的调研结束后,这位女博士在微博上发帖称毕业后死都不下基层,女博士高学历的特殊身份,一时激起网民的普遍非议。你对此怎么看?

分析思路:表明高校学生下基层调研的积极意义;从政府以及学生的角度说明这种心态产生的原因;提出有效的解决对策,让高校学生正确面对基层艰苦的环境。

参考答案:组织博士团到贫困县做调研,能够为课题提供科学、真实的数据,避免闭门造车;同时也可以让博士们体会到基层的艰辛与不易。然而,在调研结束后,女博士发出毕业后死都不下基层的言论,却不能不让人怀疑这次调研的效果,而其中也反映了当下很多高校学生不愿面对艰苦条件的心理状态。这种现象客观上确实能反映出政府对基层的资金投入的不足,以致贫困地区条件艰苦,无法给高校学生们提供良好的实践条件。但作为博士生,明显表现出对基层的厌烦,则更明显地反映出了高校学生自身的心态问题。第一,当今很多高校学生都没经历过苦难,在家有父母呵护,在有良好的学习环境,缺乏吃苦耐劳的精神,当面对艰难困苦的环境时,只想逃避。第二,现在高校的学习环境都比较优越,学生在校期间的社会实践也都选择办公条件比较良好的企事业单位,缺少与基层接触的机会。要想使高校学生们能够正确面对基层艰苦的环境,确实需要政府加大投入,加强基层的基础设施建设,使基层更有吸引力;也需要多创造学生与基层接触的机会,避免高等教育脱离于基层实践;更需要年轻人拥有健康的心态去面对当前的环境,能够树立正确的人生观、价值观,真正把下基层当成拓展个人视野、锻炼自己能力的机会,真正在基层岗位上实现自己的人生价值和社会价值。

3)评价能力

评价能力是指对评价对象的各个方面进行衡量,根据评价标准进行量化和非量化的测量过程,最终得出一个可靠的并且逻辑的结论的能力。

评价是一种高层次思维,其核心是批判性思考。同一个知识,如果应用低级思维能力,只要记住就可以了,然后考试时再原封不动放到试卷上。但批判性思考要求你对老师提供的知识在独立思考的基础上做出判断,判断出其合理之处与不合理之处,然后有理有据地提出自己的观点。评价也包括对自我的评价。评价的高级形式是思辨,是多元思考。

　　培养评价能力具有非常重要的意义。第一,有利于个体正确地认识社会和他人;第二,有利于自己克服缺点、发扬优点,在工作中充分发挥自己的作用;第三,实事求是地评价自己是进行自我教育、自我完善的重要途径之一。培养评价能力的方法具体包括:

　　①正确地认识自己。

　　②在学习过程中多问几个为什么。

　　③在生活中留心观察,对周围的人和事做出正确的判断与评价。

　　④对教师的教学和教师的日常行为进行客观公正的评价。

　　⑤敢于提出自己不同的见解和意见,树立良好的自我评价意识。

(二)发散思维能力的培养

1.发散思维能力的内涵

　　发散思维是从一个问题出发突破原有的思维限制,充分将自身的想象力发挥,通过不同的途径、方式,以独特的观点去加工、构建既有的信息,从而探索出多种设想,使问题得到圆满解决的思维方法。发散思维又称辐射思维、放射思维、多向思维、扩散思维或求异思维,针对相应的问题进行扩散的思考,在思考的过程中,不受原有知识的羁绊,不受传统的限制,从而能探求出不同解决问题的方法。发散思维具有核心性作用、基础性作用、保障性作用。不少心理学家认为,发散思维是创造性思维的最主要的特点,是测定创造力的主要标志之一。

　　发散思维是由英语"divergent thinking"一词翻译过来的。从英语中的构词看,"di"有"apart"(分离)和"asunder"(分开)之意。从英语词义看,"Divergent"一词的汉译为"发散的""分离的""分歧的""分叉的""分开的""背驰的""脱节的""渐扩的""逸出的"等。较早提出"发散思维"概念的美国心理学家约翰·吉尔(J. P. Guiford),他认为,人的创造力主要依靠发散思维,它是创造性思维的核心,一个人的思维越是具有求异性与发散性,他的创造性思维水平就越高。

　　吉尔福特认为,发散思维是从给定的信息中产生信息,其着重点是从同一的来源中产生各种各样的为数众多的输出,很可能会发生转换作用。在吉尔福特的研究工作基础上,托兰斯编制了《托兰斯创造性思维测验》。鉴于发散思维研究的重要意义,有研究者开始尝试探究培养发散思维的方法,如美国Orsborn提出的头脑风暴法,德国研究者提出的默写式激励法和Phillips的六六讨论法[①],都是通过组织参与者直接或间接交流的方法,互相启发,集思广益的方式,产生较多较好的设想和方案,以达到训练发散思维,提高创造力的目的。除此之外,东尼·博赞发明了思维导图,认为思维导图可成为发散思维的外在表现,绘制过程中具有记录思维多维度发散的特性。

　　发散思维主要包括以下要素:

---

① 张庆林,邱江.思维心理学[M].重庆:西南师范大学出版社,2007:205-236.

1)形象思维

形象思维是对形象信息传递的客观形象体系进行感受、储存的基础上,结合主观的认识和情感进行识别(包括审美判断和科学判断等),并用一定的形式、手段和工具(包括文学语言、绘画线条色彩、音响节奏旋律及操作工具等)创造和描述形象(包括艺术形象和科学形象)的一种基本的思维形式。

2)纵向思维

所谓纵向思维,是指在一种结构范围内,按照有顺序的、可预测的、程式化的方向进行的思维形式。它是一种符合事物发展方向和人类认识习惯的思维方式,遵循由低到高、由浅到深、由始到终等线索,因而清晰明了,符合逻辑。在人们平常的生活、学习中,大都采用这种思维方式。

3)横向思维

横向思维是指这个人的思维有其横向、往宽处发展的特点。具有这种横向思维特点的人,思维面都不会太窄,且善于举一反三。有一个形象的比喻,这种思维就像河流一样,遇到宽广处,很自然地就会蔓延开来,但欠缺的是深度不够。

4)直觉思维

直觉思维是指对一个问题未经逐步分析,仅依据内因的感知迅速地对问题答案作出判断,猜想、设想,或在对疑难百思不得其解之中,突然对问题有"灵感"和"顿悟",甚至对未来事物的结果有"预感""预言"等都是直觉思维。直觉思维是一种心理现象。它不仅在创造性思维活动的关键阶段起着极为重要的作用,还是人生命活动、延缓衰老的重要保证。直觉思维是完全可以有意识加以训练和培养的。

5)想象力

想象力是人在已有形象的基础上,在头脑中创造出新形象的能力。想象力是感性与知性的一种中介性先天能力。在人的判断认识方面起着不容忽视的重要作用。

2.发散思维能力的训练

学生的发散思维没有经过大量的训练,其发散思维受到原有知识水平、生活经验、思维习惯等自身水平的影响,同时也受到所处的环境等外界因素的影响,最直接的就是同伴影响。学生在运用发散思维方式时,主要通过事物表面的基本属性来进行考虑和分析。

大学生发散思维存在的主要问题包括:

1)流畅性方面

流畅性是衡量思维发散的速度、单位时间的量,可看成发散思维"量"的指标。其中,包括字词流畅性、图形流畅性、观念流畅性、联想流畅性及表达流畅性等。目前,大学生的思维流畅性存在不足,主要表现为学生在提出问题、分析问题和解决问题的过程中思维较单一,思维的线性较强,即使能进行思维的发散,但思维程度有点迟想,没有进行有目的的发散,即没有掌握发散思维的使用方法。

2）变通性方面

变通性是指提出设想或答案所表现出的灵活程度。变通性是发散思维"质"的指标，表现了发散思维的灵活性，是思维发散的关键。变通性是指知识运用上的灵活性，观察问题的多层次、多视角。大学生在变通性方面存在的问题相对于流畅性更明显，其基本表现形式就是只注重问题和事物的表面属性和常规线性思考形式。没有能够将视野打开，将问题或事物的层级展开，没有能够按照一定的维度和标准进行立体的思维网络构建和扩展，最终仅仅局限于一些表层和基本属性单一延伸或断续的扩大和缩小。

3）独特性方面

独特性是指提出设想或答案的新颖程度。独特性是发散思维的本质，表现了发散思维的新奇成分，是思维发散的目的。独特性也称独创性、求异性，这一点是创新思维的基本特征和标志。没有这个特征的思维活动都不属于创新思维，这是发散思维的最高目标。能形成与众不同的独特见解，是思维活动进入创新的高级阶段。在这个方面，大学生主要存在着思维的局限性，其局限性主要来自自身的思维习惯和自身的思维环境，没能够将思维扩散开，没能够将问题和事物的本质属性提取出来，导致其思维的结果重复性较强，不具有独到的、新颖的思维结果。

发散思维可通过相应的训练来提高，由于发散思维呈现出多维发散状，可通过从不同角度思考同一问题，培养发散思维能力，如一题多解、一物多用等方式。在发散思维的训练过程中，可联系立体思维、平面思维、逆向思维、侧向思维、横向思维、多路思维及组合思维。其训练方法可采用材料发散法、功能发散法、结构发散法、形态发散法、组合发散法、方法发散法、因果发散法、假设推测法及集体发散法等。单纯的发散思维不是创造力无目的、无边际的幻想，而是要有目的发散，因而只有一些观念是不够的，还必须能从中挑选出最具独创性、最有趣、最有前景的能力。发散思维是一种生成性思维或产出性思维，当一个任务或问题需要产生出新创意的时候，才能迸发出来，这种情况往往是在碰到一个难题时出现。例如，当你碰到难题时，能想出多少种方法（表现思维的流畅性）；能想出不同的方法（表现思维的灵活性）；能想出与众不同的方法（表现思维的独创性）；怎样改进方法使其更好（表现思维的精细性）。发散思维是从问题出发，沿着不同的方向思考，从不同的角度提出解决方案。从一个点出发，通过多角度、多形式、多层次的转换，编织从点—线—面—体的立体思维网络，对学生进行发散思维训练，从而灵活地掌握各知识点，进而达到信息迁移的能力。

大学生可运用思维导图进行发散思维的培养。思维导图又称心智导图，是表达发散性思维的有效图形思维工具，如图4-1、图4-2所示。它简单却又很有效，是一种实用性的思维工具。思维导图运用图文并重的技巧，把各级主题的关系用相互隶属与相关的层级图表现出来，把主题关键词与图像、颜色等建立记忆链接。思维导图充分运用左右脑的机能，利用记忆、阅读、思维的规律，协助人们在科学与艺术、逻辑与想象之间平衡发展，从而开启人类大脑的无限潜能。思维导图因此具有人类思维的强大功能。思维导图是一种将思维形象化的方法。我们知道,放射性思考是人类大脑的自然思考方式,每一种进入大脑的资料,不论是感觉、记忆或想法,包括文字、数字、符码、香气、食物、线条、颜色、意象、节奏、音符等,都可成为一个思考中心,并由此中心向外发散出成千上万的关节点,每一个关节点代表与中心主题的一个连结,而每一个连结又可成为另一个中心主题,再向外发散出成千上万的关节点,呈现出放射性立体结构,而这些关节的连结可视为我们的记忆,就如同大脑中的神经元一样互相连接,也就是我们的个人数据库。思维导图既是一种思维途径,也是思考和学习的工具,通过运用可打破传统的习惯性思维,进而培养大学生的发散思维。大学生可尝试将思维导图运用于计划制订、总结复习、组织讨论、原因分析、辩论等方面。思维导图的运用可用纸和笔来实现,也可用计算机软件进行绘制。

图4-1　思维导图示意图(孔子)

诚信:言而必有信
孝道:百善孝为先
悔过:知错要悔改
志向:匹夫不可夺志
朋友:把握好交友的度
宽容:是一种境界
做人法则

听其言,还要观其行
善变通,不唯我独尊
道不同,不相为谋
和为贵:善用和字来处理各种关系
执中致和:中庸的做人态度
处世之道

流言止于智者
尽量不说大话,说了就要做到
欲速则不达,不要贪图小利
行之以忠
正人先正己
言行之道

像水一样多情,像山一样无忧
黄连为哨,苦中录乐
改变环境,不如改变自己
快乐在于自己的选择
人无远虑,必有近忧
快乐做人
快乐生活

吾日三省吾身
谦虚是一种美德
小不忍则乱大谋
不患无位,患无所立
学会感恩
内省感恩
无往不胜

少说多做,低调做人
持之以恒,才能有所作为
要懂得灵活变通
宁静致远
低调做人

小胜凭智,大胜靠德
攻其恶,无攻人之恶
君子成人之美,不成人之恶
善于学习,等于选择了成功
活互老,学到老
德才兼备

非礼勿动,给人留下好印象
近朱者赤,近墨者黑
岁寒,然后知松柏之后凋也
要做所在领域内的专家
修身养性

向孔子学做人

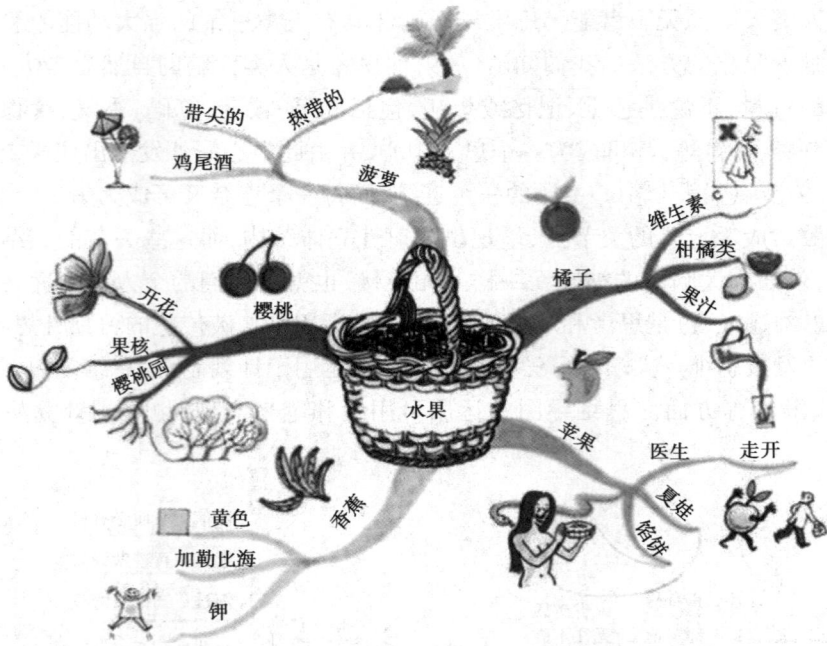

带尖的　热带的

鸡尾酒　菠萝

维生素

橘子　柑橘类

果汁

开花　樱桃

果核

樱桃园

水果

苹果　医生　走开

黄色　香蕉　夏娃

加勒比海　馅饼

钾

图4-2　思维导图示意图（水果）

(三)逻辑思维能力的培养

1.逻辑思维能力的内涵

逻辑思维也称抽象思维。逻辑思维能力是指正确、合理思考的能力,即对事物进行观察、比较、分析、综合、抽象、概括、推断、推理的能力,采用科学的逻辑方法,准确而有条理地表达自己思维过程的能力。

1)逻辑的含义

"逻辑"这个语词由英语 Logic 音译而来,源于希腊文,原意是思想、理性、言词、规律等。在现代汉语中,"逻辑"是个多义词,其含义主要包括:

①客观规律性。例如,谦虚使人进步,骄傲使人落后,这是生活的逻辑。

②思维的规律性。例如,应符合逻辑地思维,明确地表达思想。

③某种理论观点。例如,明明是侵略,却说成友谊,这是强盗的逻辑。

④与"逻辑学"同义,是指研究思维形式及其规律的科学。例如,认真学习逻辑知识,熟练运用逻辑知识,对思考问题、写文章、说话、办事以及进一步发展智力都大有好处。

2)逻辑思维的内涵

①它与形象思维能力截然不同。逻辑思维能力不仅是学好数学必须具备的能力,也是学好其他学科,处理日常生活问题所必需的能力。数学是用数量关系(包括空间形式)反映客观世界的一门学科,逻辑性很强、很严密。

②逻辑思维是一种确定的,而不是模棱两可的;前后一贯的,而不是自相矛盾的;有条理、有根据的思维。在逻辑思维中,要用到概念、判断、推理等思维形式,以及比较、分

析、综合、抽象、概括等方法,而掌握和运用这些思维形式和方法的程度,也就是逻辑思维的能力。

③逻辑思维是分析性的,按部就班。做逻辑思维时,每一步必须准确无误,否则无法得出正确的结论。我们所说的逻辑思维,主要是指遵循传统形式逻辑规则的思维方式。它常称"抽象思维"或"闭上眼睛的思维"。在逻辑思维中,是使用否定来堵死某些途径。比喻说,逻辑思维是在深挖一个洞,它就是为了把一个洞挖得更深的工具。

④逻辑思维是人脑的一种理性活动,思维主体把感性认识阶段获得的对事物认识的信息材料抽象成概念,运用概念进行判断,并按一定逻辑关系进行推理,从而产生新的认识。逻辑思维具有规范、严密、确定及可重复的特点。

3)逻辑思维的特征

①概念的特征。包括内涵和外延。

②判断的特征。判断必须对事物有所断定,判断总有真假。

③推理的特征。演绎推理的逻辑特征为:如果前提真,那么结论一定真,是必然推理;非演绎推理的逻辑特征为:虽然前提是真的,但不能保证结论是真的,是或然性推理。

4)逻辑思维在日常生活中的重要作用

①有助于我们正确认识客观事物。

②可使我们通过揭露逻辑错误来发现和纠正谬误。

③能帮助我们更好地去学习知识。

④有助于我们准确地表达思想。

2.逻辑思维的基本方法

1)分析与综合

分析是在思维中把对象分解为各个部分或因素,分别加以考察的逻辑方法。综合是在思维中把对象的各个部分或因素结合成为一个统一体加以考察的逻辑方法。

2)分类与比较

根据事物的共同性与差异性就可把事物分类,具有相同属性的事物归入一类。具有不同属性的事物归入不同的类。比较就是比较两个或两类事物的共同点和差异点。通过比较就能更好地认识事物的本质。分类是比较的后继过程,重要的是分类标准的选择,选择得好还可有重要规律的发现。

3)归纳与演绎

归纳是从个别性的前提推出一般性的结论,前提与结论之间的联系是或然性的。演绎是从一般性的前提推出个别性的结论,前提与结论之间的联系是必然性的。

4)抽象与概括

抽象就是运用思维的力量,从对象中抽取它本质的属性,抛开其他非本质的东西。概括是在思维中从单独对象的属性推广到这一类事物的全体的思维方法。抽象与概括和分析与综合一样,也是相互联系不可分割的。

3.逻辑思维能力的要素

1)集中思维能力

集中思维也称收敛思维,是一种集中导向的思维,是与发散思维相对应的思维形式,如图4-3所示。它是指以某个思考对象为中心,从众多已知条件找出一个唯一正确或最佳答案的思维方式。或说它是以某个问题为中心,从不同的角度将思维指向这个问题,以寻求解决问题的最佳方案的思维形式。

集中思维是逻辑思维的一种形式。它主要运用比较、判断、推理、归纳、综合及科学抽象等分析手段。其目的是利用已有知识和经验,从众多的信息逐步引导到条理化的逻辑序列中去,以便最终得到一个符合逻辑的结论。集中思维一般多用于创造后期的方案筛选和整理阶段,或对发散思维所得的成果进行加工或概括,抽取有价值的因素或形成完整的方案。

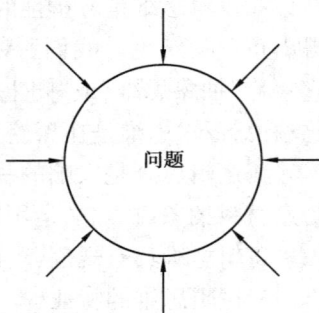

图4-3　集中思维的思维轨迹

例如,我国的诗词,有着悠久的历史,更是集中思维的体现。马致远的《天净沙·秋思》共描写了10件景物:枯藤、老树、昏鸦、小桥、流水、人家、古道、西风、瘦马、夕阳。如果孤立地看,那么一点意境也没有,可是把它们集中为一个整体来看,那就是一幅优美的风景画,这就是集中思维的作用。

(1)集中思维与发散思维的区别

①发散思维求量,集中思维求质。

②发散思维是"放",集中思维是"拢"。

③集中思维最大的优点是对发散思维的结果进行去粗取精、去伪存真,从而取得思维结果的突破。

(2)集中思维的特征

①定向性。即思维应指向某一目标。

②连续性。思维进行方式步步推进,环环相扣,这是由逻辑思维的因果链所决定的。

③可行性。是指想出的办法或方案对最后的产品形成是否可行,是否真正具有价值值得这么做。

2)辩证思维能力

辩证思维是指按照辩证逻辑的规律,即唯物辩证法的规律进行的思维活动。辩证思维模式要求观察问题和分析问题时,以动态发展的眼光来看问题。

辩证思维是唯物辩证法在思维中的运用,唯物辩证法的范畴、观点、规律完全适用于辩证思维。辩证思维是客观辩证法在思维中的反映,联系、发展的观点也是辩证思维的基本观点。对立统一规律、质量互变规律和否定之否定规律是唯物辩证法的基本规律,也是辩证思维的基本规律,即对立统一思维法、质量互变思维法和否定之否定思维法。

辩证思维在创新中的作用包括：

①统领作用。辩证思维是高级思维活动。它根据唯物辩证法来认识客观事物，能反映事物的本来面目，揭露事物内部的深层次矛盾。它从哲学的高度为我们提供世界观和方法论，故它在更高层次上对其他思维方式有指导和统帅作用。

②突破作用。在活动中经常遇到困难，发现不了主要问题，因提供不出解决问题的有效方案而导致"僵局"，这时辩证思维就成了人们打破僵局的有力武器。

③提升作用。人类对事物的认识总有一个由浅入深、由感性认识到理性认识的过程，上升为理论就需要辩证思维帮助我们全面总结思维成果、提升成果的认识价值。

3）逻辑推理能力

推理是按某种策略由已知判断推出另一判断的思维过程。它包括已掌握的与求解问题有关的知识及关于问题的已知事实，由已知判断推出新判断。逻辑推理能力是以敏锐的思考分析、快捷的反应，迅速地掌握问题的核心，在最短时间内作出合理而正确的选择。有些问题的解决，我们主要是通过分析和推理，而不是用计算得出的正确结论。这类判断、推理问题称为逻辑推理问题，简称逻辑问题。

逻辑推理的显著特点是层次多、条件错综复杂。因此，在纵横交错的关系中，选准突破口，层层剖析是解决问题的关键。逻辑推理经常采用的方法有假设法、排除法、图解法、直接推导法、列表法及赋值推理法等。

逻辑推理能力在学习中最常用到的就是辩证法，以不同思路去解决问题，并且得到正确答案。爱因斯坦曾说过，数学是抽象的现实世界，学习逻辑推理能帮你提高对事物的分辨及对其本身的了解。逻辑推理还能增强年限能力和统筹兼顾能力，对理科方面的提高有所帮助。

4）逆向思维能力

逆向思维能力是指为实现某一创新或解决某一常规思路难以解决的问题，而采取反向思维寻求解决问题的能力。人类的思维具有方向性，存在着正向思维与反向思维两种形式。正向思维与反向思维只是相对而言的。一般认为，正向思维是指按照人们的习惯性思考路线去思考，而反向思维则是指悖逆人们的习惯路线去思维。正反向思维源于事物的方向性，客观世界存在着互为逆向的事物，由于事物的正反向，才产生思维的正反向，两者是密切相关的。

人们解决问题时，习惯于按照熟悉的常规的思维路径去思考，即采用正向思维，有时能找到解决问题的方法，收到令人满意的效果。然而，实践中也有很多事例，对某些问题利用正向思维却不易找到正确答案，一旦运用反向思维，常常会取得意想不到的功效。这说明反向思维是摆脱常规思维羁绊的一种具有创造性的思维方式。实践证明，逆向思维是一种重要的思考能力。个人的逆向思维能力，对全面人才的创造能力及解决问题能力具有非常重大的意义。

逆向思维方法包括3种类型：

（1）反转性逆向思维法

这种方法是指从已知事物的相反方向进行思考，从而产生发明构思的途径。事物的相反方向常常从事物的功能、结构、因果关系3个方面作反向思维。例如,市场上出售的无烟煎鱼锅就是把原有煎鱼锅的热源由锅的下面安装到锅的上面。这是利用逆向思维,对结构进行反转型思考的产物。

(2)转换型逆向思维法

这是指在研究问题时,由于解决这一问题的手段受阻,而转换成另一种手段,或转换思考角度思考,以使问题顺利解决的思维方法。例如,历史上被传为佳话的司马光砸缸救落水儿童的故事,实质上就是一个用转换型逆向思维法的例子。由于司马光不能通过爬进缸中救人的手段解决问题,因而他就转换为另一手段,破缸救人,进而顺利地解决了问题。

(3)缺点逆用思维法

这是一种利用事物的缺点,将缺点变为可利用的东西,化被动为主动,化不利为有利的思维发明方法。这种方法并不以克服事物的缺点为目的,相反它是将缺点化弊为利并找到解决方法。例如,金属腐蚀是一种坏事,但人们利用金属腐蚀原理进行金属粉末的生产,或进行电镀等其他用途,无疑是缺点逆用思维法的一种应用。

5)抽象思维能力

抽象思维是人们在认识活动中运用概念、判断、推理等思维形式,对客观现实进行间接的、概括的反映的过程。它属于理性认识阶段。抽象思维凭借科学的抽象概念对事物的本质和客观世界发展的深远过程进行反映,使人们通过认识活动获得远远超出感觉器官直接感知的知识。

科学的抽象是在概念中反映自然界或社会物质过程的内在本质的思想。它是在对事物的本质属性进行分析、综合和比较的基础上,撇开其非本质属性,抽取出事物的本质属性,使认识从感性的具体进入抽象的规定,形成概念。空洞的、臆造的、不可捉摸的抽象是不科学的抽象。面对五颜六色的苹果、柑橘、香蕉、菠萝,称为"水果";面对千姿百态的大雁、海燕、仙鹤、天鹅,称为"飞禽"。这些都是生活中的抽象思维的体现。抽象思维作为一种重要的思维类型,具有概括性、间接性和超然性的特点,是在分析事物时抽取事物最本质的特性而形成概念,并运用概念进行推理、判断的思维活动。

抽象思维的方法包括:

①分析。是指用思维把事物分解为各个部分分别加以考察从而便于形成各个概念或便于确定概念间的关系的方法。

②归纳。是指思维找出多个特殊性的具体事物的共同性的方法。

③综合。是指思维把事物的各个部分用形成的各个概念分别代表,形成原来的整体事物的概念或确定这些各个部分的概念的关系的思维过程。

④演绎。是指思维从事物的一般性返回到事物的具体的个别性的方法。

4.逻辑思维能力的训练

逻辑是进行正确思维和准确表达思想的重要工具。善于运用逻辑,有助于更好获得理智的成果;不善于运用逻辑,往往使思想陷于混乱的境地。因此,提高自己的逻辑思维能力,对工作和学习都有很大的帮助。一个人的逻辑思维能力并不是一下就能培养和发展起来的,它需要有一个长期的训练过程。总体来说,逻辑思维能力的培养要从激发一个人的思维动机,理清一个人的思维脉络开始。

1)要注重逻辑推理思维方式的培养

根据推理前提数量的不同,可分为直接推理和间接推理。根据推理的方向,即思维进程中是从一般到特殊,或从特殊到一般,或从特殊到特殊的区别;传统逻辑称为演绎推理、归纳推理和类比推理。三段论推理是一种重要的演绎推理。它是性质判断三段论推理的简称,由两个包含着一个共同项的性质判断推出一个性质判断的演绎推理。三段论中的3个性质判断的名称分别为大前提、小前提和结论。包含大项的前提为大前提,包含小项的前提为小前提,包含大项和小项的判断为结论。例如:

所有的植物都需要水分——大前提

小麦是植物——小前提

小麦也是需要水分的——结论

三段论作为一种思维方式,其包含的3个性质判断通常都是以大前提、小前提、结论这样的顺序排列。但用自然语言表达三段论时,语句顺序是灵活的,而且常常使用省略形式(有省略大前提或小前提或结论等形式)。例如,口语中常说"这是学校规定的呀",把它补充完整就是:凡是学校规定都是应该执行的(大前提),这句话是学校规定的(小前提),所以这句话应该被执行(结论)。

2)掌握逻辑推理的基本方法

要想培养逻辑推理思维能力,除掌握上述三段论推理的基础逻辑思维外,还要注重逻辑推理的基本方法:综合法和分析法。要证明一个命题的正确时,应先从已知的条件出发,通过一系列已确立的命题(如定义、定理等),逐步向前推演,最后推得要证明的结果,这种思维方法,称为综合法。可简单地概括为"由因导果",即"由原因去推导结果"。要证明一个命题正确,为了寻找正确的解题方法或途径,首先设想它的结论是正确的,然后追究它成立的原因,最后对这些原因分别研究,看它们的成立又各需具备什么条件,如此逐步往上逆求,直至达到已知的事实,这样思维方法,称为分析法。

3)要注重提高解决问题的能力

逻辑思维是以概念为思维材料,以语言为载体,每推进一步都有充分依据的思维。它以抽象性为主要特征,其基本形式是概念、判断与推理。因此,所谓逻辑思维能力,就是正确、合理地进行思考的能力。大学生要真正具备逻辑推理能力,提高解决问题的能力,首先具备深刻理解与灵活运用基础知识的能力。逻辑推理需要一定的知识积累,这样才能为每一步推理提供充分的依据。

"为什么乱砍乱切的萝卜比切得整齐规则的萝卜更好煮烂、口味更好?"一个初中生不知道如何回答,而他的母亲却解释得很好:"因为乱砍乱切的萝卜比切得整齐规则的萝卜表面积更大,能吸收更多的热量,各种作料能更好地进入萝卜里,当然更好煮烂、口味更好了"。显然母亲对日常生活知识的理解与运用要远远强于儿女。因此,理解与灵活运用基础知识的能力是学生逻辑推理能力的基础。

4)要具备想象能力

逻辑思维有较强的灵活性和开放性,发挥想象对逻辑推理能力的提高有很大的促进作用。知识基础越坚实,知识面越广,就越能发挥自己的想象力。当然并不意味着知识越多,想象力越丰富。需要养成从多角度认识事物的习惯,全面地认识事物的内部与外部之间、事物同其他事物之间的多种多样的联系,才能拓展自己的想象力。这对逻辑思维能力的提高有着十分重要的意义。

5)要具备语言能力

语言能力的好坏不仅直接影响想象力的发展,而且逻辑推理依赖于严谨的语言表达和正确的书面表达。因此,重视对自身语言培养,尤其是数学语言和几何语言的培养对逻辑推理能力的形成是不可或缺的关键一环。同时,要培养作图识图能力。有些逻辑推理较多直接应用在几何方面,而几何与图形是密不可分的;几何图形中包含了许多隐藏的已知条件和大量的推理素材及信息,对图形认识得是否深刻直接影响问题能否解决。因此,作图识图能力在逻辑推理能力的培养中是绝对不能忽视的。

6)学会一些思维技法

世界著名的物理学家劳厄曾说过,"重要的不是获得知识,而是发展思维能力。教育无非是一切已学过的东西都遗忘掉的时候所剩下来的东西"。大量的事实也表明,个人的观察、分析、判断、理解、思考、决策、创意、策划、想象、洞察及战略规划等思维技能是否成熟,是否接受过系统的训练,将决定个人未来的职业发展前途。因此,一个人要想在激烈的脑力竞争中生存,就要学会更新自己僵化的头脑、简单的思维模式,让自己成为一个思维技能训练有素的人。运用思维进行分析、综合、比较、抽象及概括,从而训练自己高超的思维技巧,让头脑变得越来越聪明、越来越灵活。

逻辑思维训练的方法如图4-4所示。

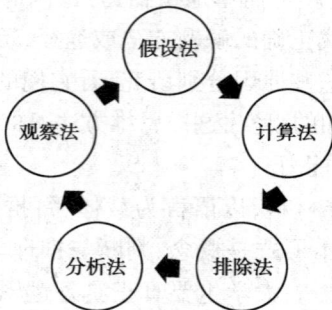

图4-4　逻辑思维训练的方法

材料4-5:使用A4纸笔记法100天增强逻辑思维

　　具体做法

　　将A4纸横放,每张纸写一个主题,每页写4～6行,每行20～30字。每张纸控制在1 min之内,每天写10页。换句话说,就是每天用10 min手写笔记。

作用和效果

在做的过程中,头脑和情感会得到快速的整理,理清头绪。一旦坚持做3个星期到1个月时间的笔记,脑海中的语言就会层出不穷,甚至在做笔记之前,就已经想到该怎么表达了。1个月前还很朦胧不知道该如何叙述的事项,现在已可以用明确的语言表达出来,想法也会不断涌现,最后动笔的速度已经赶不上大脑的运转速度了。再坚持几个月,就能做到瞬间从宏观上看待问题,逐渐接近"零秒思考"。可以根据不同的情况,有时能瞬间抓住问题的关键,并进行整理。

相关规则

✔写标题和正文时,不要思考太多,想到的事,不论是什么,先写下来。

✔严格坚持每页1 min,一想到就立刻写下来,这会让你不再拖延。

✔别用笔记本、日记本、Word,用A4纸是最快最方便的方法。

✔随身准备好A4纸和纸板,在任何地方都可以写,或者把A4纸折成三折。

✔可以把写好的笔记,4~6行的内容作为正文,继续深入下去。

✔对同一个标题,可用不同的角度来写很多页,处理问题和视野都能扩展开来。

✔写了很多张之后,可以把笔记像扑克牌一样摆弄。

✔一旦有了新的想法,就继续补充并整理。

这样做笔记可理清思绪,变得自信积极,心平气和。想怎么写,就怎么写,把最原始的感受写下来就可以了,不用想得很复杂,也不用考虑笔记的构成、格式、遣词造句,随时想到随时写。大多数人虽然平时总是在思考各种各样的事情,却总是犹豫不决,在原地兜圈子。将思考的这些事情,每一件写1页纸,那么这件事情就算大致得到了解决,所烦恼、忧虑的问题也会锐减。虽然你可能觉得,由于这件事情还留在脑海里,所以每天还是会想到、思考很多事情,但实际上可能并非如此。因为每天都要想出10个新的烦恼和问题也不是一件容易的事情。

范例

标题:整理自己的梦想

✔1年后,自己想干什么?

✔1年后,自己变成什么样才会感觉满足?

✔3年后的梦想是什么?

✔3年后,自己变成什么样才会感觉满足?

✔为此,今后半年内应该怎么做?

✔为了实现梦想,必须要学会什么?

✔自己的强项是什么?

✔关于梦想应该和谁怎么商量?

✔梦想对自己来说究竟是什么?

笔记的整理

建议用透明的文件夹进行统一整理,按不同分类进行标记,每3个月整理一次,重读一次。

注意:做笔记时一定要手写,别用App或电脑。大家现在就可找一张A4纸,用1 min

来尝试一下。刚开始时可能会难一点,多写几次,思维就会清晰不少。

二、创新学习能力的培养

(一)创新知识结构

1.创新知识的概述

创新知识即创新技法,是从创造技法中套用过来的。它是创造学家根据创造性思维发展规律和大量成功的创造与创新的实例总结出来的一些原理、技巧和方法。创新需要创造性思维,同时也需要创造性技巧与方法。创新技法是指人们在创造过程中,充分调动技能、智力等因素,为实现目标所采取的正确的、能提高创新能力的一种科学方法。

如果把创造创新活动比喻成过河的话,那么方法和技法就是过河的桥或船。方法和技巧可以说比内容和事实更重要。法国著名的生理学家贝尔纳曾说过,良好方法能使我们更好地发挥天赋的才能,而笨拙的方法则可能阻碍才能的发挥。黑格尔说,方法是任何事物所不能抗拒的、最高的、无限的力量。笛卡儿认为,最有用的知识是关于方法的知识。创新知识可以启发人的创新思维,同时也可提高人们的创造力、创新能力。它的应用可直接产生创造、创新成果或提高创造、创新成果的实现率。

创新技法是打开创造之门的钥匙。一个人即使知识再渊博,如果在从事科学研究中不懂创造技法,可能一辈子都只能在创造之门外徘徊,终究一无所获。有的人之所以能取得一个又一个创新成果,除了广博而精深的专业知识外,还有一个重要原因,就是他懂得并且掌握了创造技法。

创新技法是使创造构思向创造成果转化的催化剂。当你选择了科研课题,并有了明确的创新目标,如果你这时能运用科学的方法与技巧,你的构想就会迅速地向目标转化。在创造过程中,技法起了加速器和催化剂的作用。

创新技法是通向成功的桥梁。爱迪生一辈子有一千多项发明,如果没有娴熟的技巧,他不可能一次又一次获得成功。古今中外许许多多的创造发明,每一项都有其科学的方法与技巧。

具体的创新技法主要包括:

1)综合法

综合法有两种情况:一是将几个人或很多人的构思集中起来,进行创造发明;一是将已有的两种或两种以上的科研成果组合起来,使之成为一个新的事物。如果一个课题组要进行某项科学研究或搞某种创造发明,首先每个人需要发表自己的看法,大家各抒己见之后,课题负责人就要对这些意见进行综合,很有可能大家合理的部分都会被采纳。各个人的意见经过选择综合,就变成了一种新的构想。当代的科学研究很多采用了综合法。可以这样说,现今的许多重大发现与发明都采用了综合法,越是重大的课题越需要综合法。人类基因组草图的问世便是最有力的证明。

2)合作法

科学研究需要合作,需要无私奉献。丹麦物理学家尼尔斯·玻尔是量子论的最重要的创立者之一,他的贡献是量子论和量子力学、氢原子光谱规律以及原子核反应、重核裂变现象。但是,他的背后有许多无私的合作者、协助者和支持者。

3)类比法

类比法是指一种推理方法,根据两种事物在某些特征上的相似,做出它们在其他特征上也可能相似的结论。由客观存在的某类事物受到启发产生创新思维,并创造出类似于又高于原事物的行为。在创造发明活动中,类比法经常被使用。

4)联想法

联想是科学创造的翅膀。联想离不开鲜明的形象,离不开对外界事物的观察与思考。美国飞机发明家威尔伯·莱特和奥维尔·莱特,他们小时候看到鸟在天上飞,就设想人能不能上天与鸟一样飞翔呢。他们由此联想到应制造一种什么工具载人在蓝天翱翔。怀着这一美好的梦想,兄弟俩一直刻苦学习。长大后,他们认真学习有关知识,如数学、空气动力学等。他们认真描绘自己心中的飞行器——飞机的形状、样式,仔细设计每一个零部件,进行了多次实验,他们的伟大创新为世界飞行史写下了灿烂的一页。

5)对比法

把已有的某种东西同自己设想的某种事物进行比较,断定如果按自己设想的去做,制造出新的产品肯定比已有的东西优良,从而进行研究与实验,最终获得成功,这就是对比法在创新过程中的应用。

6)类推法

类推是指通过不同事物的某些相似性类推出其他的相似性,从而预测出它们在其他方面存在类似的可能性的方法。比照某一事物的道理推出同类其他事物的道理的过程也是类推。

7)模拟法

先依照原型的主要特征,创设一个相似的模型,然后通过模型来间接研究原型的一种形容方法。根据模型和原型之间的相似关系,模拟法可分为物理模拟和数学模拟两种。当今,随着科学技术的高度发展,数学在各种科技领域中得到广泛运用,特别是电子计算机等先进技术的作用和推广,模拟法的应用范围也越来越广阔,成为提出新的科学设想,探索未知世界不可缺少的研究方法之一。

8)改进法

这种方法是指在已有发明的基础上进行改造以获得更好的效果。改进法要求在原有基础上"有所改变而更先进",在功能和效果上要有所突破。传统的胡琴是两根弦,现在有人对胡琴进行改进,使之成为3根弦。3根弦的胡琴同两根弦的胡琴相比,具有声音柔和、音域宽广等优点。

9)逆向法

一般的发明创造都是遵循一定的思维规律进行的,逆向发明则正好相反,它采取的是截然相反的逆向思维方式,往往能打破常规,以全新的思维形式去发明创造。在科学中,运用逆向发明获得成功的例子是很多的。英国物理学家、化学家法拉第,根据1820年奥斯特关于金属线通电使附近磁针转动的发现展开逆向思考:既然电流能产生磁,那么磁能不能产生电呢？为了弄清电磁关系,他经过反复研究与实验,终于在1831年发现了磁感应生电的现象,从而确定了电磁感应的基本定律,成为现代电工学的基础。他又利用这一原理,创造了电磁学史上第一台感应发电机,成为今天各种复杂电机的始祖。

10)移植法

移植法也称"渗透法",是指把某个学科已取得的新成果如技术、方法或理论等移植渗透到其他学科、技术领域中,从而解决疑难问题或有新的发明创造的方法。在创造发明中。移植法主要有3种形式:同类转移、异类移植和交叉移植。

11)模仿法

模仿是指照着某种现成的样子学着做。模仿是一种"再造想象"。再造想象就是通过语言的描述或根据图样、图解、符号记录等在头脑中产生新的形象的过程。模仿既不同于模拟人,也不同于抄袭。它是把过去有经验的或没有经验的东西通过自己的头脑再现出来。它是一种再创造。模仿事物的某一特征创造出与该特征相似的新事物是一种常用的有效的思维方法,称为相似模仿法。

12)启示法

由某件事或某种事物受到启发,产生创造灵感,通过研究最终获得成功,这在创造发明中比较常见。纺织机的发明就是发明者因某件事受到启示后创造出来的。1764年,英国人哈格里夫斯有一天不小心把女儿的纺车绊倒了。有趣的是,绊倒在地的纺车仍然照样转动。既会织布又要会木工的哈格里夫斯从这儿受到了启发。他想,纺车倒了还在转动,我能不能发明一种机器多装几个纺锤,在不同的方位上同时转动而又互不干扰呢？于是,他经过反复研究和无数次试验,终于制造出了由4根木腿组成,机下有转轴,机上有滑轮,可同时装8个纺锤的纺织机,并用女儿的名字命名为"珍妮纺织机"。后来,他又对纺织机多次进行改革,把纺锤逐步增加到18个、30个,直到80个。这种机器因省人、省力且劳动效率高,后被各家纺织厂所采用。

13)跨越法

实现科技跨越式发展是许多发展中国家的战略选择。我国通信技术已成功地实现了跨越式发展。过去我们的通信,无论是技术、产业和生产能力都十分落后,但通过引进、消化、吸收、创新,利用后发优势,直接越过了模拟制式,而采用数字式。跨越法是跨越别人已有的技术或理论成果。这是一种省力的办法。例如,我国的"两弹一星",别人花了很长时间才搞出来,而我们实现技术跨越,花的时间比别人少得多。

14)推导法

这是指从已知的原理出发进行推理,得出一个新的结论的方法。推导法适用于科学发现。法国曾有位数学家根据数学计算,推导出天体的某地方还有一颗星。若干年后,天文学家通过天文望远镜果然发现了那颗星。元素周期表里的不少元素也是人们推导出来后被发现的。除这些方法外,有些创造发明并不是人们刻意去追求的,而是意外的发明,如邮票打孔机的发明。亨利看到别人在没有剪刀的情况下,用别针在邮票周围打孔之后,很容易撕下来使用,他受到启发后研制出了邮票打孔机。我国古代火药的发明,就是道士在炼丹的过程中意外发现的。

随着科技的迅猛发展,新的发明与创造越来越多。有人认为,创造发明都被别人抢先了,自己再无法搞创造发明了。这种认识是错误的。其实,创造发明的成果越多,给我们提供的创新思路也越来越多。如果有了科学知识,再掌握一些技法,创造发明就不难了。

创新知识产生的原则包括自由畅想,信息刺激,集思广益,量中求质,同中求异,异中求同,需要导向,尊重科学,综合创造,实践第一。

创新知识的3个要素包括:从事某些专业所必备的知识;一定范围内相对稳定的系统化的专业知识;有助于提高创新能力的知识。

2.创新知识的运用

1)创新知识的运用要遵循创造法则

(1)综合法则

综合法则是指在分析各个构成要素的基础上加以综合,使综合的整体作用创造出新成果。例如,美国的阿波罗登月计划可算是当代最大型的各种创造发明、科学技术的综合,该项计划准备了10年,动员了全美1/3的科学家参加,两万多个工厂承做了700多万个零件,耗资达240亿美元。

(2)还原法则

还原法则又称抽象法则,是指抓住事物的本质,回到根本,抓住关键,将最主要的功能抽出来,集中研究其实现的手段,得到具有创造性的最佳效果。例如,洗衣机的创造成功是还原法则应用的成功例子。其本质是"洗",即还原。而衣服脏的原因是灰尘、油污、汗渍等的吸附与渗透。因此,洗衣的关键是"分离"。这样可考虑各种各样的方法,如机械法、物理法和化学法等。

(3)对应法则

在设计创造中,相似原则、仿形仿生设计、模拟比较、类比联想等对应法则用得很广。例如,机械手是人手取物的模拟,木梳是人手梳头的仿形,夜视装置即猫头鹰眼的仿生设计等。

(4)移植法则

把一个研究对象的概念、原理、方法运用于另一个研究对象并取得成果的有效法则。例如,日本开始生产聚丙烯材料时,聚丙烯薄膜袋销路不畅,推销员吉川退助在酒店稍事休息,女店主送上手巾给他擦汗,因是用过的毛巾,气味令他嫌恶。他突然想到:如果每块洗净的湿毛巾都用聚丙烯薄膜袋装好,一则毛巾不会干掉,二来用过与否一目了然。于是,他申请了小发明,仅花1 500日元,而获利高达7 000万日元。

(5)离散法则

这一法则冲破原先事物面貌的限制,将研究对象予以分离,创造出新概念、新产品。例如,隐性眼镜是眼镜架与镜片离散后的新产品,音箱是扬声器和收音机整体的离散,活字印刷术是原来整体刻板的分离等。

(6)强化法则

强化法则又称聚焦原理,强化事物属性的某一个或几个方面。例如,利用激光装置及专用字体创造成的微缩技术,使列宁图书馆20 km长书架上的书缩在10个卡片盒内,以及浓缩药丸、增强塑料、钢化玻璃等。

(7)换元法则

换元法则即替换、代替的法则。例如,高能粒子运动轨迹的测量仪器——液态气泡室的发明,是发明人美国核物理学家格拉肖在喝啤酒时产生的创造性构想。他不小心将鸡骨落到了啤酒中,随着鸡骨沉落,周围不断冒出啤酒的气泡,因而显示了鸡骨的运动轨迹。他用液态氢介质"置换"了啤酒,用高能粒子"置换"鸡骨,发现带电高能粒子穿越液态氮时,同样出现一串气泡,故发明了"气泡室",并获得1979年的诺贝尔奖。

(8)组合法则

组合法则又称系统法则、排列法则,是将两种或两种以上的学说、技术、产品的一部分或全部进行适当结合,形成新原理、新技术、新产品的创造法则。它可以是自然组合,也可以是人工组合。例如,计算器用太阳能电池,装上日历、钟表,组合得到了新产品,以及不同金属或非金属可组合成性能良好的各种复合材料等。

(9)逆反法则

逆反法则即打破习惯的思维方式,对已有的理论、科学技术、产品设计等持怀疑态度,"反其道而行之",往往会得到极妙的设计或创造发明。例如,人倒退走路,使脊椎相反受力而治疗腰肌劳损等疾病,是逆反法则在医疗技术上的应用。过去总说"生命在于运动",而现在"生命在于静止"的静默疗法,让病人运用想象力来表达自己与疾病斗争的愿望;用静功来运行全身气血,可使精神放松,改变体内生理生化状态,增强机体免疫能力,以战胜疾病。

(10)群体法则

科学的发展,使创造发明越来越需要发挥群体智慧,集思广益、取长补短。现代设计法也摆脱了过去狭隘的专业范围,需要大量的信息、需要多学科的交叉渗透。据美国著名学者朱克曼统计,1901—1972年共有286位科学家荣获诺贝尔奖,其中185人是与别人合作研究成功的。随着时间的推移,发挥群体作用的比例明显增加。在诺贝尔奖设立的第一个25年中,合作研究获奖的占41%;第二个25年,为65%;第三个25年为79%。

2)常用的一些创新知识技法

(1)头脑风暴法

当一群人围绕一个特定的兴趣领域产生新观点时,这种情境称为头脑风暴。由于会议使用了没有规则的拘束,人们就能更自由地思考,进入思想的新区域,从而产生很多的新观点和问题解决方法。当参加者有了新观点和想法时,他们就大声说出来,然后在他人提出的观点之上建立新观点。所有的观点被记录但不进行点评。只有头脑风暴会议结束时,才对这些观点和想法进行评估。

头脑风暴的活动原则包括:自由畅想,要求参加者不受任何条条框框限制,放松思想,让思维自由驰骋;延迟批判,在组织头脑风暴会议时,必须坚持当场不对任何设想做出评价的原则;以量求质,头脑风暴的目标是获得尽可能多的设想,增加设想的数量以获得有价值的创造;综合改善,鼓励与会者对别人的设想完善成新的设想,会后对所有设想作综合改善的工作;限时限人,会议通常限定时间为30～60 min,人数为10人左右。

(2)列举法

列举法可分为希望点列举法和缺点列举法。希望点列举法可按发明人的意愿提出各种新设想,可不受现有设计的束缚,是一种更为积极、主动型的创造技法。当发现了现有事物、设计等缺点,就可找出改进方案,进行创造发明,称为缺点列举法。

(3)设问法

设问法是通过多角度提出问题,从中寻找思路,进而作出选择并深入开发创造性设想的创造技法。设问法主要围绕现有的事物,以书面或口头形式提出各种论题,通过提问,发现现存问题和不足的地方,从而找到要革新的方面,发明出新的事物来。其中,最著名的有检核表法、检查提问法、5W1H法、七步法及行停法。

(4)联想法

①相似联想。大脑收到刺激后自然地想起与这一刺激相类似的动作、经验或事物。例如,从火柴联想到发明打火机;从毛笔写字联想到指书、口书;从墨水不小心滴在纸上会产生不同形象,联想发明了"吹画";从雨伞的开合,发明了能开合的饭罩。

②接近联想。大脑想起在时间或空间上与外来刺激接近的经验、事物或动作。例如,造纸工人约瑟夫·蒙戈菲尔和文蒂安内·蒙戈菲尔兄弟,从厨房生火的上空碎纸片会向上升起的现象,用纸袋做实验,发现纸袋内容纳了热空气,更易上升,逐渐将纸袋越做越大、越做越好。终于在1783年6月5日,在安诺内广场上作了公开表演。后来,蒙戈菲尔兄弟又把一个巨大的、装饰得很漂亮的热气球送上天空,吊篮里还带了一只公鸡、一只羊和一只鸭。国王路易十六和王后玛丽·安托内特也来观看。

③对比联想。大脑想起与外来刺激完全相反的经验、动作或事物,称为对比联想。由高山想到流水,由黑暗想到光明,忆苦而思甜,都是因对比关系引起的联想。在学习和记忆中,运用对比联想可提高学习效率和加强记忆,促进回忆。例如,语文教学中将一对反义词同时进行学习,算术教学中加和减、乘与除的对比,以及化学元素性质的对比,都是对比联想的运用。

(5)灵感法

灵感法是靠激发灵感,使创新中久久得不到解决的关键问题获得解决的创新技法。其特征是突发性、突变性和突破性。它是突然闪出的领悟,是一种认识上质的飞跃。

(6)专利利用法

全世界每年申报许多专利,而且其中发明的新技术有90%～95%发表在专利文献上。但我国目前专利真正发挥作用的还不足10%。因此,可以借用专利构思创新、设计开发。

(二)创新学习能力

1.创新学习能力的内涵

学习能力有4种定义:学习能力一般是指人们在正式学习或非正式学习环境下,自我求知、做事、发展的能力;学习能力是指学生通过教师的指导而掌握科学的学习方法,也就是通常所说的"会学";一般学习能力是指在很多种基本活动中表现出来的能力,如观察力、记忆力、抽象概括能力、注意力及理解能力等;学习能力是指观察和参与新的体验,把新知识融入已有的知识,从而改变已有知识结构的能力。

而创新学习的概念最早出现在由 James W. Botkin 等所著,1979 年出版的《学无止境》(*No Limits to Learning*)一书中,它是针对全球存在的环境问题、能源危机等而提出来的。创新学习是与传统的维持学习(maintenance learning)相对的一种学习。创新学习是能够引起变化、更新、改组和形成一系列问题的学习。其主要特点是综合,适用于开放的环境和系统。针对我国教育的现状以及教育改革的要求,在今天提出创新学习更有它新的内涵。创新学习,指的是学习者在学习已有知识的过程中,不拘泥于书本,不迷信于权威,不依循于常规,而是以已有的知识为基础,结合当前的实践,独立思考,大胆探索,积极提出自己的新思想、新观点、新思路、新设计、新意图、新途径及新方法的学习活动。这里的"新",不仅是指新发现,也是指新发展。因为不可能每个人都能揭示新的原理,发现新的方法,只要把人们已揭示的原理和发现的方法应用于不同的问题上,就是一种创新学习。

从学习目的看,创新性学习以在继承前人知识的基础上发展、开拓、创新为目的,因而注重知识的发展性理解,了解知识的过去、现在,展望未来,掌握已知领域,展望未知领域,追求"青出于蓝而胜于蓝","踏着前人的肩膀向上攀登"。从学习目标看,创新性学习以掌握前人知识为起点,以应用并且发展知识为目标,因而注重知识的相对真理性、发展性,注重为发展知识而去掌握知识,在提高应用能力的基础上培养创新的能力和技巧,讲究"温故知新""推陈出新"。从学习标准看,创新性学习以建立合理的知识结构、提高应用和创新能力为标准,不盲目追求掌握知识的数量,注重知识的结构,注重获取新知的方法,注重分析和解决问题的实践能力,把学习能力、实践能力、创新能力视为衡量学习成果同等重要的标准。从学习内容看,创新性学习在掌握结论性知识基础上,进一步追求知识产生发展过程和获得新知的方法,追求书本背后的东西,既要知识的"金子",也要"点石成金"的"手指"。这样的学习内容,必然是丰富多彩、生动活泼、不断发展的知识体系,在重视结论性知识的同时,方法性知识也必定占有相当比重。从学习态度看,创新性学习以发展、批判的眼光审视一切知识,以追求真理的精神不断探究反映客观规律的真理,并且不断探究反映真理的客观规律,不盲目崇拜前人、权威,赞成孟子所说"尽信书不如无书",以柏拉图"吾爱吾师,吾尤爱真理"的精神,敢于向前人、权威挑战,即使最后证明前人获得的真理性知识不可动摇,也将在批判、探究中获得对知识的深刻理解。从学习思维看,创新性学习不满足于形式逻辑思维,同时十分注重辩证逻辑思维、发散思维、创新思维,形成思维的开放性、求异性,既重视前人获得的结论性知识,又重视前人创新知识的思维路径和特点,如爱因斯坦所说,"发展独立思考和独立判断的一般能力,应当始终放在首位"。这种在学习过程中进行的创新思维训练,不仅能极大地提高学习深度和质量,而且为以后工作中的创新和创造提供了锐利的思维武器。从学习方法看,创新性学习主张以探究式学习方法为主,提倡用探索和研究的方法进行学习,在学习中提高探索和研究的能力;认为探究式学习既有利于对前人知识的深刻掌握,更利于培养创新和创造能力。"发现法"学习的倡导者皮亚杰主张,"一切真理都要让学生自己获得,或者由他重新发明,至少由他重建,而不是简单地传递给他"。

2.创新学习能力的训练

大学生创新学习能力的形成,是在多种知识和能力发展的基础上发展起来的,是各种能力的综合反应。创新学习能力,旨在培养学生的创新学习精神、创新学习意识、创新学习思维、创新学习技巧和方法。创新学习就要求学习者在学习过程中,在创新意识的激励下,在对前人创造的文化知识进行认真学习,深入钻研,通过分析、综合、抽象、概括的思维加工,并透过表面现象认识其本质和内在联系的基础上,敢于破除迷信,勇于进行探索,勇于提出问题。

质疑是创新学习的起点。创新学习活动的过程,就是不断质疑而后释疑,不断探索,不断前进的过程。朱熹说:"读书无疑需教有疑。有疑者却要无疑,到这里方是长进。"他要求学生首先要勇于批判,不人云亦云,因循守旧则一事无成,只有具备批判精神,敢于冲破时弊,发挥独立思考,才能推陈出新。培养创新学习能力要善于继承。中华五千年文化,源远流长,我们需要继承人类的文化遗产,同时任何事物都是发展变化的,前人总结的思想认识与实践经验,往往受时间、条件与文化背景的局限,即便当时是正确具有新意的,可是随着历史的发展,就会出现"到了千年又觉陈"的现象。要精于发展,发展与创新是紧密联系的,不可分割的,邓小平指出"发展才是硬道理",这里的发展已蕴含了创新的思想。

1)创新学习的特征

(1)在学习过程中体现学生的主体性

在传统的学习观中,更多的是强调教师的教,强调学生的接受,强调知识的注入。当然,教师的教和必要的接受学习在学生的学习过程中的地位是毋庸置疑的。但在创新学习中,我们更强调学生的主体性。美国心理学家的研究表明,创造性思维和自我概念存在高相关。自我认可、独立性、自主性、情绪坦率上高水平的被试,同样也是高创造力者。在创新学习的过程中,学生的主体性主要表现在:首先,学生有明确的目标意识,对自己所要达到的学习要求及其社会价值有所认识,并能主动规划和安排自己的学习。不同的学习者有不同的学习目标,目标一定要适合自己,不要太高也不要太低,不要太快也不要太慢。其次,学生有强烈的学习动机,主动参与学习活动并积极探索。学生的学习积极性是成功学习的基础。教师相对学生的学是外因,外因必须通过内因才能起作用。因此,从一定意义上说,主动学习就是创新学习的基础。最后,学生在学习过程中勇于质疑。知识源于问号,著名发明家保尔·麦克克里德说得好,唯一愚蠢的问题是不问问题。因此,学习者要敢于怀疑权威、怀疑书本,不满足于获得现成的答案或结果,对所学习的内容能独立思考,进行多向思维。

(2)在学习内容上突出方法性

创新型的学生有着较为系统的学习方法。20世纪六七十年代以来,人们在强调学习方法的同时开始重视各种学习变量对学习方法的影响,把学习方法的选用置于更为广泛的学习情境中考察,转向研究各种学习变量、元认知与学习方法选用的关系。这样,就将学习方法的探索提高到了学习策略的水平。如果用战术与战略关系来比喻,学习方法属战术的范畴;而根据学习情境的特点和变化选用最适当的学习方法才是学习的策略,它属于战略的范畴。可见,学习方法由于种类多,又因情境而区别,故因人而异。这种差异就决定了学生有没有系统的学习方法,能否选用最为适当的学习方法,也决定着学生的创新程度。创新型的学生,在选择和运用学习方法时,往往遵循学习规律,明确学习任务,利用一切可以利用的学习条件,根据学习的情境、内容、目标及特点而灵活地应用。在这一过程中,学习方法不断内化为学生的学习能力,进而学会创新,这是通过"反映抽象"的机制来实现的。学法的作用表现为加工处理知识信息,对学习的活动和过程进行调控,最终把客观状态的知识转换为主观状态的知识。

(3)在学习组织形式上强调合作性

联合国教科文组织21世纪教育委员会的报告《学习——财富蕴藏其中》一书中曾论述了教育的四大支柱,其中之一便是学会合作。善于交流合作和恪守集体纪律、乐群性强等品质必然成为新一代人的行为特征。因此,学习者要能主动适应群体或团队生活,为他人所接纳,与人友好相处。古罗马教育家昆体良始终强调一个观点:"大家一起学习,可以互相激励,促进学习。"生活中的人虽然都以个体的方式存在,但任何单一个体的存在都必然地要以由他和其他个体所组成的群体为存在的基础和依托,任何个人的成就都要以得到他人的承认和肯定为前提。

2)创新学习能力的结构

(1)好奇——创新意识的萌芽

黑格尔说过:"要是没有热情,世界上任何伟大事业都不会成功。"所有个人行为的动力,都要通过他的头脑,转变为他的愿望,才能使之付诸行动。如果一个学生仅仅记住了数学的各种定理与公式,而不能把学到的知识用于发现新问题,不能解决实际问题,只学习老师讲的知识,只记忆书本上的知识,是远远不够的。应在课堂上学到的知识的基础上,勇于探索,善于创新。那就是教师应在教学中引导和培养学生的好奇心理,这是唤起创新意识的起点和基础。

(2)兴趣——创新思维的营养

我国伟大的教育家孔子说:"知之者不如好之者,好之者不如乐之者。"可见,他特别强调兴趣的重要作用。兴趣是最好的老师,兴趣是感情的体现,是学生学习的内在因素。事实上,只有感兴趣,才能自觉地、主动地、竭尽全力去观察它、思考它、探究它,才能最大限度地发挥学生的主观能动性,容易在学习中产生新的联想,或进行知识的移植,做出新的比较,综合出新的成果。也就是说,强烈的兴趣是敢于冒险、敢于闯天下、敢于参与竞争的支撑,是创新思维的营养。

(3)质疑——创新行为的举措

质疑即发现教学,是以智力多边互动为主的教与学相互作用的教学活动。质疑的指导思想是"以学生为中心",多渠道地培养学生的创新能力,发挥学生的主体作用,让他们积极地参与学习的过程,做学习的主人,开启他们的创新思维的闸门。

（4）探索——创新学习的方法

直接式学习法就是根据创新的需要而选修知识，不搞烦琐的知识准备，与创新有用的就学，没有用的不学，直接进入创新之门。模仿学习法是指学生按照别人提供的模式样板进行模仿性学习，从而形成一定的品质、技能和行为习惯的学习方法。换句话说，就是从"学会"到"会学"。探源索隐学习法，学生为了积极地掌握知识采用创新性的思维方式，对所接受的某项知识出处或源泉进行认真的探索和追溯，并经过分析、比较和求证，从而掌握知识的整个体系，探源索隐学习法对于激发自己提出问题大有益处。创新性阅读法，以发现新问题，提出新见解，从而能超越作者和读物，产生出创新思考获取新答案的阅读方法。创新性课堂学习法，通过老师的传授和指导，让学生获得系统的知识和形成一定的能力。同时，学习也可通过预习中对新知的自学和探求，以便上课时进入一种全新的精神状态，利用一切机会大胆发言，大胆"插嘴"，从而获得知识。

大学生要加强自身创新学习能力的训练，做到以下7点：

①明确目标。创新学习能力的大学生要有明确学习目标，主动做好规划和安排，制订科学、合理的实施步骤，才不致遇难而退或事倍功半。

②自信与冒险精神。自信是创新的前提，它能激发思维，引起创新冲动和激情，战胜困难，战胜自己，体现自身的价值。自信会激励自己积极主动地观察、发现并提出问题，寻找解决问题的方法，自己得出结论，而不是被动地等待老师告诉解决问题的方法和结论。冒险意识会促使自己大胆发言，敢于说出真实想法，敢于提出与众不同的问题或设想，敢于对别人意见进行批评，敢于坚持自己的意见，对新问题敢于去尝试解决，而不是发言谨慎、畏缩，唯恐老师批评或同学讥笑。

③追求创新思维的新颖性。思维的角度、方法、路线要与众不同，不复制别人思路，也不重复自己，不去理睬过去的思想者如何思考，从多角度将思维的触角伸向各个方位，拓展思维空间，从尽可能多的方法中择优选用。在多向思维的视角转换中，加深理解，挖掘事物本质。

④保持创新学习的独立性。独立性能体现学生创新学习的主体地位。一个只知道记忆知识而不会独立学习与思考的人，永远不可能有突破性成就。要充分行使独立学习权利，独立观察、独立实验、独立思考，自行提出问题、研究问题、解决问题、获取结论。既满足动手、动脑需要，又满足探索的好奇心，真正体验学习成功的喜悦。

⑤敢于置疑。学习的本质就是"生疑—质疑—释疑"的过程，要批判性地学。南宋理学家朱熹说过："读书无疑者，须教有疑。"因此，"疑"是学习的关键。只有疑，学习者才能积极思考，在不断生疑、质疑、释疑的过程中，才有创新。创新离不开质疑、争论、批判、不从众、不迷信、敢冒险、敢挑战。要敢于向教师质疑，向书本质疑，向前人的结论挑战，提出自己独到的见解。要用求异思维审视周围的一切，大胆提出不足与存在的问题。有时提出问题比解决问题更重要。

⑥在实践中求知。对知识的理解，不能停留在概念、结论的表面，不能死记硬背，而是要将其用到实践中，在实践中加深理解，通过灵活运用而创新。要用探索知识的基本方法，通过观察、发现和提出问题，亲自试验、归纳推理而获得结论。

⑦积极的心理状态与协作精神。研究表明,积极的心理态度能极大地提高学习效率。挫折教育则会使学生找到改进的方法,总结成功的经验,磨炼顽强的毅力,养成良好心理素质。与他人合作是创新性学习成功的基本手段,只有树立协作精神,为完成共同任务而明确分工、互助学习、通力合作,才能促使事业成功。

三、创新实践能力的培养

(一)创新实践能力的内涵

实践是人类自觉自我的一切行为。人是社会的主体,个人的实践同社会有着密切的关系,人的实践具有社会性,人的实践是社会的实践。实践包括社会活动、历史活动、有目的的活动等。它是人类社会发展的普遍基础和动力,是客观过程的高级形式。实践能力就是在人遇到问题时,能运用自己所学到的知识,进行问题的分析和判断,包括利用已有的知识和经验来解决以前遇到过或者从书上学习过的一些情况,还包括遇到了陌生的情况,能综合地运用自己学过的方法,进行分析,查阅相关资料,并最终解决问题。

广义的大学生实践能力,是指高校大学生以科学文化知识为基础、载体,通过实践环节实现向各种能力的转化,是大学生各方面能力的展示和现实运用,是大学生整体能力的最终价值体现。具体而言,大学生实践能力是指大学生在科学研究、生产劳动、经营管理、文化生活等方面的实际工作中,将理论知识与实际活动相结合的动手、动脑综合能力。通常大学生的实践能力可分为一般实践能力、专业实践能力和综合实践能力。大学生一般实践能力是指所有大学生在日常学习、工作和生活中都应具备的实践能力,主要包括表达能力、适应环境能力、自学能力、人际交往能力、外语能力和计算机应用能力、组织管理能力。大学生专业实践能力是指大学生利用所学专业理论知识解决社会和专业领域实际问题的能力,大学生专业实践能力随着专业知识的拓展而不断丰富。大学生综合实践能力是指大学生运用在校期间已积累的丰富知识,通过自己不断地探索研究,在头脑中形成独创性的思维,独立地分析和解决现实生活中新问题、攻关新课题的创新能力。

创新实践就是在传统思维的基础上运用各种技法进行创新,在生活中去实践。创新实践包含两个部分:一部分是基于现实问题解决方案调整进行的创新,创新的难度较低,需要的信息整合能力较强;另一部分是基于现实问题解决方案并参照其他方面的知识进行的开创性创新,创新难度大,需要较好的信息整合能力和创造力。创新实践能力是指要具有能综合运用已有知识、信息、技能及方法提出新问题、新观点的思维能力以及进行发明创造、改革革新的意志、信心、勇气和智慧,具备在科学研究、生产劳动、经营管理及文化生活等方面的实际工作中,将理论知识、书本知识与工作实际相结合的动手与动脑能力。

目前,对加强我国大学生实践能力培养途径与方法的研究主要从转变教育理念、改变传统教学模式等方面提出。例如,从课堂教学活动、实践教学环节和课外实践活动3个角度来加强我国大学生实践能力培养。秉承"能力教育"理念,真正重视大学实践能力培养工作;确立"生本关怀"理念,激发大学生锻炼实践能力的自主性;充分发挥校内专业教学资源对大学生实践能力的培养作用;加强离校与用人单位的合作,构建校内外一体化实践教育体系和加大政府对大学生实践能力培养工作的政策支持。

国外一些高校对大学生实践能力的培养给予了高度关注,并积累了丰富而有效的实践经验。许多高校将社会服务作为学生的必须学习的科目,在一些特殊专业中,学生如果没有社会服务的记录就不能取得专业资格。一些国家的高校试图通过产学合作的方式,为大学生创建一个既稳定又贴近现实社会需求的实践平台,从而加快科技成果转化为生产力的过程。美国的硅谷是世界闻名的电子工业基地,那里的企业发展多借助于斯坦福大学的人才优势,1995年在硅谷的高技术公司盈利达850亿美元,而这些利润的62%与斯坦福大学有联系。同时,美国还通过建立大学、企业联合研究中心兴办合资企业等方式,为教师和学生提供进入科研前沿和实践领域的平台。

(二)培养大学生创新实践能力的原则

1.系统性原则

大学生创新实践能力的培养是一项系统工程。首先,必须确定培养目标,可侧重理论研究,也可侧重工程实践。然后,围绕这一目标,从多个侧面、不同角度、采取各种措施对学生进行创新实践能力培养。最后,应建立评价机制来考核培养效果。结合培养目标、培养措施以及培养评价,形成一个系统的、科学的创新实践能力的培养体系。

2.主体性原则

大学生是创新实践活动的主体。在创新实践活动中,要充分发挥学生的主观能动性,尽可能地调动学生自身的创新需要,把需要变成动力,变成行动,让学生充分参与创新实践的各个环节。而教师作为指导者,只对学生的创新方案进行审查,提出完善意见,监督实验过程,考核最终结果。

3.普遍性原则

大学生创新实践活动不是精英活动。因此,应坚持大众性、普遍性原则,让尽可能多学生的创新实践能力得到培养、锻炼和提高。只有大多数学生的创新能力得到锻炼提高,才代表整个学校创新教育水平得到提高。应坚信每个大学生都具有创新的潜力,只要引导得当、方法得当,都可以开发出创新能力。

4.个性化原则

每个学生的创新能力是有差异的。个性化教育就是承认人的个体差异,在教育中强调以人为本,注重发掘人的潜能,促进个性发展。因此,要坚持个性化原则,尊重学生的个性,鼓励和支持学生根据各自的特长、爱好以及专业特点,培养各自的创新意识和创新思想,形成具有各自特点的创新能力。

5.激励性原则

以表扬、激励为原则,尽可能肯定学生在创新实践过程中的优点,从而让学生享受成功的乐趣,以此激发学生的创新欲望。学生在校期间参加各种创新实践活动,经过相关程序认定,获得相应的奖励学分,可认定为毕业学分,可免修部分相关课程,其成绩由指导教师直接给定;获得校级以上奖励的学生优先推荐免考研究生;获得高层次、高级别奖励的本科生可直接本硕连读。

(三)提升大学生创新实践能力的关键途径

1.激发大学生创新动机

1)提高对创新的认知水平

广义来说,创新是指个人的思维或者行为,对于与自身以往思维或行为的纵向比较而言,具有突破性或新颖性即创新,是相对性的创新。狭义来说,创新是指个人的思维或行为,对于与社会已有现状的横向比较而言,如果具有突破性或新颖性即创新,是绝对性的创新。

2)关爱并尊重好奇心、求知欲

好奇心和求知欲是一种认知需要,这种需要促使人们去探索,而探索本身就是一种创新活动。为了防止这种良好的求知欲和好奇心衰退,要做到经常接触新概念、新事物、新技术,保持好自己的怀疑和冒险精神,与同学讨论,向老师请教,力图从各个角度思考问题。

3)培养自己广泛的兴趣爱好

兴趣是建立在对于事物理解的基础之上,需要有一定的鉴赏能力和认知水平。因此,大学生应在日常生活中注意培养自己多方面的爱好,不断丰富自己的活动空间。通过博览群书,大学生可扩展自己的知识面,为对问题进行发散性理解打下基础。不仅如此,对于朝气蓬勃的大学生而言,还要特别注意培养自己对新生事物的敏锐度。

4)激发成功动机

为自己设置具有挑战性的任务来激发成功动机是十分有效的。大学生应利用自己的成功心理多去接受新的事物,如参加一些课外的竞赛,把这样的任务当成考验自己的机会。在挑战性的任务激励下,人的注意力会高度集中,积极主动地探究思考,同时还伴随着肯定的良好情绪和坚强的意志。

5)保持健康的心态

大学生要想培养自己的创新能力,就要注意克服急躁焦虑的情绪,保持愉快平和的心境。大部分创新都会遇到挫折,在这种情况下常会出现一些情绪上的反应,如急于求成、缺乏冷静、受到挫折后就丧失兴趣等。大学生应从理性的角度认识到,在积极追求成功创新的过程中,不可避免地会出现障碍和挫折,只要克服不良情绪,在逆境中努力,对挫折进行合理的内部归因和外部归因,冷静地总结教训,变挫折为走向成功的经验,以增强后续创新活动的动力。

2.强化大学生创新素质

1)树立正确的创新素质观

在创新实践教育的过程中,要从品行塑造、能力培养、知识传授全方位提升大学生的创新素质,确立现代的人才评价观,树立科学的学生发展观。

2）优化创新人才培养过程

创新实践教育过程的优化需要很多实体性措施。例如,优化课程体系,创新教学方式和教学手段,改革教学评价体系,以及推行现代教学管理制度等。

3）加强创新人才培养资源保障

高校内部资源可分为人力资源和物质资源。高校人力资源的关键是教师,加强师资队伍建设,是创新人才培养成功的关键。物质资源主要是经费、设备、设施、场地等因素能影响创新人才培养的资源。物质资源的重点是教材,教材资料是学生获取知识的直接来源,是课程内容最主要最重要的信息媒体,是创新人才培养最直接的物质资源。要及时更新教材,采用先进的学习资料,开阔学生学术视野,及时了解掌握新知识、新技术。

4）重塑大学生创业认知结构

大学生群体对创业的解读呈现出3种不同的阶梯状分布:第一种是有完整的创业认知结构,创业意识和能力均具备,但缺乏相关资源或其他,导致创业行为实施困难或无法实施;第二种是有创业认知结构但不完整具体,创业意识相对模糊,对自己的创业能力界定不清,创业行为考虑过但很快就打消念头,整体对创业呈现不确定的状态;第三种属于完全无创业行为者,他们心中或对自己不肯定,或一心钻研其他事物。根据3种不同的分布,高校应因材施教,扬长避短,充分发挥各自的优势。对第一种,要支持具创业意识者理性创业,要引导其树立创新创业意识,培育创新创业精神,构建符合个人独特气质的胜任力模型;对第二种,要有意识地引导创业意识,通过在创业大环境下的熏陶中,激发创业的积极性和主动性,同时加大其在个人特质方面和专业技能方面的培训,为后续的创业行为做好铺垫;对第三种,引导无创业意识者正确就业,结合自身情况以更为积极的就业态度进行自主择业,积极就业。在进行正规就业与非正规就业的抉择时,要客观分析,理性判断。

材料4-6：重庆大学三大举措扎实推进大学生创新创业教育

重庆大学着力健全创新创业工作机制,完善培育体系,搭建实践平台,深化大学生创新创业教育改革,取得积极成效。

健全创新创业工作机制。成立由校领导任组长、各部门全面参与的创新创业工作小组,建立创新创业教育和鼓励支持学生自主创业工作协调机制,推进落实弹性学制、休学创业等政策,制订创新创业学分折算办法和申请休学流程等。开展大类招生培养,探索创办弘深学院、博雅学院、重庆大学—辛辛那提大学(CQU-UC)联合学院等创新试点学院,推行多专业联合毕业设计等,打破专业壁垒,完善人才培养内部协同机制。实施"2011协同创新计划",打开课堂、学校、国(际)"三门"办学,探索校校、校企、校地、校所及国际合作的协同育人机制,全面对接重庆市发展战略,深化与两江新区、璧山区、九龙坡区等区县的战略合作,共建合作高地和实践实训基地。协同成立重庆市高校创新创业教育联盟、重庆市首个众创空间联盟和重庆大学创业园,打造集"创业指导、创业孵化、创业培训、成果转化"等于一体的创客空间。

完善培育体系。结合"卓越计划",推进通识教育与宽口径专业教育相融合,将创新创业课程纳入通识教育体系,系统普及创新创业知识,开设"新生研讨课"和职业规划教育课程。积极调整和完善专业课程设置和教学内容,挖掘和充实各类专业课程的创新创业教育资源,结合专业特点,模拟创业,实训创新,积极融合创新创业教育。结合过程性学习评价,鼓励教师开展与课程相适宜的教学方法探索与实践,通过讨论、演讲、专题报告等探究性教育形式,广泛开展基于问题的学习(PBL)、启发式、讨论式、参与式、互动式教学,激发创新创业意识。

搭建实践平台。加强教学专业实验室(虚拟仿真实验室)、创新创业实验室和训练中心建设,把研究生科研项目与创新创业项目相结合,将实验教学作为大学生创新创业的重要培养环节。利用大学科技园、大学生创业园、创业孵化基地及小微企业创业基地等资源,建好一批大学生校外实践教育基地、创业示范基地、科技创业实习基地。联合成立的重庆大学大学生创新创业基地已设立大学生创新创业项目35个,资助启动金额105.6万元。依托研究生创新实践基地,近3年共受理创新项目809个,资助创新项目343个,参与研究生超过1 000人,资助金额近200万元,获得专利52项。积极组织学生参加"树声前锋杯""挑战杯""创青春""英特尔—伯克利"等赛事,在实践中引导大学生学术、科技和思维创新。定期举办创新创业项目路演活动,促进创业成果、技术成果的有效转化,加快技术企业的孵化与培育。

资料来源:成渝地区大学生创新创业服务网(略有改动)

【思考与训练】

一、讨论题

1.有甲乙两人,其中甲只说假话,而不说真话;乙则是只说真话,不说假话。但是,他们两个人在回答别人的问题时,只通过点头与摇头来表示,不讲话。有一天,一个人面对两条路:A 与 B,其中一条路是通向京城的,而另一条路是通向一个小村庄的。这时,他面前站着甲与乙两人,但他不知道此人是甲还是乙,也不知道"点头"是表示"是"还是表示"否"。现在,他必须问一个问题,才可能断定出哪条路通向京城。那么,这个问题应该怎样问?

参考答案:这个人只要站在 A 与 B 任何一条路上,然后,对着其中的一个人问:"如果我问他(甲乙中的另外一个人)这条路通不通向京城,他会怎么回答?"如果甲与乙两个人都摇头的话,就往这条路向前走去,如果都点头,就往另一外一条走去。

2.桌子分别是什么价格?

一个家具店里有3种桌子,其价格分别如下:

(1)它们的单价各不相同;

(2)它们的单价加起来共4 000元;

(3)第二种桌子比第一种桌子便宜400元;

(4)第三种桌子的单价是第二种的2倍。

那么这3种桌子的单价各是多少?

参考答案:第一种桌子的单价是1 300元,第二种桌子的单价是900元,第三种桌子的单价是1 800元。假设第一种桌子的价格减少400元,那么,第一种桌子就与第二种桌子的价格相同了,这时将总价格减少400元,就变成3 600元了,3 600元是4个第二种桌子的总价格。3 600元/4=900元,900元×2=1 800元,900元+400元=1 300元。

3.奇怪的两姐妹

有一个人在一个森林里迷路了,他想看一下时间,可是又发现自己没戴表。恰好他看到前面有两个小女孩在玩耍,于是他决定过去打听一下。更不幸的是,这两个小女孩有一个毛病,姐姐上午说真话,下午就说假话,而妹妹与姐姐恰好相反。但他还是走近去问她们:"你们谁是姐姐?"胖的说:"我是。"瘦的也说:"我是。"他又问:"现在是什么时候?"胖的说:"上午。""不对",瘦的说:"应该是下午。"这下他迷糊了,到底他们说的话是真是假?

参考答案:假设是下午,那么瘦的说的就是真话,但是到底谁是姐姐就无法确定了。所以不可能是下午。那么就是上午,此时姐姐说真话,而胖的说是上午,所以胖的是姐姐,瘦的是妹妹。

4.如何分酒?

一个人晚上出去打了10 L酒,回家的路上碰到了一个朋友,恰巧这个朋友也是去打酒的。不过,酒家已经没有多余的酒了,且此时天色已晚,别的酒家也都已经打烊了,朋友看起来十分着急。于是,这个人便决定将自己的酒分给他一半,可是朋友手中只有一个7 L和3 L的酒桶,两人又都没有带秤,如何才能将酒平均分开呢?

参考答案:第一步,先将10 L酒倒满7 L的桶,再将7斤桶里的酒倒满3 L桶;第二步,再将3 L桶里的酒全部倒入10 L桶,此时10 L桶里共有6 L酒,而7 L桶里还剩4 L;第三步,将7 L桶里的酒倒满3 L桶,再将3 L桶里的酒全部倒入10 L桶里,此时10 L桶里有9 L酒,7 L桶里只剩1 L;第四步,将7 L桶里剩的酒倒入3 L桶,再将10 L桶里的酒倒满7 L桶,此时3 L桶里有1 L酒,10 L桶里还剩2 L,7 L桶是满的;第五步,将7 L桶里的酒倒满3 L桶,即倒入2 L,此时7 L桶里就剩下了5 L,再将3 L桶里的酒全部倒入10 L桶,这样就将酒平均分开了。

5.逃跑的车

某城市发生了一起车祸,汽车司机撞人后逃跑了。已知该城市只有两种颜色的车,黑色25%,灰色75%。车祸发生时有一个人目睹了车祸的过程,他指证是灰车,但根据专家分析,当时那种条件能看正确的可能性是90%。那么,逃跑的车是黑车的概率到底是多少?

参考答案:$T=(25\% \times 90\%)/(25\% \times 90\% + 10\% \times 75\%)=12/39=75\%$。

6.称重

有4头猪,这4头猪的质量都是整千克数,把这4头猪两两合称体重,共称5次,分别是99,113,125,130,144,其中有两头猪没有一起称过。那么,这两头猪中质量较重那头有多重?

参考答案:ab+cd=ac+bd=ad+bc(ab指a与b的体重和),明显99+144=113+130=125+x。可以看出,少掉的那个数是118。不失一般性,ab+ac(cd+bd)=2a2d=62,则ad=31或bc=31,即某两头猪的体重之差为31,并且这两头猪要么和为118,要么两头猪都不是和为118的那两头猪。而两个数的和与差的奇偶性是相同的。因此,可以看出,必定是b与c之外的两头猪的体重之差为31。

7.无名女尸

在一个荒无人烟的大沙漠上,看到一个女子的尸体,可知这个女子是从高处坠落而死,但是沙漠的四周并没有什么建筑物,在女死者的手里握有半截火柴,大家知道这个女子是怎么死的吗?

参考答案:有一队人坐着热气球去飞跃大沙漠,热气球还没有飞跃沙漠,大家发现燃料不够,必须将气球上的质量减轻,起先人人都往下面扔行李和箱子,后来扔衣服,发现还是不行,必须得下去一个人,可是大家都不愿意下去。于是就抽签,在热气球上只有火柴,于是把火柴盒里的火柴其中一根折断,其余的不动,半打开火柴盒,大家都看不到半截的火柴,然后每个人抽一根,这个女子不幸抽到了那半截火柴。

大学生如果具备较强的逻辑思维能力,可显著提高求职时的社会竞争力。无论是招聘考试,或参加求职面试,用人单位除了考察必需的专业知识外,他们同样注重求职者分析问题、解决问题的能力以及语言表达能力和一些临场应变能力。归结起来,这也是对大学生逻辑思维能力的考察。因此,大学生在学习过程中如果能加强自身逻辑思维能力的培养,提升自己的逻辑思维能力,才能在激烈的社会竞争中占据优势。

二、案例分析题

1.匈牙利的一位新闻记者拉·比罗,工作中发现自来水笔有缺点,使用起来不太方便。他在报社的印刷厂看到印报纸的油墨有优越性,但油墨却不能在自来水笔中使用。一天,他看到一群孩子在地上滚皮球,沾了泥的皮球在地上滚动时留下一道泥印。他受到启发,在一个圆管上装上一个钢珠,管里放进油墨,这就是圆珠笔的墨水了。这种墨水很黏稠,有足够的流动性,既不会从笔尖中漏出,又能从圆珠的间隙通过,写在纸上还能迅速变干。这样,圆珠笔终于发明成功,在1938年还获得了专利。

问题:

(1)如果你是一名记者,请分析一下自来水钢笔有哪些缺点?

(2)发明圆珠笔的整个过程中,比罗主要用了哪些思维方式?

参考答案:

(1)墨水少,不耐用;容易泄露;笔尖划纸,易变形;笔身过重,费力;打水不方便;写字不匀……

(2)联想思维、扩散思维、组合思维、质疑思维。

2.澳大利亚曾经发生过这样一件事:在收获的季节,有人发现一片甘蔗田里的甘蔗比往年长的粗壮得多,割完甘蔗,产量竟然提高了50%。这是什么原因呢?原来,在栽种前一个月,有一个拉水泥的车翻在这里,水泥洒得遍地都是。土壤学家说,这里的土地是酸性土,而水泥中的硅酸钙是碱性的,土壤得到了改良,当然就会增产。经过化验后,果然证明土壤学家说得完全正确,由此到了一项新的发明。

问题:

(1)分析这个案例里的因果关系,说明土壤学家的推理过程。

(2)由土壤学家的分析结果,可能导致说明新的发明?

参考答案:

(1)这里的土地是酸性土,而水泥中的硅酸钙是碱性的,酸碱中和,土壤得到了改良,当然就会增产。

(2)土壤酸碱调和剂、适合出苗的肥料。

三、测评题

想象力测试:

根据下列句子所描述的情形,想一想自己是怎样的,不要再三揣摩题目的答案,因没有正确答案,只有最符合自己的情形。只需回答"是"或"否",请用笔记下自己的答案。

•你是不是经常幻想自己想知道的事情。

•你是不是经常想象自己的未来?

•当你与别人争执的时候,你是否会想象对方是怎样思考的?

•每当你看到一个新的事物,你是否会觉得它与你知道的某些东西有相似的地方?

•当你来到一个新的地方,你是否会想象自己居住在这里的情境?

•当你要与父母讨论一件事情的时候,你是否会先想好父母可能想到的几种想法?

•你是否经常会有好的想法得到老师、父母的夸奖?

•你是否经常会做出一些新颖的举动吸引同学们的眼光?

•每次出去玩的时候,你是否更喜欢选择不同的地方?

•你看电视的时候会哭吗?

•听鬼故事的时候,你会不会感觉毛骨悚然?

•当你受到批评时,你是不是觉得自己做事总是不对的?

•看小说的时候,你是不是会把自己想象成故事中的某个人?

•和同学一起出去玩的时候,你是不是经常会有好主意?

•你幻想的时候是不是经常有故事情节?

•当你向别人讲起自己的某个经历时,会不会故意夸大其词,以便吸引别人的注意力?

•看《卖火柴的小女孩》时,你是不是觉得小女孩应该有更好的结局?

•在与一个陌生人交谈之前,你能想象自己可能会怎样与他交谈吗?

•当老师沉着脸走进课堂时,你能想象到老师为什么会这样吗?

•爸爸很晚还没回家,你是否会想象爸爸可能在做什么?

•你喜欢玩拼图吗?

•你喜欢想一些不会在自己身上发生的事情吗?

•你喜欢想象自己有一天成为心目中的人物吗?

•你会自己把歌词改成自己喜欢的词吗?

•你是不是经常会回想别人与你聊过的事情?

答"是"计1分,答"否"不计分。

结果分析:

如果你的得分为0~8分,这说明你的想象力不太好,你似乎一点也不能进入想象的世界,是一个比较实际的人;如果你的得分为9~17分,说明你有一定的想象力,你能站在别人的立场上去思考问题,但你却经常把想象认为一种空想,尽力想要避免想象;如果你的得分在18分以上,说明你的想象力非常出色,具有一定的艺术天赋,但有时容易想象过于丰富,从而导致对外界事物过于敏感。

发散思维是创造性思维的基础和核心,它的特点是追求思维的广阔性,决定创造活动的结果和要达成的目的,一个人发散思维的品质、能力、水平直接决定他创造力的高低。发散思维可提高学习的延伸性和灵活性,在提出问题、分析问题和解决问题方面具有重要的意义。

第五章　大学生创新人格塑造

创新的核心在于人才。创新人才的核心竞争力的基础是人才的创新人格。创新人格是个体相对稳定的、本质的存在状态，是个体进行创新活动的心智、能力基础。它是创新素质能力发展的最基础、最根本的因素。青年大学生作为创新活动的主体，承载着国家和民族的希望。其创新人格的发展不仅关系着青年自身的全面发展、成长成才，同时关系着国家、民族的复兴进步。因此，青年大学生创新教育与创新人格塑造历来是党政关心、社会关注的最重要问题之一。

第一节　正确认识大学生创新人格

一、创新人格的内涵及结构

（一）创新人格的内涵

1.人格的界定与内涵

人格（Personality）一词源于古希腊语的persona，原意为"面具"或"脸谱"，是指古希腊时期戏剧演员表演时为表现特定的角色与身份所展现出来的面目①。类似于中国京剧中的脸谱，通过戏台上不同类型的角色所佩戴的面具、描画的脸谱，展现出所表演角色的自我本质与真实品格。

从中国古代语言文字来看，原无"人格"一词，但早有"人品""为人""人性"这些说法。从先秦儒家的"己所不欲，勿施于人""尽心知性知天"，到道家学派的"含德之厚，比于赤子""独与天地精神相往来，不敖倪于万物；不谴是非，以与世俗处"，再到宋代二程（程颢、程颐）"革尽人欲复尽天理"等，中国传统哲学流派和大家都有对人性、人品等人的本质的阐述和探讨，这与"人格"所表达的内涵与思想相一致。《现代汉语词典》中，"人格"有3种意思：个人在社会中的地位和作用的统一，是个人的尊严、名誉、价值的总和；在心理学

---

① Fast L, Funder D.Personality as manifest in word use: Correlations with self-report, acquaintance-report, and behavior [J].Journal of Personality and Social Psychology, 2008(94):334-346.

上，即"个性"；人的道德品质①。

长久以来，"人格"一词经过融合、繁衍、扩充及引申，变成非常抽象、内涵复杂的范畴，被广泛应用于心理学、教育学、哲学等众多学科中，尤其是心理学，与其他学科相比，心理学对人格的研究最多、最广、最深，不过即使在心理学，对人格的理解与研究也没有达到完全的统一，众说纷纭。本书所指的人格，主要是指心理学上的定义。

从西方来看，人格受不同因素的影响，而发展成为不同的理论：

1）人格特质理论

美国人格心理学家，现代个性心理学创始人、特质理论的始创者奥尔波特1937年在《人格：心理学的解释》一书中首次提出自己对人格的定义，人格是个体内部决定其独特的顺应环境的那些心理生理系统中的动力组织，人格既不单纯属于心理方面，也不单纯属于神经方面，而是具有组织性、变化性的②。英国人格心理学家艾森克认为，人格是个人的气质、性格、智力和体格的相对稳定而持续的组织，它决定着个人适应环境的独特性③。奥尔波特认为，特质是人格的基础，分为首要特质、中心特质和次要特质三大类。首要特质是一个人最典型、最具概括的特质；中心特质是构成个体最独特的几个特质；次要特质相对来说不太重要④。

而以美国人格心理学家米歇尔为代表的部分心理学家对人格的特质理论表达了不同的意见，他在《人格和评价》中提出了对特质理论的异议：不具有高度概括性和代表性；把特质作为行为的理由不够充分；忽视了社会环境、教育环境等外在因素的影响。他更多地认为，人格是个体心理各类特征的统一体，它们具有特定的差异性⑤。

2）人格发展理论

人格发展理论是基于人类学基础的人格学理论。它主要有以下3种理论：

①弗洛伊德的人格发展阶段理论。他把人格的发展分为5个时期，包括口唇期（0～18月）、肛门区（18月～3岁）、性器区（3～6岁）、潜伏期（6～12岁）、生殖期（青春期到成长）⑥。

②埃里克森认知发展理论。他把人格的认知发展按照年龄分为8个阶段，越到后面每个阶段的年龄差就越大，从0～1岁开始为最开始的基本信任对基本不信任的阶段，一直到65岁以后自我整合阶段⑦。

③皮亚杰认知发展理论。他认为儿童的认知发展分为4个阶段，分别是0～2岁的感知运动阶段、2～7岁的前运算阶段、7～11岁的具体运算阶段及11～16岁的形式运算

①中国社会科学院语言研究所词典编辑室.现代汉语词典[M].北京：商务印书馆，1982：950.

②中国大百科全书总编辑委员会《心理学》编辑委员会普通心理学编写组.中国大百科全书·心理学：普通心理学[M].北京：中国大百科全书出版社，1987：29.

③贺艳丽.大学生科研团队创新人格培养问题研究[D].武汉：武汉纺织大学，2011：16.

④张鏖.高知女性人格特质与职业选择关系研究[D].北京：北京建筑大学，2014：8.

⑤张开荆.人格心理学中的特质论与情境论之争述评[J].辽宁教育行政学院学报.2006，23（1）：35-37.

⑥李永新.浙江省事业单位公开招聘分类考试专用教材 综合应用能力 D类[M].北京：人民日报出版社，2015（04）：128.

⑦赵婵，等.大学生职业发展与就业创业指导[M].湘潭：湘潭大学出版社，2015（08）：41.

阶段①。

3）社会认知理论

社会认知理论是在传统的行为主义人格理论的基础上形成的。阿尔伯特·班杜拉作为其理论的创始者，最具代表性。他所提出的社会认知理论包括三元交互决定论、观察学习和自我效能3个部分。他认为，人、人的行为及其环境之间具有相互联系的动态关系，甚至在某些时候起着决定性作用②。

4）生物学论

生物学流派认为，人格的形成受生物遗传因素的影响，由上一代的父母遗传给下一代的子女，与个体大脑的生理结构有关，而不仅仅是受个体经验的影响。心理学家艾辛克认为，人格分为外向与内向、神经过敏症倾向和精神症状倾向三大维度。

从国内来看，我国学者也多次对人格的内涵展开了丰富的研究，包括：我国社会心理学家孙本文从人格特质总体论的角度出发，指出人格是两代人之间的态度和言行的差距，具体来看他认为人格分为智能、意志、感情、品格、应付社会环境及感受社会影响6个方面的特质③；心理学家陈仲庚认为，人格是人在社会化过程中形成的给予人特色的身心组织，它不仅仅包含心理方面的特质，还包括身体方面的④；心理学家黄希庭认为，人格是个体在行为上的内部倾向，它表现为个体适应环境是在性格、情绪、价值观、体制等方面的整合⑤。

综上，人格是个体认知、动机、情感情绪、意志、行为等特质的统一体。它决定着人的内隐心理状况和外显行为表现，具有内容的整体性、时间的稳定性、个体的独特性和社会性，是人类精神文化维度特有的特征。

2.创新人格的界定与内涵

在西方，创新人格（Creative Personality）是美国心理学家吉尔福特率先提出和使用的一个概念。他通过对创造性人物的心理分析，将创新人格品质的一般特征概括为8个方面：高度的自觉性和独立性；旺盛的求知欲；强烈的好奇心，对事物的运动有深究的动机；知识面广，善于观察；工作中讲究条理性、准确性、严格性；丰富的想象力，敏锐的直觉，喜好抽象思维，对智力活动和游戏有广泛的兴趣；富有幽默感，表现出卓越的文艺天赋；意志品质出众，能排除外界干扰，长时间专注于某个感兴趣的问题上⑥。巴伦（Barron）认为，具有创新性的人格特质包括智慧的审美观、广泛的兴趣、受事物的复杂性所吸引、充沛的精力、关心工作与成就、独立判断、自治、直觉、自信、忍受与解决冲突的能力、创造的自我意向等⑦。克尼洛在对已有关于创造性人格的分析基础上，提出创造性人格特征应包括

①卢潜.皮亚杰认知发展理论对教育的影响[J].教育研究,1989(5):23-28.

②肖虹.班杜拉社会学习理论的认知与融合性特征研究[D].济南:山东大学,2007.

③王益明,耿爱英.实用心理学原理[M].济南:山东大学出版社,1997:124-140.

④刘同辉.中体而西用,返本以开新——中西人格心理学思想之比较研究[D].上海:华东师范大学,2006:25.

⑤黄希庭.人格心理学[M].杭州:浙江教育出版社,2002:6.

⑥彭聃龄.普通心理学[M].北京:北京师范大学出版社,2006:233-235.

⑦Barron, Frank, Harrington, et al. Creativity, Intelligence, and Personality.[J]. Annual Review of Psychology, 1981, 32(1):439-476.

12个项目:智慧、观察力、流畅性、变通性、独创性、精致性、怀疑、持久性、游戏性、幽默感、独立性、自信心。当然,对于不同类型、不同领域的创造者而言,他们的创新人格特征组合也会表现出独特性。1955年,卡特尔通过16种人格因素测验发现,创造力强的人格特征包含缄默孤立、聪慧富有才识、好强固执、严肃审慎、冒险敢为、敏感等16项内容[1],同时,参与测试的科学家与普通人相比更加独立、内向、好学、专注、刚强、自律、多愁善感及勇于创新[2]。

在我国,虽然对创新人格的研究起步较晚,但也从不同角度和层次进行了研究探讨。李志认为,企业管理者的创新人格包括宜人、乐群等因素[3]。纪宝成认为,创新人格是科学的世界观、正确的方法论和坚忍不拔的毅力等众多非智力因素的有机结合,是创新型人才表现出的整体精神面貌[4]。张晓明认为,对大学生创新能力培养的研究主要是两个方向:一是创造性的智力因素——创造性思维;二是非智力因素——创造性人格。在创造性人格中,独立性是进行创新的前提条件;意志力是维持创新的行动保障;自信心是进行创新的动力源泉[5]。俞锋认为,创新人格的特质内涵包括:独立生存的自信心,不进则退的进取心,百折不挠的坚韧心,胸怀社会的责任心[6]。桑春红发现,创新人格是创新活动的内在动力机制,是创新意识和创新精神在个人心理层面的积淀,是创新活动成功的关键[7]。

本研究认为,创新人格是个体在个体性格、气质、能力、情感、价值感、动机、需要等心理特征上都表现出高于常人的特性,包括创造力强、独立性强、好奇心强、学习意愿与能力强等。

3.大学生创新人格的研究

国内针对青年大学生创新人格的研究较为丰富。张莼波认为,大学生的创新人格的基本特征为强烈的创新动机和坚定的目标、坚强的信念和顽强的意志和健康的创新情感和冒险精神,培育创新人格的途径有唤醒创新欲望、培养创新思维品质、夯实科学素养和营造创新氛围[8]。方珏认为,大学生的创新人格应包含独立性、好奇心、自信心、敢为性及持久性[9]。王瑞认为,大学生创新人格应该是创造力和独立性强,具有强烈的好奇心,热爱学习,具有良好的专注力与毅力。田宪华、刘禹认为,大学生创新人格主要分为坚毅独立、冒险敢为、探索进取、自信乐观及合作交流五大方面[10]。叶清认为,在建设创新型国家的背景下,要成为创新型人才,大学生应当具备以下创新人格:不断进取的自信心,强烈的兴趣与好奇心,胸怀社会的责任心,百折不挠的意志力,独立性的批判精神,开放的心

---

①朱永新.创新教育论[M].南京:江苏教育出版社,2001:69-72.

②衣新发.卡特尔心理健康思想解析[M].杭州:浙江教育出版社,2015:9.

③李志,陈璐峰,蒲清平,等.大学生综合素质与实践能力研究[M].重庆:重庆大学出版社,2014:163-174.

④纪宝成.怎样培养创新型人才,注重创新人格的培养[J].求是,2006(24):35-36.

⑤张晓明,郗春媛.大学生创新人格核心特质研究[J].高等教育研究,2002,23(2):4.

⑥俞锋.培养大学生的核心竞争力——创新人格[J].现代教育科学,2003(4):81-83.

⑦桑春红.创新人格是当代大学生的理想人格[J].黑龙江高教研究,2008(4):126-128.

⑧张莼波.大学生创新人格的培育[J].教书育人:高教论坛,2018(03):27-29.

⑨方珏.大学生创新人格的结构与内涵[J].人力资源开发,2017(22):7-8.

⑩王瑞.基于积极心理学的大学生创新人格培养研究[D].兰州:兰州交通大学,2017.

态,以及团结协作的精神[①]。桑红春认为,大学生创新人格具有浓厚的学习兴趣和成就动机,敢于质疑和大胆创新的意识,承受挫折和失败的良好心态,勇往直前的探索精神,坚忍不拔的优秀品质,较强的独立思考能力,良好的沟通能力与合作精神,优秀的自我调控等特征[②]。

本书中的大学生的创新人格是指青年大学生内在、持久、稳定地能促使自身创新能力提升、取得创新发展的人格特征。

(二)创新人格的结构

斯滕伯格在1998年就提出了"创造力三维模型理论",他将人格、智力与智力方式并列为创造力的组成部分[③]。卡特尔利用他的16种个性因素测验量表测验发现,创造力强者的人格特征是:缄默孤立,聪慧富有才识,好强固执,严肃审慎,冒险敢为,敏感,感情用事,幻想,狂放不羁,坦白直率,自由,批评激进,自立,当机立断。戴维斯将创新的一般人格特征概括为独立性强、敢于冒风险、好奇心、自信心强、富有幽默感等10个方面[④]。特尔曼通过对800名男性长达几十年的研究发现,成就最大和成就最小的,最明显的差别在于动机、情感、性格等方面,在进取心、自信心、谨慎和坚持等方面,成就最小的明显地小于成就最大的一组。奥尔德姆和卡明斯的研究结果发现,高创造力的人具有敏锐的直觉、广泛的兴趣、强烈的自信心、高度的审美观等特质[⑤]。

材料5-1：300名社会公众对创新型企业家人格特质的高频词[⑥]

序号	人格描述	词频
1	创新的	68
2	勤奋的	66
3	坚持不懈的	49
4	睿智的	49
5	有魅力的	40
6	思维敏捷的	33
7	开拓进取的	31
8	果断的	30

①叶清.大学生创新人格特征及其培养[J].教育学术月刊,2010(11):73-77.

②桑春红.创新人格是当代大学生的理想人格[J].黑龙江高教研究,2008(4):126-128.

③彭聃龄.普通心理学[M].北京:北京师范大学出版社,2006:233-235.

④胡秋娇.新建本科院校校园文化对大学生创新人格影响的研究[D].厦门:厦门大学,2008:5.

⑤Oldham G R,Cummings A.Employee creativity,Personal and Contextual Factors at Work[J].Academy of Management Journal,1996(39):607-634.

⑥此调查源于本书作者2008年对重庆市区6种不同职业的300名市民(公众)作为调查对象(见表),他们包括企业员工110人、医务人员40人、政府职员30人、教师50人、大学生50人、自由职业者20人。其中,男性170名,女性130名。被试者平均年龄约为33.3岁。

　　大学生的创新人格引起国内专家学者的关注。张晓明认为,大学生创新人格核心特质为有恒性、敢为性、忧虑性、独立性及自律性①。高美才和陈勃认为,创新知识、创新动力、创新途径是支撑大学生创新能力的三大关键维度②。叶清认为,在建设创新型国家的背景下,要成为创新型人才,大学生的创新人格应具备不断进取的自信心、强烈的兴趣与好奇心、胸怀社会的责任心、百折不挠的意志力、独立性的批判精神和开放的心态以及团结协作的精神③。李志认为,大学生创新人格结构,主要包括机敏活跃、求真务实、果敢自立与进取张扬④。可见,不同专家学者基于不同视角得出了大学生创新人格的不同结构,目前尚缺乏公认的具体内容。

二、塑造大学生创新人格的价值

(一)具备创新人格的大学生是实现中华民族伟大复兴中国梦对新型人才的重要需求

　　创新人格是知识经济时代的理想人格。习近平总书记在党的十九大报告中指出,创新是引领发展的第一动力,是建设现代化经济体系的战略支撑,并把"加快建设创新型国家"作为建设现代化经济体系的一个重要方面⑤。在中国科学院第十九次院士大会、中国工程院第十四次院士大会开幕式上,习近平总书记再次强调,科学技术从来没有像今天这样深刻影响着国家前途命运,从来没有像今天这样深刻影响着人民生活福祉;中国要强盛、要复兴,就一定要大力发展科学技术,努力成为世界主要科学中心和创新高地;自力更生是中华民族自立于世界民族之林的奋斗基点,自主创新是我们攀登世界科技高峰的必由之路。我们所处的知识经济时代是一个不断创新、发展、创造的时代,核心在于"创新""创造",它是实施人才强国的必然手段。在我国,创新是实现两个一百年奋斗目标、实现中华民族伟大复兴中国梦的重要内容之一,而创新人格是创新个体主动开展并积极维护创新活动的精神力量,只有具有健全健康创新人格的大学生才会将创新作为自己永恒的目标和行为的根本动力,才能使中华民族因创新而引领世界文明。

(二)培养具有健全健康创新人格的大学生是高等教育人才培养的基本目的与重要职能

　　高等教育的目标就是为国家发展和社会进步培养高级专门人才,培养社会主义建设者和接班人,而这种高级专门人才要出色承担起建设者和接班人的角色就必须是人格健全的人,是富有创新人格的人。随着全球化、信息化的到来,高校能培养出具有创新人格与创新能力的新时代人才越来越重要。大学作为人生理、心理由幼稚多变逐步走向成熟稳定的阶段,也是其创新人格培养和塑造的重要阶段与重要阵地。1998年通过的《中华

---

① 张晓明,郗春媛.大学生创新人格核心特质研究[J].高等教育研究,2002(03):80-83.
② 高美才,陈勃.大学生创新能力的三维性研究[J].江苏高教,2003(01):26-28.
③ 叶清.大学生创新人格特征及其培养[J].教育学术月刊,2010(11):73-77.
④ 李志,陈培峰,蒲清平,等.大学生综合素质与实践能力研究[M].重庆:重庆大学出版社,2014:163-174.
⑤ 习近平在中国共产党第十九次全国代表大会上的报告.

人民共和国高等教育法》明确规定,高等教育的任务是培养具有创新精神和实践能力的高级专门人才,发展科学技术文化,促进社会主义现代化建设。这里的创新精神就是对大学生创新人格的强调。2017年4月13日,中共中央、国务院发布了《中长期青年发展规划(2016—2025年)》,通篇有33处都提到了创新,包括青年创新活力的激发、创新能力和创新精神的增强、改革创新精神的弘扬等方面。高等教育在人才强国、建设创新型国家的战略中发挥着先导性、全局性和决定性的作用,是创新人格培养的主阵地,高等教育的教育环境、教育质量、教育内容等对学生创新人格的培养起着重要作用,要坚持把创新教育与创新人格培养作为高等教育的重要内容,把创新教育贯穿教育教学全过程,实现全程育人、全方位育人,做好青年大学生的引路人、指路人和带路人。

(三)具备健全健康的创新人格对大学生全面发展具有重要意义

现代社会发展的根本动因和最终目的是人的全面发展,创新人格作为一种社会人格,是青年学生能否全面发展、成长成才的重要素质。第一,创新人格是创新素质能力的重要组成部分。创新人格是创新能力形成的内在动力,是创造性主体能力结构中的关键因素,是影响创新活动能否成功的先导因素。第二,创新人格是大学阶段知识习得、能力提升的重要保障。知识经济时代,知识、技术日新月异,创新人格从内影响着青年的认知与行为,从外影响着青年的创新行为能力、行为目标、行为过程和行为结果,是激发、保障青年大学生在大学阶段主动热情学习知识、提升能力的关键素质,能巩固和丰富人的综合素质。第三,创新人格是青年大学生持续提升、终身学习的重要保障。经济全球化的到来,使得教育生存与发展的环境瞬息万变,知识、技术的更新换代加快,也改变了个体学习与发展的环境、内容与频率。个体的学习正由阶段性学习向适应社会发展和实现个人价值的终身学习转变,它贯穿于人的一生。只有在创新人格的指引下,青年大学生才有能力在知识、技术迅速更迭的当下,持续地学习、提升与成长,不断完善自身的知识与能力结构,更好地适应社会的发展与需求。

第二节　大学生创新人格现状及影响因素

创新人格是大学生创新能力的内生动力。近年来,国内李志[1]、何进军[2]、吴汉玲[3]等学者对高校大学生创新人格的水平进行了研究与测评。通过综合分析发现,当代大学生的创新人格整体情况较好,但仍存在着一定程度的创新人格危机与教育危机,亟须解决。

---

①李志,陈培峰,蒲清平,等.大学生综合素质与实践能力研究[M].重庆:重庆大学出版社,2014:163-174.
②何进军.高职学生创新人格特征的实证研究[J].职业技术教育,2012(20):72-76.
③吴汉玲.基于高校学生工作视域的大学生创新人格培养[J].科技教育创新,2011(09):260-261.

一、当代大学生创新人格的现状及问题

(一)当代大学生创新人格的基本现状

1.大学生创新人格整体水平较高

根据文献综合分析发现,国内大学生创新人格总体得分均分在3~4分(满分为5分),严谨踏实、自信务实、执着顽强等方面得分较高,好胜进取、变通探究、张扬个性等方面的得分较低。这说明当代青年大学生具有较好的创新人格特征。李志认为,尽管当前各种媒体对"90后""00后"大学生有过很多负面报道,如责任心不强、缺乏严谨勤奋的精神等,但实际上当代大部分大学生具备基本的责任意识、求真务实等特性,表现出了一定的勤奋和严谨的个性特征[①]。

2.不同类别大学生创新人格区别较大

从性别上看,李苑凌[②]、王琪琪[③]等均认为,男女大学生的创新人格在总体上存在显著差异,男性大学生所表现出的创新人格相对于女性大学生更为明显,在进取、好胜和张扬个性等方面男性大学生所表现出的创新人格的特质相对于女性大学生更为明显,在好奇心方面女性大学生比男性大学生具有更强的好奇心。

从专业类型来看,将不同专业类型大学生的创新人格进行差异分析,由高到低依次为理工科类、人文社科类、艺术体育类的大学生,但并未呈现显著性差异。但在好奇心、果敢机敏等方面理工科大学生要优于人文社科类和艺术体育类的大学生。阎国华[④]认为,这与理工科大学生对创新人格的要求、培养内容和教育体系有很大的关联,专业知识学习、专业实践课程、社会实践活动都要求理工科大学生在人格特质与能力素质上更具创新性、创造性,学校的培养也就会更加注重创新教育与创新人格教育。

从生源地来看,从农村到县城,到地级市,再到省会重点城市,大学生的创新品格反而呈递减趋势,这与人们通常所认为的越在经济发达、开放程度较高、生活学习条件较好的地方创新人格、创新素质应越高的认知相违背。蓝海[⑤]、唐善梅[⑥]等认为,大学生创新人格的形成与大学生进入大学前所生活的环境、所经历的阅历相关,越是城市条件较差地区的学生,他们对知识的渴望、好奇心、进取心和对成功的渴望会更强,他们经受过更加艰苦的磨炼。

从学校层次看,重点大学与一般院校的学生在创新人格整体上不存在显著差异,但重点大学的创新人格现状在总体上略好于一般院校。在创新人格的子因素中,一般院校学生相对重点大学学生在创新人格上表现更为勤奋严谨、有责任感和好奇心,重点大学

①李志,陈培峰,蒲清平,等.大学生综合素质与实践能力研究[M].重庆:重庆大学出版社,2014:171.

②李苑凌.重庆市高校硕士研究生创新意识与创新人格及其关系研究[D].重庆:重庆大学,2007.

③王琪琪.大学生创新素质现状特征及创新意识培养开发的探索性研究[D].重庆:重庆大学,2012.

④阎国华.工科大学生创新素质的提升研究[D].徐州:中国矿业大学,2012.

⑤蓝海.大学生现代人格发展状况及影响因素分析[D].武汉:华中科技大学,2005.

⑥唐善梅.大学生现代文化人格养成研究[D].南京:南京师范大学,2017.

的学生比一般大学的学生更加进取张扬和机敏活跃。李志认为,重点大学的学生与一般院校的学生相比,其创新人格并不一定优于一般院校的学生,这说明创新人格的高低取决于多重影响因素,重点大学学生与一般院校学生两者各有其特点。因此,在培养教育的过程中,一定要注意取长补短。

从年级分布来看,随着年级的升高,大学生创新人格的得分呈逐年整体性下降的趋势,尤其是从一年级到二年级、从本科生到研究生,下降速度较快且表现最明显。大学生本应是正值创新人格与能力素质活跃时期和创新人格与能力素质培养的关键时期,其创新人格与能力素质随着年级增长而下降的趋势,很大程度上缘于大学教育在引导学生探究科学知识、提高综合能力的过程中,没有注意对学生创新与能力素质的保护和激励,导致出现递减的情况。同时,特别值得关注的是,大一是学生自信心和自制力最强,做事最为果断的时期,如何长效地保持这种良好的个性品质与创新热情,让其贯穿大学始终以致终身,是需要进一步探讨和重点关注的问题。

(二)当代大学生创新人格存在的问题

1.大学生创新人格各要素发展不够平衡

根据研究显示,一方面,大学生在团队意识、好奇心、科学的怀疑精神等方面相对较好,他们关注集体利益与目标,在与团队成员的相处方面呈现出良好的现象,同时对周围的事物保持着较高的好奇心,喜欢寻找事物的各种原因,具有探索精神,这与大学生正处于追求个性发展,自我意识增强,乐于接受新鲜事物的年龄阶段相符合;另一方面,大学生在紧迫感、创新意志、创新作风等创新人格的个性品质方面存在着明显的不足,由于大学前缺乏足够的创新教育与教育创新,当前青年大学生的创新意识尚处在一个相对较低的水平上,创新、成功的动机不够执着强烈,对自身创新素质能力的现状、问题以及提升缺乏足够清晰的认识和规划,创新能力也有限。这种两极分化的明显反差说明大学生在创新人格与素质能力方面的发展较不平衡。

2.大学生创新人格个性特质不够突出

大学生创新人格特征表现丰富多彩,包括机敏活跃、求真务实、果敢自立、进取张扬、有恒性、敢为性、忧虑性、独立性和自律性、乐观果断、变通探究、严谨自律、执着顽强、宜人担责、睿智敢为、自信务实、好胜进取等,从不同的切入点和角度对大学生创新人格的具体内容与结构进行了研究与分析。研究发现,虽然大学生创新人格整体水平较高,但在进取心、好胜心和张扬等创新个性方面还不够突出。进入大学以前,他们长期生活在家长和学校的保护下,生活阅历简单、生活学习目标单一、思维相对单纯,情感认知、判断抉择等都较片面和主观,缺乏较为准确的自我认知与自我管理能力,刚进入大学大部分学生普遍处于知识和能力培养的被动接受阶段,而难于求异、创新,缺乏创新意识,缺乏大胆的、突破性的创造性思维,缺乏挑战权威的勇气和思维习惯。这在一定程度上抑制了他们创新人格的形成和发展。

3.大学生缺乏坚韧果敢的创新意志

创新意志是创新人格的重要组成部分。它是维持创新的行动保障,是一个人为了实现预定目的,通过意识的积极调节作用,克服困难,支配自己的行动的心理特征。任何创新活动的开展、成果都必将经过大量的磨难与痛苦,任何无法通过自觉性、坚韧性、勇敢性、自制力来积极调解和支配自己行动的人,都无法长久地维持创新的状态,取得创新的成就。受全球化大思潮的影响,"90后""00后"的大学生大多数的观念都是"生命短暂,及时行乐",沉溺于物质享乐,崇尚"金钱万能",大学生在面对学业、科研、生活等压力和困难的时候,虽然能在一定程度上进行尝试,但难以做到坚持到底,缺乏艰苦奋斗、迎难而上、持之以恒、锲而不舍的精神,缺乏面对困难富于挑战的精神品质。

4.大学生缺乏严谨踏实的创新作风

作风是指在思想、工作和生活等方面表现出来的态度和行为。在创新活动中,既要仰望星空,更要脚踏实地。创新的过程是遵循科学,依据事物的客观规律进行探索的过程,任何一种创新都不能有半点马虎。面对学业繁重和就业的激烈竞争压力,当下不少在校大学生抱着"60分低空飘过""能拿到毕业证就行"的心态,更多的时间用于去做社会兼职,经营社会关系,难以静下心来踏踏实实进行专业学习和科学研究,急功近利,心浮气躁,往往在知识拓展、科研创新、创新实践等方面表现不尽人意。"博学之、审问之、慎思之、明辨之,笃行之",认真负责、脚踏实地是创新人格得以发展、创新能力得以提升、创新活动得以开展、创新成果得以培育的核心关键。

5.大学生创新人格转化为创新成果的动力不足

创新活动的开展、创新成果的转化需要创新人格的推动和支撑,而其中创新动力是推动创新人格转化为创新活动和创新成果最主要的推动力。尽管近年来大学生创新意识有所提升,但就当今新常态下对创新成果的迫切需要,同时与国际上一些创新型大学相比,我国大学生的总体创新活力仍显不足:创新活动仍局限于少数学生、少数专业与少数学校,学校对创新的投入强度均落后于发达国家水平;学生创新成果与教师教育教学创新成果的不突出,抑制了学生与学校开展创新活动的积极性与创新动力。创新动机是大学生创新人格形成发展的核心因素,它对大学生的创造性活动具有引发、指导和激励的作用。

(三)当代大学生创新人格教育存在的问题

除大学生自身的问题以外,当代大学生创新人格的培养教育主要存在以下6个方面的问题:

1.高校对大学生的创新教育与创新人格教育重视不够

创新人格教育是创新教育最重要的内容之一。虽然近年来国家多次提出建设创新型国家,也在多种场合、各个领域出台了支持创新教育的重要举措,但受应试教育、高等教育体制的影响,教育过程的模式与标准的制约,往往忽视了学生创新意识、创新意志、创新作风等创新人格的培养,忽视学生发展的多样性、差异性、独特性、主动性及创造性,阻碍了大学生的兴趣爱好和特长的发展,阻碍了大学生开展创造性活动的激情。

2.创新教育与创新人格教育起步较晚,培养体系与模式不够成熟

我国的创新教育与创新人格教育与欧美发达国家相比,不仅起步较晚,而且效果也不好。美国、英国等创新教育发达的国家,早在多年前就在基础教育阶段开始实施创新与创新人格教育,而我国是近年来才在大学阶段实施。对于当前全国高等教育的总体情况而言,还没有形成一种稳定、广泛认可的教育理念,绝大部分也没有上升到学校的指导思想,更多的还是以学生升学就业为指向,以分数、学分为教育考核的唯一方式,缺乏创新教育与创新人格教育的课程,且内容有限并缺乏系统性、实效性与实践性。

3.创新教育与创新人格教育的师资力量比较单薄,专任教师匮乏

创新教育与创新人格教育的特殊性要求其授课教师应具备创新方法、创新实践等方面的相关知识与经历,熟悉创新方法的运用,能有效指导学生开展创新活动,这种要求对于目前的大部分高校教师而言具有较大的难度。目前,高校引进的教师多以学术性人才为主,具有一定的学术能力但普遍缺乏创新实践经验,重理论教育轻实践教学的现象仍然普遍,尤其是在现有的高校课程设置中缺乏创新人格教育的课程与内容。对专职创新教育的教师培养的缺乏,在一定程度上加剧了创新教育师资数量的缺口,从而导致高校创新教育与创新人格教育零碎,且缺乏整体性与系统性。

4.创新教育与创新人格教育缺乏有效的课程设置

课堂是直接传授知识、习得理论知识的最直接的途径。当前,绝大多数的高校并没有把创新教育与创新人格教育课程列入教学计划,多数高校更多地以专业基础课程为主,学生普遍缺乏创新整合的知识储备与能力,单纯的课堂学习也无法有效地引导、指导和激发学生将知识转化为创新活动,形成创新成果,难以培养中华民族伟大复兴、创新型国家建设所需的复合型创新型人才。同时,对大学生创新教育的考核方法单一,考核没有使学生最大限度摆脱死记硬背的中小学教育教学训练模式,无法有效地激发和开发学生的创新潜能,没有很好地体现对学生进行创新意识、创新思维等方面的训练与培养。

5.创新教育与创新人格教育的产学研合作效果差

创新教育与创新人格教育的根本目的是实现学生个人的成长发展,为满足社会发展与国家富强的需要。它作为一种社会属性与社会密不可分,需要走向社会实际历练,需要得到社会广泛的支持与认可。当下的教育内容、教育模式更多地拘泥于课堂、拘泥于校园,与学校产学研的结合还不够,只有走出象牙塔,让创新与社会、企业的发展需求相结合,让创新与个人发展需求相结合,才能真正地引导青年大学生主动创新、积极创新与有效创新。

6.创新教育与创新人格教育的氛围不佳

从高校来看,高校的创新意识、创新作风、冒险精神、团队合作、好奇心等精神的氛围不够浓厚,在大学生的日常学习、生活与管理过程中,大部分教师与管理人员均不敢鼓励大学生勇于创新、大胆创造、敢于冒险,这种氛围对大学生创新人格的培养与发展是不利的。从社会环境来看,政府和社会在近几年对大学生创新给予较大的关注与支持,在知识产权保护、创新软硬件设施支持等方面,都针对性地出台了相应的政策内容,在一定程度上为大学生创新营造了良好的社会环境与政策氛围。但在实际操作的过程中,政府出台的很多政策没有起到应有的引导和激励作用,政策设计没有符合大学生现有的特点和

实际需求,政策享受准入门槛较高、成果转化成本较高、完成周期较长,现有的政策执行力度又不够,导致了没有从根本上提高在校大学生开展创新创业活动的激情。

二、大学生创新人格的影响因素

创新人格是创新的动力系统,更多地属于非智力因素,是在先天生物因素的基础上,加上后天的环境、有意识地教育培养等影响而形成的。大学生的创新人格是大学生创新能力形成与创新活动开展的内在驱动力,了解大学生创新人格的影响因素,有利于更加针对性、科学性地开展创新人格教育。

(一)大学生创新人格影响的内在因素

1.生物遗传因素

创新人格作为人格特质的一种,受到遗传因素与后天环境的双重影响。第一,遗传是人格形成与发展的生物学基础,与人格相关的智力、精力、反应等均与遗传因素有关。因此,创新人格作为人格的其中一类,同样受到遗传因素的影响。第二,遗传因素影响人格的发展方向及改变。通过高尔顿《遗传的天才》名家传记分析977名人和对异常人格比较研究结果,明尼苏达大学(1984,1988)对双生子的30年跟踪研究,以及克瑞奇米尔的《体型与性格》中谢尔顿的体型与性格研究等发现,遗传因素决定了人格发展的可能性,它对创新人格的形成和发展起基础作用,在一定条件下起决定作用,至少决定人格的发展方向和改变的难易程度。因此,创新人格作为人格的一种,同样受到遗传因素的决定性影响。

2.个体创新态度因素

个体创新态度对大学生创新人格形成有着十分重要的影响。具体表现在以下3个方面:

1)创新认知的影响

创新认知属于认知的一个方面,发挥着与创新相关的知识、能力、事件、内容等信息收集、储存、提取、处理和使用的作用。它是一种认识水平上的综合观念。它不仅表现在思维、知觉、想象、记忆等认知过程之中,还影响着个体创新行为,进而对人的创新人格产生着重要影响。例如,认为创新有积极价值、自己有着创新需要的个体会在创新中表现出创新激情、创新意志力,而消极认知创新者会对创新缺乏韧性,呈现出消极人格状态。

2)创新情绪情感

情绪和情感是人对客观事物的态度的体验,是人的需要是否获得满足的反映,是人对认知内容的特殊态度,是以个体的愿望和需要为中介的一种心理活动。创新情绪情感是创新态度的重要组成部分,以积极体验或者消极体验影响着人们的创新活动和创新行为,进而影响着创新人格的塑造。

3)创新行为倾向

创新行为倾向是创新态度的行为成分,对人的创新活动、创新能力、创新行为都有着重大影响。它是长期维持并保持创新的基本保障。创新不容易,它意味着改变、付出和风险,具有创新行为倾向的人才会不断去尝试创新、体验创新,在创新活动中体会创新的成就感,从而塑造出创新的果敢和坚毅人格。

(二)大学生创新人格影响的外在因素

大学生创新人格的形成与发展离不开外在因素的影响。它主要来自社会环境影响因素。社会环境有狭义和广义之分。狭义的社会环境,是指组织生存和发展的具体环境,具体而言就是组织与各种公众的关系网络。广义的社会环境,则包括社会政治环境、经济环境、家庭环境、教育环境、文化环境及心理环境等大的范畴,它们与创新人格的形成与发展也是息息相关的。

1.文化环境因素

对文化与人格的关系和影响,西方早在 20 世纪二三十 年代就开始研究了,而国内相对起步较晚,但不论是国外还是国内的学者都对文化对人格的影响进行了系统的研究。波亚士①、本尼迪克特和米德②、林顿(R. Linton)③等均认为,人类文化是人格的无限扩展,文化对人格具有塑造作用,文化与人格相互影响、相互作用。我国台湾心理学家杨国枢提出了中国人性格的发生和改变的生态文化相互作用的模式,系统阐述了中国人性格在中国的生态文化环境中的形成,以及在现代化的影响下所发生的改变④。每个人都处在特定的文化环境之中,文化环境塑造了社会成员人格特征的内涵和发展方向。良好的创新文化环境,不仅能在软环境上为创新提供生长发展的空间,也为创新的主体提供相应的、切合实际的支持;保守、落后、封闭的文化环境只会扼杀创新的火苗,不利于大学生创新人格的形成与发展,不利于创新素质能力的锻炼与提升,不利于大学生创新成果的转换与孵化。

2.社会环境因素

公平开放的社会创新环境对创新人格的塑造与影响具有重要的影响。大学生虽然主体的活动范围在校内,但其信息获取、日常生活、实践提升等都离不开社会这一大家庭,社会环境影响着大学生自身的思维方式和行为方式,影响着创新人格的形成与创新素质能力的发展。打破因循守旧,支持探索新生事物,突破创新,着力聚焦"松绑""包容""激励"等社会创新环境形成的关键,将崇尚科学、鼓励创新、努力奋进、自强不息的精神及社会氛围保持和发扬下去,是青年大学生创新人格塑造与发展的必然要求。

3.政治环境因素

国家的政治制度、方针政策都是为本国的经济社会发展所服务的,良好的政治制度、法律环境、政策方针等有利于创新氛围的形成、创新人格的培养、创新活动的开展与创新能力的养成,有利于形成创新人格养成与创新人才培养的沃土。从培养制度、激励机制、评价机制、保障措施等制度环境层面出发,营造有利于青年大学生开展创新创业活动的

①Boas F.The Wind of Primitive Man[M].New York:Macmillan,1938.

②林耀华.民族学通论[M].北京:中央民族大学出版社,1997:12-130.

③Linton R.The Study of Man[M].New York:Appleton,1936:464.

④张世富.民族心理学[M].济南:山东教育出版社,1996.

氛围和环境,有助于大学生创新人格的成熟与发展。

4.家庭环境因素

家庭是孩子最早接触的社会环境,是每个人一生中所处的时间最长最多的地方,在孩子成长和人格的形成过程中扮演着相当重要的角色。父母的职业背景、文化水平、教养方式、家庭经济水平等都会对孩子人格的形成,尤其是创新人格的形成发展具有重要的影响作用,甚至起着决定性的作用。拥有良好教育背景的父母,他们往往在孩子的成长和培养上会采取更加民主的方式,会用相对恰当、民主的方式适时适当地对子女进行教育和引导。同样,良好的家庭经济水平有利于父母在教养过程中为孩子提供更好的教育资源和教育环境。

5.教育环境因素

大学教育阶段是青年大学生创新人格塑造与发展的黄金期和关键期,良好的大学教育直接关系着学生创新人格的形成与发展,决定着人格发展的高低。学生通过课堂学习、社会实践、专业实验等形式多方面接收创新知识,并通过实践潜移默化地形成与发展积极主动、努力坚持等优良的创新人格。同时,学校所在的区位,学校的文化环境、学术氛围、学术资源获取难度,校风、学风、班风,教师的言行、同学的言行,校领导的指导思想,以及教育教学理念等都是影响学生创新人格发展的重要因素。有研究表明,对不同的教学方式和教学氛围,学生会表现出不同的行为模式,品格高尚、知识渊博、有事业心和责任感、富于同情心、谦虚质朴、公正性较强的教师对青年大学生创新人格产生积极的影响。

第三节　大学生创新人格的培养与训练

当今社会,社会进步、国家发展的根本力量和核心因素是创新,而创新的根本在于人才。青年大学生正处于知识习得、能力成长的关键时期,塑造青年大学生的创新人格,提高青年大学生的创新创业素质能力,是当前及今后一段时期内重要的课题。

一、牢固树立和落实青年大学生创新人格培养的科学理念

创新是引领发展的核心动力,是民族进步和强大的灵魂,是国家兴旺发达的不竭动力。学校、教师应牢固树立和落实创新人才培养的科学理念,确立青年大学生创新人格培养的重要性和基础性地位。树立青年大学生创新人才战略性培养与开发的理念,借鉴先进地区、发达国家、其他高校的成功经验,注重青年大学生创新人格、创新能力的整体性、持续性教育与开发,把创新教育与创新人格培养作为一项长期战略任务来抓;建立多方面多层次创新人格塑造与创新人才培养的体系,重视创新创业竞赛活动、志愿服务活动项目、寒暑期社会实践、文化艺术活动等活动对创新人格培养的作用;树立多元化创新人格、素质能力培养的激励理念,重视构建物质激励和精神激励相结合的多元激励体系,

为各类青年大学生发挥聪明才智、开展创新活动、提高创新人格营造良好的环境。

二、切实加强青年大学生创新人格重点要素的培养培育

通过分析企业家人格特征、高新技术企业创新活动，以及大学生创新意识及创新人格，要使大学生创新人格进一步提升，除了国家、学校和学生个人牢固青年大学生创新人格培养理念以外，必须着重做好以下4个方面：

(一)培养创新兴趣和好奇心

兴趣是一个人积极去探究某种事物或从事某种活动的认识或意识倾向，这种倾向是和一定的情感体验联系着的。兴趣是人们钻研、创新的最好内驱力，索然无味、强迫性的学习与研究是对人的一种精神枷锁，而对于真正喜欢某一活动的人来说，再苦的事也其乐无穷。如一个人对"创新、创意"有兴趣，他就会关注有关创新、创意方面的一切事物，像新出的 App、新出的饮品、新出的书籍等，他就会对现状感到不满，寻找任何还可以更好、更方便、更快捷的方式来改变目前的学习、工作和生活。只有培养学生对事物、对世界的好奇心，让他们对未知的世界充满兴趣，才能促使他们产生去探索世界、创造新事物、改变世界的意识和想法，从而转化为自己的目标和实际行动。当阶段性的目标实现后，他们会感到满足、快乐，反过来又会激发新的兴趣和好奇心，从而使获得更大的创造性的成功。

世界"汽车之父"福特的传记中记载了这样一个故事：出生于一个小农场主家庭的福特从小对摆弄机械有一种超常的兴趣，对拆装家里的钟表到了如痴如醉疯狂着迷的地步。他的姐姐说，我们福特家的钟表"一看到亨利(福特)走过来就浑身发抖"。福特从小就好奇心极强，喜欢打破砂锅问到底，看到柴炉上煮开水的茶壶在"咻咻咻"冒着热气，他便塞住壶口，结果水壶炸开，险些酿成伤害事故。他在学校里制作了一个蒸汽涡轮，结果把学校的墙壁都撞了一个很大的洞。然而，正是良好的家庭和学校氛围——一种真正学习的氛围，成就了这个世界天才。

(二)培养不断进取的创新动机

大学期间是知识学习、能力提升的关键阶段。具有较高的创新动机的学生，更乐于探寻未知、承担重任、迎难而上，更愿意选择更具挑战性、创新性的任务，他们对自身的成长发展、成功成才具有强烈的渴望。这种出于自愿、自觉地提升自我创新素质能力的目的之下开展的活动更加自然和高效，它源于一种对知识的渴求、对创新的热爱和对现实的关心。通过参加科技小组、创新创业比赛和活动，来激发自己的创新动机；通过参加创新创业的知识讲座，了解创新创业的含义、过程、方法和技能等，来激发自己的创新动机；通过参加各种创新创业成果的评选、交流和竞赛活动，获得奖励，来激发自己的创新动机。

(三)培养坚韧果敢的创新意志

早在战国时期，当时的思想家孟子就说过："天将降大任于斯人也，必先苦其心志，劳

其筋骨,饿其体肤,空乏其身,行拂乱其所为,所以动心忍性,增益其所不能。"这段话生动地说明了意志力的重要性。身处逆境中,要想实现自己的理想和抱负,达到自己的目的,要有坚强的意志和从容的心态,要能面对困难迎难而上。人的意志是在强大的信念支持下而产生的精神动力。创新意志是一种发自内心的、精神层面的、强大信念的品质。一般情况下,一个具有坚定意志的人并没有什么外在的特征,外表上看起来不会与其他人有太大的不同,但是遇到困难,乃至绝境的时候,意志坚强的人就会从大多数人中脱颖而出。在大学,面对未知的探索、面对迎面而来的苦难,坚定的创新意志、艰苦奋斗、迎难而上的创新品格是青年大学生继续探索未知的知识和领域的最佳动力。只有具备了这样的坚韧不拔、迎难而上、毫不气馁的意志和动力,才能不断战胜创新活动中的种种困难,实现理想的创新效果,最终获取成功与成长。

(四)培养变革和批判精神

受传统儒家思想的影响,东方与西方有很大的不同,东方更注重个人对社会和权威的服从或顺从,西方更注重个性与自由,这在一定程度上造就了中国人谨慎、保守、谦逊的人格特征,缺乏变革创新和批判精神。但创新人格离不开变革与批判,它们不仅是创新人格的内容要素,也是创新人格塑造的前提条件。只有具备变革和批判精神,才能更好地发现事物存在的不足以寻求对其的改变。因此,作为老师或学生自身,要在日常生活、学习、工作各种环境,随时保持变革创新的精神和批判性思维,以事物的核心本质为原点,打破思维定式,反思前人和当下存在的问题、解决的思路和方法,勇于开拓创新,积极进取,创新思路和方法,敢于打破常规,才能取得新的进步和辉煌。

三、创新青年大学生创新人格教育培养机制

(一)改革创新人格教育教学模式

一方面,调整专业学习、实践教学、项目实践等课程与教学内容,将创新教育与创新人格培养充分融入人才培养的方案中。通过学分认定、素质评定、奖学金等方面,鼓励学生参与创新创业活动,提高创新实践的频率和次数。另一方面,深化产学研合作,实现创新人格培养发展与产业发展的互助互利,实现学生创新人格与素质能力发展与社会需求的无暇式对接。学校教育与产业发展具有联动关系,产学研结合的创新人才培养模式已成为国际公认的创新人才培养的途径和教学模式。应在借鉴国内外成功经验的基础上,创新学生创新人格教育的模式,由学校牵头,整合校校、校地、校企的资源,从学生入学到毕业,实现各阶段校校、校地、校企间的对接与合作,让学生能在学习阶段充分接触企业和社会需求,明白创新的需求和重要性,提升自身的人格与素质能力。

(二)营造良好的创新人格培养的教育环境

大学生大部分的时间都在学校。因此,良好的教育环境是大学生创新人格发展的保障条件。

1.完善教育制度环境

制度是管理的基础。正确的、有效的制度是大学生开展日常学习、社会实践活动的指南和导向,是大学生创新人格正确塑造和发展的坚强动力和有力保障。制订创新教育与创新人格教育的规划,明确创新教育与创新人格教育培养的目标、具体内容、评价机制、激励机制,为大学生提供了制度导向。

2.丰富教育物质环境

物质环境是教育环境的外化和载体,是学生所能体会到的教育环境最外面的表现和标志,是学校整体的教学思想、办学理念、治学态度、校风学风、文化历史等的外在体现。要打造好学生日常学习生活的教学楼、图书馆、寝室、运动场馆、学生活动中心等。

(三)搭建有效的创新人格培养的实践平台和载体

普遍来看,高校的创新教育缺乏活动的空间和创新的平台载体,现有的创新活动的场地、赛事等已无法满足学生日益增长的需求。

1.充分利用教师科研平台

教师的科研项目本身对学生的创新人格塑造与创新能力培养就具有很强的指导性和引导性作用,以该平台为载体,让学生提早接触科研项目,培养其创新意识和能力。

2.充分利用基地等平台和载体

充分利用产学研合作基地、大学生创新创业基地、大学科技园、创新创业孵化基地等平台和载体。通过这些平台与载体,将学生的创新活动与市场、与社会、与实际的需求连接起来,引导学生开展与市场化接轨的创新创业项目,提高创新人格与创新能力培养的质量。

3.充分利用学生社团

社团是学生具有某些共同特征、爱好的人相聚而成的互益组织,学生往往具有高度的兴趣、自觉性和自治性,传统的文化、艺术、体育类的社团都对学生创新人格的培养具有重要的促进作用,尤其是科技类社团,能最大限度地激发大学生创新人格的发展。

(四)配备优秀的创新人格培养的师资队伍

百年大计,教育为本;教育大计,教师为本。结合十九大对创新的要求,围绕建设"创新型国家"的目标,应在高校建立一支能传播创新知识、传播创新思想、教导创新能力的,党和人民满意的高素质专业化创新型教师队伍。

①加强教师自身创新素质能力与创新教育的培养培训,加强自身科研能力和科研水平,提高教育教导学生创新的知识和能力水平,鼓励教师走出校门、走出国门,进行产学研合作。

②要求教师在课程规划中必须加入创新教育与创新人格培养的内容与元素,学校作为一项重要的考核指标对教师进行考核,教师将其作为一项重要的考核指标对学生进行考核。

③鼓励教师带领学生开展创新设计、创新创业项目课题、参与寒暑期社会实践、参与创新创业赛事活动等,在实践的过程中深化创新教育与创新人格教育,避免重理论教育

轻实践教学的现象。

（五）建立健全创新人格培养的保障机制

1.确保创新培养投入资金到位

①坚持创新人才培养投入优先,充分落实学校财政对创新、创业、创意等创新相关课程、活动、硬件设施建设等投入,保障与学生相关的重大重点创新创业项目的实施。

②积极拓宽资金投入渠道,通过校友捐赠、国家拨款、政府购买等形式,多方筹措落实青年大学生创新培养的资金。

2.改革创新学校管理制度

针对大学生的特点,进一步改革完善学校的管理制度,如评价制度、激励制度、考核制度、学籍管理制度等,尤其是科技创新型青年大学生的培养、激励、评价机制,注重对学生开展启发式教学、实践型教学,鼓励学生勇于创新、敢于实践。

四、构建有利于创新人格塑造的实践教学模式

除了课堂教学,实践教学对创新人格的塑造具有更显著的作用,尤其是创新创业、志愿服务、社会实践及文化艺术等活动,对学生创新人格的发展具有重要的影响作用。

（一）创新创业活动

创新创业是指基于技术创新、产品创新、服务创新、商业模式创新及渠道创新等方面的某一点或几点创新而进行的创业活动。创新是创新创业的特质,创业是创新创业的目标。创新创业强调的是开拓性与原创性,且可通过这种原创与开拓获取利益。这对学生创新人格的塑造与发展具有良好的作用。为支持大学生创新创业,近年来,国务院、发改委、科技部、人社部、财政部以及各省市都出台了相关的支持政策,涉及资金、场地、平台、税收等方面。大学生创新创业的赛事现在有许多,比较著名的有"挑战杯"全国大学生课外学术科技作品竞赛、"创青春"全国大学生创业大赛、中国"互联网+"大学生创新创业大赛、全国大学生机器人大赛等,对大学生创新人格的塑造、创新素质能力的提升具有很好的作用。大学生创新竞赛赛事一览表(部分)见表5-1。

表5-1 大学生创新竞赛赛事一览表（部分）

序号	竞赛名称
1	全国大学生结构设计竞赛
2	全国大学生节能减排社会实践与科技竞赛
3	美国大学生数学建模竞赛（MCM/ICM）
4	"挑战杯"全国大学生课外学术科技作品竞赛
5	"创青春"全国大学生创业大赛
6	中国互联网+大学生创新创业大赛
7	微软"创新杯"（Imagine Cup）全球学生大赛（中国）

续表

序号	竞赛名称
8	Jessup国际模拟法庭竞赛
9	中国机器人大赛（决赛）
10	全国大学生机器人大赛（决赛）
11	全国周培源大学生力学竞赛
12	"外研社杯"全国大学生英语辩论赛（总决赛）
13	"外研社杯"全国英语演讲比赛（总决赛）
14	中国模拟联合国大赛
15	ACM大学生程序设计竞赛（亚洲区域赛、全球决赛）
16	中国方程式赛车大赛
17	全国大学生智能车竞赛
18	全国大学生电子设计竞赛（含嵌入式系统专题邀请赛、信息安全技术专题邀请赛、模拟电子系统设计专题邀请赛）
19	全国大学生机械创新设计大赛
20	大学生工程训练综合能力竞赛
21	全国大学生数学建模竞赛

(二)志愿服务

志愿服务是指任何人自愿贡献个人时间和精力，在不为物质报酬的前提下，为推动人类发展、社会进步和社会福利事业而提供的服务。它涉及扶贫开发、社区建设、环境保护、大型赛会、应急救助等方面。志愿服务制度化在培养大学生社会责任意识、奉献意识、意志品质等创新人格具有重要作用，对大学生创新人格的塑造和发展，以及大学生创新素质能力的提升具有重要的导向性和指导性作用。

材料5-2：重庆大学"五彩石"公益创业项目

1.项目简介

该项目针对的是少数民族贫困地区为主的留守儿童，通过大学生志愿者每月两次为中小学生批改作文的形式，与其建立起一对一的联系，以书信和日记、作文的形式开展心灵的沟通与交流。同时，开展成长课堂计划和五彩面对面计划，使高等教育资源辐射贫困地区，解决儿童心理困惑，促进双方共同成长。项目招募大学生志愿者15 000余名，结对云贵川渝少数民族为主地区10所中小学校的6 837中小学生，服务时长累计29万 h时，帮助中小学生批改作文100 000余篇，累计100余次前往结对中小学校开展社会实践活动,捐赠总价200余万元的电子词典、计算机、书籍、文体用品等。

2.项目成效

(1)政府重视

项目连续3年获民政部中央财政支持社会组织参与社会服务示范项目(985高校唯一,全国仅3所高校),资助总金额300万元(全国第一),在2014年总结会上作为被资助的448个项目代表做经验交流发言(全国4个项目)。

(2)媒体关注

项目先后吸引《中国青年报》《重庆日报》《重庆新闻联播》等媒体报道44次,多家中央媒体转载120次。

(3)帮扶对象心理状况改善

据调查,90%以上的学生对作文批改情况表示满意,写作水平与心理健康水平显著提高。

(4)参与者创新人格与综合素质能力提升

五彩石青年志愿者协会被评为团中央全国高校践行社会主义核心价值观"示范团支部",协会负责人被评为"百佳团支书"。现今,其中一名志愿者学生毕业后已正式进入NGO组织,专职从事志愿服务工作。

(三)社会实践

马克思曾在《资本论》《费尔巴哈的提纲》等论著中对实践作了相关的阐述。他认为,人应该在实践中证明自己思维的真理性。社会实践是在校大学生通过各类实践活动来锻炼和提高自己的重要途径,如军训、实验课程、专业实习、生产实习、暑期社会实践等。它对在校大学生深化专业知识和学习、加强理论联系实践的能力、提升自己的综合素质能力、增强就业竞争力等具有重要意义,对提高青年大学生自立自强、吃苦耐劳的精神,创新创造、解决问题的能力具有重要作用。为此,要进一步处理课堂教学与社会实践的关系,进一步深化产学研合作,加强实验课程、专业实习、生产实习等与对外企业、科研院所的合作,加强实验实习与社会需求、企业需求的结合,开展创新性地、创造性地合作与实习。同时,要进一步拓展社会实践的渠道与方式。充分利用寒暑假、节假日、周末等时间,拓宽青年学生参与社会实践的渠道和方式,结合学校学科的专业特色,开展各种类型的社会实践活动,让大学生在这些活动中积极作为、大胆思考、勇于创新,进一步健全和塑造大学生的创新人格。

(四)文化艺术活动

大学生创新人格的塑造需要良好的教育环境,而文化环境是教育环境的重要体现方式之一。丰富的文化艺术活动的开展,能为校园营造了浓厚的文化氛围,营造良好的文化环境。在文化艺术活动中自然地融入创新元素、创新概念、创新内容,让大学生在潜移默化中,既享受了人文艺术的盛宴,也得到了创新人格的发展和提升。为此,学校可以有针对性地通过平台搭建、社团建设,依靠体育、文化等文化艺术类的社团,开展学生们喜闻乐见的文化艺术创新活动,通过学生的文艺内容、文艺形式等方面的创新,进一步提升大学生的创新能力与创新人格。

【思考与训练】

一、讨论题

以小组的形式,从以下两个任务中任选一项,再根据后面的问题进行自主讨论。讨论结束后,整理讨论结果,每小组选派一名代表进行总结发言。

任务1:报纸服装大赛。要求:

(1)3人一组,一人当模特,两人当设计师;

(2)报纸无数,剪刀,透明胶等道具;

(3)准备时间25 min,展示时间5～10 min。

任务2:销售一块"泥"。要求:

(1)5位同学组成一个团队;

(2)团队策划出最佳方案销售这块泥,并预计一块泥能为团队创造多少价值(活动时间为20 min);

(3)团队中的一位成员展示销售方案,出示预期价值(时间为3～5 min);

(4)每个团队选出3个最佳的销售方案,也可以选自己团队的方案,最后公布评选结果。

小组讨论环节:

1.刚才的活动给你的整体感受是怎样的? 你们的团队是怎样完成这个设计的?

2.你们的队伍为什么要这样分工? 队伍有无争执? 怎么解决的?

3.在活动中你们还遇到了哪些问题? 最困难的是哪个环节? 你们是怎么解决的?

4.最终完成这件任务后的互动感言(说感谢伙伴的话)。

5.在刚才的活动中你们都积累了哪些经验? 有哪些创新性的发现和措施? 小组成员身上有哪些创新人格的特质表现? 请举例说明。

二、案例分析题

北京时间2020年6月22日8:50,福布斯实时富豪榜显示,拼多多创始人黄峥身家达454亿美元(3 212.8亿元),成为中国第二大富豪。

在整个中国富豪榜里,出生在杭州,今年才40岁的黄峥毫无疑问是最汹涌的"后浪"。仅用了5年时间,他就让手里的拼多多成长为市值突破1 000亿美元的中国第四大互联网公司。

黄峥身价的暴涨也得益于拼多多股价的暴涨。数据显示,近一周来,拼多多股价大涨20%,市值突破千亿美元。2020年至今,拼多多股价已暴涨131.57%,特别是4月初以来,股价上涨接近143%,远超同期腾讯(21%)股价的涨幅。

涨幅背后是拼多多作为电商平台交出的靓丽数据。例如,在疫情期间活跃用户数超过6亿,营收逆势上涨44%。2020年的"618",作为后起之秀的拼多多订单量比去年同期增长119%,订单数突破10.8亿笔。在这些成绩下,即使依然面临较大的亏损压力,也依然让投资者看好拼多多的发展前景。

而和马化腾等这些互联网前辈不同的是,黄峥目前依然持有公司大部分股份,达到了惊人的43.3%!以此来计算,光4月初至今的股价上涨,就为黄峥带来约267亿美元的财富,约合人民币1 888亿元。

根据以上信息,进一步查阅拼多多黄峥成长、创业的相关资料,分析黄峥在创建拼多多过程中展现出了哪些创新人格特质,并分析如何通过实践训练才能养成和培养创新人格。

三、测评题

以3~10人为一个小组,选定一个创新项目,完成一份自然科学类学术论文,哲学社会科学类社会调查报告和学术论文,或科技发明制作的作品(三选一),并以此为参赛项目参加你所在学校举办的"挑战杯"全国大学生课外学术科技作品竞赛校赛,看看自己团队获得的成绩如何。

第六章　观念创新理论与实训

当今世界正以空前的高速度向前发展,变革的浪潮锐不可当。不管是在国家的现代化建设进程中、社会的发展变革中,还是我们的个人生活学习过程中,观念创新和变革都已成为一个时代的共同话语,对社会发展和转型的进程产生了巨大的效应。因此,探究观念创新的机制与培养方法已成为一项具有重要理论和现实意义的社会课题。

第一节　观念创新概述

一、观念创新的内涵

(一)观念的内涵

1.什么是观念

观念是同物质和意识、存在和思维密切联系的哲学术语。马克思主义哲学从正确解释物质和意识、存在和思维的关系问题出发揭示了观念的内涵,认为观念是客观实在的反映形式,是客观存在的主观印象。马克思在此阐述了两个意思:第一,观念和精神领域的其他现象一样,其形成符合物质决定意识、存在决定思维的一般唯物主义原则,是依赖于物质的东西而存在,又同物质的东西相区别的意识范畴;第二,观念的存在形式是主观的,即依赖于客观实在而存在的意识成果。正是在这个意义上,马克思才强调"观念的东西不外是移入人的头脑,并在人的头脑中改造过的物质的东西而已"。由此可见,观念是思维活动的结果,是人们对客观存在的反映并由此形成的主观认识。

2.观念形成的两个阶段

除了客观存在的物质,观念的形成还离不开人的劳动实践和特定的历史文化条件。人们任何一种现存的观念都是特定的实践和历史过程中逐渐"凝结"而成的,观念的形成需要一定的过程。具体来说,个人观念的形成包含观念的萌芽和观念的形成两个阶段。

1)观念的萌芽

观念的生成是以一定的客观存在为基础的。其出发点是人的现实生活过程。观念则是对这一生活过程在意识形态上的反映。"甚至人们头脑中模糊的东西也是他们的可以通过经验来确定的、与物质前提相联系的物质生活过程的必然升华物。"可见,在这一阶段中,观念是以被马克思称为"头脑中模糊的东西"的状态而存在的。

2)观念的形成

在实践形成的社会关系的基础上,人们根据需要自觉地改变或创造带有一定社会关系的存在方式。社会关系不仅通过社会成员之间的物质交往活动表现出来,而且通过包括政治、经济、文化、社会心理等在内的精神交往活动表现出来。通过各种意识交往活动,体现大多数社会成员意愿的观念萌芽得以强化。在这一阶段,不断强化的观念萌芽逐渐转变为一种先验性的"框架"或"模式",人们不仅可依靠这些"框架"或"模式"对客观存在进行反映,还可对对象进行判断、评价、抉择及寻求等活动,观念萌芽逐步渗透人们的个性心理活动中并规范人们的实践行为。人在观念的指导下形成相对稳定的行为方式,个人观念也得以形成。

可见,观念不是具有严密系统的理论性的东西,而主要是主体经验中积淀而成的模式,或是对某种知识或理论的片断性运用和发挥,因而观念具有明显的经验性、自发性和非理论性等特点。这些特点表明,观念主体一般来说不需要专门的系统训练和培训,就可获得某种观念和长期维持这种观念,并以此观念作为主体认识和行为过程的立足点和出发点。此外,观念还具有稳定性,即观念一旦形成,就具有很大的稳定性,不会轻易发生改变。

(二)观念创新的内涵

由于观念是一定时代、一定条件下的产物,并且个人观念具有经验性、自发性和非理论性等特点。因此,观念存在正确观念和错误观念之分,并不是所有的观念都对人们的实践有积极的指导意义。那些与客观事物的本质相符合或基本符合的概念、判断或推理等,是正确的或基本正确的观念;那些与客观事物的本质相脱节或背离的概念、判断或推理等,是错误的观念。正确的观念对人们改造世界的社会实践有积极的思想指导意义,而错误的观念对于人们改造世界的实践来说,不但不具有积极的思想指导意义,反而会导致人们社会实践的挫折或失败。由于错误观念无益于人们的实践活动,因此,应从人们的头脑中清除掉,代之以有益于人们实践活动的正确观念,由此也就产生了观念创新的必要性。

什么是观念创新呢?观念创新是一种思想意识的转变。其实质是观念在主客观上的重新统一,是根植于特定历史社会条件下的现实和实践上的观念变革和发展。具体来说,观念创新是指人们抛开束缚、制约其行为的不符合事物发展规律的思想观念,代之以日臻科学完善,能准确把握事物的现象与本质、内容与形式等诸多矛盾的思想观念,以更好地服务、指导实践活动。观念创新不是简单地以一种新的观念取代旧的观念,而是具有自省性的自我超越、自我否定,超越既有的传统思维方式和模式,超越已形成的利益格局和习惯做法,是一个主动进取、追求卓越的过程,代表着人的认识水平、认识能力的不断提高。

观念创新的含义可从以下3个方面来把握：

1.观念创新是认识的深化

从哲学认识论视角来考察,观念创新就是人们认识的逐步深化,形成一种新的理论思维,更好地指导实践。因为观念是基于人们对事物的认识产生的,没有人们对事物的认识基础,也就谈不上有什么观念。因此,观念能达到什么程度依赖于人们对事物的认识达到什么程度。人们对事物的认识比以前深入了,观念也就跟着发生革新。从认识的角度讲,从建立在较肤浅的认识层次上的观念转变到建立在较深入的认识基础上的观念,就是观念创新。

2.观念创新是主客观的重新统一

观念是人类社会生活中一种精神现象,其形式是主观的,其内容是主观对客观现实的反映。但是,这种主观反映并不都是正确无误的,有些思想观念正确地反映了客观对象的本质,有些思想观念则不能正确地反映客观对象的本质。凡是正确地反映客观对象本质的观念,其主观形式与客观实际之间是符合的、统一的;凡是不能确反映客观对象本质的观念,其主观形式与客观实际之间是不符合、不统一的。从这种意义上说,观念创新就是抛弃那些主观形式与客观内容不相统一的观念,代之以主观形式与客观内容相统一的观念。

3.观念创新是对传统观念的扬弃

从对待传统观念的态度方面来看,观念创新就是对传统观念的扬弃。具体来说,观念创新是对传统观念进行再认识、再分析,继承和发扬那些正确的、能指导人们的实践活动获得成功的观念;抛弃那些陈旧过时的或错误的、不能指导人们实践活动获得成功的观念,代之以能指导人们社会实践在新形势新任务新条件下走向成功的观念。

二、观念创新的理论基础

关于观念创新的生成过程,一直是创新研究的核心主题之一,相关研究先后经历了联想论、基线论和激活论等发展阶段。

(一)联想论

联想论是20世纪30—60年代解释观念创新生成机制的主流理论。其核心思想是:观念创新的生成过程本质上是头脑中原本未有联系的观念之间建立起了联想。联想论的主要代表人物是维果茨基(Vygotsky)、麦德尼克(Mednick)和考斯特拉(Koestler)。

1.维果茨基的联想论

维果茨基对观念创新的探讨始于其文艺心理研究,他关注的是创新想象中新形象的形成。在《儿童期的想象和创新》一文中,维果茨基集中分析了创新形象的生成过程。维果茨基指出,创新想象是所有健康个体都具有的表象组合能力,它以头脑中已有的印象为基础。每一种印象,无论看上去简单还是复杂,本质上都是由若干独立成分构成的复杂整体。为了进行创新想象，个体首先必须打破印象的各成分之间最初形成的自然联想。这种把复杂整体分解成若干构成部分或者把某些部分从其背景中剥离出来的过程，就是分离(Dissociation)。例如，为了塑造《战争与和平》中的娜塔莎，托尔斯泰就必须把他的两位女性亲属的个性特质分离出来。维果茨基认为，创新想象的核心过程是联想(Association)，即整合那些已被分离和改变过的元素，使之成为一个复杂的表象系统。他区分了两种联想：一种是用作联想的元素来自现实，但这些元素的组合以及想象的产物是不真实的，如神话故事；另一种联想中，不仅用作联想的元素来自现实，而且对这些元素的组合以及想象的产物本身也与某些真实的现象相对应，如借助历史故事、研究或旅行，我们会对法国大革命或非洲沙漠形成自己的印象。在维果茨基看来，基于这两种联想所产生的心理画面，都是想象的创造性活动的结果，这些心理画面并不是重现已有经验，而是对已有经验进行新的组合。

时隔30年后，美国心理学家麦德尼克和英国心理学家考斯特拉在没有借鉴其理论的情况下，也分别提出了自己的创新联想论。

2.麦德尼克的远距离联想

麦德尼克的创新理论集中体现在其《创新过程的联想基础》一文中。尽管他也从观念联想角度解释观念创新的生成机制，但与维果茨基不同，其关注的重心是创新思维，尤其是观念之间的距离对创新的影响。

麦德尼克把观念创新过程界定为"把联想成分构成新的组合，以满足特定需求或以求有用"。在麦德尼克看来，"构成新的组合的成分之间彼此相距越远，思维过程或方案的创新性就越强"。观念创新的生成因循3种方式：

1)机缘性

引发联想要素的环境刺激偶然同时出现，从而使必要的联想要素同时激活并建立联系，如X射线和青霉素的发现。

2)相似性

因联想要素之间的相似性或引发这些要素的刺激的相似性，使必要的联想要素同时被激活并建立联系，如某些艺术作品的创作。

3)中介作用

必要的联想要素由共同要素的中介作用同时被激活并建立联系，如心理学中的"疲劳"概念把反应抑制与皮层饱和联系在一起。

麦德尼克认为，"任何能把彼此相距遥远的观念同时组合在一起的能力或倾向，都将促进创新方案的生成；任何阻止相距遥远的观念同时激活的能力或倾向，都将抑制创新方案的生成"。基于这一理念，麦德尼克开发了远距联想测验(Remote Associates Test,RAT)。研究发现，这一测评工具能较好地评估个体的创新思维能力。

3.考斯特拉的二元联想

作为成长于匈牙利且长期居住于英法两国的心理学家，考斯特拉构建自己的创新理论时明显受到弗洛伊德和法国数学家庞加莱的无意识创新理论的影响，他所关注的创新主要是无意识的创新行为。

考斯特拉认为,人人都有创新能力,但人们的创新常常被主导其生活的思维和行为习惯所压制。"创新行为本质上是通过把先前没有联系的经验维度组合起来,以使人们的心理进化达到一个更高水平。它是一种经由原创破除习惯的行为解放。"与麦德尼克一样,考斯特拉也认为,创新是头脑中的观念出现新的组合,但他不用联想(Association)而是用二元联想(Bisociation)来进行解释。在考斯特拉看来,联想所指的是观念之间业已建立起的联系,它反映的是某一认知范畴内的观念之间的关系,而二元联想则是指两个或更多原本看上去不相容的认知范畴经由独创性的思考而组合在一起,即"把两个没有关联的认知范畴以添加新水平于其层级的方式组合起来,使先前独立的结构成为其构成成分"。换言之,二元联想是先前没有关系的观念之间被组合在一起的过程。

(二)基线论

奥斯本(Osborn)的头脑风暴理论产生于吉尔福特就任美国心理学会主席时呼吁强化创新研究的第四年。理论上,它秉承了吉尔福特发散思维在创新中居于重要地位的观点;实践上,它更多地考虑如何提升美国科学家和工程师的创造性。鼓励参与者自由表达观点,借助群体智慧创造性地解决问题,是奥斯本头脑风暴技术的核心特征。

奥斯本对观念生成的基本假设是"数量决定质量"。"观念生成中的数量决定质量几乎是一条公理。逻辑学和数学都支持这样一个真理:我们产出的观念越多,想出好点子的可能性就越大。"

他还确立了头脑风暴的4项规则:

①排除批评。在所有的观点产出之前,不对任何观点作出评判。

②鼓励随心所欲地思考,想法越狂野越好。

③追求数量。点子越多,成功的可能越大。

④寻求综合和提高。参与者不仅要贡献自己的观点,还要为他人的观点提供建议,并考虑多种观点的整合。

(三)激活论

20世纪80年代,随着记忆的激活扩散理论日益受到重视,越来越多的创新研究者开始从激活论角度解释观念创新的生成机制。

记忆的激活扩散理论认为,长时记忆本质上是一个拥有层级结构的语义网络,它由各种相互关联的认知单元构成;认知单元之间的距离有远近之分,它们之间的关系越密切,相互距离就越近。认知单元又由单元结点(Unit Node)和一系列要素构成,如一个命题就是一个认知单元,其单元结点是命题本身,其要素是关系和论证。单元结点的强度取决于其被激活的频度:越是经常被激活的结点,其认知强度越大,在信息提取时就越容易被回忆。当两个或更多的结点同时表征在工作记忆中时,任何一个结点被激活,都会沿结点间的联系同时向四周扩散,先扩散到直接联系的结点,然后是间接联系的结点。在这一过程中,激活的能量随着扩散距离的延长(或范围的扩大)而衰减。因此,在激活扩散过程中,相关结点的激活强度不仅取决于源结点的激活程度,还取决于两个结点之间的关联强度。观念创新的生成,从激活扩散角度看,本质上是语义网络中形成一个以新的结点为标志的新图式。

三、观念创新的机制

(一)观念创新产生的动力机制

马克思主义认识论告诉我们,认识是实践基础上的主体对客体的能动反映,人的观念创新的产生,说到底是由实践决定的,实践的辩证本性是观念创新产生发展的动力机制[①]。

所谓实践,就是人类有目的地进行的能动地改造和探索现实世界的一切社会性的客观物质活动。实践是多种要素多种环节相互作用的复杂系统。其中,主体和客体是它最基本的两个相互矛盾着的要素,它们通过中介的桥梁作用相互影响、相互制约、相互作用。实践的主体是实践系统中最具有主动性和能动性的因素。它是指具有主体需要和主体能力的人。实践主体担负着提出实践目的,操纵实践工具,改造实践客体,驾驭和控制实践系统完成活动的多种功能。实践的客体即实践主体活动的对象,是进入主体对象性活动的领域,同主体的实践活动发生功能性联系的那部分客观世界。它不仅具有客观性,还具有对象性和社会历史性,与主体的需要结构和能力水平处于相互对应和相互关联的对象性关系之中。实践中介主要是指实践的工具与手段,也包括运用和操作这些工具的程序和方法。它是主体利用、改造和掌握客体的借用力量,也是主体和客体之间相互作用的条件和桥梁。

人的观念创新产生于实践主体的需要。人生活在复杂纷繁的大千世界之中,并非其中的所有事物都同时成为认识的对象。哪些事物在哪些方面和层次上进入认识领域,成为认识客体,是由实践的主体需要来确定的。科学研究也好,观念创新也好,总是围绕着人类实践的需要这个中心而形成,并依据实践需要的演变而发展的。现代科学虽然具有较大的相对独立性,它的探索课题有些并不直接源于实践的需要,而有所谓的"纯理论"项目的研究,然而就是在这种研究中,人们仍然重视所取得的成果的实际意义,至于人们最关心的多数课题,主要还是由社会实践的需要决定的。

(二)观念创新运行的思维机制

创新观念是一种探索性、独创性的认识活动。从思维机制上看,这种认识活动,实际上是主体以特定的方式,对来自客体的信息进行有目的地选择和有组织地加工、改造与整合的过程[②]。在这个过程中,观念创新的产生,毫无例外地要按照认识的一般过程运动,并遵循认识发展的一般规律,同时又要表现出其自身的特殊性过程和特殊规律。列宁[169]说:"从生动的直观到抽象的思维,并从抽象的思维到实践,这就是认识真理、认识客观实在的辩证途径。""生动的直观"是在实践的基础上形成的感性认识,而"抽象的思维"则是在感

---

①陈先达.马克思主义哲学原理[M].北京:中国人民大学出版社,2003:155.
②中共中央马克思恩格斯列宁斯大林著作编译局.列宁唯物主义和经验批判主义[M].北京:人民出版社,1998:198.

性认识的基础上进一步形成的理性认识。认识的辩证过程,首先是由实践到认识的辩证运动。它具体表现为在实践基础上形成感性认识,并实现由感性认识到理性认识的能动飞跃和理性认识的不断深化;其次要完成对一个具体事物的认识,还需要将理性认识的成果再运用于实践,实现由理性认识到实践这一认识过程中又一次的意义更为重大的飞跃;最后由实践到认识,再由认识到实践,"实践、认识、再实践、再认识、这种形式,循环往复以至无穷"。这就是认识辩证运动的全过程,也是人类认识运动发展的一般规律。

此外,直觉思维和非理性因素对观念的创新也起着巨大作用。所谓直觉思维,就是人们在长久思索的基础上,以高度简略、凝聚浓缩的方式在瞬间豁然洞察到问题底蕴的一种思维。直觉思维在科学认识活动中,是普遍存在的一种创造性的思维形式,对创新观念的产生发展起着重大作用。人们可凭借直觉思维选择出可供归纳的丰实材料,从大量感性材料中辨别出粗与精、真与假,也可凭借卓越的直觉思维能力,敏锐地察觉到某一问题的意义,决定研究活动的方向和发展战略。

(三)观念创新转化的约束机制

实践是观念创新产生和发展的动力机制,直觉思维和非理性因素在观念创新中起着巨大的作用,而观念创新实现的约束机制是要把观念创新运用于实践,必须遵循客观事物的规律,同时要满足主体的需要,即观念创新的合规律性与合目的性。

要使观念创新转化为现实,首先人的认识要符合客观事物的规律。世界在本质上是物质的,物质的运动变化和发展是遵循着它自身固有的规律向前发展的,在事物的多种多样的联系和发展过程中,起决定和支配作用的是事物内部本质的、必然的、稳定的联系,即规律性的联系。人们在改造世界的实践活动中,尊重客观规律,按客观规律办事即观念创新的合规律性。其次观念创新要符合认识主体的需要,即创新认识的合目的性。人们创新地认识世界,其最终目的是指导实践,服务实践。人的认识只有既把握事物的本质和规律,又符合认识主体的需要才能有效地指导实践,否则实践就将是盲目的、无效的甚至破坏性的。正是在实践活动的需要推动下,并为着满足实践活动的需要,人的认识才现实地表现为一个从事物的现象向事物的本质和规律逐渐深化的辩证运动过程。

四、观念创新的意义

(一)观念创新是一切创新的先导

创新包括政治、经济、科技、文化、艺术、产品、观念等的创新,而观念创新是一切创新的先导,是一切创新的认识源泉。人们的创新活动都是有意识、有目的的活动,总是受一定的思想观念支配,带着头脑中的已有思想观念开始的。放眼世界近百年来的重大科学发明与创新,如基因论、相对论、量子论、计算机和集成电路、杂交水稻和超级稻等,无一不是冲破旧思想、旧观念和已有定见的束缚,不断进行观念创新、标新立异的结果。

观念创新之所以是一切创新的先导,是因为观念创新对其他一切创新具有根本的指导作用。观念创新可使人们了解和把握创新本身及各种创新之间互相作用的规律性,指导人们自觉地按照客观规律去从事创新实践。可以使人们在创新活动之前,确立符合创新实际的目标、方案、步骤及措施,选择实现创新目的的最佳行为方式。可以使人们更深刻地认识创新本质,并自觉地调整创新行为,以适应不断创新的需要。因此,从一定意义上讲,观念的创新是最根本、最重要的。只有实现了真正意义上的观念创新,社会生活中的一切创新才可能变为更有为、更有效的社会实践活动。

(二)观念创新是社会发展的巨大动力

纵观社会发展历史我们不难发现,每一次重大的社会变革,每一次社会的进步,无不以观念的创新为前提和动力。从中国的历史看,每一次大的社会变革、进步和发展,都以一场大的思想解放运动,以一系列新思想、新观念的创立为前提;从世界历史看,没有文艺复兴运动,欧洲就不可能从封建专制的、宗教的旧思想、旧观念中解放出来,不可能形成宏大的资产阶级革命运动,没有马克思主义的创立,共产主义运动就不可能从空想变为科学的、现实的革命运动。人类历史的发展进程表明,观念创新的程度,往往直接影响经济和社会发展、进步的程度。

(三)观念创新是深刻的思想革命

观念创新是永无止境的思想革命。思想革命的过程就是不断使主观和客观相统一的过程,就是不断创立新观念的过程。

人类的历史是一个不断地从必然王国向自由王国发展的历史,人类社会和自然界总是不断发展的,不会停止在一个水平上。因此,主体对客体的思想认识就不可能永远停止在一个水平上。任何停滞悲观的观点和骄傲自满的观点本身就是与观念创新相违背的。人类的认识是一个不断深化的无限过程,人对事物的认识是从现象到本质、从不甚深刻到更深刻的无限过程。任何前人形成的新观念、新理论都不可能终止思想的革命和观念的创新。同时,人类对客观世界的改造也是一个不断推进的实践过程。实践产生认识,产生理论,实践不断观念创新,检验新思想新观念;而新思想、新观念又指导实践,推动实践,升华实践,实践未有穷期,观念创新也永无止境。因此,社会越是向前发展,人们的社会实践和社会生活越是丰富,就越需要我们进行观念创新,越需要我们重视观念创新①。

第二节 大学生破除陈腐观念,引领新观念

一、当下大学生存在的错误观念

(一)学习方面

1.大学成绩不重要,60分万岁

很多人标榜"60分万岁,多一分浪费",认为大学成绩高不高不重要。其实,在大学

---

①逢锦聚,陶得麟.马克思主义基本原理概论[M].北京:高等教育出版社,2007.

里,学习成绩并不是一无是处,不是一堆没有用的数据,而是用来决定你是否能拿到大学奖学金。同时,大学成绩也是大学生继续深造的筹码,不管未来选择继续考研还是出国留学深造,学习成绩都决定大学生是否能被心仪的大学录取。研究生面试时,面试考官除了会关注研究生笔试的成绩,还会询问本科时期的学习成绩情况。如果平均成绩非常低,那么面试官对其的印象会大打折扣。究其原因在于高中时学生的课程多,每天绝大部分时间都被学习占据,学生们都是为了一个目标,就是能考一个好的大学。而升入大学,大学生面对丰富多彩的大学生活,不像高中一样枯燥,无法理性地控制自己,会把大量时间花在学习之外的事情上。另外,大学的目的性也没有高中强,大学生缺乏一定动力和氛围去争取高分,加之只要有60分,就不用补考,这也导致大学生觉得只要及格就行,大学成绩不重要。

2.不挂科的大学不完美

很多大学生都受"不挂科的大学不完美"这句话影响,认为挂科是正常的。首先,大学学分不够是毕不了业的。大学挂科就无法得到这门功课的学分,需要参加补考来取得学分。补考的要求是卷面必须指定分数(60分)及以上。如果补考没过,就需要重修。其次,大学的利益竞争有奖助学金、评价评优、考研保研等方面的奖励与补助,一旦挂科,这些都可能会失之交臂,而奖学金和保研资格对挂科是零容忍,一旦挂科绝无机会。

在大学里,老师对学业进行了很大的削减,不再会像高中那样会占满学生的所有时间,学习的自由度也相对于高中高了许多。学生在以前一直所追求的自由在大学里忽然就得到了满足,学业好像变得可有可无,不少的大学生在这样低负荷的生活下把自己的日常全部压缩在了狭小的宿舍里,打游戏,看电影,沉迷于吃喝玩乐,挂不挂科在他们心里已不重要了,他们也没有意识到挂科会对自己的学习和未来产生影响。

(二)消费方面

1.崇尚消费主义,消费观符号化

当下受消费主义思潮的冲击与影响,以往大学生的消费目的已经发生改变,他们不仅仅局限于商品的使用价值与功能性,也不满足于通过消费来实现现实生活需求,更多的是在不断追求符号消费,追求被社会制造着的欲望的满足,从物质需求变成心理需求。在消费主义的影响下,大学生会对消费的本质失去自己的判断,部分消费已超越了大学生的正常生活需求,不再属于正常需求的行为,成了欲望消费。当下的大学生年轻充满朝气,站在时代的前沿,敏锐地把握时尚,追求新意,有些学生刻意追求奢侈消费,与同学进行攀比,消费对象已超出自己日常开销的能力。品牌、包装、流行等符号价值成为他们关注的焦点,消费不是满足日常所需,而是成为带有炫耀性质的。这种炫耀式的消费助长了大学生享乐主义的价值观。

2.过度超前消费

越来越多的大学生愿意使用"花呗"和"京东白条"进行消费。消费信贷App开通快捷、还款方便,通过它们大学生很快就能得到"先购物后支付"的购买体验,产生虚幻的"有钱人"的感觉。大学生的生活费来源主要由父母或亲戚提供,少部分是打工兼职所

得。这些费用正常的大学生活完全够用,如果追求高消费就显得捉襟见肘。为了满足高消费,超前消费应运而生。智能手机和消费信贷客户端的出现,让大学生有了可以超前消费的渠道。很多时候,大学生购物消费都是冲动消费,没有考虑这件东西好不好、需不需要。一些大学生超前消费已不只是为了自我需要的满足,而是想以与众不同的消费档次炫耀于人。

材料6-1:过度消费先甜后苦

　　大二学生于衡是一个用"分期付款"方式购物的老手,他很快就开始在购物分期付款中把握不住自己的原则。1 000多元的手表分6个月付清,平均每个月就200多元,于衡感觉每个月的还款压力并不算大,开始这笔还款两个月后,他又看中了一款刚刚上市的平板电脑,面对"买还是不买"的选择题,于衡有了新的权衡;以前手里没有这么多钱,看中的东西要想买就只能求助于父母,但现在有了购物分期付款,心里的感受完全不一样了。就这样,于衡一次次超前消费了自己喜欢的电子产品,尽管每次都说"再买剁手",可还是不忍放下手中的鼠标。当一个没有收入能力的人开始有了和他收入不匹配的消费欲望,那将是一场可怕的灾难。大四了,于衡找到了实习单位,但还在为他欠下的近3万元分期付款账单担忧。

(三)恋爱方面

1.为追求物质享受而恋爱

　　近年来,有部分大学生谈恋爱不把对方的道德品质等内在条件作为标准,而是注重对方的经济条件、身家背景等这些外在的因素。他们当中的大多数家庭经济负担过重、自身又贪图虚荣,不想靠自己的努力来过上想要的生活。大多大学生的生活消费都是由父母所给的生活费所承担,基本可以满足日常消费。但有些大学生自己没有收入能力,又存在攀比心理,没有清楚认识到自身经济条件,自身贪慕虚荣,追求物质享受,盲目恋爱,想让自己的另一半为自己的高昂消费买单。

2.为从众和证明自身魅力而恋爱

　　有很多的大学生都是因周围的人都在谈恋爱,自己也就找个对象谈恋爱,大学生又都处在青春期,喜欢追赶一些潮流,缺乏对自我的肯定,当别人恋爱了,很可能还会因为自己没有伴侣而陷入自卑的情绪当中。而有的大学生喜欢炫耀自己来展示自身的魅力,错误认为谈恋爱能证明自身的魅力,从而去谈恋爱。大学生从众恋爱的原因有很多,一些大学生认为谈恋爱或被异性朋友追求证明自己有魅力、有能耐。而一些无人问津的同学,则会感到寂寞、失落和低人一等。大学生有强烈的被他人理解和尊重的需要,特别重视群体评价,对群体舆论敏感,这种心理需要导致个体面临较强的从众压力。同时,大学生心理和生理尚不成熟,在情感方面缺少经验。因此,为了避免孤独,顺应大流,恋爱被提上重要日程。

材料6-2:虚幻的恋爱苦不堪言

　　学生木木来自四川宜宾一个偏远的山区。木木成绩较好,口才也不错,算得上一个帅小伙。进校的时候,木木本来有满腔的抱负,准备在大学里大展宏图,并且加入了学校学生会。在一次学生活动中,木木认识了其他学院的一个城市女生琳琳。琳琳主动向木木表示了好感,没多长时间,两人就手拉着手一起吃饭、一起上自习了,成为众人眼里甜蜜的情侣。然而,两人时有小吵小闹,木木家住农村,其父母只承担了基本的学费,生活费主要是依靠自己的奖学金和平时的助学金,琳琳对这个就有很大的意见,总觉得自己的男朋友不够潇洒,如她的生日就希望木木能请自己寝室的姐妹办个生日派对。这笔开销对于木木而言,无疑是不可能完成的任务。但是,木木为了让琳琳开心,跟同班同学借了1 000元钱,请琳琳寝室所有姐妹吃饭、泡吧,自己则啃了一个月的馒头。

3.过分强调自我,践踏道德与法律的恋爱

当代大学生的恋爱观念日益开放,理性的贞操在爱的冲击中逐渐淡化。有些大学生把恋爱当成一种情感体验,及时行乐,把恋爱当成一种消遣文化,恋爱双方的责任问题很少有人深思。大学生在恋爱中容易失去理智,没有顾及道德问题和责任问题,这是由多个因素造成的。大学生的人生价值观还不太成熟,缺乏社会经验,对人心险恶缺乏起码的认识,区分好坏的标准另类,价值观异于常人。其次,大学生的经济条件有限,无法支付生活费和学费的费用,对某些家庭情况艰苦的漂亮女生,为满足她们虚荣心的而走捷径。

(四)就业方面

1.过于重视专业对口

设置不同大学专业,是为了培养各个专业的不同人才,但大学生在社会就业中过于看重专业对口,因此容易错失就业良机。每个专业并不是完全不相同,如果有与专业相似的就业岗位同样也可以尝试。大学生就业的专业对口情结浓厚,在择业时过于重视"岗位"与"专业"的匹配度。一方面是因为专业对口能让自己在工作岗位上更有自信心,对自己熟悉的业务比较好上手,另一方面是因为专业对口也可充分运用大学所学知识,提高自己的竞争力。而专业不对口容易使自己失去工作信心,岗位被替换可能性增大。

材料6-3:专业一定要对口

小康是北京一著名高校本科毕业生,毕业时为了能把户口落在北京,她应聘到中关村一家规模非常小的民营企业工作。然而,工作不到2个月,她便辞职了。小康说:"我是学企业管理的,虽然是个本科生,但我相信自己可以胜任任何管理岗位。这个企业刚刚成立,缺少各种各样的管理人才,可老板让我干的是内勤活儿,内勤总监的职位宁可空缺也不让我尝试。他们给我的理由是,我缺乏管理经验,老板对让我管理公司内勤完全没有信心。而我认为这个企业老板没有魄力,干了不到2个月,没有要他一分钱,我就辞职了,他们不留我,自有留我处。"小康认为,自己当初学管理就是想有一天能做到管理的位子上,可实际上在那个公司,自己做的就是高中生都能做的业务,这与她的理想相差甚远。到现在为止,她基本上是每年都要换个工作,因为她总在抱怨没有老板愿意给她管理职位,哪怕是个中层管理职位的机会。

2.求职期望过高

大学生对就业岗位预估过高,现实就业问题往往和想象存在较大差别,理想事业单位又不能满足标准,这样不容易找到适合的工作岗位。在大学生选择就业岗位的过程中,有时合适的岗位工作,也可能存在一些不稳定性,大学生往往对工作岗位稳定性过于重视,而错失具有发展潜力的工作岗位。究其原因在于在社会方面,教育的高成本使大学生在就业时会考虑教育成本的回收问题,教育投资的负担与收益相适应,负担较多投资的个人,理应获得较多的收益。大学生希望得到高回报,而选择在大中城市工作、心仪高岗位就是大学生追求高回报的一个表现。在家庭和个人方面,大学生的父母以及大学生自身也会根据各自家庭条件情况对就业产生一定影响。例如,家长们大多偏向重视工作的稳定性,会想让子女从事公务员、教师等工作,进而影响大学生的就业观。

二、大学生应树立正确的新观念

(一)创新多元化的学习观

大学生应深刻明白大学学习的重要性,大学阶段的学习并不是终结性的学习,而只是为今后更进一步的学习奠定基础。因此,大学生也应该养成良好的学习习惯,保持积极的学习态度,不断地充实自己。当下的信息时代,只有你想不到的,没有学不到的。获取知识的平台、渠道与学习的形式也不断地升级变革。信息时代知识共享与知识迭代的速度快,大学生的就业与职业发展的压力也在无形中推动着大学生的跨界学习,故终身学习的观念,跨界学习的观念,社群学习的观念,以及形成知识传播大使等多元化的观念成为信息时代下的大学生学习的主旋律。

(二)形成合理化的消费观

1.学校加强引导,开展校园文化活动

学校应结合个人理想和社会理想培养,加强社会主义核心价值观宣传,着力开展相关引导,让他们树立远大的理想和坚定的目标,明白追求享乐和物质消费不应该是人生的真谛。学校也可根据本校学生的特点,邀请专家或行业从业人员,开展以投资、消费、理财为主题的选修课、讲座、座谈会等,通过普及消费、理财等相关专业知识,帮助他们积累理财知识,培养理财能力。

2.大学生学会自我管理

大学生应学会自我管理,父母的钱来之不易,应懂得珍惜。每次购物消费之前考虑清楚是否真的需要这个东西,是否对我未来有帮助而不只是为了在同学心目中树立土豪的形象,放下虚荣心,不要盲目跟从他人的购物计划。

3.家长注意节制

家长应培养孩子吃苦耐劳的精神,不能总是衣来伸手饭来张口。要让孩子学会自己赚钱自己花,不能让孩子养成不良的消费习惯,应过问孩子每周每月的开销,了解他们花钱的去处,保证他们在理性的基础上合理消费。

4.营造勤俭节约的社会氛围

在社会大环境中,应树立勤俭节约的风气。勤工俭学现在被认为贫困家庭孩子才干的活,其实每个人都应得到锻炼,只有自己去社会上兼职赚钱才能了解赚钱的不易,体会父母的艰辛,每次想冲动消费的时候都会因此停止。

(三)拥抱正能量的恋爱观

1.社会、家庭和学校"三位一体"形成合力

学校要注重引导,首先在课堂上要注重正确的恋爱观的传授,在校园文化的建设上要塑造健康积极的背景环境,让每个大学生从思想上认识到、行为上落实到树立正确的恋爱观念。其次也要净化社会风气,营造一个积极健康的网络环境,要运用媒体等宣传手段,大力宣传恋爱的道德性。同时,家长要以身作则,以模范去引导孩子树立正确的恋爱观。

2.坚持人生观、道德观和心理健康教育相结合

学校应积极地行动起来,引导大学生在恋爱中要克服个人主义、享乐主义等错误的人生观,树立尊重他人等正确的人生观。把爱情升入大堂,把恋爱纳入课堂,用授课的形式让同学们树立起正确的恋爱方式与恋爱观念。加强课堂教育就要注重人性的教育,并将这些深化在学生的内心中,注重心理和生理健康知识的传授。虽然高校对大学生恋爱是不提倡、不反对,但作为恋爱中的大学生必须遵守恋爱道德。爱情是发自内心的、自觉自愿的、建立在一定的生活和思想基础上的选择。恋爱双方的人格完全平等,在爱情中的地位也完全平等。

(四)规划个性化的求职观

大学生面对即将步入社会的就业问题,首先,要端正自己就业态度,无论是重点高校大学生还是普通高校大学生,都应抱着需求请教的态度,谦虚地寻找就业机会,既不高傲自大,也不骄傲自满。对于大学毕业生来说,有潜力的工作机会比稳定的工作更有意义。其次,大学生应提前做好就业计划和目标设计,对自己的专业岗位提前做好市场调研,主动学习相关专业的工作知识,为未来工作打下坚实基础。最后,用人单位在招聘员工时都有各自的评价标准,大学生进行就业选择时,应多突出自身优点和长处,在就业选择时多给自己增添优势,从而获得就业机会。

第三节　促进大学生观念创新

一、观念创新的影响因素

影响观念创新的因素有很多,而阻碍观念创新最主要的因素就是人们脑中的传统的、固定的观念和思维中形成的习惯与定式。

(一)传统观念和刻板印象

观念作为思维方式的主要构成要素,对人的认识活动起着巨大的制约作用,而每种观念的产生都是以当时的实践水平和历史文化发展为基础的,因而有它产生的根据和存在的合理性。但当实践向前发展了、时代向前迈进了的时候,深藏于人们头脑中的观念若不愿随实践和时代的改变而改变,就会成为一种思维的惯性力。这时,原本适时的观念就变成了过时的观念,这种观念一般称为传统观念。传统观念是观念创新的重要障碍,它顽强地维护着它赖以存在的实践和社会基础,反对思维对现存事物进行超越。受传统观念的影响,人们就会因循守旧,墨守成规,用老眼光、老套路、老办法去面对新问题。它使人的思维受原有的思维空间的限制,跳不出原有的框框,因而就无法实现对原有认识和现存世界的超越。因此,传统观念是阻碍观念创新的重要因素,是观念创新的大敌。

除了传统观念之外,还有一种固定观念,它指的是人们在特定的实践领域和学科领域内形成的观念,也称刻板印象。在该实践领域、该学种范围内某种观念是适用的,但超出这个范围,它们就可能变得不适用了。但是,因观念在思维中的惯性作用,人们总是习惯于用现有的观念去认识、评价面对的问题,而不管这个问题是否超出了现有实践和经验的范围,于是就产生了所谓的固定观念。固定观念与传统观念的区别在于,传统观念是侧重于从时间角度,从历史性方面加以界定的,而固定观念则是侧重于从空间角度,从共时性方面加以说明的。与传统观念一样,固定观念也是观念创新的大敌,因为在经验范围以内解决那些常规性问题,是不需要思维有什么创新的。一旦思维超出了原有的实践和学科的范围而进入了一个新的领域,那么只适用于原领域的固定观念只能起排斥新思想、扼杀新观念的作用。

(二)思维习惯和思维定式

思维定式是指心理活动的一种准备状态,它影响人们思考,解决问题的倾向性。当人们思考问题时,这种思维惯性使人们在新问题面前仍然习惯地依据原有的思路进行思考。

常见的思维定式有以下3种:

1.书本定式

书本定式是指思考问题时不顾实际情况、不加思考地盲目运用书本知识,一切从书本出发,以书本为纲的思维模式,这也是大学生在学习和运用书本知识时容易产生的一种思维定式。当然,书本知识对帮助人们解决问题的积极作用是显而易见的,但在当今知识信息高速发展的时代,书本知识也是在不断更新的。因此,当书本知识与客观事实之间出现差异时,如果继续受到书本知识的束缚,就会成为思维阻碍。

2.权威定式

在思维领域,不少人习惯引证权威的观点,不加思考地以权威的是非为是非,一旦发现与权威相违背的观点就认为错的,这就是权威定式。这种定式在我们的生活中随处可见,典型现象就是"专家论",如患者在就医时都想要挂"专家号",时事评论时要找专家进行点评,学生在研究某一领域的专业问题时也通常会先参考该领域专家的著作和成果……事实上,权威也会犯错误,如大发明家爱迪生曾极力反对交流电,许多大科学家都曾预言飞机是不能上天的。因此,客观看待权威、打破权威定式是观念创新的重要内容。

3.经验定式

通过长时间的实践活动所取得和积累的经验是值得重视和借鉴的。但是,常受经验定式(如惯性思维:沿着一条思考路径以线性方式延伸,封闭了其他思考方向;群体惯性:跟着大家一贯的做法;惰性思维:习惯用老眼光来看待新问题,不愿尝试新办法;思维束缚:由个人成长经历等原因,思维方式受到限制)的束缚,也会变得墨守成规,因循守旧。

材料6-4:思维的"冰点"

美国一家铁路公司,有一位调车员叫尼克,他工作认真负责,但有一个缺点,就是他对自己的人生很悲观,常常以否定的眼光看世界。一天,同事们为了赶着去给老板过生日,都提早急急忙忙地走了。不巧的是,尼克不小心被关在了一辆冰柜车里,无法把门打开。于是,他在冰柜里拼命地敲打、叫喊,但不幸的是除他之外全公司的人都走了,没有一个人来给他开门。尼克的手敲得红肿,喉咙也喊得沙哑了,但没有人理睬,最后他只得绝望地坐在地上喘息。他想,冰柜里的温度在零下20摄氏度以下,如果再不出去肯定会被冻死,他越想越觉得可怕……当第二天公司职员打开冰柜时,发现了尼克的尸体。同事们感到十分惊讶,因为冰柜里的冷冻开关并没有启动,而这巨大的冰柜里也有足够的氧气,尼克竟然被"冻"死了! 其实尼克并非死于冰柜里的温度,尸检报告也表示没有谋杀或疾病猝死的可能,那是什么原因导致了尼克的死亡呢? 事实上,尼克是死于自己思维的"冰点",因为他根本不敢相信这辆一向轻易不会停冻的冰柜车,这一天恰巧因要维修而未启动制冷系统。他的不敢相信使他连试一试的念头都没有产生,而坚信自己会被冻死。

一方面,思维定式与上面说的传统观念或固定观念不同,虽然观念也会形成定式,但这里所说的定式,则更多的是来自以往思维过程形成的习惯,观念是对认识的内容的积淀,而定式则是对认识的形式、方法的积淀;另一方面,思维定式又是导致人们产生固定观念的重要影响因素,当人们长期使用同一种思维方式看待事物,久而久之就会对该事物产生刻板印象。本质上,思维定式就是思维习惯。思维定式和思维习惯对解决经验范围以内的常规性问题是有用的,它可以使人们的思维驾轻就熟,简捷、快速地对问题作出反应。但是,它们对创造性地解决问题,则只能成为一种障碍。它使人们局限于某种固定的反应倾向,跳不出框框,打不开思路,从而限制了人们的创新思考。

二、观念创新的基础

(一)把握观念创新的正确方向是观念创新的根本前提

观念创新是在前人基础上的一种超越,既是思想认识的升华,又是创造性思维的结果。要实现真正意义上的观念创新,就必须把握观念创新的正确方向。在观念创新的问题上,必须坚持以马克思主义认识论为理论前提,做到"三坚持三防止"①:一是坚持客观反映论,尊重事实,从实际出发,防止脱离实际的空想,用罗曼蒂克代替求实精神;二是坚持能动的反映论,善于联想,精于分析,防止形而上学,防止重调查而轻研究;三是坚持从善则急,不怕孤立,勇于献身真理,防止浅尝辄止、遇阻而退、向落后观念投降。

(二)树立创新思维是观念创新的基本前提

观念创新本质上是依赖于人的创造性思维在认知能力上的提升。因此,要打破过去只沿着一个维度、一条途径、一种模式去思考问题的常规思维旧习,打破刻板印象,善于用新的思维方式研究新情况、新问题,揭示新的规律,创立新的理论。确立创新思维,尤其要注重倡导系统性的、开放性的、逆向性的思维方式,要多方向、多角度、多途径地思考问题,要开阔眼界,面向世界,面向未来,敏锐地把握世界发展的最新趋势,借鉴和吸收世界上一切正确先进且符合我国国情的成果。

(三)丰富科学理论和知识是观念创新的基础

进行观念创新首先应学好理论。任何新的思想必须"首先从已有的思想材料出发,虽然它的根源深藏在事实之中"。观念创新不是离开已存在的理论成果突发奇想。不认真学习理论,盲目去创新,只能是肤浅的、粗糙的,甚至是认识的倒退。因此,我们进行观念创新必须不断汲取新的思想、新的实践经验。同时,应勤学知识。当代世界新知识、新发明、新事物不断涌现,如果不学习、不研究、不思考这些新变化,就会落后于形势,根本谈不上观念创新。因此,必须勤于学习各种新知识,善于思考,努力用人类创造的一切优秀文明成果武装自己。

(四)保持开放心态和勇于探索的精神是观念创新的关键

从历史上看,观念的创新首先是思想的解放。因此,观念创新要无私无畏,勇于探索。正因为真正的观念创新需要有思想解放的勇气,所以要弘扬开放的心态和勇于探索的精神,破除条条框框,摆脱种种思维定式的束缚,总结新的实践经验,不断进行新的探索。不断根据实践的要求进行观念创新,不断为新的实践提出新的指导。

(五)建立良性的观念创新机制是观念创新的体系保证

观念创新作为人们的一种认识过程有其自身的规律性,如反复性、递进性、层次性、渗透性、相对性等;而作为观念创新的主体,要想保持其不断进行挂念创新的热情,则必须用一种有效的机制去保证。这就是说,要形成方方面面、上上下下观念创新的局面,就要形成一套机制系统,如竞争机制、激励机制、调控机制等。通过建立健全协作创新机制实现信息共享、相互促进、集思广益,促使创新思维异常活跃,从而迸发出新思想、新观点;建立健全激励机制激发人们的创新热情,使人们能面对风云变幻的客观世界,面对新形势、新情况、新实际、新问题,树立新的观念、新的思想,摆脱种种旧思想、旧观念的影响。

①孙翠宝.马克思主义哲学原理[M].上海:复旦大学出版社,2007.

三、观念创新的方法

(一)潜心学习,用科学的理论武装头脑

理论是行动的指南。观念创新的过程,就是在科学理论的指导下,不断探索规律的过程。大学生在积累知识方面,应重视以下4个方面:

①善于追踪前沿新知。人类悠久的发展历史证明,科学技术的每一次重大突破或别树一帜的创新,都会引起生产力的深刻变革和人类文明的巨大进步。

②善于积累新知识,广泛及时地接受各种信息,扩大自己的视野,尽可能多地汲取新观念,从而做到与时俱进,同步发展。人类创造的自然科学、社会科学、人文科学方面的新知识,随着历史的发展也日趋丰富、日趋完善、日趋精细。一般学习的新知识越多,眼界就相应地越开阔,也就越有利于对其分析与比较,从而作出正确判断和决策。

③深入学习新知识,因为大量信息仅仅能提供大量新思想、新观念,而专门知识的学习和专门领域的研究则可使我们深入地领会新观念,甚至做到更多地从事物的本质去学习和了解新事物、新观念。

④善于更新知识。近30年来,科学技术上的新发现、新发明,比过去两千年的总和还要多。以前的旧观点、旧体系不断地被证伪或被推翻,新学科、新概念层出不穷,"知识老化"周期加快,科技从发明到应用的周期越来越短,高科技产品的更新换代越来越快。因此,我们切不可仅满足现有知识故步自封,而要树立"终身教育"的新观念,学习、学习、再学习,自觉更新知识,迎接新的挑战,从而跟上时代的步伐。

(二)掌握创新性的思维方法

观念创新,对于自身而言,不仅是认识成果,也是认识过程。因此,要进行观念创新,关键是掌握科学的思维方法,改变我们的思维方式,使封闭型思维方式转化为开放式的思维方式。在改变旧观念树立新观念的过程中,人们的思维方式和思维方法起着重要的作用,开放式的思维方式将有助于我们更好地接受新观念、探索新观念、创造新观念。实现观念创新,必须抛弃形而上学、主观主义的思维方式,按照唯物辩证法办事,遵循解放思想、实事求是的思想路线。因此,要在掌握运用唯物辩证法上下功夫。同时,还要注意汲取被实践证明的成效显著的思维研究方法,如批判思维、系统论、综合创新等思维方式,使观念创新思维沿着正确的轨道发展[①]。

要提高思维方法的现代化水平,需要掌握的创造性思维方法主要有:

①善于面向全球思维。随着国际分工和协作的发展,国际的联系日益紧密。因此,看问题要以更开放的视野,从全局角度分析情况,了解动态,把握趋势,制订对策,唯有如此,才能在全球竞争中争取主动。

②善于与上级同层次思维。对上级精神不能被动地、机械地接受,而要坚持从实际出发,高标准制订对策措施,力求与上级思想同心、工作同拍、行动同步。

---

①尼尔·布朗,斯图尔特·基利.学会提问[M].北京:机械工业出版社,2013.

③善于创新思维。我们进行的改革是一项前无古人的事业，工作中要学会拓宽思路，丰富内容，改进方式，形成抢占新世纪前沿高地的新观念，确立促进经济社会发展的新战略，建立选才用才育才的新机制，树立深入基层真抓实干的新作风。

④善于多层次、多侧面、立体思维。我们处在一个相互联系、相互影响的自然与社会系统内，系统的整体性、层次性要求我们看问题、办事情，既要立足当前，又要着眼未来；既要思其一面，又要想其整体；既要从正面分析，又要从负面评判。

（三）突破思维定式，打破刻板印象

思维定式会让人们的思维活动按照已有的固定模式，机械地再现或套用人们在以往的实践活动中形成的一些认识问题、分析问题和解决问题的方法。卢钦斯在1942年的研究表明，在特定的情况下，思维定式对创新思维会产生固化作用。人们一旦发现对某种特定任务行之有效的策略，就会反复套用，这为以后更为简单的新方法的应用造成了障碍。思维定式常表现为以下形式：只有一种正确的问题解决方法的思维方式；以"你说的是对的，但是问题在于"为借口，拒绝考虑新的决策；过分强调逻辑的重要性。在观念创新过程中，尤其是在寻求创新的开始阶段，有些逻辑关系并不是创新者一开始就可以看清楚的，因为事物之间的联系是复杂多变的，要等到事物之间所有的联系都研究清楚了才行动，这在很大程度上是不可能的。这要求创新者在创新过程中，必须充分重视非逻辑思维的重要性，只要没有发现明显违背逻辑的关系，就可以谨慎地进行实验。

为帮助人们突破传统、习惯和思维定式，现代创造学总结出一些有用的原理和方法，掌握这些原理和方法，能帮助我们自觉地抵制和克服上述各种思维障碍。例如，创造学中有一条原理称为陌生原理。这一原理告诉我们，要学会用陌生的眼光看待事物，哪怕再熟悉的事物也不例外。也就是说，在思考问题时，要学会暂时忘掉已知的东西，对事物从根本上重新思考。通过这种根本性的重新思考，来帮助我们抵制传统、习惯和思维定式的束缚。又如，创新思维有一种重要方法称为逆向思维方法，这种方法把人们通常思考问题的习惯思路反过来，从相反方面进行思考。具体来说，逆向思维包括反向探求、顺序或位置颠倒、巧用缺点等方法。逆向思维可帮助我们打破思维定式，寻找到解决问题的新思路。如果我们善于运用这样一些方法，就可以自觉地抵制上述各种因素的干扰，实现思维的创新。

材料6-5：运用逆向思维进行观念创新——不干胶的发明

对于胶，人们通常认为粘得越牢固越好，甚至有人做广告，拿他们公司生产的胶粘上一枚金币，谁能拿走就归谁，因此说明他们公司生产的胶性能很好。1964年美国化学家西尔弗制成了一种新胶，它能粘东西，但是粘不牢，还能揭下来再粘，叫不干胶。由于它不符合人们常规的认识，因此这一发明被搁浅了9年。后来，该项发明被一个产品开发商看重，用来制作各种各样的商标或标签。由于这种标签可反复使用，因此受到人们的喜爱，并一直沿用至今。

（四）在实践中增强创新意识和创新能力

认识依赖于实践,正确的观念必须反映事物的内在规律。人类总是不断发展、进步,也就是不断创新,特别是实践的创新,反映了观念的创新,又促进了观念的创新。人们所说的树立新观念和改变旧观念的过程,不仅仅是一个思想活动的过程,实际上使新观念形成的最重要的条件仍然是实践,只有在实践过程中才有可能产生新观念、树立新观念,离开了现实生活就谈不上什么是新观念,什么是旧观念。实践产生认识,对认识起能动的作用,而认识反过来指引实践的方向。实践可以帮助人们发现问题、认识问题、解决问题,而问题的解决,往往与事物的质变有着重要的联系,从而产生了创新。在实践的过程中,也间接地培养了实践实施者的创新能力与创新素养。

（五）创造鼓励观念创新的良好社会氛围

一个国家创新意识的培育和创新能力的形成,离不开在全社会范围内对创新精神的提倡与弘扬。只有创新精神在全社会得到充分提倡、持续开发与合理利用,创新知识的增长与创新能力的形成才能落到实处,才能成为现实。全社会自发或受鼓励地形成一种对创新的赞赏与支持的氛围,可极大地鼓舞人们踊跃地加入创新的大队伍中,也是对那些坚持不懈创新的人员的一种激励与认可,从而形成一种良性互动。

1.要有怀疑批判精神

由于传统观念、固定观念、思维习惯和思维定式都是存在于人脑的潜意识当中,使人们不知不觉地受到它们的支配。因此,要想克服这些因素,就要求思维者必须有反思传统、习惯的自觉意识、有怀疑批判精神。

2.要克服胆怯心理

破除传统、习惯,克服唯上唯书的倾向,是需要有勇气的,因传统的东西、权威所支持的东西同时也是为社会多数成员所承认和接受的东西。突破它们,就意味着向多数人支持的东西挑战。而这种挑战本身却又不能保证次次成功,相反却经常伴随着挫折和失败。因此,这就特别需要我们正确对待创新过程中的错误和曲折。要努力克服胆怯心理,如果处处怕犯错误,害怕失败,就会陷于保守,就不敢突破原有的界限,也就谈不上开拓创新。真理与谬误是相互转化的,谬误中蕴含着真理,只有对谬误敢于接受,敢于剖析,才能发现真理。世界上并没有绝对的真理,真理是相对的,或是局限于某一领域的,往往科学界的突破都是建立在对所谓的共识的一种推翻,一种新体系的建立,如"日心说"与"地心说"的冲突,以及后来现代宇宙学说的建立。需要从"旧真理"中找到新事物,敢于质疑"旧真理",才有很大的可能获得与时俱进的"真理"。当然,这种质疑并不能盲目,而是需要通过实践,通过问题去解决问题、解决质疑。

四、观念创新的效果评估

观念创新不是漫无边际、毫无原则的,不是哪一个人随便提一句口号就可宣布"观念创新"的。观念创新的效果评估可从以下4个方面进行:

(一)观念创新要遵循生产力检验原则

生产力检验原则是检验观念创新效果的物质标准。观念创新从直观上来看是一种思维层面上的变化,而人类在观念的指导下利用自己的能动性进行实践和改造物质世界的活动,最终得到物质产出。由此可见,观念创新的效果如何、某种观念的新与旧,最终还是要由它是否能推进生产力发展这一根本性标准来判定。

(二)观念创新要遵循适时性原则

观念的新旧是历史范畴,一定的思想观念总是一定时代社会存在的反映,脱离或超越一定时代或社会阶段的所谓"新观念",不管它披上什么"新思潮""新流派"的外衣,也总是没有什么生命力的。观念不能超阶段、超时代"更新",而要适时适地更新。这个"时"是指具体阶段、具体时间;这个"地"是指具体空间、具体条件。任何观念的新与旧都离不开一定的时空坐标。

"重男轻女"是从我国传统文化中流传下来的一种旧观念。最初,古时候战场上用兵多以男性为主,笨重的兵器只有男子才能驾驭;农耕时期,耕地劳作等工作也多以男性为主要劳动力,女性则更多负责织布等较为轻松的劳动。长期以来便形成了"女性弱于男性"的固定观念,每个家庭都希望有更多男丁而非女性,"养儿防老""女孩嫁出去了就是泼出去的水"等观念由此而生,重男轻女的观念也在人们心中根深蒂固。然而,在社会经济高度发达的今天,劳动形式变得越来越丰富,职业种类也不断增多,个人发挥价值的空间及形式都得到了极大的扩展。在此背景下,女性的"柔弱"不再是她们创造个人价值的阻碍因素,女性有了更多发挥空间和表现自我的机会,"重男轻女"也逐渐失去了其站稳脚跟的土壤,越来越多的人开始重视女性及女性的正当权益,"男女平等"的观念逐步取代"重男轻女"成为新时代的主流声音。

(三)观念创新须遵循事物发展的客观规律

观念是客观存在的反映,因而观念创新要有社会存在作为依据,这就要求新确立的观念必须反映不依人的主观意志为转移的历史发展趋向或客观实际[①]。这个客观实际是指相对于一定主体的实际需要(客观要求)和实际条件。一方面,社会大多数人的意志驱动了社会发展的大方向,如果某一观念与大多数人的意志相违背,则迟早会遭到摒弃,如现今高考制度的不断改革就是典型的"合主体需要"的观念创新的例子。另一方面,事物的发展都符合一定的客观规律,这种客观规律不依赖于人的意志而存在,也不随人的意志而转移,只能被人们的观念所反映。因此,人们在进行观念创新时,一定要符合客观规律。

(四)观念创新须遵循开放性原则

观念作为一个系统应是开放的,是稳定性与变化性的辩证统一。只有通过观念系统的开放,及时地吸收、同化外界的有益信息,观念的更新才能得以顺利进行。具体而言,观念要更新,一方面要向科学开放,另一方面要及时吸收外国先进的思想文化。

---

①亚里·拉登伯格,夏罗默·迈特尔.创新的天梯[M].司哲,张哲,译.北京:机械工业出版社,2019.

【思考与训练】

一、讨论题

1.观念创新的本质是什么？如何有效促进观念创新？

2.大学生观念创新培养时,应注意什么问题？

3.当下大学生存在的不正确的观念是如何形成的？

二、分析题

1.有个小药店的老板,两年前在谈到未来的发展时,还很有禅味地说:"开个小药店真的不错,虽不能挣大钱,但总比一般人要强。能够这样就不错了,挣那么多钱干什么?"在这种思想观念的阻碍下,他以"小富即安"为目标,从主观上停止了小药店的扩张,于是小药店错过了多次发展的机会。一年前,有家大药店想和他谈加盟联合或品牌合作时,被他拒绝了。今年,在他的小药店对面又开了一家大药店,各方面的条件都比他的小店强,于是小药店生意日渐清淡,门可罗雀,最终关门了事。

对小药店的关门,你有什么样的启示？

参考答案:

药店老板观念陈旧、思想僵化使他安于现状,未能跟上时代的步伐,在经济发展,竞争加剧的市场中惨遭淘汰。在时代发展中,应树立创新的理念,促进观念的转变,博得自身的发展。

2.IBM公司数十年来一直是世界上最成功的公司之一,然而公司的战略完全被当时处于市场领先地位的大型机控制。当公司科研部门开发出一种新的低成本的微型半导体芯片时,IBM的决策者否定了该项技术,他们以为现有的大型机已无人可敌,而不愿改变现状。1974年IBM公司的科研部门又发明了RISC微处理器,这将能够简化和更快速地计算,也会更适应新出现的已大量运用的微型机,但对这项技术IBM公司依旧搁置不用。使它最终成为微软和英特尔公司用来击败IBM的有力武器。IBM公司的发展受到了重创。

在付出了沉重代价之后,IBM公司吸取教训,不断进行观念的创新,再度恢复了往日的风采。为了不重蹈覆辙,他们将创新精神列在首位,甚至为此打破公司一贯的保守着装规定,鼓励员工自由着装,以期保持观念的不断创新。总裁郭士纳对员工说:"你们在IBM工作的时时刻刻,都要不停地创新你们的观念与行为方式。"任何时候都以一种"从零开始"的观念去面对现在和将来,不断地学习和创新,企业才能从自然的轮回中解脱出来,永远成功。

问题:IBM公司受到重创与再度崛起的原因是什么？

参考答案:

IBM的决策者将其观念固化于昨天成功的思维,将其行为模式固化于昨天成功的模式,安于故俗,溺于旧闻,从而导致了如此重创。决策者转变观念,将观念的创新与变革作为企业的基本价值观与文化的核心部分,并在管理中处处鼓励创新,不再以过去成功的模式来桎梏新的观念、新的技术。而努力营造出一种尊重、和谐、愉快、进取的氛围,使员工的工作热情、想象力和创造力充分地发挥出来,使企业永葆蓬勃向上的生机。IBM才得以再度崛起,不断发展。

三、测评题

创新思维能力:

下面10个题目,如果符合你的情况,则回答"是",不符合则回答"否",拿不准则回答"不确定"。

1. 你认为那些使用古怪和生僻词语的作家,纯粹是为了炫耀。

2. 无论什么问题,要让你产生兴趣,总比让别人产生兴趣要困难得多。

3. 对那些经常做没把握事情的人,你不看好他们。

4. 你常常凭直觉来判断问题的正确与错误。

5. 你善于分析问题,但不擅长对分析结果进行综合、提炼。

6. 你审美能力较强。

7. 你的兴趣在于不断提出新的建议,而不在于说服别人去接受这些建议。

8. 你喜欢那些一门心思埋头苦干的人。

9. 你不喜欢提那些显得无知的问题。

10. 你做事总是有的放矢,不盲目行事。

评分标准:题号后分别为"是""不确定"与"否"的评分

1-1 0 2	2-0 1 4	3-0 1 2	4-4 0 -2	5-1 0 2
6-3 0 -1	7-2 1 0	8-0 1 2	9-0 1 3	10-0 1 2

得分22分以上,则说明被测试者有较高的创造思维能力,适合从事环境较为自由,没有太多约束,对创新性有较高要求的职位,如美编、装潢设计、工程设计、软件编程人员等。

得分21~11分,则说明被测试者善于在创造性与习惯做法之间找出均衡,具有一定的创新意识,适合从事管理工作,也适合从事其他许多与人打交道的工作,如市场营销等。

得分10分以下,则说明被测试者缺乏创新思维能力,属于循规蹈矩的人,做人总是有板有眼,一丝不苟,适合从事对纪律性要求较高的职位,如会计、质量监督员等。

第七章　技术创新方法与应用

技术创新是社会文明进步的重要基础,人类社会的每一次进步都离不开技术创新,中国的"四大发明",英国的工业革命,人类社会的技术创新对社会发展产生了巨大的推动作用。大学生作为我国科学技术发展的重要力量,未来经济社会发展的重要人才,增进技术创新意识,积极运用所学专业知识和技能,在课堂内外和未来的职业生涯中积极从事并探索技术创新将对国家和民族的发展有着非同寻常的价值。

第一节　大学生技术创新的基本概念

一、大学生技术创新的内涵和特征

创新是民族发展的灵魂。创新是一种新知识或技术在人类生产中的应用并使生产力获得结构性改变的过程,创新包括知识和技术性变化的创新及非技术性变化的创新。科技创新是指在科学思想指导下,运用科学理论和方法,在科技创新实践中取得创造性成果的能力。

大学生技术创新是指大学生群体在国家有关部门和学校的组织和引导下,依靠教师的指导帮助,主要利用业余时间自主开展的一种科技学术活动。这种科技学术活动的主体是大学生群体,是指包括专科生、本科生、硕士生、博士生及博士后在内的整个高校学生群体。活动的对象是科技学术活动。它是大学技术创新的重要组成部分,也是国家创新体系不可缺少的组成部分。

（一）大学生技术创新的内涵

大学生技术创新的本质是一种创新实践活动,其内涵随着时代的进步和实践的发展而不断发生变化,具有与时俱进的理论品质。在我国,大学生技术创新随着高等教育的改革与发展以及经济社会的进步而不断发展壮大,随着大学的价值在知识经济时代的凸现,大学生技术创新的内涵也得到了全面拓展。

157

1.教育的内涵

高等学校担负着培养社会主义合格建设者和可靠接班人的重任,从高校人才培养的角度来看,大学生技术创新是一种重要的实践教学活动,其活动的主体是大学生,这项活动也是高等学校素质教育、创新创业教育的重要载体和平台。教育的内涵是大学生技术创新最基本的内涵,也是区别于其他技术创新的显著特征。

2.科技的内涵

从科技创新的角度来看,大学生技术创新是整个大学技术创新乃至国家创新活动的重要组成部分,活动的开展可有力地促进学校和社会的科技进步与发展。

3.文化的内涵

大学生技术创新属于大学校园文化活动的一个重要组成部分,并且属于较高层次的大学校园文化活动,它的蓬勃开展有效地改善了大学的校园文化结构,提升了大学的校园文化品位。

4.社会的内涵

从社会进步的角度来看,大学生技术创新可引导和推动社会的进步和发展,可促进科研体制与经济体制的改革。从经济发展的角度来看,大学生科技创新成果的推广应用可推动生产力的发展,产业化后可产生直接的经济效益,甚至可对整个社会的科技创新创业起到示范和推进作用。

在当今时代,大学生技术创新的正常开展和有效实施是一项复杂的系统工程,其内涵也是丰富和深远的。因此,活动的开展必须科学统筹、综合考虑。

(二)大学生技术创新的主要特点

大学生技术创新与国家创新体系中其他技术创新有着广泛的联系,但又有着明显的区别。

1.独特性

大学生技术创新不仅是一种科技活动,更是一种教育活动和校园文化活动,而其他技术创新主要表现为科技和经济的目的。大学生技术创新强调学生的自觉参与,不作硬性的强制规定,且活动往往离不开教师的指导,同时也需要学校有关部门的大力扶持。大学生技术创新活动范围涉及课内外、校内外,具有一定宽广性;活动内容包括学术交流、发明制作、社会调查,具有一定丰富性;活动过程涉及学校教学、科研、管理、服务、校园文化建设等方面,具有一定复杂性;活动目的涉及育人、科技、经济及文化建设,又具有一定的多样性。这些都构成了大学生技术创新独有的特性。

2.潜在性

大学是培养潜人才的场所,大学生便是其中的潜人才。大学学习是一个知识积累、观念更新、思维方式渐变的过程。一旦大学生走向社会,与社会生产实际相结合,其自身的知识、品德、素质就开始产生出现实的结果。这时,大学生就由潜人才变成了真正的人才,实现了量变到质变的转变。大学生的技术创新也是如此。在活动中,主要培养了大学生的科学思想、科学方法、创新意识及创新思维。由于它可能没有较好地与社会生产结合，因此，一般也很少有直接的科技成果。当然，直接产生科技成果的事例也有，如在全国"挑战杯"大赛中时而也会出现大学生的新发明，但这毕竟是少数，且大学生真正参与的工作量也是有限的。从总体上看，大学生技术创新培养的仍然是一种潜在的能力。

3.时代性

青年大学生的思维方式、价值观念、行为方式都具有明显的时代性，特别是当今科技日新月异的发展变化对大学生产生了巨大的影响，现代高科技的蓬勃发展，已成为推动现代社会进步和生产力发展的强大动力，世界各国都相继卷入了争相发展高新技术的国际竞争大潮流中。经过三次科技革命，目前高新技术已形成了六大技术领域和十二项标志技术，如生物技术领域的基因工程、蛋白质工程，信息技术领域的智能计算机、智能机器人，空间技术领域的航天技术及永久太空站等。当前，美国的硅谷、北京的中关村等发展越来越深入地影响着每一个大学生，时代发展的每一步都在大学生身上留下了深刻的烙印，当代大学生也越来越参与其中并被其影响着、改变着。作为国家未来希望的大学生，特别是理工科大学生要担当起21世纪中国科技发展的主力军，其技术创新就必须要适应时代发展的要求。因此，大学生技术创新就具有了明显的时代特征。

二、大学生技术创新的时代价值

当代大学生作为未来中国创造原创性成果的中坚力量和希望所在，必将承担着民族发展与强盛的历史重任。在知识经济时代，着力开发大学生的科技创新能力具有积极的理论意义与现实意义。

(一)实现中华民族伟大复兴的必然要求

科技创新在人类发展历史中起着不可估量的作用。纵观人类发展历程，其实际就是科技创新不断进行的过程。在当代，科学技术突飞猛进，新发明、新技术、新材料、新工艺层出不穷，社会也在科技的带动下飞速发展，而创新又使这个速度不断加快。大学生科技创新能力的培养已成为国家的需要、社会的需求和时代的主题。社会发展的历史证明，一个国家没有科技的强大就没有国力的强大，没有科技的创新就没有国家的发展以及长久生存下去的动力。中华民族是一个创新能力极强的民族，在几千年的历史中，劳动人民的创新成果很多，中国也一度代表着世界科技发展的最高水平。然而，到了近代，中国开始闭关锁国，拒绝新生事物，最终被由中华民族所创造技术衍生而来的新技术打败了。由此可见，科技创新已上升到与国家兴亡有关的高度。当代大学生应注重对自身科技创新能力的培养，使国家拥有强大的国力和旺盛的生命力，才能使中国在未来的发展中立于不败之地。

（二）高校学风建设的必然要求

让大学生积极参与科技创新活动,全面提升大学生的科技创新能力能极大地促进高校学风建设。一方面,良好的学风会给学生创新的成功带来机遇,许多高校学生取得的科技发明创造的成果都说明了这一点;另一方面,科技创新能力的培养需要调动学生学习的积极性和涉猎其他学科及领域知识的主动性,从而带动学习风气的好转。因此,技术创新在提高学生专业学习水平的同时,客观上也为学校的整个学风建设起到了积极的推动作用。

（三）培养大学生的科技创新能力是提高大学生能力素质的必然要求

科技创新能力的背后是大学生的实际操作能力,是理论知识和创新能力的高度结合之下的应用能力。当代大学生存在理论脱离实际的突出问题,不少大学生停留在书本知识上,学到的是空洞的理论,常常为所学理论究竟有何用而苦恼,在就业中经常遭受"眼高手低""缺乏操作能力"的质疑。通过大学生科技创新活动的积极开展,可很好地提升大学生的科技创新意识、理论运用和技术创新能力,从而全面提升大学生的社会欢迎度。

三、大学生技术创新的活动赛事

近年来,国家大力实施"科教兴国"战略,努力培养广大青年的创新、创业意识,造就一代符合未来挑战要求的高素质人才,已成为实现中华民族伟大复兴的时代要求。为了给当代大学生提供科技创新的平台,国家也通过教育部组织了丰富的科技创新赛事,这些活动启发了大学生的思维,激发了大学生动手实践能力,也涌现出了一大批优秀的组织单位和个人。

（一）专业类科技竞赛

专业类科技竞赛主要是指偏向于某些特定专业的科技竞赛,一般竞赛内容是针对某些实际或设定的问题,利用专业知识寻求解决方案。

1.全国大学生数学建模竞赛

大赛简介:全国大学生数学建模是全国高校规模最大的课外科技活动之一,是教育部高教司和中国工业与应用数学学会共同主办的面向全国大学生的群众性科技活动。竞赛题目一般源于工程技术和管理科学等方面经过适当简化加工的实际问题。参赛者应根据题目要求,完成一篇包括模型的假设、建立和求解,计算方法的设计和计算机实现,结果的分析和验证,以及模型的改进等方面的论文(即答卷)。

竞赛时间:一般在每年9月第3个星期五至下一周星期一(共3天,72 h)举行。

参赛指南:大学生以队为单位参赛,每队3人,专业不限。

参赛奖励:奖励分为全国一等奖、二等奖;所有参加的同学均有成功参赛奖证书。

2.全国大学生电子设计大赛

大赛简介:全国大学生电子设计竞赛是由教育部高等教育司和工业和信息化部人事

教育司主办的大学生学科竞赛,每两年举办一届,赛事在单数年份举行。

竞赛时间:全国竞赛一般在单数年份的9月份举行。

竞赛内容:以电子电路(含模拟和数字电路)应用设计为主要内容,涉及模-数混合电路、单片机、可编程器件、EDA软件工具及PC(主要用于开发)的应用。

参赛指南:全国大学生电子设计竞赛采取"一次竞赛、两级评奖"方式,评奖等级分为"赛区奖"和"全国奖"两种形式。由3名学生组成一个参赛队,在4天内合作完成相关内容。

3.全国大学生机械创新设计大赛

大赛简介:全国大学生机械创新设计大赛是由教育部高教司发文举办的全国理工科大学生专业竞赛之一,每两年举办一次,一般逢双年份举办。该项赛事为"主题"赛事,每届比赛会确定一个主题,主题确定时间一般在单年份的下半年。

参赛指南:在校本、专科学生均可以个人或小组的方式,通过学校推荐报名参加,每个参赛队学生人数不得多于5人,指导教师不多于2人。我校一般在单年份的下半年,按照当年度确定的大赛主题进行"机械创新设计创意大赛",从中挑选作品给予经济资助,完成竞赛作品的设计、加工、装配、调试。

4.全国大学生物流设计大赛

大赛简介:全国大学生物流设计大赛是由教育部高等学校物流类专业教学指导委员会发起并举办的一项赛事,每两年举办一届,一般从双年份下半年启动,单年份上半年结束。

参赛指南:全日制在读本科生、硕士研究生可报名参赛。根据参赛学生层次不同,分成本科组、硕士组。参赛者根据大赛组委会提供的案例,自主确定设计的领域和方向,完成设计内容。设计方案可以是文字材料、数学模型、软件或工程设计。以队为单位参赛,每队5人,专业不限,每名同学只能参加1个队,同一学校参赛队不能超过5个。

5.全国大学生智能汽车邀请赛

大赛简介:全国大学生智能汽车邀请赛是教育部设立举行的五项大学生设计竞赛之一。该项赛事每年举办一届,一般从先一年的11月启动,次年的8月决赛,其间包括初评、复审等环节。

参赛指南:在校本科生、研究生均可参赛,每支参赛队由3名学生组成,其中至少包括2名本科生,另有带队老师1名,每名学生只能参加一支队伍。组委会提供统一智能车竞赛车模、单片机HCS12开发板、开发软件Code Warrior及在线调试工具等。

(二)综合类科技竞赛

1."挑战杯"全国大学生课外学术科技作品竞赛

大赛简介:"挑战杯"全国大学生课外学术科技作品竞赛是由共青团中央、中国科协、教育部、全国学联主办的大学生课外学术科技活动,每两年举办一届,已被公认为中国大学生的"科技奥林匹克盛会"。目前,该项赛事已形成校级、省级、全国的三级赛事。

竞赛宗旨:崇尚科学、追求真知、勤奋学习、锐意创新、迎接挑战。

作品分类:"挑战杯"申报参赛作品分为自然科学类学术论文、哲学社会科学类社会调查报告和学术论文、科技发明制作三大类。

参赛指南:该项赛事每两年举办一届,省级比赛一般在单年份的4—6月,全国比赛一般在单年份的11月,在校全日制非成人教育的专科生、本科生、研究生都可申报参赛。自然科学类学术论文作者限本专科学生;科技发明制作类分成A,B两类,A类指科技含量较高、制作投入较大的作品;B类投入较少,且为生产技术或社会生活带来较便利的小发明、小制作。

2. "挑战杯"中国大学生创业计划竞赛

大赛简介:"挑战杯"中国大学生创业计划竞赛又称商业计划竞赛。它借用风险投资的运作模式,要求参赛者组成优势互补的竞赛小组,提出一项具有市场前景的技术、产品或服务,并围绕这一技术、产品或服务,以获得风险投资为目的,完成一份完整、具体、深入的创业计划。创业计划书的内容包括企业概述、业务展望、风险因素、投资回报与退出策略、组织管理、财务预测等。

竞赛宗旨:宣传风险投资理念,传播自主创业意识,激发广大青年学生适应时代要求,勇于创新,勤奋学习,投身实践,努力成为新世纪适应时代要求的复合型骨干人才。

参赛指南:该项赛事逢双年份举办,采取学校、省和全国三级赛制,分预赛、复赛、决赛3个阶段进行。同学需要参加校、省作品选拔赛,优秀作品报送全国组委会参赛。

3. 全国大学生机器人大赛

大赛简介:全国大学生机器人大赛作为"亚太大学生机器人大赛"的国内选拔赛,由中央电视台主办,教育部、科技部、中国科协协办,一年举办一届,是国内大学生竞技机器人技术方面最重要的赛事。大赛每年选取不同主题,制订相应规则,初赛实行小组循环制比赛,复赛、半决赛、决赛实行淘汰制比赛。

第二节　技术创新的技巧与方法

技术创新的技巧和方法是建立在认识创新规律基础上总结出的创新心理、创新思维方法技巧和手段,是实现创新的中介。大部分以逻辑思维为主的创新技法,如演绎法、归纳法,它们是从人类长期科研和创新的实践过程中总结和提炼出来的,有系统的公理支持,形成了较完整的理论和方法学,而大部分以非逻辑思维为主的创新技法目前尚处于初生阶段。要想获得技术创新的突破,首先要依靠来自创新技法的突破。

根据有关资料统计表明，自20世纪30年代奥斯本创立第一种创造技法——智力激励法以来，全世界已涌现出有案可查的创造技法1 000余种，常用的只有数十种。将创新技法进行合理分类，有助于人们更好地认识和掌握技法。然而，面对种类繁多的创新技法，要把它们逐一进行分类是一件较困难的事情，因为多数创新技法都是研究者根据自己的实践经验和研究方法总结出来的，各种技法之间不存在科学的、逻辑的关系，没有一个公认的标准，难以形成统一、科学的体系。各种技法之间存在彼此重复、界线模糊的情况。创新技法的类型和划分如图7-1所示。

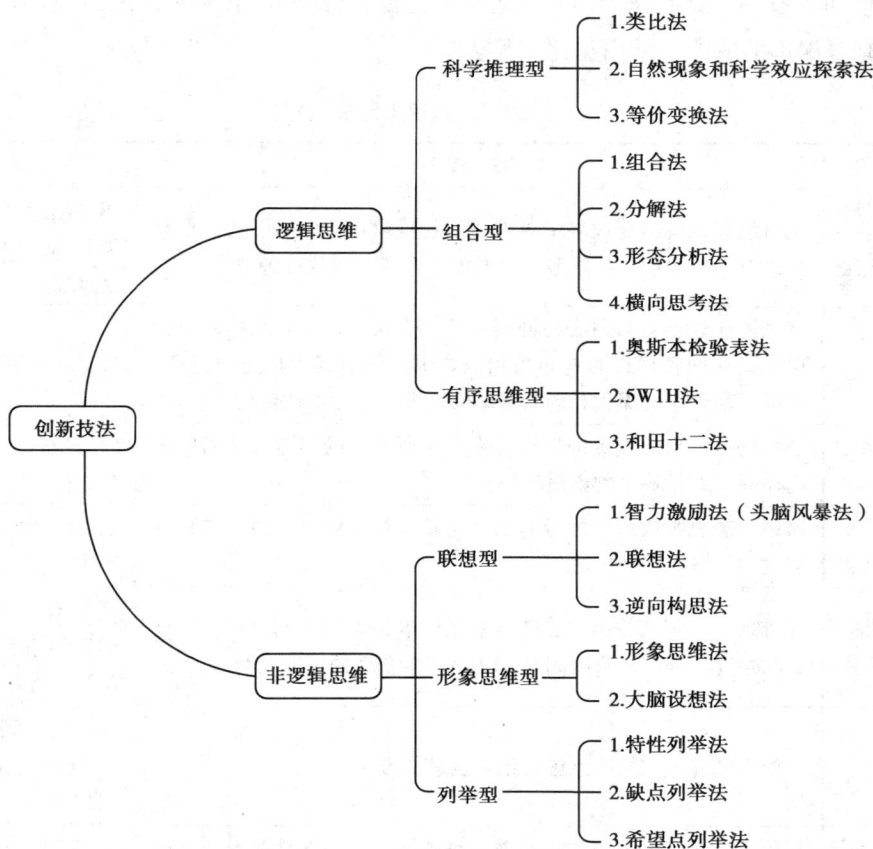

图7-1　创新技法的类型和划分

一、逻辑思维型技法

根里奇·阿奇舒勒在他的《创造是精确的科学——解决发明问题的理论》一书中，充分阐述和论证了他的发明理论观点，不赞成把"灵感""直觉""机遇"神秘化。他认为，逻辑推理、控制思维才是发明创造的根本途径。在知识成为创造发明第一资源的今天，逻辑推理型的创新技法已越来越多地得到各行各业发明家的青睐。归纳法和演绎法已在第二章第二节中做了简要介绍，这里不再赘述。这里着重介绍类比法、自然现象和科学效应探索法、等价变换法。

(一)科学推理型技法

1.类比法

类比法是指一种推理方法,根据两种事物在某些特征上的相似,做出它们在其他特征上也可能相似的结论。由客观存在的某类事物受到启发产生创新思维,并创造出类似于又高于原事物的行为。它是由美国创造学家威廉·戈登于20世纪40年代提出的一种新颖独特和有效的创新技法,在60年代趋于完善并得到应用,对美国制造业的产品开发和创新有着深远的影响。常用类比法见表7-1。

表7-1 常用类比法

分类	解 释	举 例
直接类比法	从自然界或者已有成果中寻求与创新对象相类似的事物,将它们进行直接比较,在原型的启发下产生新设想的一种技	用平流层气球类比发明海洋潜水器
拟人类比法	将人体比作创新对象或将创新对象视为人体,由人及物或以物拟人,从两者存在的差异与相似之中,领悟其中相通的道理,促进创新思维的深化和创新活动的发展,从而形成新构思	机器人手臂
象征类比法	是借助事物形象或象征性符号来类比所思考的问题,从而使人们在间接地反映事物本质的类比中	《易经》中的"八卦"
幻想类比法	通过幻想思维或形象思维对创新对象进行比较,从而寻求解决问题的答案的一种方法	嫦娥奔月启发宇宙航行
综摄类比法	通过新的发现来找出自己非常熟悉的事物中的不同之点,以全新的角度来分析、解决问题,从而产生全新的创造发明	用拉杆天线类比发明折叠伞、鱼竿、教鞭等
仿生类比法	模仿自然界生物的功能进行创新创造的方法	人体与机器人、苍蝇眼与复眼照相机
对称类比法	利用自然界中许多事物存在着对称关系,利用对称关系的规律进行的类比	物理学上的正电荷与负电荷
因果类比法	根据事物的因果关系推出此事物的因果而有所发现、有所创造的一种类比方法	水泥中加入"发泡剂"发明泡沫水泥
综合类比法	根据一个对象要素间的多种关系与综合相似的另一对象进行的类比推理	飞机模型模拟飞行试验、新药动物试验

2.自然现象和科学效应探索法

大自然为人类提供了无穷的智慧和宝藏,通过创造者自身感官或借助于科学仪器对大自然的认真考察,为创造新事物开创思路。

大家知道,如果走路不小心,踩在香蕉皮上,很容易被滑倒。人们用显微镜观察发现,香蕉皮的结构是由上百个薄层构成的,层与层之间很易产生滑动。有人设想,如果能找到与香蕉皮构造相似的物质,岂不是能做成比石墨更好的润滑剂吗?经过对多种物质比较研究后,发现了二硫化钼与香蕉皮的构造相类似,结构层厚度仅为$0.1\mu m$,相当于香蕉皮层厚度的$1/2\,000\,000$,其易滑性也就是香蕉皮的200万倍,并且熔点很高(180 ℃),通过探求自然现象最终发现,二硫化钼是一种性能极其优良的新型润滑剂。

人们在长期的科学研究中,发现了许多自然现象中的深层次的奥秘,总结出上万条科学原理和效应,在当今科技大发展、知识大爆炸的年代,产品创新需要更多跨学科的知识和更完善的创新理论支撑。科学效应是由某种原因产生的一种特定的科学现象,包括物理效应、化学效应、生物效应及几何效应等。它们是由各种科学原理组成,是构成各种领域知识的基本科学知识,科学效应在创新中起着重要的作用,每一个效应都可能形成创新问题的解决方案,可能产生新颖的创新方案。

1988年,费尔和格林贝格尔各自发现了"巨磁电阻"效应,即非常弱小的磁性变化就能导致巨大电阻变化的特殊效应。[①]这一发现解决了制造大容量硬盘最关键的问题:当硬盘体积不断变小,容量却不断变大时,势必要求磁盘上每一个存储独立区域越来越小,这些区域所记录的磁信号也就越来越弱。借助于"巨磁电阻"效应,转换成清晰的电流变化,使越来越弱的磁信号依然被清晰读出,1997年,第一个基于"巨磁电阻"效应的数据"读出头"问世,并很快引发了硬盘的"大容量、小型化"革命。得益于"巨磁电阻"效应这一重大发现,近20多年来,人们开始能在笔记本电脑、音乐播放器等所安装的越来越小的硬盘中存储海量信息。为此,费尔和格林贝格尔在2007年荣获诺贝尔物理学奖。

到目前为止,研究人员已总结了大概10 000多个效应,但常用的只有1 400多个。研究表明,工程师自身掌握并应用的效应是相当有限的,一位普通的工程师所能知道的效应一般20多个左右,专家可能熟悉100~200个。要让普通的技术人员都来认识并掌握各个工程领域的科学原理和效应是极其困难的事。阿奇舒勒通过"从技术目标到实现方法"的转换,根据功能要求重新组织效应知识建成的"效应知识库"是TRIZ理论提供的重要工具之一,它是将各个领域效应知识地集合起来,并包括效应应用的工程实例,用以指导创新者有效地应用效应,进行各种创新活动。目前,计算机辅助创新设计的工具已把效应知识库作为主要功能模块之一。

3.等价变换法

等价变换法是日本创造学家市川龟久弥1955年提出的创新技法,是一种借助原型来获得启示和推进创新的方法。市川指出,"研发产品的生物学模式存在于凤蝶的成长过程之中",在由幼虫变成蛹进而变成漂亮蝴蝶的变态过程中,存在着创造性开发完美的基

①卢森锴,陈远英.巨磁电阻效应及其研究进展[J].世界科技研究与发展,2008(01):84-88.

本模式,并且把这种基本模式作为等价变换的理论提出来,即在事物发展过程中,初期的外形虽然被舍弃了,但是本质却进入了高级阶段,走进了新的秩序之中,终于选择了新的形态。市川认为,创新过程与昆虫变态类似,总是保留一部分旧质,摒弃另一部分旧质,再结合一些新事物的特有要素,构成了新事物,在新旧事物之间,存在着等价的因素,等价变换为"新的形态"。如果将各类事物的等价因素加以归纳成图,就可按图检索,进行由旧事物向新事物的创新。我们的创造性开发也完全雷同于这一过程。

日本"田熊式"锅炉当初开发的创新过程便是应用了等价变换法。[①]田熊是一位木材商人,文化水平不高,他革新锅炉的创造性设想来自他在小学自然课中学到的"血液循环"知识。他先画出一个锅炉的结构模型,再画出一个人体血液循环模型,将两者重叠在一起,并假设成为新的锅炉。他发现了以下等价性:

- 心脏→汽包
- 瓣膜→集水器
- 毛细血管→水包
- 动脉→降水管
- 静脉→水管群

因此,他提出了一个新的设想,在45°倾斜式水管群的上部设置汽包,下部安置水包。这样,当水管群加热产生大量蒸汽时,蒸汽上升进入汽包,使汽包压力上升。随后,他又设计了一个烟筒状的集水器,利用气压差将水吸入,通过降水管再进入水包。这一创新,使锅炉的热效率提高了10%。在整个发明过程中,田熊从"血液循环"里的动脉与静脉的分工以及心脏内防止血液逆流的瓣膜的功能,联想到"水流与蒸汽循环",通过等价变换,从而发明了"田熊式"高效锅炉。

等价变换法是借助于产品原型,用等价变换来获得启示,运用组合和改进实现产品模仿创新。这种方法在日本广为应用,但该法对开发全新的产品作用不大。

(二)组合型技法

1.组合法

当今高技术的飞速发展,起主导作用的已不是单一的技术,而是由信息技术、生物技术、新材料技术、先进制造技术、海洋技术、空间技术、环境技术等通过相互联系、渗透、集成和重组的技术群,这种技术群在发展过程中,又会出现互相交叉、融合的技术领域,并产生一批新的学科和技术前沿。由此,把握高技术交叉组合的趋势,探索跨学科、跨领域的研究开发机制,大力推进组合创新,是企业、地区乃至整个国家创新制胜的基石。组合法也是TRIZ理论中40个发明原理之一。组合法原理体现在两个方面:合并空间上的同类或相邻的物体或操作;组合时间上的同类或相邻的物体或操作。

例如,瑞士军刀被人们公认为最精彩的组合发明,它由大刀、小刀、木塞拔、开塞器、螺丝刀、开瓶器、电线剥皮器、钻孔锥、剪刀、钩子、木锯、鱼鳞刮、凿子、钳子、放大镜及圆珠笔等31种工具组合而成。携刀一把等于带了一个工具箱,但军刀整体只有10 cm长,

①孙爱军.马克思主义联系观与创新性思维的形成[J].山西教育学院学报,2002(04):1-3.

182 g重，作为十分精美的礼品赠送，深受人们欢迎。

常用的组合法有主体附加法、异类组合法、同物自组法及重组组合法等。

1）主体附加法

以某事物为主体，再添加另一附属事物，以实现创新的技法，称为主体附加法。在琳琅满目的市场上，可发现大量的商品大多是应用主体附加组合技法创造的产物。例如，能拍照的手机，能数显的游标卡尺，以及能导电的塑料等。

2）异类组合法

将两种或两种以上的不同种类的事物组合形成新事物的技法，称为异类组合法。其特点如下：

①组合对象（设想和物品）来自不同的方面，一般无明显的主次关系。

②组合过程中参与组合的对象从意义、原理、构造、成分、功能等方面可以互补，相互渗透，产生1+1>2的价值，整体变化显著。

③异类组合是异类求同，因此创造性较强。

3）同物自组法

同物自组就是将若干相同的事物进行组合，以图创新的一种创造技法。同物自组的创新目的是：在保持事物原有功能和原有意义的前提下，通过数量的增减来弥补不足或产生新的功能，从而产生新的价值。例如，随着现代科技的不断发展，计算机运算速度达到每秒上万亿次的超级计算机越来越显示出巨大的威力，它成功应用于气象预报、股市行情预测等。但是，超级计算机价格十分昂贵。日本科学家北野红明领导的一个科研小组利用同物自组法把33台个人电脑连接起来，使用Linux操作系统或美国阿尔贡国家实验室开发的并行计算用的操作系统，构成运算能力可与超级计算机相匹敌的廉价超级并行计算机，其运算速度可达68亿次/s。

4）重组组合法

任何事物都可看成由若干要素构成的整体，各组成要素之间的有序结合，是确保事物整体功能或性能实现的必要条件。如果有目的地改变事物内部结构要素的顺序并按照新的方式进行重新组合，以促进事物的功能或性能发生变革，则是重组组合法的运用。组合家具、组合玩具、模块化机床等都是重组组合法的创新智慧。重组组合法是一种立足于改变事物原有结构的组合方式。其基本原理是改变事物各组成部分之间的连接关系，以引起事物的变化。如果这种变化能产生新的效果，就意味着重组具有创造价值。

2.分解法

分解的原意是将一个整体分成若干部分或分出某部分。它也是TRIZ理论中40个发明原理之一。创造学中的分解法是指将一个整体事物进行分解后，使分解出的那部分经过改进完善后，成为一个单独的整体，形成一个新产品或新事物。分解的具体方法有两种：一种是"分解成若干部分"仍然是"一个整体"，但有了新的功能，这是一种分解而不分立的创新；另一种是从"一个整体"中分出某个组成部分或某几个组成部分，由此构成功能独立的新实体，这是一种既分解又分立的创新。

分解法绝不是把组合创造的成果再分离成组合前的状况。其首要环节是选择和确定分解的对象,通过分解创造,使事物的局部结构或局部功能产生相互独立的变化或脱离整体的变化。对任何一个整体,只要能分解成异于原先的状态、异于原先的功能,或分解出新的事物,就具有进行分解创新的意义和价值。

分解创新不仅是创新的一种技法,也是认识事物的重要途径,可使人们深入事物内部,进行系统的观察与周密的思考。通过对事物的分解,可看到很多巧妙的结构形态,认识各层次的结构功能,学到许多结构设计的方法,从而受到创新启迪,使人们发现更多的创新对象,有助于更多的创新设想和成果的产生。

分解法和组合法虽然是不同的创新技法,但它们出自同一思路,均是以现存事物的功能为前提,以改变现有功能为目的,达到保留需要的原功能、增添新能。组合创新技法早就引起人们的注意,并在实践中得到广泛应用,而分解作为一种技法却长期被人们忽视,许多人至今对这一创新技法感到陌生。

3.形态分析法

形态分析法是一种系统化构思和程式化解题的发明创新技法。它也是常用的技法之一,广泛用于自然科学、社会科学以及技术预测、方案决策等领域,①由美国加利福尼亚工学院教授F.兹维基(F. Zwicky)和美籍瑞士矿物学家P.里哥尼(P. Nigeni)合作创建。它是一种探求全方位的组合方法,其核心是把所需解决的问题首先分解成若干个彼此独立的要素,然后用网络图解的方式进行排列组合,以产生解决问题的系统方案或设想。

在形态分析法中,因素和形态是两个非常重要的基本概念。所谓因素,是指构成某种事物各种功能的特性因子;所谓形态,是指实现事物各种功能的技术手段。以某种工业产品为例,反映该产品特定用途或特定功能的性能指标可作为其基本因素,而实现该产品特点用途或特定功能的技术手段可作为其基本形态。例如,若将某产品"时间控制"功能作为其基本因素,则"手工控制""机械控制""计算机控制""智能控制"等技术手段都可视为该基本因素所对应的基本形态。

从本质上看,形态分析法是将研究对象视为一个系统,将其分成若干结构上或功能上专有的形态因素,即将系统分成人们借以解决问题和实现基本目的的因素,然后加以重新排列与组合,借以产生新的观念和创意。

一般情况下,创新对象的总系统可分解成被称为基本因素(或称目标标记)的子系统A,B,C,D,…而对应于每个基本因素都存在很多可能的基本形态(或称为外延标记)。例如,机器系统的基本因素之一是驱动能量,以A表示,则对应该基本因素的可能基本形态,即实现驱动的可能技术形态有电能$A1$、机械能$A2$、液压能$A3$、压缩空气能$A4$、太阳能$A5$、辐射能$A6$等,将所有的基本因素和基本形态列成矩阵或画成网络,见表7-2。然后从该矩阵或该网络中,依次从每个基本因素中选出一个基本形态就可组合成不同的总系统,即不同的设想方案。

①DUBOSSON-TORBAY M, OSTERWALDER A, PIGNEUR Y. E-business model design, classification and measurements[J].Thunderbird international business review,2002,44(1):5-23.

表7-2　形态学矩阵和形态学网络

形态学矩阵						形态学网络				
目标标志	外延标记					B4	B4A1	B4 A2	B4 A3	B4 A4
A	A1	A2	A3	B3		B3	B3 A1	B3 A2	B3 A3	B3 A4
B	B1	B2	B3	B2		B2	B2 A1	B2 A2	B2 A3	B2 A4
C	C1	C2	C3	B1	B1	B1	B1 A1	B1 A2	B1 A3	B1 A4
D	D1	D2	D3	D4			A1	A2	A3	A4

从上述可发现,形态分析法所得的总构思方案具有全方位的性质特点,即只要将研究对象的全部因素及各因素的所有可能形态都排列出来后,组合的方案将包罗万象,并且所得的总构思方案具有程式化的性质,并且这些构思方案的产生,主要依靠人们所进行的认真、细致、严密的分析工作,而不是依靠人们的直觉、灵感或想象。

由于形态分析法采用系统化构思和程式化解题,因此,只要运用得当,此法可产生大量设想,包括各种独创性、实用性、创新程度较高的设想,可使发明创造过程中的各种构思方案较直观地显示出来。例如,20世纪40年代初,F.兹维基在参与美国火箭开发研制工作过程中,分析了火箭的各主要组成要素及其可能具有的各种形态,认为任何火箭都必须具有六大基本要素:使发动机工作的媒介物;推进燃料的工作方式;燃料的物理状态;推进动力装置的类型;点火的类型;做功的连续性。而这些基本要素则各有若干种可能的不同形态,如使发动机工作的媒介物有真空、大气、水 、油(4种);与发动机相结合的推进燃料的工作方式有静止、移动、振动、回转(4种);推进燃料的物理状态有气体、液体、固体(3种);推进的动力装置的类型有内藏、外装、免设(3种);点火的类型有自点火、外点火(2种);做功的连续性有断续的、连续的(2种)。这些基本要素的组合的可能状态就有4×4×3×3×2×2=576种不同的火箭方案。其中许多方案对以后美国火箭事业的发展做出了巨大的贡献。特别令人感兴趣的是,在他得出的这些方案中,已包括了当时德国正在研制并严加保密的带脉冲发动机的"F-1"型和"V-2"型巡航导弹,因而等于获得了技术间谍都难以弄到的技术情报。

4. 横向思考法

人的思维方向或路线可形象地分为纵向思维和横向思维两种。纵向思维可看成沿着单一专业方向,往纵深方向探索。横向思考法就是为了提高创新成功的机会,广泛地获取一切领域的信息和技术,全方位地进行思维和探索的方法。例如,机械加工中的高能成形法就是以炸药、高压放电、高压气体等作为动力的高速高压成形方法,具有模具简单、设备少、工序少、光洁度及精度高的特点,简单、有效地解决了那些用普通冲压设备无法成形的复杂零件的加工。又如,静电除尘器是应用了电学原理来有效地完成除尘的。

每当构思某一问题时,一般来说,首先是从自己熟悉的专业知识范围内进行思考,当达到一定的深度而仍然找不出解决办法时,就应及时停止这种纵向思考,转而进行横向思考。

综观我们已经取得的众多创新成果,很多创新实质上是横向领域技术在工程上的全新应用。如果我们在面对某一具体问题时能及时了解到不同学科领域解决此类问题的有效办法,尤其是其他领域中我们所不熟悉的技术,将会对我们有极大的启发。在人类发明创造史上,有不少重大创新是用其他领域知识解决本专业领域的重大问题,也有不少重大的发明根本就不是本专业人员搞出来的,这些都验证了开展横向思考的重大意义。苏联杰出的发明家阿奇舒勒明确指出,解决发明问题所寻求的科学原理和法则是客观存在的,同样的技术创新原理和相应的解决方案,会在后来的一次次发明中被重复应用,只是被使用的技术领域不同而已。例如,在TRIZ理论中提出的第28个发明原理——替换机械系统原理,各行各业都应用了这一原理开发出无数的新产品,如以交流变频技术代替传统的减速箱变速;以各种电、磁、光传感器戴起机械测量;利用光、电控制替代机械控制开发出上万种光机电一体化产品等。

横向思考的具体办法也很多,首先要养成遇到问题就能纵横交叉思考的习惯,其次是需要有一定的知识储备,知识面越广越好。运用计算机辅助创新技术学习和掌握效应知识库,是促使人们扩展知识范围的得力工具。

(三)有序思维型技法

1.奥斯本检核表法

由美国创造学家奥斯本发明的检核表法,又称设想提问法或分项检查法。奥斯本检核表法应用面极广,几乎适用于所有类型与场合的创新活动,以及非创新性常规问题的分析研究活动。因此,在创造学界属于很有名气也是很受欢迎的一种创新技法。

所谓"检核表"(见表7-3),是人们在考虑某一问题时,为了避免疏漏,把想到的重要内容扼要地记录下来,制成表格,以便于以后对每项内容逐个进行检查。

表7-3 奥斯本检核表

序号	检核项目	新设想名称	新设想概述
1	有无其他用途		
2	能否借用		
3	能否改变		
4	能否扩大		
5	能否缩小		
6	能否代替		
7	能否调整		
8	能否颠倒		
9	能否组合		

材料7-1：奥斯本检核表的具体内容及应用实例

①"有无其他用途"，即是否可直接产生新的用途，或经改造后产生新的其他用途。例如，谐波减速器研制成功后，用在登月车上，解决了登月车的减速器问题，将其用于机器人上，又可使机械手运动自如，将其用于全方位自动焊机上，解决了船内管子的焊接问题。

②"能否借用"，即能否应用其他的、过去的或别人的"经验"。例如，两位新西兰发明家借用橡胶吸盘的"经验"，发明了用橡胶吸盘固定停泊在码头上的船只，只需按一下电钮，3秒钟就能系住船只，取代了需要12个水手紧张地工作15 min才能完成的传统缆绳系船法。

③"能否改变"，即能否改变形状、颜色、运动、声音、气味、样式及类型等。例如，日本奈良林木实验室将圆木用巨型微波炉加热到100 ℃使其变软，再通过加压使圆木变为方木提高了木材的利用率。

④"能否扩大"，即是否能增高、增大、增厚、增加材料，延长时间，或提高频率、增大幅度等。例如，南京大学物理学教授用"气相沉积法"，在各种刀具、手表表面、装饰品表面涂上一层金刚石薄膜，大大提高了硬度和耐磨度，使其延长了使用寿命。

⑤"能否缩小"，即是否可以缩小、微型化，是否可以分割，或做到浓缩、更低、更短、更轻或更省略等。例如，2000年5月，英国科学家宣布研制成功新型医用摄像机，它的外形很像普通的感冒胶囊，里面装有微型视频摄像装置、光源和信号发射器。病人只需将其吞入腹中，借助于人体消化器官的自然蠕动在一天内进入胃、小肠、大肠和器官，最后由体内排出。在此过程中，它可连续6 h提供高质量的图像。

⑥"能否代替"，即是否可以采用其他材料、其他素材、其他制造工序或其他动力，或选择其他场所、其他方法或是其他音色等。例如，显微镜价格昂贵，贵就贵在镜头上，现在已采用光学塑料压注的办法高效生产镜头，可使显微镜价格大幅下降。

⑦"能否调整"，即是否可以重新排列，替换要素，调整比例，改变顺序、布局，置换原因和结果，改变步调等。例如，在大型建筑工地，施工的程序进行适当的调整，往往可大大提高工程的进度。又如，服装厂根据社会的实际需求调整各种尺码服装的生产计划，也可提高其销售量。

⑧"能否颠倒"，即是否可以颠倒，正负替换，或改换方向等。例如，把原先装在飞机前部的螺旋桨改装在飞机的顶部，就成了直升机。又如，曲柄滑块机构，曲柄主动，滑块从动，可制成水泵。倘若颠倒过来，滑块主动，曲柄从动，则可制成内燃机。

⑨"能否组合"，即是否可以组合、统一。例如，陕西省一家工厂把平刨机、凿眼机、开榫机、木工钻、木工车床组合在一起，制成一种多功能的小型木工机床，很受小型木工厂和家庭木工作坊的欢迎。

上述9项检核内容，没有固定的顺序，也可先将研究对象进行改变或扩大或缩小或调整或颠倒之后，再组合，即先经分部改革后再进行组合。

2.5W1H法

5W1H法也是一种有序检核表法，它将奥斯本检核表由9项浓缩成6项，并充分利用

了英文词汇的特点提出来的。该6项的内容是：[①]

- Who（谁）？
- When（何时）？
- Where（何处）？
- What（什么）？
- Why（何故）？
- How（怎样）？

取上述6项英文词汇的首个子母，就组成了本技法的名称——5W1H法，由美国陆军首创。该法的通用性极强，可广泛用于改进工作、改善管理、技术开发及价值分析等方面。

材料7-2：5W1H法的实施步骤案例

某航空公司在机场二楼设了一个小卖部，生意相当冷清。问题出在哪里？开发部门运用5W1H法分析了原因，提出了改进建议：

1）按5W1H法分析原因，先检核6个要素

Who——谁是顾客？

Where——小卖部设在何处？顾客是否经过此处？

When——顾客何时来购物？

What——顾客购买什么？

Why——顾客为何要在此购物？

How——怎样方便顾客购物？

2）分析关键要素，找出原因

①究竟谁是顾客？是出入境的旅客还是接送客人的人？显然，在二楼徘徊的接客者并不热衷在此购物，由于他们有的是时间到市内的各大商场去采购。因此，机场小卖部应把出境的旅客当顾客才对。

②小卖部设在何处才好？出境者经海关检查后，都从一楼通道离去，根本不许走二楼。因此，应将小卖部设在旅客的必经之路上。

③出境的旅客何时购物？只有当他们把行李交付航空公司海关经检查之后，才有闲情去逛小卖部，看看有何纪念品和生活必需品值得购买。然而，原先机场规定，旅客只有在临上机场前才能将行李交付航空公司，自然旅客就不可能有购买东西的时间。

3）提出改进措施

把旅客当主顾，充实旅行用品和纪念品，以满足旅客的消费需要；将出境旅客的海关检查路线改为必经小卖部，增加旅客光顾小卖部的机会；允许旅客随时可把行李交给航空公司，使之"无箱一身轻"，有了轻松购物的充裕时间和心情。

结果：机场根据开发部门的建议进行了改进后，果然取得了很好的效果。

---

①罗百辉,陈勇明.生产管理工具箱[M].北京:机械工业出版社,2011:685-686.

3.和田十二法

和田十二法是我国创造学者将首先在上海和田小学开展的创造发明活动方法归结起来,从12个方面给人以创造发明启示的方法。①此法深入浅出、通俗易懂,具体内容见表7-4。

表7-4　和田十二法

分类	解　释
"加一加"	在原来物品上添加些什么或把这件东西与其他什么东西组合在一起,会有什么结果? 加高、加长、加宽会怎样? 例如,一美国商人用0.2美元从我国购回一种工艺草帽,添加一条花布帽带,再加压定型,结果在美国市场上十分畅销,价格也翻了数十倍
"减一减"	将原来物品减少、减短、减窄、减轻、减薄……设想能变成什么新东西? 将原来的操作减慢、减时、减次、减程序……又会有什么效果? 人们用减一减的方法创造了许多新产品。普通眼镜将镜片减薄、减小、再减去镜架,就变成了隐形眼镜
"扩一扩"	将原来的物品放大、扩展,会有什么变化? 两人合用一把伞,结果两人都淋湿了一个肩膀。"扩一扩"将伞面扩大,呈椭圆形,成了一把"情侣伞",在市场上很畅销
"缩一缩"	把原来物品的体积缩小、缩短、变成新的东西。只需要在病人腹部划开能插入一把钥匙孔大小的孔,伸进微型器械在腹腔内手术,就是"缩一缩"在医学上的成果。生活中常见的微型相机、掌上电脑、微型液晶电视等都是"缩一缩"的产物
"变一变"	改变原来事物的形状、尺寸、颜色、滋味、浓度、密度、顺序、场合、时间、对象、方式、音响等,产生新的物品。"变一变"小到服装款式、生活习惯,大到经营方式、产品更新,万般事物无穷无尽的变化,为我们提供了发挥才能的广阔舞台
"联一联"	把某一事物和另一事物联系起来,看看能产生什么新事物? 西安太阳集团创始人从美国的土豆片风靡世界联想到用不同原料、调料和不同做法,将锅巴等小食品相继开发问世
"学一学"	学习模仿别的物品原理、形状、结构、颜色、性能、规格、动作、方法等以求创新。必须注意的是,这种"学一学",不能侵犯他人的知识产权
"改一改"	从现有的事物入手,发现该事物的不足之处,如有不安全、不方便、不美观、不适用等,然后产生创新。如原有的注射器改为一次性注射器、电话机由拨盘式改为键盘式、普通门锁改为IC门锁等
"代一代"	用其他事物或方法来代替现有的事物或方法,从而导致创新的发明思路。爱迪生测量一个灯泡型玻璃瓶的容积,是将水注满这个瓶子,然后再倒入带刻度的量杯中直接读出。这里用的就是"方法替代"

①周万春,刘冬敏."和田十二法"在平面连杆机构设计中的应用[J].中州大学学报,2009,26(02):119-122.

续表

分类	解　释
"挪一挪"	把原有事物、设想、技术挪到别处，就可能会产生新的事物、设想和技术。如激光技术"挪"到了各个领域：激光切削、激光磁盘、激光唱片、激光测量、激光美容等
"反一反"	将原有事物的形态、性质、功能以及正反、里外、前后、左右、上下、纵横等加以颠倒，从而产生新的事物。人们知道气体和液体受热后要膨胀，受冷后要收缩。伽利略把它反过来思考，即胀一热，缩一冷，从而发明了温度计
"定一定"	对新的产品或事物定出新的标准、型号、顺序，或者为改进某种东西以及提高工作效率和防止不良后果作出的一些新规定，从而导致创新。例如，把"可使用"的标签做成"定时"退色的字样，把它粘贴在需要时间限制的食品罐上。当消费者在购物时看到"可使用"特种标签的字样已退色，也就知道此物品已过期，不能再买了

二、非逻辑思维型技法

(一)联想型技法

1.智力激励法

智力激励法也称头脑风暴法，美国创造学家A.F.奥斯本(Alex. F. Osbom)于1939年首次提出，1953年正式发表的一种激发创造性思维的方法，[①]通过小型会议的组织形式，在自由愉快、畅所欲言的气氛中，自由交换想法或点子，并以此激发与会者的创意及灵感，使各种设想在相互碰撞中激起脑海的创造性"风暴"[②]。第四章已对其概念和原则进行撰述，此次着重介绍运用程序。智力激励法运用程序如图7-2所示。

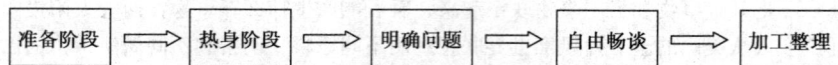

准备阶段 ⇒ 热身阶段 ⇒ 明确问题 ⇒ 自由畅谈 ⇒ 加工整理

图7-2　智力激励法运用程序

智力激励法是充分调动集体创造力的一种创新技法。通过规定几条原则和要求造就激励创新的氛围，使与会者的创造力得到充分发挥，从而获得大量新颖设想。此法只适用于解决比较单纯明确的问题，而且只是创造性解题过程中提出设想这一阶段，不能代替解题过程的其他阶段工作和其他方法的运用。没有总结出科学规律是智力激励法的最大缺陷，故智力激励法不能用于复杂问题的求解。美国伊莱恩·丹敦(Elaine Dun-

①水志国.头脑风暴法简介[J].学位与研究生教育,2003(01):44.
②周福盛,齐丽丽,乔爱军.基于"头脑风暴法"的通用技术教学设计及评价——以"常用的创造技法"为例[J].职业技术教育,2012,33(08):37-39.

don)长期对智力激励法研究,指出了该法当前面临挑战的主要原因是:

①缺乏程序化。

②缺少熟练的引导者。

③缺少熟练的参与者。

④罗列的规则成为形式。

⑤有关问题不能达成一致。

⑥缺乏创意激发源。

⑦不是与会者都有创意的压力。

⑧急于求成。

⑨缺少跟进措施。

"头脑风暴"小组实际上在不停地重复"发明"已经有过的东西,却在这一过程中错过了潜在的诸多伟大的创意。

2.联想法

从一个概念想到另一个概念,从一种方法想到另一种方法或从一种形象想到另一种形象的心理过程,称为联想。所谓联想技法,就是在创造过程中,对不同事物运用其概念、方法、模式、形象、机理等的相似性来激活想象机制,从而产生新颖、独特设想的一种创新技法。

一般来说,人们在长期的科学研究和生产实践中获得的知识、经验和方法都储存在大脑的巨大记忆库里,虽然记忆会经时光消磨,逐渐远离记忆系统而进入记忆库底层,日见淡薄、模糊甚至散失。但通过外界刺激—联想可唤醒沉睡在记忆库底层的记忆,从而把当前的事物与过去的事物有机地联系起来,产生出新设想和方案。实际上,底层的记忆在很大程度上已转化为人的潜意识。因此,通过联想使潜意识发挥作用,对人们开展创新活动能提供很大帮助。联想是发明创造活动的一种心理中介,它具有由此及彼、触类旁通的特性,常常会将人们的思维引向深化,导致创造性想象的形成,以及直觉和顿悟的发生。联想法分类见表7-5。

表7-5　联想法分类

类型	子类型	解　释
自由 联想法	自由 漫谈法	自由漫谈法是美国洛克希德航空公司率先采用的,其实质是头脑风暴法(智力激励法)的变种。自由漫谈法要求首先禁止互相批判,形成一个联想创新的"自由"环境。其次,把具有不同方法、经验和见识的人召集到一起,他们的发言可以互相启发、互相补充,有利于广开思路、举一反三,引起思维连锁反应。史蒂文斯大学人类工程学实验室的测验表明,当进行集体自由联想的时候,成年人的联想能力可提高65%～93%

续表

类型	子类型	解　释
自由联想法	入出法	把所期望的结果作为输出，以能产生此输出的一切可利用的条件作为输入，从输入到输出要反复交替，经历自由联想、提出设想及用约束条件评价设想等过程，最后得到理想的输出。此方法与其他自由联想法相比，多了一个评价过程，因而利用入出法得到的创造性设想往往更趋成熟和实用
定向联想法	查阅产品样本法	查阅产品样本法是将两个以上、彼此无关的产品或想法强行联系在一起，从而产生独特想法的方法。这个方法非常简单，只需打开产品样本或其他印刷品，如专利说明书等，随意地将某个项目、题目、词句挑出来，使两者合二为一，产生独创的设想。这种方法的特点是：思维随着这种看起来毫无关系的两件事的"联系"而进行，产生比较大的跳跃，能克服个人思维的束缚，产生新设想
	焦点法	焦点法是在英国惠廷（C. S. Whiting）等在综合定向联想和自由联想的基础上所形成的创造创新技法，紧紧围绕"焦点"进行联想，不仅可从任选的某一事物联想到焦点，也可以反过来，从焦点联想到任选的事物。如企业各部门都有各自的一定职能，然而，企业各部门所关心的产品以及工作方式等基本是一致的，这些都可以成为大家关心的焦点
	T. T. STORM法	STORM 是"实现目标的系统思考方法"的字头缩写，这个技法是由日本经营合理化中心武知考夫（T.T）提出的，故称为 T.T. STORM 法。该方法包括集中目标、广泛思考、探索相似点、系统化、择优、具体化6个步骤，其特点是比较完整，它不仅包括产生设想的步骤，而且包括对于设想的评价、选用以及试制的准备等步骤，把系统思想融合在开发新产品和改善经营的创新活动中

3.逆向构思法

逆向构思法又称反面求索法。逆向思维和正向思维是两种相反的思考方法。正向思维是按既定的目标，一步一步向前推进的思维形式；逆向思维着手针对既定的结论进行反向思考，提出相反的结论。逆向构思也是TRIZ理论中40个发明原理之一。

1934年，比罗发明了圆珠笔，但这种笔有一个致命的缺点，当用它写到2万个字左右时，笔上的滚球由于磨损常会脱落，油墨随之污染书本，弄脏衣服。因此，一度风行的圆珠笔到20世纪40年代很快受到消费者的嫌弃。很多圆珠笔厂商力图找到妥善解决的办法，他们的主攻方向是要提高滚球的耐磨性，经过多年试验仍无突破性进展。1950年，中田藤三郎一反大多数人的做法，不再在耐磨度上下功夫，而是设法控制笔中的油墨量，使它刚好写到15 000字左右时油墨就用完了，随之就换上新的笔芯，这就解决了因磨损而漏油的问题，使圆珠笔又获得了普遍的应用。

逆向思维的创造性主要通过"逆向思考""相反相成""相辅相成"3个方面体现出来。

所谓"逆向思考",是指人们有意识、有计划地寻找事物的对立面,从而发现新概念,产生新创意。法国微生物学家巴斯德发明了高温灭菌法,为酿造业和医学做出了重要贡献;英国科学家汤姆逊以相反的条件去思考,创造了低温消毒法,达到了同样的目的。所谓"相反相成",是指人们将两个或多个对立面联系在一起时,能够发现它们之间有时不仅不起破坏作用反而起促进作用,在它们相互补充和相互融合的作用下,可发现事物新的功能和作用。所谓"相辅相成",是指将对立面置于一个统一体系中,保持着相互间一种必要的引力、融合,而且能适时地相互转化,使事物同时具有两种对立的性质,能在两种极端的条件和状态下相继发挥作用。按这种思路进行科学研究、技术发明和系统管理,能创造出新的、科学的理论体系、科学概念、技术方法和设计方案。例如,将两种膨胀系数不同的金属片压合在一起,可用于温度测量和制造温敏开关。

创新的实践表明,人们可以用具有挑战性、批判性和新奇性的逆向思考去拓展思路、启发思维,因为这种从事物对立的、颠倒的、相反的角度去考虑问题的方式,往往能帮助人们有效地破除思维定式、克服经验思维,习惯思维或僵化思维所造成的认知障碍,为发明创造开路。

(二)形象思维型技法

1.形象思维法

形象思维法是将思维可视化的方法,就是将思想画成图形的创造方法。有人说,21世纪是人们读图的时代,即在思考问题时,必须充分利用图形的方法。大家都会有这样的体会,当我们演算一个较复杂的数学或物理习题时,如果能画出一个示意图,根据这个图形找到事物间的关系,也就便于问题的解决。

在创新设计过程中,若能借助于图形、符号、模型及实物等形象进行思考,对提高创造思考效率是很有好处的。

在常用形象思维法进行创造性思考过程中,一是要借助于参考形象,二是要创造新形象。参考形象就是把思考时被参考的东西形象化;创造新形象就是把创新的各种方案形象化。例如,要发明一种水陆两用汽车,首先必须参考已有的陆用汽车、船舶、潜艇,以及已有的水陆两用汽车或某些水生动物的形象,然后要充分想象各种水陆两用汽车的方案,并及时将它们形象化地描绘成各种图形、符号模型等,以便进一步借助形象进行创造新形象。

形象思维,特别是想象,是创造性思考的非常重要的手段和必不可少的过程。想象能力是创新者应必备的重要能力。

2.大胆设想法

所谓大胆设想法,就是彻底冲破现存事物的约束,对现在尚没有,但有可能产生的事物进行大胆设想的方法。下面列举一些常用的大胆设想做法。

①摆脱现有技术和事物的约束,深入研究技术的发展规律,不能认为现存的技术和事物已能满足人们的需要;更不能认为现有的技术和事物经过多年的发展已完整无缺到了顶峰,再无法提高和突破;也不要迷信权威和经典。人的需求是永无止境的,这是人的

本能,当一种需求满足时,还会提出更高级的需求。

②必须有大胆怀疑的精神,对现有的事物、技术、经典理论、权威都可以怀疑,同时要进行认真分析,分析它们是什么时候、什么情况下、为什么需求而产生的?它应用的是什么原理?使用价值如何?要怀疑它总会有问题,有不能满足需求的地方,有不理想的地方,甚至怀疑它有根本性的、原则性的错误,考虑能否将它取消或用别的东西代替,至少要考虑它能否改进。

③对已熟悉的老事物、老产品、老技术有意识地以陌生的姿态对待它,做法是对某一老事物、老产品或老技术的结构、方法或原理有意识地避而不管,而当成一件被重新设计的新事物,根据其应有的功能,应用自己所具有的知识经验和创新方法,结合最新出现的技术重新对其进行创新思考。经认真思考创造出来的该类事物,一般都会与原来的事物有一定的区别或根本的区别,有区别的地方往往是应改进或创新的部分。

④要海阔天空地想。人的思维活动有无限广阔的天地,犹如万马奔腾,凡可想到的领域或方面都可以去想。哪怕是看起来很荒唐的想法。例如,可设想不用洗的衣服,找一个机器人来做朋友等。

⑤要别出心裁。当人们的基本生存得到充分满足以后,他们的需求将主要由对功能的需求转向心理需求。例如,现在人们穿衣服已不再是为了防寒、防晒和遮体,而主要是出自美的心理需要,更喜欢追求时尚。成功的独出心裁往往就能有效地激发人们的需求。

⑥大胆创意。创意的威力之所以强大,就在于它能促使人们对未来进行创造性地思考。例如,当人们创意将现代电子技术如何应用到手表上的时候,就出现了电子表;在随着汽车的不断增多,撞车事故频发时,人们就产生了汽车防撞装置和自动驾驶的创意。因此,大胆创意是激发人们从事创新的源头。托夫勒构思的人类"第四次产业革命"或"第三次浪潮"创意,不但激荡了整个美国社会,而且引起了全世界的重视和反响,众多国家政府都积极在对之探索对策。

创意的目的是最终产生理想的概念和创新方案,应从技术进化的方向去设想,并运用发明原理、知识效应库、标准解等工具去大胆设想。

(三)列举型技法

列举型技法是把同解决问题有联系的众多要素逐个罗列,把复杂的事物分解开来分别加以研究,以帮助人们克服感知不足的障碍,寻求科学方案的技法。例如,将一个熟悉的老产品的细节包括缺陷统统列举出来,强制性地分析、配对、组合,试着用别的东西代替等。

1.特性列举法

特性列举法是美国内布拉斯加大学新闻学家克劳福德发明的创造技法。以任何事物都具有一定的特性为基础,通过对发明对象的特性进行详细分析和逐一列举,激发创造性思维,从而产生创造性设想,使每类特性中的具体性能得以改进或扩展。[1]因此,该法也称分析创新技法。

特性列举法的应用程序如下:

①将对象的特性或属性全部罗列出来,犹如把一架机器拆分成许多零件,每个零件具有何种功能和特性、与整体的关系如何等全面地列举出来,并做出详细记录。

②分门别类加以整理,主要从以下方面考虑:名词特性(性质、材料、整体及部分制造方法等);形容词特性(颜色、形状和感觉等);动词特性(有关机能及作用的特性,特别是那些使事物具有存在意义的功能)。

③在各项目下设想从材料、结构、功能等方面加以改进,试用可替代的各种属性加以置换,引出具有独创性的方案。进行这一程序的关键是要尽可能详尽地分析每一特性,提出问题,找出缺陷。

④方案提出后还要进行评价和讨论,使产品更能符合人们的需求。例如,要改良一只烧水用的水壶,使用特性列举法可先把水壶的构造及其性能按要求予以列出,然后逐一检查每一项特性可改进之处,问题便迎刃而解。

·名词特性

整体:水壶。

部分:壶嘴、壶把手、壶盖子、壶身、壶底。

材料:铝、不锈钢、搪瓷、铜等。

制作方法:冲压、拉伸、焊接、铸造等。

通过以上特性便可提醒人们有许多可着手改进之处。例如,壶嘴会不会太长,壶的把手可不可以改用塑料,壶盖可否用冲压的方法以免除焊接加工的麻烦,等等。

·形容词特性

水壶的颜色,有黄色、银白色等;质量有大、小之分;形状有方、圆和椭圆;图案更有多种。水壶的高低、大小均有不同。

由此也可发现许多可改良之处,对于造型、图案而言,各人的眼光各不相同,可用仿生学原理制作各种果实(如葫芦)形状和动物形状的壶,也可从节能、美观等方面考虑,设计出有现代感的水壶。

·动词特性

功能方面的特性,冲水、盛水、加热、保温等。从中可发现许多可改良之处,如将水壶改为双层并采用保温材料,或给壶嘴或壶盖加上鸣笛,当水开时可发出鸣叫,电热壶在水开后自动断电等。目前,人们非常重视产品的实用性,如果能在功能上多想些点子,肯定有助于扩展产品在市场上的份额。

2.缺点列举法

缺点列举法是让人们用挑剔的眼光,有意识地列举、分析现有事物的缺点,然后提出克服缺点的方向和改进设想的一种创新技法。其针对性强,通常可取得较好的效果,目前被广泛应用。

1)缺点列举法对创新活动的积极作用

缺点列举法之所以对创新活动具有积极作用,主要是它有助于直接选题,能帮助创新者获得新的目标。创新的第一步就是要提出问题,许多有志于创新的人,虽有强烈的愿望,却无法获得目标,面临错综复杂的研究对象不知从何下手。对现有事物的缺点进行列举,在平常认为没有问题的地方发现问题,在平常看不到缺点的时候找到缺点,利用事物存在的缺点和人们期望尽善尽美间的矛盾,形成创新者的创新动力和目标。

材料7-3:电冰箱的创新构思为例

电冰箱是常用的家电产品,人们对其进行了多方改进,一些显而易见的缺陷已经克服或改善。但目前市场上销售的电冰箱并不是尽善尽美的产品,可通过观察与思考,重点考察在电冰箱使用过程中产生的各种问题。例如,电冰箱使用氟利昂冷却剂,容易污染环境;电冰箱冷冻食品中带有里氏德细菌,可引起人体血液中毒或造成孕妇流产;患有高血压的人不能给电冰箱除霜,因为冰水使人手的毛细血管及小动脉迅速收缩,导致血压骤升,危及人身安全;冰箱压缩时发出阵阵噪声等。运用了缺点列举法,这些潜在缺点就暴露无遗了。

当人们掌握了电冰箱存在的各种潜在缺点以后,即可着手构思改进方案。例如,针对上述第一个缺点,可进行新的制冷原理研究,开发不使用氟利昂制冷剂的"绿色电冰箱"。最近,日本有家电冰箱生产企业独辟蹊径,应用半导体制冷器来制造新型电冰箱。半导体制冷机的原理源于珀耳帖效应。1843年,法国科学家珀耳帖研究发现,当两种不同属性的金属材料或半导体材料紧密连接在一起时,在它们的两端通以直流电后,就会相应出现吸热或者放热的物理现象,从而取得制冷或制热的效果。应用半导体制冷技术制造的电冰箱,因不使用氟利昂制冷剂,使人们在享受高科技成果的同时,还保护了人类赖以生存的环境,且不产生噪声。

2)缺点列举法运用要点

采用缺点列举法进行发明创造的具体步骤和运用要点如下:

(1)做好心理准备

缺点列举法的实质就是发现产品的缺陷,寻找事物的不足,从而进行改革与创新。但由于心理惯性和思维惯性作怪,人们往往意识不到这些缺点的存在。应该明确,世界上的任何事物都不可能尽善尽美,总是存在这样或那样的缺点和改进余地,只要勤于寻找缺点,善于分析缺点,找出改进的途径,就能实施有意义的创新。因此,在运用缺点列举法时,人们必须首先培养"怀疑意识"和"不满足心理",要用"怀疑意识"的"显微镜"去寻找缺点,要用"不满足心理"的"放大镜"去分析缺点,使事物的缺点与不足暴露无遗。

(2)详尽列举缺点

列举事物的缺点,不能仅凭热情,还要依靠科学的方法。用户意见法、对比分析法和会议列举法都能为人们详尽地列举事物的缺点提供帮助。

①用户意见法

如果需要列举现有产品的缺点，最好将该产品投放市场，请用户提意见、找毛病，通过这样的方式获知产品的缺点最有参考价值。例如，将普通单缸洗衣机投放市场并收集用户意见后，便可列举出以下缺点：功能单一，缺乏甩干功能；使用不便，需要人工进水和排水；洗净度不高，尤其是衣领、袖口处不易洗净；不同颜色衣服同时洗时，容易造成衣服染色；排水速度太慢，洗涤剂的泡沫难以迅速排放；洗涤时，衣物往往被搅在一起，不易快速漂洗，等等。针对用户所提缺点，迅速有的放矢地改进，就可制造出性能更佳、功能更强、效果更好的新型洗衣机。

需要指出，采用用户意见法收集产品缺点，应事先设计好用户意见调查表，以便引导用户列举意见，且便于分类处理。

②对比分析法

没有比较就没有鉴别，通过对比分析，人们可更清楚地看到事物存在的差距，从而列举出事物的缺点。

例如，轴承是各种机器传动系统不可缺少的组成结构。早期设计的滑动轴承，使机械设备得以运转、劳动强度得以减轻、工作效率得以提高，是一项划时代的创造。但随着科学技术的进步，被滚动轴承取而代之，因为它揭示了滑动轴承摩擦阻力太大的缺点。20世纪80年代初，空气轴承的出现，使人们在比较中发现了滚动轴承的若干缺点：空气轴承的摩擦阻力只有滚动轴承的百分之几；空气轴承的转速可达每分钟几十万转，理论转速可达80万 r/min，滚动轴承望尘莫及；空气轴承可在低至−260 ℃、高至1 500 ℃的温度区间内正常工作，滚动轴承则无法比拟；空气轴承可用普通钢材制造，甚至工程塑料就可代用，而滚动轴承需用特殊轴承钢制造；空气轴承可连续工作20年，甚至不需要维修，滚动轴承则无法比拟；空气轴承噪声微弱，滚动轴承则噪声严重；空气轴承没有污染，滚动轴承则污染严重。尽管空气轴承有很多优点，但径向承受的负荷却有限制，最近又出现了磁浮轴承。针对轴承，至今尚有巨大的改进空间。

③会议列举法

通过缺点列举会，可充分汇集群体的意见，较系统、更深刻地揭示现有事物存在的缺点，其步骤是：

•由会议主持者根据活动需要，确定列举缺点的目标对象。

•确定会议人员，一般5～10人召开主题会议，根据会议的主题畅所欲言尽可能多地列举事物的缺点，并将缺点逐条写在准备好的卡片上。

•对列举的缺点进行分类和整理，找出主要缺点。

•召开有关人员会议，研究克服缺点的办法。每次会议的时间控制在1～2 h。会议讨论的主题宜小不宜大，如是大的课题，应将其分解成若干小课题，便于迅速取得成效。

(3)仔细分析鉴别

将所列举的缺点进行仔细分析和鉴别，首先要从产品的标准、性能、功能、质量及安全等影响重大的方面出发，进行仔细筛选，找出有改进价值的主要缺点作为发明创造的目标，从而使新设想、新方案更具有实用价值。在事物存在的缺点中，既有显性缺点，也有隐性缺点,在某些情况下,发现隐性缺点比发现显性缺点更有创新价值。

(4)进行改进构想

经上述步骤明确了需要克服的缺点之后,进行有目的和有针对性的创造性思考,并通过改进性设计以获得更为完善的方案,从而产生更为合理和先进的新产品。在此阶段,除需对缺点进行列举、分析和思考外,还应采用逆向思维,做到化弊为利。

缺点列举法不仅可用于改进或完善某种具体产品,解决属于"物"一类的硬技术问题,而且可用于改进或完善设想计划方案,解决属于"事"一类的软技术问题。因此,其对创新活动的促进作用切不可忽视。

3.希望点列举法

希望点列举法是从人们的理想和需要出发,通过列举希望来形成创新目标和新的创意,进而产生出趋于理想化的创新产品。[①]与缺点列举法不同,希望点列举法是从正面、积极的因素出发考虑问题,凭借丰富的想象力、美好的理想大胆地提出希望点。实际上,许多产品正是根据人们的希望而研制出来的。例如,人们希望使用洗衣机时更省心、更便捷,于是就有人发明全自动智能洗衣机;人们希望走路时也能听音乐,于是就有了"随身听";人们希望上高楼不用爬楼梯,于是就发明了电梯;人们希望像鸟一样在天空翱翔,于是发明了飞机;人们希望像鱼一样在水中遨游,于是发明了潜水艇;人们希望冬暖夏凉,于是发明了空调,等等。古今中外的许多发明创造,都是按照人们的希望而产生的科学结晶。

在电话刚出现的时候,美国创造学家艾可夫曾对理想的电话罗列了下列希望点:

①只要想用电话,就能在任何场合使用它(手机)。

②知道电话是从何处打来的,可不去接那些不想接的电话(来电话号码自动显示)。

③如果拨电话给他人,遇到占线,待对方通话完毕后即可自动接上。

④当无暇接电话时,可告示对方在电话里留言(录音或发短信)。

⑤能使3个人同时通话(会议电话)。

⑥可选择使用声音和画面(电视电话)。事实上,我们当今所用的电话,正是早年艾可夫所希望的电话。

希望列举法主要是运用理想化的原理,采用发散思维和收敛思维的方法,促使人们全面感知事物,对希望点加以合理的分类与归纳,在重视消费者内在希望的同时,应对现实希望、长远希望、一般希望及特殊希望区别对待,审时度势,做出科学的决策。如果仅以表面希望来构思创造发明,就会导致失误。例如,有一位假肢厂的工程师,设计了一种功能颇多、能伸到几米以外的假肢,但却不能得到残疾人的赞赏,因为残疾人的内心只是希望能像正常人一样走路。

希望点列举法不宜用于较复杂的项目,也不能达到最终解决问题的目的,应与其他方法(如TRIZ方法中的理想解)结合起来加以应用。

---

①姚凤云,苑成存.创造学理论与实践[M].北京:清华大学出版社,2006:156-161.

第三节 大学生科研创新素质培养

科学研究是人类追求知识或解决问题的一种活动。科学研究是一种典型的探索新知识、新技术的创新活动。科研创新使人类的知识领域大为扩展,逐渐摆脱了愚昧无知状态,并对生存环境的各方面给予适当的解释;科研创新使人类生活质量大为改观,能减少天灾、人祸、贫穷及疾病的困扰,而在衣食住行等生活的各方面得到有效的改进和重大的开拓。

一、科学研究的概念与特点

对科学研究,美国资源委员会下过这样一个定义,科学研究工作是科学领域中的探索和应用,包括已经产生知识的整理、统计、图表及其数据的搜集、编辑和分析研究工作。[①]这一定义应该说对自然科学以及社会科学都是适用的。对于自然科学来说,从自然现象和规律的发现到技术的发明,从科学原理的产生到产品的试制,从基础理论研究到应用研究和开发研究都是科学研究。对于社会科学来说,凡探索和认识人类社会和思维的发展规律和过程,都是科学研究。社会科学研究是探索和认识人类社会和思维的发展规律和过程的活动。

科学研究的目的是进一步认识世界和改造世界,探索自然界、人类社会和人类思维发展的未知领域,创造新的知识。总之,科学研究是通过各种科学的研究方法对研究对象的客观认识,以达到对研究对象的规律性的新的了解和把握的过程。

科学研究的特点主要表现为以下4个方面:

1.继承性

一切科学研究都是在前人研究的基础上的继续研究。也就是说,科学的研究不是从零开始的,而是在前人研究基础上进行的。科学研究的继承性,一方面表现为继承前人研究的研究成果和方法,以此为进一步研究的基础;另一方面表现为在前人研究的基础上继续研究,进一步发现事物的规律或者提高前人研究成果的效益。从科学研究的具体过程看,前人研究成果是研究假设形成和提出的重要基础。

2.创造性

科学研究的目的是发现新事物、创造新知识、研制新产品,而不是简单重复前人的研究成果。因此,必须在前人研究的基础上有所创造,才能实现研究的目的。任何完全重复前人研究,缺乏新成果的研究都不是科学的研究。

3.探索性

科学研究的特点是探索未知,解决没有解决的问题。在探索未知的科学研究活动

---

①吴岱明.科学研究方法学[M].长沙:湖南人民出版社,1987.

中,受许多不可控制偶然因素的影响,或对未知世界认识的局限性,使得科学研究活动充满探索性,失败在所难免。只有在失败中不断探索研究对象的规律,才能逐步认识研究对象的规律,获得研究的成功。

4.求是性

科学研究的研究对象和研究成果具有不依赖于人的意志的客观性,科学研究的任务在于通过客观的研究方法发现研究对象的客观规律,发现科学理论、开发新的产品。最后的研究成果是否科学,通常可根据研究结果的可重复性、研究方法的客观性,以及是否具有社会价值等进行评价,不管研究主体是谁,都不能超越研究对象和成果的客观性制约,作为科学研究必须遵从事物的规律,采取求是的态度进行研究。

二、科研素质是大学生素质的基本要求

21世纪的人才应具有全面的、创造性的素质要求。大学生应具备全新的知识价值取向,把创造知识作为自己的首要价值选择,明确学习知识的目的在于创造知识。只有这样才能适应未来社会发展的需要,才能为国家发展作出大的贡献。而知识创造的主要途径是科学研究。

掌握科研方法,提高科研素质是大学生素质的基本要求。科研有利于大学生素质的提高,其作用主要表现在以下4个方面:

1.科研是大学生获取直接知识的渠道

大学生不应满足于前人创造知识的积累,而要竭力达到学科发展的前沿,卓有成效地继续将人类探索客观世界的活动继续进行下去。实践表明,把科研引入大学教学过程,能在较大程度上激发学生的主观能动性和创造力,富有探索性和创造性的科研是磨砺学生思维的工具。

2.科研有利于学生扩大知识面,建立合理的知识结构

知识结构是具体的,因人而异,因事而变。围绕一项科研,必然会遇到一系列的理论与实际问题,迫使学生突破原有的知识范围,比较自觉地围绕一个明确的方向构建有效的知识结构。

3.科研活动能满足大学生高层次的心理需要,增强他们敢于攻坚,勇于突破的信心

相比之下,他们获得的科研成果的水平并不十分重要,重要的是他们通过科研意识到自己的力量,树立科学研究的信心。同时,通过科研活动,了解和熟悉自己的专业,这正是学生确立专业思想的基础。

4.科研还是培养学生现代思维方式的必由之路

存在决定意识,现代的思维方式的训练离不开现代科研活动。通过科研活动,在教师的指导下,在自己不断的探索中,思维会得到更好的发展。

三、科学研究的基本过程

材料7-4：科学研究过程生活案例

假如我有一匹能日行400 km的马。我骑马走了20 km时，马走路摇摇晃晃，走不动了。只是观察到这种现象，不知道为什么（发现问题）。这时，我就要想，可能它是饿了走不动。（假设）于是，就首先解决马吃的问题，看吃饱了马能不能走。如果吃饱了能走，就证明假设"马是饿了不能走"成立；如果还不能走，就证明假设错误了（采取方法、收集马问题的材料）。假设错误了，就需要修改假设，重新假设：病了，再次收集资料加以证明，最后得出结论。

基于上述材料发现，科学研究是一种发现问题、分析问题和解决问题活动。科学研究的过程可分为课题选择、提出假设、收集资料、分析资料及得出结论5个过程。

（一）课题选择

课题选择是指研究者选择某一课题为研究方向进行研究。科学研究始于问题，课题选择是科学研究的第一步。

一个好的科研选题要具备以下特点：问题必须有价值，符合社会需要、学科发展需要；问题要有一定事实和科学依据；问题必须要具体明确，要有一个比较清楚的研究范围；要有新颖和独创性；同时，要有可行性，要根据现有主客观条件能够进行研究。

在课题选择中，常犯的错误是：研究范围太大、无从下手；主攻不清楚；问题太小、意义不大；现有条件下课题太难，资料缺乏等。作为大学生，怎样选择研究课题呢？

1.从社会实践、现实生活中选择课题

科学研究的目的是更好地认识和解决社会中的有关问题。因此，根据社会需要选择的课题常常具有比较明显的应用价值，能直接为社会实践和现实生活服务。

2.从理论领域选择课题

这主要可以从为证实他人或自己的某一理论观点、根据不同理论之争、对现实的有关理论、观点进行质疑等角度去选择课题。

3.从研究文献中发现课题

在研究文献中，通常可以明确哪些问题已经被研究，进展如何，了解已完成研究的质量，如果发现已有研究缺乏质量，这就说明这问题自然值得研究者改进方法进一步研究。在查阅研究文献时，要采取批判的态度，带着挑剔的眼光去发现前人研究中存在的问题，特别要留意有哪些问题是前人研究的空白点；注意发现研究结果互相矛盾的地方；注意已有研究方法上存在的问题。

（二）提出假设

研究假设是研究人员在研究课题选定后，根据有关的科学原理、自己的知识经验和日常观察、选题时收集到的有关资料和事实，充分发挥思维的想象力和创造力，对所研究问题的结果提出初步的设想,这些初步的设想就是假设。例如,根据观察发现,独生子女大学生与非独生子女大学生在自信心、意志力、忧虑性等方面存在一定的差异。同时,有关心理学研究表明,一个人成长的环境对其人格造成一定的影响。因此,可提出一个设想:独生子女大学生与非独生子女大学生人格存在差异。这一设想就是一种假设,到底独生子女与非独生子女大学生人格是否存在差异还需要我们进一步研究论证。

1.研究假设特点

1)有一定的科学依据

它是根据一定的理论、研究者的已有知识经验和一定的事实而提出的,因而它不同于毫无根据的迷信、臆测,也与纯粹的猜想、幻想有区别。

2)假设有一定的推测性质

假设虽然有一定的科学依据,但是假设在未被科学研究证实以前,假设毕竟是假设,仍然只是对问题结果的推断和猜测,有待于研究结果来检验其正确性。而结果的检验有可能证实假设,也有可能推翻研究假设;

3)假设必须要是可检验的

假设必须要能以变量语言来表述。例如,对"创造力越高心理健康水平越差"这一假设,就需要对"创造力""心理健康"这两个概念加以明确地界定,并说明测量它们的具体方法。又如,以创造力量表测量创造力水平,用SCL-90量表来测量心理健康水平。

2.如何提出研究假设

1)归纳式方法

归纳式方法即把在特殊情况、个别情况下已被证明的认识或规律,提高到一般的认识和规律。例如,巴斯德于1956年发现乳酸杆菌是使啤酒变酸的罪魁,后来他又发现细菌还是使蚕生病的祸首,根据这些特殊的和个别的认识,他提出了细菌致病的假设。这一假设为后来的实验所证实,对医学的发展做出了重要贡献。

2)演绎式方法

演绎式方法即把一般原理和认识运用于特殊情况,或否定一般原理或认识对某一特殊情况的适应性。例如,根据"意志水平与人生成就有正相关系",可推出"某些做出重要贡献的科学家一定有高的意志水平"的假设。

3)类比式方法

类比即在一类情况下已被证明为正确的理论运用于与此相类似的情况。一般来说,许多在性质上虽然不同的现象,只要它们符合相似的规律,往往可运用类比式方法来进行研究。例如,1687年荷兰物理学家惠更斯研究光,当时对光的性质还并不了解,他就将光和声(已知声的性质)进行比较,发现光与声具有一系列的共同属性,如直线传播、反射、折射、干扰等,而声是由于物体振动而产生的一种波,于是他提出了光也是一种波的假设。此研究假设为后来的研究所证实。

4）分类式方法

分类式方法即对已有的现象或资料进行分析整理。按照某种重要的特征将它们分门别类，找出其中的规律，形成假设。例如，天文学家刻卜勒对丹麦天文学家第谷花了30年工夫精密地观察的行星位置的丰富资料进行分析，从而得出了著名的椭圆行星轨道的假设。

5）想象式方法

想象式方法即通过对少量典型科学事实的分析，特别是通过某些基本原理的研究，通过想象，提出抽象程度较高，具有普遍意义的假设。例如，美国心理学家吉尔福特提出的"智力三维结构模型"就是凭借自己的想象提出的假设。

（三）收集资料

资料是证明研究假设的重要依据。因此，收集资料是研究过程中十分重要的环节。资料的收集方法很多，这里仅介绍观察法、调查法和实验法等基本方法。

1.观察法

观察法是人们通过感觉器官或借助科学仪器对周围存在的事物、现象、过程和人在自然存在的条件下进行有目的、有计划的感知和描述，从而收集研究资料的一种方法。科学研究中的观察与日常生活中的观察和亲身体验具有一定区别：日常生活中的观察是被动的，而科学研究的观察则带有很强的目的性、结构性，系统、全面性强，对观察者的实践经验和技能要求高，观察结束后还必须对观察所得到的资料进行整理和思维加工，得出概括性的结论。

2.调查法

调查法是通过对人类社会或自然界某一范围中的某一类或某一些对象进行直接接触、询问和现场观察，以了解历史、现状及其他情况，从而获得事实材料的一种方法。调查可以为科学研究收集事实。不论是对自然科学还是社会科学，调查都可收集到大量的事实。历史上，许多杰出人物都十分重视亲自调查以获取第一手材料。李时珍为了纠正前人在药物方面的错误，他不仅博览群书，而且四方采访，把药物研究上前人未能科学解决的问题，通过实地考察——加以解决了，从而写出了他的《本草纲目》。

调查收集资料要遵守客观性原则。要本着客观、公正、冷静的态度去了解事实本身，对客观事实不允许有任何一点歪曲。要注意的是不能先有结论再做调查，而应该是遵循科学的调查原则，采取科学的调查法去收集客观事实材料。

在科学研究中，要获得全面而系统的资料，仅仅通过某种类型的调查是不够的，通常需要多种调查法的结合，做到多种方法取长补短、相互印证。需要充分做好调查前的准备工作，首先明确调查目的，然后要吃透"两头"（熟悉调查对象和政策法规），最后制订调查计划和调查提纲（或调查问卷），从而保证调查能够有条不紊地进行。

在调查中，可采取召开现场会、个别访谈和现场观察等方式进行。要注意做好调查记录，同时要注意材料的核实工作，保证材料的科学性和可靠性。

3.实验法

实验法是人们根据研究课题的任务需要,在控制的条件下系统地操纵某种变量的变化,来研究此种变量的变化对其他变量的影响的方法。简单地说,实验法就是我们有意识地改变某种因素,然后把改变以后的结果与以前的结果相比较的过程。如果我们不能认为改变我们研究因素的变化,就不适合用实验法。

实验法是科学研究中普遍使用的方法。使用实验法的目的在于探讨自变量与因变量之间的因果关系。科学研究中的许多成果都是通过实验得到的。例如,伽利略用科学的实验法推翻了亚里士多德的"物体速度和它的质量成正比"的结论。根据亚里士多德的理论可推出,100 lb(1 lb = 0.453 6 kg)重的东西捆在一起,下落时,速度要比1 lb重的东西快99倍。1590年的一天清晨,伽利略手里拿着两个质量不等的铁球,一个重100 lb,一个重1 lb,登上了高54.62 m的比萨斜塔。伽利略把两个质量不等的铁球同时撒手放了下来,铁球同时着地。从此,"圣人"亚里士多德统治欧洲几乎达到2000年的学说,在意大利发生了动摇。

1)实验法的优势

(1)能确立因果关系

实验法是研究变量之间因果关系的最好方法。实验者不是消极被动地等待某种社会现象发生后,再去观察或询问,而是积极主动地改变某些社会条件,在控制和排除了其他因素的影响之后,实验者对实验对象施加某种特定的影响,使实验对象发生了一定的变化。这样,我们就可得出结论:这一种特定的影响是实验对象产生变化的原因。

例如,我们设想人的心理紧张会导致多抽烟,在控制了无关的因素之后,我们要求被观察者在短时间内解决大量比较难的数学题,使他们处于某种紧张状态,然后观察他们抽烟的数量,最后再与不紧张时抽烟数量进行比较。如果发现在紧张状态下,他们抽烟的数量的确多于不紧张的状态,那么,就可得出这样的结论:紧张状态是导致抽烟多的一个原因。

实验法不仅能解决"是什么"的问题,还能解决"为什么"的问题,即发现事物产生和变化的原因。因此,实验法是我们认识事物的本质及规律最有效的方法。

(2)可重复检验

如果实验的结果是可靠的话,实验的过程和结果是可以被反复重复的,这是实验法非常重要的原则。在实验对象、实验环境等情况基本相同的条件下,不管由谁来进行实验,也不管何时何地进行实验,实验的过程和实验结果都可重复发生重复出现。这样,就使得实验法的结果有较强的说服力和权威性。如果在相同的实验条件下,研究者之间不能得出一致性的结论。那么,实验得出的因果关系就不可靠,就要进一步思考是不是其他的因素干扰。

例如,有人认为看暴力影片会增加人的攻击性,为了证实他的假设,他在给实验者观看了一部暴力影片后,观察他们的暴力倾向,发现高于这些人平时的暴力倾向,从而用实验论证了他的假设。但是,如果另一位实验者做相同的实验,却没有发现这样的差别。这时,就要分析产生这不一致的原因,结果发现是由于两次参加实验的人员性别比例不

同,造成了这一差别。因此,对两次实验结果的解释范围就要'
能说,给男孩看暴力影片会增加人的攻击性。

（3）条件的控制力强

在观察时,观察者处于被动地位,而在实验法中,实验者对实验对　　　　克、实验条件等都具有很强的控制能力,通过对实验条件和实验对象的控制,可减　 排除外部因素对实验过程和实验结果的影响,减少各种误差的产生。同时,它通过对自变量和环境的控制,使结果的可信度大大提高。

以上提到的看暴力影片的实验为例,我们可加以限制看电影的人的性别、电影暴力的程度、看完电影和进行行为观察前的时间等。而这些因素如果不加以控制,都会对实验结果产生较大的影响。

（4）节省费用

与实地观察和问卷比较,实验法的规模往往比较小,实验的对象较少、时间较短,可节省大量人力、物力。

2）实验法的局限性

实验法使用的要求较高,需要较为系统的实验方面的知识,最为重要的是对变量的控制。例如,研究不同领导方式对工作效率的影响,探求何种领导方式工作效率最高,改变领导方式（自变量）,观察记录对工作效率（因变量）的影响。这里必须控制领导方式以外的一切可能影响工作效率的因素,如不同实验组成员素质的差别、不同组面临的环境差异等,实验中必须使这些因素（控制变量）不变或加以排除,否则工作效率（因变量）的改变就难准确地确定是有领导方式（自变量）影响的结果。实验研究法是在严格的控制条件下的研究,因此实验结果比较真实可靠,同时能揭示事物变化的原因,并且有数量指标,便于进行定量分析。由于实验法是在人为情境中进行的,因此,使研究结果的推广价值受到一定的影响。

（四）分析资料

收集到资料必须进行整理、分类,使之系统化和简约化。加工和整理资料的目的:一是简化、概括和归纳;二是检查各变量之间的关系,分析各种复杂的相互关系中的主要矛盾是什么。对资料的分析最常用的一项工具是统计学。传统的统计方式通常是用平均数、百分比来说明问题,但是平均数、百分比往往掩盖了许多细微的差别,使整个数据的分析不精确。现代电子计算机的应用为数据的处理提供了省力的工具。它使我们在统计中能较便利地对数据进行集中趋势和离散趋势,以及许多因素之间数量关系的考虑。例如,对数据进行 T 检验、Z 检验、F 检验、X^2 检验、回归分析等。通常可利用电子表格（Excel）、社会科学统计软件包（SPSS FOR WINDOWS）等统计工具对数据进行处理。

（五）得出结论

在大量数据进行加工分析以后,证实或推翻事先的假设。如果研究的结果证明了假设,假设的科学性就得到了证实,进一步发展有可能成为科学的理论或定律。如果研究的结果不能证实或只是部分地证实了假设,那么研究者就必须回到先前的研究阶段,检查所获得资料的科学性,重新分析提出的假设,并对其进行必要的修正。有时,假设是正确的,只是某一步骤出了问题而导致研究失败,这时就必须找出发生错误的环节,及时加以纠正。在作出结论时,注意不能根据部分事实作出普遍的结论。例如,调查某大学学生的恋爱特点,调查他们恋爱的人数、恋爱行为和心理特点等,不能把这个班学生的恋爱特点推论到全国,要得出全国大学生的恋爱特点还需要在全国范围内抽样调查后才能作出有关结论。

上述5个研究步骤的每个阶段都是科学研究中的重要环节,它们相互联系、相互影响,共同制约着研究成果的优劣。

四、培养大学生科学研究素养

科研素养是一个科研工作者具备的能力、品德和精神的统一体。大学生要成为知识创新的骨干,在科学研究中取得应有的成绩,必须努力提高自身的科研素养。

(一)提高科研能力

科研能力是指正确地进行科研活动顺利完成科研任务的一种综合能力。大学生的科研能力主要包括科研课题的选择能力、实验设计和调查能力、科研论文的写作能力等方面。科研能力是大学生进行科学创造活动的前提,是大学生十分重要的能力。要培养科研能力需要注重以下5个方面:

1.培养发现和提出问题的能力

科学研究始于问题,科学研究过程是科学工作者不断发现问题、提出问题和解决问题的过程。能从人们习以为常、司空见惯的事物和现象中发现问题、发现新的东西,这是一种很特殊的本领。只有具备这种本领,才能进行科学研究。

2.要学会查阅有关文献

查阅文献的能力是科学研究的最基本能力。进行科学研究离不开资料,没有充分的资料,不掌握前人和他人的研究成果,在科学研究中将会走不少弯路,甚至徒劳。因此,要从事科学研究,首先要学会查阅文献资料。

3.积极参加科研活动

掌握了正确的科研方法,还要积极参加科研活动,才能熟练使用科研方法。参加科研活动可有效锻炼大学生的科研思维,熟练掌握科研过程以及科研中的有关技能技巧,全面提高科研能力。大学生受许多条件的限制,要单独承担科研课题有一定的难度。因此,要积极参加和协助教师完成科研任务,在参加教师的科研活动中全面锻炼和提高自己的科研能力。

4.大胆进行学术交流

随着现代科学技术的发展,学术交流活动日益增多和广泛,对科学研究活动发挥着越来越大的作用。学术交流活动有利于获取学术研究的最新信息,增长大学生的学识和才干。"独学而无友,则孤陋而寡闻。"许多学者认为,学术上的交流能促进双方研究思路、启迪思想。同时,大学生要努力提高学术表达能力。学会交流离不开学术表达能力,包括口头表达和书面的表达能力。表达能力的提高,一方面需要丰富和完善自身的知识结构,使自己在说话和写作时能旁征博引,得心应手;另一方面要利用各种机会和场合,训练自己的表达能力。

5.要丰富和完善自己的知识结构

知识是科研能力的基础,丰富完善的知识结构有利于科研工作的有效进行。大学生正处于吸收文化科学知识的重要时期,要广泛涉猎有关科学文化知识,建立起扎实的基础知识、深厚的专业知识结构,尤其在学习专业知识的同时注重人文社会科学知识的学习,从而以合理的知识结构保证科研活动的正常进行。

(二)培养科研道德品质

科研道德品质是科研发展、取得科研成果必不可少的条件。在人类历史上,凡是取得重要科研成果的杰出人物,无一不在作出成绩的同时,严谨地遵循着一定的科研道德规范。科研道德品质对于科研工作者来说作用是十分明显的。

作为一个科研工作者,应遵守的科研道德的基本原则有以下4个方面:

1.为人类服务,为人民服务

科技技术与人类利益具有密切的关系,科技人才的道德品质决定着科技成果对人类的影响。科技人才必须做到从人类利益出发,向人民负责,为人民服务。世界上许多著名科学家以"为人类服务"作为毕生的追求和事业发展的巨大动力。

2.热爱祖国,献身祖国

科学没有国界,但科学家是有国界的。热爱祖国,献身祖国是科研人才的基本政治素质和道德原则,也是处理个人与祖国关系的行为准则。在科技史上,正是爱国之情,报国之心激励广大科技工作者研究科学,为国争光。在中国历史上涌现出大批爱国科学家,中国著名空气动力学家、导弹发展奠基人钱三强,数学家华罗庚,以及地质学家李四光等,为了祖国的前途命运,远渡重洋学习本领,在国外深受器重,然而为了建设新中国,毅然放弃在国外的优厚条件,冒着生命危险,回归祖国,为发展祖国科技事业贡献自己的力量。

3.热爱科学,献身科学

热爱科学,献身科学是科研道德的第一要义,是科研人才的良心、义务、荣誉、节操和幸福之所在,是科研人才自我约束的力量源泉和自我评价的标准,它贯穿于整个科研活动中。热爱科学是科研活动的重要推动力,只有热爱才能产生对科研的强烈兴趣,从而克服在科研过程中的挫折和失败。要做到献身科学,必须对科学有正确的认识,产生热爱科学真理的感情,有大无畏追求科学真理的精神,有敢于宣传真理、捍卫真理、修正错误的科学态度和道德品质。

4.尊重他人劳动成果,踏踏实实进行科学研究

科研工作的过程是一个创造过程,需要研究者踏实、艰苦地劳动。有的研究者,因个

人利益的驱使又不愿意付出自己的艰苦劳动,把科研成果的取得建立在抄袭、拼凑、剽窃他人作品之上。青年学生要从做研究开始就养成良好的道德品质,踏踏实实地研究,杜绝剽窃、抄袭他人作品的不道德行为。

(三)培养科学精神

科学精神是科学在长期发展过程中逐步积累、升华而形成的一些基本传统、范式和价值理念,是促使和支撑科学主体从事科学活动的特殊精神气质。对社会发展具有全方位的和潜移默化的重要作用,对大学生成才具有重要的影响作用。

1.求是精神

科学之成为科学乃是因为它是客观实证的,任何一种理论体系要达到科学水平、成为科学,都必须使其建立在确凿无疑的客观事实基础之上。当客观事实与理论观点不一致时,那就去修正理论,直到与事实相符合,而绝不能固守错误理论,更不能为了支持自己的理论去虚构事实、编造数据。因此,科研工作者必须树立科学研究的求是精神,采取客观科学的方法进行研究,尊重事实,尊重规律,而不以自身的主观好恶干预和影响科学的客观性。

2.奉献精神

科学研究是一种揭示未知、求取真理的探索活动,它具有艰苦复杂、长期坚持和充满风险的特点。纵观科学史可清楚地看到,每一学科的具体领域都可耗尽一个研究者短暂的生命,在探索真理的道路上几乎无处不浸透着探索者的心血。科学途程的艰难险阻要求科学主体具有一种献身精神,把追求真理作为自己的更高目标、幸福源泉和终身职业,把维护、坚持和捍卫真理作为自己的神圣天职和义务。这种奉献精神是科学主体的必备品格,也是保证科研成功和推动科学发展的重要条件。科学研究的奉献精神,要求研究者把追求事物规律性的认识作为最大乐趣,把为人类作贡献放在第一位,正确处理好奉献与索取的关系,不计个人名利与得失。只有如此,才能始终保持科学研究的动力,在科学研究上获得伟大的成功,为人类发展作出伟大贡献。

3.创新精神

科学的本质和生命力在于创新,人们已取得的科学真理都是有相对性和历史局限性的,也都是有待深化、有待完善的,这也就决定了科学领域是一个"无顶峰、无偶像、无禁区"的世界。科学的这种创新性本质要求科学主体不能盲目地接受任何教条,而是要使理论随时准备接受新的检验,并在实践的基础上提出新的结论或原理。创新精神的前提是拼搏奋斗。追求舒适、安逸的生活是与创新精神无缘的。树立创新精神就要有敢于标新立异的精神。要做到对问题的新见解,很重要的一点就是要敢于突破旧的思想的禁锢,破除落后时代的旧的思想观念的障碍。敢于提出自己的新思想、新见解。其次要树立敢于冒险的勇气。邓小平强调,没有一点闯的精神,没有一点"冒"的精神,没有一股气呀、劲呀,就走不出一条好路,走不出一条新路,就干不出新的事业。邓小平说的"大胆",就是要有开拓创新的勇气和突破常规的胆略。做科学研究也一样,没有敢于冒险的精神,就不可能使我们的实践活动走向深入,从而提高我们的认识,获得有价值的研究成果。

4.合作精神

柏拉图在公元前400年就曾经说过,两个人各有一个意见,他们相互对话就会产生第三个意见,这个第三意见比他们各自的意见都高明,但他们谁也不能单独产生第三意见。这句话向我们揭示了合作对科研等活动中产生新思想、新成果的重要性。20世纪中期以来,科学研究不断地向深度和广度发展,一方面专业越分越细,难度越来越大,内容越来越丰富、复杂;另一方面专业之间的交叉和渗透越来越多,综合化程度越来越高,许多研究项目都需要不同学科领域的专家学者的通力合作。随着社会的发展,合作越来越成为科学研究的主要形式。作为一个科学研究者一定要努力培养自己的合作精神,掌握和他人协作的技巧,能有效和他人合作,在合作中取得科学研究成果。

5.平等精神

科学创新的基本条件是自由和平等。为了准确、完整地把握客体的本质和规律,需要广大科学主体从各个不同的层次、角度、途径运用多种方法进行探索。在这种探索中,人们发现真理的权力、可能性和现实性都是平等的,究竟谁认识、掌握了真理这实际上和人的出身、地位无关。科学创新要求科学主体具有相应的精神气质,就是要敢于深入进行科学研究,在学术争论中坚持对等原则和以理服人。实际上许多成果在刚产生时都是遭到权威们反对的。这就提醒我们,在科学研究中要树立平等精神的重要性。

由上述论述可知,科学精神作为科学主体在科学活动中形成和完善起来的、符合科学发展规律与要求的特殊精神气质与意识形态,实际上是科学认知、科学情感、科学意志的集中概括和体现,它在科学主体的精神结构和科学活动的客观结构中处于关键的地位。大学生要想在科研中取得大的成就,非具备科学精神不可。

【思考与训练】

一、讨论题

1.请结合自己的专业和兴趣在近3年的"挑战杯"全国大学生课外学术科技作品竞赛的获奖作品中选出一项最有创新价值的作品,并阐述选择的理由。

2.请举例说明当今世界范围内的重大技术创新项目及其价值贡献。

3.请比较众多创新技法的优劣和适用范围,并运用其中一种或多种技法针对生活中的具体事件进行创新设想。

4.请从个人角度谈谈对科研素质、创新技法和学术论文的关系。

二、课后实践题

以3～10人为一个小组,请选择任一大学生科技创新竞赛活动,根据赛事活动规则拟订一份创新作品计划书;或选定一项科研题目,拟订一份研究计划书。

第八章 制度创新理论与方法

　　人是社会人,都生活在制度中。制度是控制人们交往活动与社会关系的具有强制性的正式规则体系。制度总是针对一定时期、一定范围、一定对象的。因此,随着时间、地点、对象的变化,制度就必须产生相应的变化。换言之,不会有一成不变的制度,任何制度都需要创新发展。

　　在创新体系中,管理、技术、组织创新都离不开制度创新。制度创新是指制度主体为解决存在的某些问题而对现行制度进行变革的种种措施与对策,通过制订新的制度有效地激励人们的行动,更新人们现有的生产与生活条件,实现经济社会的可持续发展。可以说,制度创新是制度文明的生命,是先进制度保持先进状态的最佳手段,也是落后制度缩小与先进制度的差距的有力法宝,是任何一种制度必须直面的问题。再先进的制度体系如果失去创新能力将变得毫无活力,再落后的制度如果不断地进行制度创新,就可能会在日趋激烈的制度文明竞争中觅得生路,实现对自我的超越。因此,制度创新在整个创新体系中居于基础和保证地位,当代大学生生活在制度体系之中,面对落后的、不良的制度的时候,如果具有制度创新的思维意识和方式方法,就能积极为制度创新贡献出自己的力量。

第一节　制度与制度创新概述

　　制度是一种能够促进人们行为规范化、收入合理化的规则。它对人类的发明创造有着重要的激励作用。可以说,制度是人类得以生存和发展的基石。进行制度创新,首先需要了解制度与制度创新的内涵、相关理论和主要内容。

一、制度与制度创新概念

(一)制度

制度(Institution)一词在大部分英文词典中将其译为"规则""规范",与我国对制度的定义相比,该解释相对微观。在我国古代文献中的"制度",是由"制"和"度"复合而成。段玉裁注释的《说文解字》中把"制"解释为"裁断""决断"的意思;把"度"解释为"限度""法度"。《词源》中对古汉语"制度"有两种解释,分别为"法令习俗的总称"和"规定、用法",这两种解释都包含"规矩""标准"的意思,也就是把制度看成约束人们行为的尺度。在现代汉语中,"制度"在《辞海》的定义是指要求社会成员共同遵守的、按照一定程度办事的规程。

　　随着社会的发展进步,制度问题日益成为人们关注的焦点,加之不同文化、思想的相互碰撞,对制度的阐释,不同的学者、流派、学科开始有更多不同的视角。

　　在西方,不同学科的学者对制度有不同的理解。在政治学中,从古希腊思想家对制度的初步涉猎到当代政治学家对制度问题的全面探讨,对制度的研究取得了非常丰富的成果。亚里士多德认为,政治制度原来是全城邦居民由以分配政治权利的关系。霍布斯和卢梭则从社会契约的角度来说明制度,其认为制度就是"人类为了自身的安全不得不放弃自己的部分权利而相互订立的契约",而卢梭在霍布斯思想的基础上提出了以保护个人自由为原则的社会契约论。美国的政治学家塞缪尔·亨廷顿认为,制度就是"稳定的、受到尊重的和不断重现的行为模式"。罗尔斯从政治学的角度提出了制度的一个相对简单明晰的定义,"把制度理解为一种公开的规范体系"。在社会学和哲学中,马克斯·韦伯从法学角度认为,"制度应是任何一定圈子里的行为准则"。卡尔·马克思从哲学的高度认为,"现存的制度只不过是个人之间迄今存在的交往的产物"。在经济学中,制度经济学的奠基人凡勃仑认为,制度是人制订的规则,它起着规范人行为的作用,也就是说制度告诉人们可以做什么,不可以做什么;另一位老制度经济学派的代表人物康芒斯把制度解释为"集体行动控制个体行动",而集体行动控制个体行动的手段则是规则,他把制度看成一种"行为规则",是用来协调人类利益冲突的框架,在康芒斯看来制度告诉人们能够、应该、必须做什么,或者相反。从旧制度学派的观点来看,他们更倾向于从制度的功能的角度来阐释制度,这样的定义能明确制度的作用,表明制度是一种规则。而新制度经济学家道拉斯·诺斯也主张制度是一种"规则",他指出制度是一个社会中的游戏规则。更严格地说,制度是人为制订的限制,用以约束人类的互动行为。诺斯进一步阐释制度是一系列被制订出来的规则、守法秩序和行为道德、伦理规范,它旨在约束主体福利或效用最大化利益的个人行为,提供了人们相互影响的框架[①]。也就是说,如果把人的各种活动看成游戏,即人是游戏活动的参与者,那么制度就是这个游戏的规则。诺斯的观点也激发了后续一系列"制度即社会规则"的研究,"社会规则"具体又可分为正式与非正式规则,正式规则是指法律法规等明文规则,非正式规则更为软性,是指社会中约定俗成的规范和行为基准,更为广义上可解释为社会文化。

　　在我国,随着经济社会的发展,制度问题也越来越受到学术界的关注。我国学者对制度的认识主要有狭义和广义的理解。从狭义角度看,认为制度是一种单一的规范(institution),如工作制度、管理制度等,而从广义制度理解,制度被认为多种规定性的体系

---

①赵婵,等.大学生职业发展与就业创业指导[M].湘潭:湘潭大学出版社,2015:41.

(System)，如社会制度，主要是从规定社会性质的根本的经济制度和政治制度的角度来理解的。

综合来看，制度是人们在社会交往过程中形成的调整交往活动主体之间和社会关系的规则体系。它体现在各种正式确立的成为规则、法条、政策、措施中，它能约束制度对象的行为使之符合某种要求，以达到维护社会秩序的目的。

（二）制度创新

所谓制度创新，是指制度安排的积极变动和替换，是制度不断衍变发展以适应利益主体需要的积极行为。

对制度创新的理解，可通过一则分面条的小故事来感受制度创新的内涵和过程。

材料8-1：分面条的故事

宿舍里有8个人，有一天大家买了面条、油盐等煮面条。在采购和烹调过程中，大家都相安无事，但在分面条的时候产生了争议，争议的问题在于每个人分得的面条不一样多。为了解决这个分食不均的问题，大家开始提出分配方法并实践，并按实践效果不断地修正分配方法。方法的演变过程如下：

方法1：在开始的时候，随便指定一个人分面条，结果慢慢地发现这个人总是给自己分的面条多，换一个人也是这样。于是，决定修改分配方法。

方法2：让一个比较忠厚老实的人主持分面条。刚开始的时候，这个人还能公平地给自己和别人分面条，但渐渐地，他就为自己和其他溜须拍马的人多分面条了。于是，他们又决定要修改分配方法。

方法3：选举一个执行委员会和一个监督委员会，形成分权和制衡，定期举行全体室友大会，以解决执行委员会与监督委员会提出的种种问题。这种方法基本做到了公平，但发现执行委员会和监督委员会意见经常不一致，导致在吵吵嚷嚷中面条就糊了。另外，监督委员会常常提出各种修正议案，执行委员会又据理力争，结果浪费了室友的大量精力。于是，他们再次决定探索新的分面条的方式。

方法4：由室友8人轮流主持分面条，每人一顿，这样，就等于承认每个人可为自己多分的权利，同时公平地给予了每个人替自己多分面条的机会。但是，随后却发现每个人只有在自己分面条的时候才能吃得饱。于是，这种方法没实行几轮就废止了，又开始想新的分配方法。

方法5：仍然由大家轮流分面条，但主持分面条的人将面条分成8份，其余的人先领，自己最后领。在这种制度下，每次8份面条几乎是一样多的。因为每次主持分面条的人都认识到，只要8份面条稍有差别，那么他就会拿到最少的那份。

上述故事中分面条方法，其实就是一种制度，而方法不断修正的过程就是制度创新的过程，创新的驱动力源于利益主体的需要。

当前，国内外关于制度创新有很多论述，新制度学派对制度创新的认识上主要有以下6种：

①制度创新一般是指制度主体通过建立新的制度以获得追加利润的活动。它包

括以下3个方面:第一,是反映特定组织行为的变化;第二,是指这一组织与其环境之间的相互关系的变化;第三,是指在一种组织的环境中支配行为与相互关系规则的变化。

②制度创新是指能使创新者获得追加利益而对现行制度进行变革的种种措施与对策。

③制度创新是在既定的宪法秩序和规范性行为准则下制度供给主体解决制度供给不足,从而扩大制度供给而获取潜在收益的行为。

④制度创新是由产权制度创新、组织制度创新、管理制度创新及约束制度创新4个方面组成。

⑤制度创新既包括根本制度的变革,也包括在基本制度不变前提下具体运行的体制模式的转换。

⑥制度创新是一个演进的过程,包括制度的替代、转化和交易过程。

我国学者提出,制度创新是制度主体以新的观念为指导,通过制订新的行为规范,调整主体间的权利平等关系,为实现新的价值目标和理想目标而自主地进行的创造性的活动。也就是说,制度创新就是人们根据自身需要对社会、组织、团体的规范体系进行的自觉创建和更新,就其主要内容包括制度的调整、完善、改革和更新。有研究者认为,制度创新是通过社会主义制度自我完善的改革实现,我们的改革,最基本的制度不能变,创新主要是针对体制,即具体制度和运行方式的改变。学者陈天祥认为,制度创新是指制度的变迁过程,是制度创新主体为获得潜在收益而进行的制度安排①。在这里需要对制度变迁和制度创新有所区分:制度变迁强调制度变化的过程,而制度创新则是强调为了给人们提供一个更有利的制度环境而对原有制度体系的突破,制度变迁在外延上要大于制度创新,它不仅包括制度创新,还包括制度革命和制度改良,而我们讨论的制度创新是专指那些正向的、进步的和有绩效的制度变迁,这种创新有利于充分发挥人的主体性,这也是我们进行制度创新的价值追求的根本目标。

不同学科领域对制度创新的理解也有所不同。从经济学的角度看,因为制度在经济学角度中属于生产关系的范畴,所以制度创新属于生产关系的变革,是生产关系为了适应生产力发展所做的适度调整与改革。因此,在经济学定义中,制度创新是指在人们现有的生产和生活条件下,通过建立新的、有效的能进一步激发人们行动力的制度体系来实现社会环境的可持续发展,它是一种改进现有制度安排的活动,同时也是一种引入全新的制度的活动,以此来提高制度存在的合理性。从哲学的角度看,制度创新在本质上是对原有制度的一种辩证否定,而非对原有制度的彻底摒弃。这种辩证否定主要包括3个方面的含义:第一,它是抛弃原有制度中不符合社会生产力要求的过时的、落后的制度要素与系统,克服原有制度在实行过程中的无效性。第二,它是有选择、有针对性、有条件地继承保留原有制度中那些有价值、有效用的东西。依据现实条件的需要对原有制度做出的某些修改与完善。第三,它是在对原有制度的"扬弃",根据人们的需要在破除旧制度的基础上创造新的制度即建立新的规则体系,如市场经济体制、现代企业制度、社会

①陈天祥.中国地方政府制度创新的角色及方式[J].中山大学学报:社会科学版,2002(03):111-118.

保障制度等的创建,就是制度创新的一个重要内容。

二、制度创新的理论基础

(一)制度创新理论的产生

制度创新理论为制度创新的发展提供了基础支持。美国经济学家戴维斯和诺斯在1971年出版的《制度变革和美国经济增长》一书中,首次提出了完整的制度创新理论。他们认为,制度创新就是指能使创新者获得追加利益的现存制度的变革,这种变革既包括根本制度的变革,也包括基本制度不变的前提下具体运行的体制模式的改换。也就是说,当人们预料到创新的净收益高于创新的成本,而当前的制度框架下又不能实现这些收益时,就会主动地改变现有制度。同时,戴维斯和诺斯认为,制度创新需要有一个相当长的过程,这个过程是制度失衡与制度均衡的交替变化过程,也是一种周而复始地从制度非均衡到制度均衡的动态变化与发展的过程,其把制度创新的全过程划分为以下5个阶段:

①形成"潜在利益团体"。在这个阶段,一些团体预见到了潜在的利益,并且开始认识到只要创新即可得到潜在利益的决策者出现。

②提出制度创新的可选方案。在这个阶段,由"潜在利益团体"中的决策者根据潜在利益的获得性提出创新性的制度。

③比较、选择最佳的方案。在有若干个供选择的制度构建之后,"潜在利益团体"就会根据最大利益进行比较和选择。

④推动"制度创新团体"的形成。它能帮助"潜在利益团体"获得其潜在利益。推动制度创新团体的主体,可能是政府机构,也可能是为"潜在利益团体"服务的个人或组织。

⑤两个行动团体互相支持,共同努力,实现制度创新。

(二)制度创新理论的发展

制度创新理论从发展来看主要经历了旧制度主义和新制度主义两个阶段。在第一阶段中,制度创新理论研究主要研究制度创新的动力机制,在第二阶段的研究以制度的供给为重点,所以制度创新理论的发展又大致遵循两大线索,即需求线索与供给线索。在新制度主义阶段制度创新理论的演变又经历了3个阶段:第一是作为行为主义和方法论个体主义的反对势力在社会科学各领域开始发展起来的阶段。在这一阶段,制度理论的各流派只顾发展自己的理论,除了攻击"共同的敌人"之外几乎没有共性,彼此之间也没有开展学术沟通。第二是"制度重要"的基本命题得到广泛认可的阶段。新制度主义的各流派(尤其是历史制度主义和理性选择制度主义)开始相互批判,彼此攻击对方的弱点。经过第二阶段的学术争论,新制度主义的各流派发现了其在各自的理论框架内无法解释的社会现象,从而认识到彼此之间开展沟通和交流的必要性。为解决自身的理论困境,各流派逐步进入通过积极汲取对方理论观点弥补自身缺陷的阶段,即新制度主义发展的第三阶段,这一阶段也被坎贝尔和佩德森称为新制度主义的"第二次运动"①。

三、制度创新的主体及优劣势

关于制度创新主体的问题,当前普遍认可诺斯等人的观点,即把制度创新的主体分为个人、团体和政府。按照戴维斯和诺斯的观点,制度的安排有"个人安排",也有来自团体的"自愿合作安排",还有"政府性安排"②。也就是说,推动制度创新的主体,包括了个人、团体和政府。结合戴维斯和诺斯的观点以及我国制度主体研究中常用的不同视角,将制度创新主体分为3种:宏观主体、中观主体和微观主体。制度创新的宏观主体即中央政府,在我国,中央政府在制度创新中扮演着最主要的角色;制度创新的中观主体即地方政府,随着分权制和利改税的实施,地方政府在局部地区制度创新中发挥着重要作用;制度创新的微观主体即个体、企业和非政府组织(自发形成的社会组织),随着市场化程度提高,微观主体也逐渐成为一种重要的制度创新主体。

(一)宏观主体——中央政府

中央政府是最主要且最具有主导力的创新主体。诺斯认为,在给定同样参与者的情况下,政府安排的成本可能最小,因为每个参加者都受制于政府的强制权力。因而政府提出的制度创新方案可能会产生极高的收益,而在微观主体下要支付创新的组织成本,并且这种总成本会随着参加者的人数而增加。诺斯认为,中央政府在制度创新中具有主体地位。我国学者林毅夫也认为,在社会所有制度安排中,政府是最重要的一个③,在我国,政府拥有绝对的政治力量对比优势和较大的资源配置权力,能通过行政、经济和法律等手段在不同程度上约束其他社会行为主体的行为。由此决定中央政府是最主要的创新主体。

中央政府在其制度创新动因的驱使下,以政府供给的强制性制度创新方式,有其他创新主体所无法替代的比较优势,其发生制度创新行为主要的优势结果如下:

①有更高的制度创新效率和较低的制度实施成本。中央政府作为制度创新主体,借助于中央政府所处权力中心的位置,可大大地提高制度创新的效率。同时,中央政府作为制度创新的主体,在各个地区供给统一的制度,可充分地发挥中央政府所具有的权威性,利用已经形成的自上而下的组织网络和制度实施的组织结构,可降低制度实施的成本。

②能进一步树立中央政府的权威。中央政府作为制度创新主体,在制度创新和制度实施过程中都是借助于中央政府的权力,有利于树立中央政府的权威,强化中央政府的力量。

③能促进中央政府宏观目标的实现。中央政府的宏观目标包括促进经济增长、保障社会公平、维护民族团结及国家稳定等方面,以中央政府为主体进行的制度创新能兼顾

---

①王益明,耿爱英.实用心理学原理[M].济南:山东大学出版社,1997:124-140.

②刘同辉.中体而西用,返本以开新——中西人格心理学思想之比较研究[D].上海:华东师范大学,2006:25.

③黄希庭.人格心理学[M].杭州:浙江教育出版社,2002:6.

各个地区的利益,促进各个地区的协调发展。

同时,以中央政府为主体进行的制度创新也存在以下两个方面的不利结果:

①可能会加大制度创新失败所带来的风险。虽然中央政府具有强制力去推行新制度,降低制度创新的成本,但由于在各个地区推行统一的制度,很难保证一项统一的制度会适应不同地区的社会经济发展水平,因此面临着由于各地区的经济发展、社会状况差异所带来的制度创新失败风险,故如果中央政府推动的制度创新失败,那么其影响的范围将会是所有创新主体中最大的。

②制度创新的质量和效益难以进行有效的保障。尽管中央政府作为制度创新主体,制度是由中央政府供给,但制度的实施和运行需要各级地方政府的配合。由于地方政府可能会从地方利益和地方政府官员个人利益出发,出台一些地方性政策与中央政府相抗衡,如"上有政策,下有对策"。这样,由于从中央政府到各级地方政府以及到基层政府之间的链条过长,存在着多重的委托—代理关系。因此,就难以有效地保障中央政府作为制度创新主体所推行的制度实施和运行的质量和效益。

(二)中观主体——地方政府

地方政府在制度创新中也具有重要的主体地位。地方政府主导型的制度创新有利于制度创新的供求达到社会最优的均衡状态,取得较大的规模效应。地方政府制度创新有利于制度资源的优化配置,有利于制度体系的协调更新,有利于制度运作效益最大化。因此,地方政府在推动制度创新方面优于微观主体①。在推进民营企业的制度创新过程中地方政府也起着重要作用。学者陈国权以温州民营经济发展为背景,分析了温州地方政府在与民营经济发展的互动中制度创新的背景和方式。他认为,温州市政府积极响应民间的制度创新活动,对民间的制度创新活动进行保护、协调和组织,实际上为民营经济的发展提供了一个相对开放、自由和合法的制度环境,而这种保护事实上是地方政府逐步融入制度创新主体的一种形式,为民营经济提供了进一步的发展方向和制度安排②。有学者认为,中国地方政府在推动制度创新方面至少有以下两个方面的作用:地方政府直接和当地的个人和团体进行接触,及时了解来自个人和团体自发产生的创新意图及其新制度的预期收益,了解之后地方政府使新的制度安排在没有获得全面的合法性之前,具有局部范围内的合法性,避免新的制度安排在没有取得效果之前就被扼杀在摇篮里;地方政府作为中央政府与地方个人及其团体之间的联系中介,将中央政府的制度创新内容对个人及其团体进行宣贯,辅助中央政府的制度创新实现,同时也将地方上个人和团体需求的制度创新内容反馈给中央政府,即地方政府是诱致性制度变迁与来自中央政府的强制性制度变迁之间转化的桥梁。地方政府推动的制度创新往往带有试验性,因而具有收益大、风险小的特点。但他也认为,地方政府推动制度创新的作用能否发挥出来取决于地方政府作为制度创新的主体地位是否真正确立③。

①朱永新.创新教育论[M].南京:江苏教育出版社,2001:69-72.
②李志,陈培峰,蒲清平,等.大学生综合素质与实践能力研究[M].重庆:重庆大学出版社,2014:163-174.
③纪宝成.怎样培养创新型人才注重创新人格的培养[J].求是,2006(024):35-36.

　　地方政府相对于宏观主体的中央政府和微观主体的企业、个体和社会组织而言，在制度创新过程中，发挥着中观主体的特殊性作用。相对于宏观主体而言，既具有中央政府作为制度创新的部分优势，同时地方政府作为一级行政单元，具有推动本地经济社会发展和利益最大化的动机和权力；相对于微观主体而言，具有更强的组织集体行为和制度创新能力。地方政府作为制度创新主体的结果主要具有以下优势：

　　①试错范围相对更小，有利于降低制度创新的风险和成本。由于地方政府的制度创新是在一个地区内部进行，试错是在局部地区，即使创新失败，其影响也只是局部的，同时与中央政府作为制度创新主体相比较，由于地方政府更了解地方的实际制度需求，在这方面地方政府比中央政府有信息优势。因此，地方政府的制度创新，可大大地降低制度创新的风险。同时地方政府进行制度创新可降低制度创新的成本。地方政府的制度创新是在局部地区进行的，不管是从规划设计、组织实施费用，还是消除旧制度的费用、消除变革阻力的费用等方面都比较小。

　　②制度推行过程中阻碍更小。由于地方政府制度创新更易于接近地方的实际制度需求，而且地方政府制度创新的一种重要方式是地方政府与地方微观主体合作博弈的结果，更符合地方利益，制度在实施过程中能够得到微观主体的拥护，遇到的阻力相对较小也易于克服。

　　由于地方政府在制度创新中更多的是从局部的地方利益出发，不可避免地存在狭隘局部利益，地方政府制度创新的弊端主要体现在以下两个方面：

　　①不利于全国统一市场的形成。地方政府作为制度创新主体进行制度创新的一个重要弊端就是地方政府过多地从地方利益出发，实行地方保护主义，这样不利于全国统一市场的形成，不利于市场经济体制的完善。

　　②阻碍中央政府推行的制度创新进程。地方政府和中央政府的目标可能存在并不完全一致的情况。当中央政府的制度创新和地方利益发生冲突时，即中央政府的目标和地方政府的目标不一致时，地方政府作为制度创新主体，借助于制度创新的权力，往往会对中央政府的制度创新予以修正，在不能或者不允许修正的情况下，地方政府会想方设法延缓中央政府推行的制度创新进程。

材料8-2：西方国家从福利到工作制度的产生

　　近年来，西方各国财政的不稳定再加上全球经济的低迷，削减财政支出和提高就业率成为西方各国政府首要且必须解决的问题。对高福利的西方国家，仅仅减少社会福利的开支就能为各国政府省下一笔巨大的财政支出。因此，"从福利到工作"政策应运而生。其目的在于提高过去长期高依赖福利待遇的单亲家庭、残疾人、少数民族、年长工人、低技术工人、青年无业者等弱势群体的就业能力和独立能力，减少其对政府依赖，从而减少财政支出。

　　"从福利到工作"政策是一种积极福利政策，不再把社会福利作为政府单方面的责任和义务，主张把福利享受改变为福利投资，通过在经济、培训、教育等领域的政府投资和个人投资来增强福利收益人群（welfare recipients）进入劳动力市场的能力，并帮助他们适应就业。

综合来看,"从福利到工作"政策具有以下特点:第一,强制性。这是一项福利国家政府为了缩减财政开支而实施的一项强制性劳动力市场计划,受益者必须参与工作,否则无法领取救助金。第二,激励性。政府通过提供教育和培训从而提高受益者的就业能力,充分调动待业人员的就业积极性。在一定程度上说,从福利到工作政策是基于这样一种哲学:天下没有免费的午餐,人们必须付出劳动才能获得福利享受的权利。

我国自改革开放以来,国家对社会福利制度逐步进行改革,近几年,随着我国经济的高速发展,人民生活水平的不断提高,公民对社会福利的呼声越来越高。为避免我国福利制度走西方曾经走过的弯路,西方国家"从福利到工作"政策转变过程很有参考和借鉴意义。

(三)微观主体——个体、企业和非政府组织

随着经济社会的发展,民主化、市场化水平的提高,微观主体在制度创新中扮演着越来越重要的角色。相对于宏观主体和中观主体而言,微观主体由于其所处的位置,以及力量相对单薄,不具有制度创新的优势,但微观主体进行制度的创新更具有实用性和适用性。微观主体之所以要积极进行制度创新,就是原有的制度安排压抑了微观主体的活力,使微观主体的潜能没有得到充分地发挥,没有获得应有的收益,已严重地影响微观主体的生存。因此,为了生存,微观主体就不得不进行制度创新,摆脱旧制度的束缚,如在传统的计划经济体制下,土地的集体经营制压抑了农户生产的积极性,导致农业生产效率极其低下,安徽省凤阳县小岗村的农户为了生存需要,冒着生命危险,实行土地制度的创新,采取家庭联产承包责任制这一新型的土地制度,实践证明这种制度是极其有效,极大地提高了劳动生产率,在这一制度实施后的几年内,在各种生产要素投入并没有增加的情况下,农业产出却大幅增加。

企业是微观主体中的重要主体。为什么会出现企业制度创新?其最主要的原因是生产力的发展,随着生产力的不断发展而推动企业生产关系的调整,企业制度确认和保障新的生产关系。生产力不断变革从而推动生产关系不断调整,而生产关系又推动企业制度不断更新,如我国古代奉行重农抑商政策,这直接导致了我国在企业制度上难有大的作为。但在这种艰难的营商环境中清末山西票号创造的身股制可以说是具有世界先进水平的企业制度创新。改革开放后,确立了社会主义市场经济制度,中国民营企业获得了蓬勃发展,企业制度创新随之兴起,比较有代表意义的是华为的员工持股制度,这种制度是对传统制度和公司治理的彻底突破。因此,生产力是推动企业制度创新的第一原动力,又如硅谷的高科技公司如英特尔、谷歌等公司盛行股权激励和平等、自由、开放的企业制度。这是因为在计算机出现后,人类社会进入信息时代,信息时代是知识经济时代的开端,而硅谷处于时代的最前沿。在这个时代,先进企业的员工成为拥有人力资本,是新技术、新产品在内的一切创新的源泉。新时代人力资本比物质资本更为重要,通过调动员工的工作积极性,可以使人力资本得到最大化的发挥。总之,很多时候微观主体进行的制度创新是在需求的诱导下进行,个人、企业

和非政府组织往往需要在发现需求、满足需求情况下进行制度创新。

微观主体是一个国家和一个地区经济发展的载体，是一个国家或地区经济发展的希望所在。个人作为制度创新的微观主体，一般是通过作为一个公民资格，依靠众多公民合力的作用以及通过各种途径参与、影响或制约制度创新过程。可以说，微观主体既是制度创新主体，又是制度作用的客体。各种微观主体进行制度创新的优势主要表现在以下两个方面：

①成本内部化，收益社会化。制度创新成本的内部化，即微观主体制度创新的成本由其自身完全承担，而且独自承担制度创新失败的风险，即使制度创新失败，这种制度创新的机会成本也是由微观主体自身承担。收益的社会化是指微观主体的制度创新一旦成功，具有极强的正外部性，一方面，其他的微观主体可以进行模仿，这种制度创新收益不是被进行制度创新的微观主体独自获得，而是被众多的微观主体获得。另一方面，一旦微观主体制度创新成功，也可能被政府采纳并作为一项制度加以推广，则制度创新收益将社会化。如作为由农户进行的土地制度创新，实施家庭联产承包责任制，如果其创新失败，则受到惩罚的只是小岗村的几十户农民，但是其成功了，受益的却是几亿农民，乃至整个国家。

②制度创新的时滞较短，真实地反映制度需求。相对于宏观主体和中观主体而言，微观主体制度创新的动因非常的单纯，即就是为了生存和发展的需要，是制度需求的真实反映。而且相对于宏观主体和中观主体多元化的制度创新目标而言，单一的创新动因决定了其制度创新目标的明确性和专一性，并且相对于宏观主体和中观主体而言，由于没有中间环节，也不存在信息扭曲和渗漏，微观主体制度创新的时滞较短。为了实现这单一的目标，制度创新的过程能紧紧围绕问题的本质，取得根本性的突破。

尽管相对于宏观主体和中观主体而言，微观主体作为制度创新主体具有上述优势，但同时因其处于权力中心之外，而且是分散的个体，决定了微观主体进行制度创新又存在以下弊端：

①微观主体制度创新的结果很难得到认可和推广。尽管微观主体作为制度创新主体具有成本内部化、收益外部化，同时能真实地反映制度需求，制度创新的时滞短等优点。但是，微观主体所处的地位决定了通过一项制度创新可使该组织的绩效得到明显的提高，但这项制度要得到推广和普及却比较困难。这是因传统文化的影响根深蒂固，在封建社会中形成的封闭式的、顺从的思想让创新的微观主体常常被看成异类而受到排挤和打击，并且相对于宏观主体和中观主体而言，微观主体处于相对弱势地位，也无任何权力而言，受到的约束相对较多，制度创新空间非常有限。同时，不同微观主体利益的差异性，也限制了这种制度创新结果的推广。

②制度创新的视角狭隘。微观主体作为制度创新的主体时，由于其制度创新的目标，在于通过创新能实现自身利益的最大化。因此，往往会过多地关注个体利益，而忽视或漠视集体的利益和国家的利益。

四、影响制度创新的因素

任何一项制度创新都不是随意设计和选择的,即无论制度创新是从哪一个方向进行制订的或选择的是哪一种路径突破原有制度,都会受到现实的客观基础和人为条件的制约。可以说,制度创新是必然性与主观选择相结合的产物。经过归纳,制度创新主要受以下因素的影响:

(一)受宪法秩序影响

宪法是国家的根本大法,一切制度的建立必须要遵循宪法秩序。宪法秩序通过对基本政治、经济、文化制度的规定框定了制度创新的总方向,如果违背了宪法秩序,就算制度创新的内容符合利益团体的需求也不能进行推行。宪法秩序下的权力结构和利益结构直接影响制度创新的成本和动力,它既可能促进制度创新,也可能阻碍制度创新。

(二)受意识形态和文化背景的影响

意识形态和文化背景是影响制度创新的另一个主要的制度环境,是制度创新的思想基础和理论前提。对于创新主体而言,在进行制度创新时,充分结合社会文化基础上形成的风俗习惯、观念意识是非常必要的,如果制度创新与其意识形态和文化背景反差越大,那么创新的阻力就越大。值得注意的是,制度本身的建立离不开文化的基础,最早的制度形式是人类文化习俗和传统习惯,某种制度是某种文化模式化的结果,制度创新常常从文化结构的变化开始,文化结构模式是行为模式的潜在形式,它决定了行为模式的基本走向。

(三)受现有的制度和体制条件影响

制度创新是在一定的现有制度制约下进行的,制度创新进展效率如何,在很大上受制于现有制度体系,尤其是现有制度的制订体制。如果体制不全、不合理,很难想象能制订出正确的制度,即使有正确制度也难以组织实施。从现今社会看,制度制订体制可分为民主体制和专制体制,集权体制和分权体制,也可按不同的领域分为政治体制、经济体制等。体制是指一个组织的机构设置、隶属关系、权责划分等方面的体系和制度的总称,因而体制其实也是一种制度。不同的体制直接影响制度的创新和执行的质量,现行的各种合理的、有效的政治经济体制或制度是制订新的政治、经济制度的直接的基本依据。邓小平曾指出一个国家现有的制度建设状况,对政治制度的改革有着巨大的影响,认为制度问题是带有"根本性、全局性、稳定性和长期性"的问题,它关系党和国家是否改变颜色。

(四)受制度实施和预期成本的影响

成本和收益是制度创新时所要考虑的重要因素,由于每一项制度创新都需要有成本的投入,如果对成本投入预计不当,那么制度创新的实施就会受到影响,一些好的制度创新因预期成本太高而无法推行。因此,在进行制度创新时,必须要进行必要的成本-收益分析。对于宏观主体和中观主体而言,在进行制度创新时,不仅要考虑经济层面的成本与收益,而且要考虑政治层面的成本与收益。

（五）受制度实施机制的影响

一个制度创新是否有效,还要看这个制度实施机制是否健全,离开实施机制任何制度就削弱了原本的创新效用。检验制度实施机制是否有效或是否具备强制性,主要看违约成本的高低,强有力的实施机制将使违约的成本极高。如果实施机制不力,一项制度创新就难以顺利推进。

（六）人员素质的影响

制度创新过程是否科学和高效,与制度创新主体人员的素质,创新过程所运用理论、方法也有重要的关系,尤其是受制于组织内权威人物的影响,权威人物的思想观念、知识经验等因素影响着制度创新进程及效果。有研究指出,制度创新取决于现有的知识存量,人们的知识存量增加,制度创新相对会提前,反之就会延迟[1]。因为制度不仅是现实需求的产物,也是一个知识载体,创新主体的知识积累少将会影响制度创新的成本以及发展。

第二节　实现制度创新的路径与方法

了解实现制度创新的路径,有利于在制度创新时有更多样化的开启方式。制度创新可以有多种路径,而根据分类标准不同,可将制度创新路径分为多种类型。在此分别以制度创新主体和制度创新速度为划分标准,介绍实现制度创新的路径。

一、实现制度创新的路径

（一）按创新主体进行分类

按照制度创新主体的不同,可将制度创新分为政府强制性制度创新和需求诱致性制度创新。这一划分是出自林毅夫的划分法,林毅夫通过人的有限理性假设,借用"需求—供给"这一经典的理论框架将制度创新方式划分为诱致性制度创新和强制性制度创新[2]。诱致性制度创新由于是个人或一个群体在面对新的获利机会时所进行的制度创新,由于这一新的获利机会是在原有制度安排下所不能获得的,而且作为个人或者团体有获得潜在利益的需求。因此,将诱致性制度创新称为需求诱致性制度创新更为合适。强制性制度创新的主体是政府,即前文提到的宏观主体或中观主体,强制性制度创新的一大特点就是由政府通过强制性手段实施,故将强制性制度创新称为政府强制性制度创新更为准确一些。

需求诱致性制度创新是指由个人或一群人发起对现行制度安排的变更或替代,或者是新制度安排的创造。需求诱致性制度创新是否会发生,主要取决于创新者的预期收益和预期成本的比较,对于创新者而言,不同制度安排的预期收益和预期成本是不同的。

①张晓明,郗春媛.大学生创新人格核心特质研究[J].高等教育研究,2002,023(002):80-83.
②俞锋.培养大学生的核心竞争力——创新人格[J].现代教育科学:高教研究,2003(04):81-83.

需求诱致性制度创新产生的前提是有关利益群体在原有制度安排下无法得到获利机会，进而自发倡导、组织开展对现有制度的创新，或者说要发生需求诱致性制度创新必须要有某些来自制度不均衡的获利机会。也就是说，由于某种原因使现行制度不再是这个制度选择集合中最有效的一个，而制度选择集合改变、技术改变、制度服务的需求改变和其他制度创新等都是引起制度不均衡的原因。因此，需求诱致性制度创新的特点大概能归纳为3点：一是具有盈利性，如果创新的制度其收益不明朗或者收益不足，那么很难推动制度创新，即只有当制度创新的预期收益大于预期成本时，有关利益群体才会组织推行制度创新；二是具有自发性，需求诱致性制度创新是由有关利益群体出于自身需求所开展的活动，即有关群体对制度不均衡的一种自发反应，而有关利益群体这一自发性反应的诱因是有外在利润的存在，这也可反映其盈利性；三是具有自下而上的渐进性，需求诱致性制度创新是一种自下而上，从局部到整体的制度创新过程，制度的转换、替代、扩散都需要时间，从外在利润的发现到外在利润的内在化，其间要经过许多复杂的环节，如在行动团体内就某一制度方案达成一致同意就是一个旷日持久的过程。

政府强制性制度创新是由政府命令和法律引入和实行，必须由某种在原有制度下无法得到的获利机会引起。由于以政府为主体的制度创新并不能完全满足各方利益群体的需求，该路径在实现制度创新进程中面临着巨大的风险，但由于政府强制性制度创新又有着需求诱致性制度创新所不具备的优势，如它能以最短的时间和最快的速度进行制度创新，同时它能以自己的强制力和"暴力潜能"等方面的优势降低制度创新的成本。同时，由于在社会发展过程中，尽管出现了制度不均衡，制度创新预期收益大于预期成本等诸多有利于制度创新的条件，但此时"搭便车"的现象相当严重。在此情况下，微观主体可能并不会进行需求诱致性制度创新，政府强制性制度创新就会代替诱致性制度创新。因为政府可凭借其强制力、意识形态等优势减少或遏制"搭便车"现象，从而降低制度创新成本，因此也需要政府来进行强制性制度创新。但政府强制性制度创新也面临着统治者的有限理性、意识形态刚性、官僚政治、集团利益冲突及社会科学知识局限等问题的困扰。

（二）按创新速度进行分类

"激进式"和"渐进式"是转型经济学中的术语。激进式制度创新和渐进式制度创新是按照制度创新速度的不同来划分的。激进式制度创新在以政府为主体的制度创新中，较为典型的是苏联和东欧各国采用的转型方式，这种转型是试图在短期内快速、彻底地摧毁计划经济体制的各项制度安排，然后通过一整套激进的转型措施（如财产私有化、经济自由化以及宏观经济稳定化）迅速建立起市场经济的制度框架，从而实现从计划到市场的一步跨越，故称"休克疗法"或"大爆炸"；在渐进式制度创新中的典型为中国和越南，它体现出一种相对谨慎的态度，即在暂时不破坏旧体制的前提下，通过培植新体制因素，以达到体制的转换，从而最终过渡到市场经济[①]。

激进式制度创新认为，制度创新是在短时间内以一种新制度来快速代替旧制度。激

---

①桑春红.创新人格是当代大学生的理想人格[J].黑龙江高教研究,2008(04):126-128.

进式制度创新的创新主体要完成激进式制度创新需要拥有充分的信息,即准确地预期到制度创新的成本、收益以及风险。同时,需要具备在短时期内使新制度得以实施的能力。从制度创新的成本来看,仅仅是制度创新过程中来自意识形态的摩擦成本较大,而制度运行的成本较小。

渐进式制度创新体现出制度创新中的"演进主义"和"经验主义"特点,渐进式制度创新暗含着两个假定前提:一是有限理性假设;二是所谓的"边干边学"假设。相对于激进式制度创新而言,渐进式制度创新的创新主体需要的信息要少,而且渐进式制度创新的过程本身就是试错的过程,制度创新的风险较小。从制度创新的成本来看,渐进式制度创新过程中的各种主体易于接受,意识形态的摩擦成本较小,但由于制度创新的时间长,运行中的摩擦成本较大。

二、制度创新的步骤与方法

(一)制度创新的步骤

制度创新过程是制度创新机制最重要的一部分内容,制度创新步骤和方法是否合理和科学反映了制度创新机制是否健全和灵活。制度创新的目标、理想必须通过创新这个过程才能体现出来。参考国内外的看法,以及结合我国制度创新(政策、法律制度等)实践情况将制度创新的一般步骤划分为如下:

1.发现问题,确立制度创新的目标

目标确立是任何一种方案设计的首要阶段。制度创新的目标,对整个创新活动,具有决定性作用,它为整个活动过程指明方向,提供评价标准及其创新依据。制度创新目标指的是制度创新主体希望通过制度设计、改革和实施所要达到的效果,只有通过事先进行了价值判断的正确的目标才具有很强的号召和激励作用,才能使创新的制度获得广大成员的拥护,从而调动他们积极性为此而奋斗。为了确保目标正确和合理,确立目标要按以下要求为基准:

1)目标的可行性

目标的可行性就是考虑现有的制度环境与制度创新的具体影响,如人、财、物、技术、信息等资源是否充分;社会大众心理状况和文化水平是否成熟等。

2)目标的系统性

制度所要调整的社会问题通常是比较复杂的、涉及全社会的大问题。因此,制度创新目标应是在总目标的带领下多个子目标的有机结合,是一个目标系统。子目标一般是总目标的分解,各种创新子系统由于功能的不同,在总目标的制约下往往有自己的不同于其他系统的目标。因此,要尽量避免各子系统目标差异之间冲突与摩擦,使其相互一致,共同为实现总目标而奋斗。

3)目标的规范性

这是制度具有公共性的具体体现,制度作为一种为公众服务的产品。它的目标应体现公正、公平的道德规范,符合现有的宪法和法律精神,符合广大群众的利益。

4）目标的具体性

制度创新的目标要具体明确，涉及的一些条件、时间、数量都要清晰明朗，明确规定。

2.集思广益，拟订制度创新可行性方案

制度创新目标确定以后，就要拟订和寻求实现目标的办法和途径，这就需要充分收集有关资料和信息，才能准确地反映客观情况。制度方案设计，一般需要经过粗拟阶段和精心设计阶段。粗拟阶段要求把握制度创新主要内容，勾画出方案的大致轮廓。在此基础上，就可进入第二步精心设计阶段。这一步主要是将制度方案具体化，使之切实可行，如考虑相关机构的设置、人员的配备等，以保证在特殊环境和困难状况如何应付制度的副作用并进行科学分析研究。

3.评估选优，择定制度创新方案

对制度创新方案进行抉择必须注意：第一，明确把握选定方案的基本标准：保证最好地实现创新目标。只有在几个预选方案都能实现制度目标时，才能着眼于选用代价较小、风险较少、速度较快、副作用较少、适应性较大的方案。第二，决策者评估选优各种方案必须重视发挥专家作用，吸收专家参与评估和审议。从必要性、可能性、经济性及协调性等方面做可行性论证，然后在这个基础做出最后的决断。

4.充分反馈，适时评价完善新制度

制度创新的结果如何，必须通过其具体实施来评价，在实践中检验其可靠性和合理性或发现其缺陷。因此，首先可通过局部试点试验其可行性，通过对试点时认真观察，总结和分析所得来的资料并及时反馈到决策人员那里，成为进行修改和完善新制度的依据，再在这个基础上全面推行。

（二）制度创新的思维方法

制度的种类繁多，创制复杂的特点也决定了只有运用科学的方式方法才能保证制度的科学性和正确性。西方的政策科学理论在这一方面提出了许多制度创新过程中运用的先进的、科学的创造性思维方法。比较有代表性的有以下两种制度创新方法：

1.个人判断法

个人判断法是指依靠专家个人对制度所要解决的问题及其所处环境的现状和发展趋势、制度制订方案及其可能结果等做出自己判断的一种创造性研究方法。这种方法首先征求专家个人的意见、看法和建议，然后加以归纳、整理而得出一般的结论。个人判断方法的优点是保证专家在不受外界影响、没有心理压力的条件下，充分发挥个人的判断和创造力。但是，这种方法受专家个人的知识面，信息来源及其可靠性，对涉及问题是否感兴趣，甚至个人的先入之见等因素所囿；缺乏相互启发的氛围。因此，专家得出的个人判断容易带有片面性。

2.头脑风暴法

头脑风暴法又称专家会议法，是用来产生有助于查明制度所要调整的社会问题和使之概念化的思想、目标和策略的方法。它是1948年由创造性思维专家奥斯本首先提出的一种加强创造性思维的手段,它可用来产生大量关于解决问题的潜在解决办法的建议。它通过召集一定数量的专家(通常为 10～15 人)一道开会研究,共同对某一问题做出集体判断。头脑风暴法的优点是:第一,它能发挥一组专家的共同智慧,产生专家智能互补效应;第二,它使专家交流信息、相互启发,产生"思维共振"作用,爆发出更多的创造性思维的火花;第三,专家团体所拥有及提供的知识和信息量比单个专家所有的知识和信息量要大得多;第四,专家会议所考虑的问题的方面以及所提供的备选方案,比单个成员单独思考及提供的备选方案更多、更全面和更合理。

第三节　制度创新的大学生参与

大学生生活在制度体系中,从大的国家政治制度、经济制度、教育制度、文化制度,到具体的学校管理和班级管理制度。制度与人之间存在 3 种关系:一是人来创造制度,二是人选择制度,三是人遵循制度。这 3 种关系中,人与制度是分不开的,人通过自己的行为去建立创新形成制度,而制度又反过来影响和强化人本身的行为,人与制度是一个相互作用,进而共同发展的过程。如何进一步创造制度、优化制度,大学生有着十分重要的责任。

一、制度创新需要大学生参与

(一)大学生参与为制度创新注入新鲜力量

大学生是社会的一股特殊力量,尽管他们还没有步入社会,在一定程度上作为社会人而言还显得不够成熟,但是大学生具有的 3 个特点使得他们成为制度创新不可或缺的重要力量。一是大学生是社会新技术和新思想的前沿群体,他们视野开阔、知识面广,具有开拓性与创造性,可作为社会的"智库"积极参与制度创新中,提出个人的观点、拓宽制度内容创新视角,表达不同的利益诉求,为制度创新提供科学的参考建议,为制度创新注入新鲜力量。二是大学生作为一个独立的社会利益群体,他们往往对制度的理想建构有着特殊的期望,而且不会因为某些特殊的个人利益而阻碍自身对制度建设的理想;三是大学生具有强烈的社会责任感、道德感,他们的参与能对制度创新行为进行有效监督,他们可以对主体创新过程中不合理、不科学的行为提出建议,如防止制度创新主体在某方面过多关注个体利益,而忽视集体利益等行为。因此,大学生积极参与制度创新具有重要的现实意义。

(二)参与制度创新有利于大学生能力的提升

参与制度建设等管理活动是青年的普遍要求和愿望,创造和提供一切机会让青年参与制度建设是调动他们积极性的有效激励方法之一,通过参与管理促使其形成对组织的归属感、认同感,且能进一步满足员工的自尊和自我实现的需要。因此,国内外都非常重视青年参与制度建设等管理问题。大学生生活在组织制度体系之中,引导和促进他们参与制度创新中有助于全面提升他们的责任心和创新能力,全面提升其主体意识和公共服务精神。

当前,尽管大学生具有创新活力,但制度创新参与的动机并不强烈、参与能力普遍还较弱。受传统教育的影响,大学生更多关注于知识学习和科研任务,认为自己与制度建设无关,很少或几乎不愿意参与制度创新中。作为高等学校,应把制度创新视为大学生创新能力培养的训练平台,为大学生制度创新参与提供充足的机会,让大学生在参与中认识自己、提高自己,促进大学生在参与中全面提升创新能力水平。

二、大学生如何参与制度创新

(一)正确认识和理解制度

大学生要参与制度创新的首要前提要对制度有基本认识了解。现代社会上存在着各种各样的制度,既有政府层面的政治、经济、文化制度,还有事业单位、企业、基层治理组织、社会组织、公众等多元制度体系,这些制度体系构成了中国特色社会主义制度,在这些大到国家、社会制度和小到班级的制度中,大学生需要理解其产生的来源及原因,以及影响制度制订发展与创新的因素等。例如,大学生联系最紧密的高校管理制度,其实大多数大学生完全不了解自己学校的制度体系,他们只关心当前自身利益是否受到影响,他们不仅不在乎学校制度,对国家社会制度也一知半解。因此,只有大学生对政治、经济、社会制度有了深度认识和理解后才会产生制度认同和归属感,只有对制度认同后才有动力对现存制度弊端和不足之处修正改进,才有可能在此之上进行制度创新。

(二)培养参与意识

目前,我国大学生的参与意识薄弱,在长期的应试教学与填鸭式学习模式下,大部分学生习惯处于被管理状态中,缺乏自主参与的意识和认知。普遍认为,制度的制订与创新都是由管理者决定的,学生就是服从制度规则。因此,在进入社会之前,需要培养大学生参与意识,纠正学生的错误观念。首先是大学生自身要认识到参与的重要性和必要性,要有责任意识和主体观念,要有强烈积极参与意愿参与制度创新中。其次高校应在平时向学生强调平等参与观念,改变学生的"被管理"观念,让学生作为制度主体有机会参与政策制订与创新当中。高校的管理者也应在教育管理中树立好尊重学生、服务学生的理念,鼓励学生积极参与,营造良好的参与氛围,提高参与意识①。

(三)掌握正确的参与方法

大学生参与制度创新只有参与的意识是不够的,还需要有与之匹配的能力和恰当的方法。首先,大学生应正确掌握制度创新的方法,"工欲善其事,必先利其器",掌握了正确的方法才能保证事半功倍的效果,制度创新并不是需要大学生毫无根据地胡思乱想和

---

①杜维.治理理论视域下大学生参与高校治理研究[D].西安:西安电子科技大学,2019.

闭门造车,必须要积极参与制度创新实践。大学生并不是专业知识丰富的专家学者,个人的意见可能是富有创造性但是局限性较大的,对此就要善于调查研究,针对自己发现的问题多听听同学、老师,甚至书本的意见,这样才能有效克服自身知识上存在的不足,增强创新的能力。其次,需要掌握制度创新的步骤,从发现问题、具体的创新目标到拟订创新方案评估选优到最后的信息反馈,这些都需要大学生在平时的实践中有计划和意识地强化学习。最后,大学生还需要了解正确参与方法,学生参与的权限范围是什么,正确参与的规范程序是什么。另外,对于高校而言,也要为学生参与创新和简化高校制度,减少层级,扩大参与的范围,做到公平、公开参与,才能提升学生参与的有效性[①]。

(四)注重从身边开始,为制度创新做贡献

大学生生活在高等学校,身边有着无穷的制度,如自主招生制度、高考加分制度、考试制度、重修制度、奖励制度、处分制度、保研制度、就业制度及助学贷款制度等,这些制度在一定程度上都具有时间、对象的合理性,随着时间或人物、事件变化的变化都会出现一定程度的制度缺陷。作为大学生,就应经常对制度的合理性进行思考,当发现制度的缺陷或问题时,及时向学校提出自己的意见和建议,在这样的制度创新参与中能力素质会得到更快更好地提升。

【思考与训练】

一、思考题

制度创新是一项长期的任务,随着知识经济的到来,创新主体的原有的知识、技能、经验越来越不能适应现代制度创新的需要。大学生作为制度创新的主体,应加强对自身制度创新能力的培养。你认为大学生要在制度创新中发挥重要作用,需要具备哪些能力素质。

二、制度创新案例分析

某高级中学班级管理委员会制度创新过程:

1.前期思想动员和宣传:通过学校十一届二次教代会将"深度建构学校文化,进一步加强和改进学生思想道德建设,培养时代领跑者"作为中心议题,对德育工作的重视达到了前所未有的高度,在良好德育基础上继续不断创新德育工作手段,使德育工作开创新的局面,将为学校的发展开辟新途径。同时,在班主任实践中,已有一批班主任在管理的同时开始关注任课老师对班级发展的巨大作用,在不自觉中联合任课老师的力量,加强对班级学生的管理,并且在实践中初见成效。

[①]张雪莉,李恩宇,王悦.大学生参与高校管理的现状探析[J].教育教学论坛,2020(04):17-18.

2.确定人员构成和工作分工:确定制度创新的核心成员是班级的班主任,班级其他任课老师、部分家长代表和部分学生代表是委员会的重要成员。

3.确定班级管理委员会制度的内涵:明确班级管理委员会是在班级管理过程中,以班主任为核心的科任老师以及部分家长代表、学生代表组成的,对班集体建设起帮助和指导作用,使班级成员朝健康方向发展,并兼自主管理的工作机构。

4.确定班级管理委员会制度创新的目标:积极主动地互通情况,形成一个高效的教育集体;能够借助班级管理委员会,改变过去班主任一人说了算的局面,变为管理委员会集体的讨论决定,在群策群力的基础上制订更符合班级学生利益的发展规程,为优秀班集体建设提供更广阔的管理平台。

5.讨论商定班级管理委员会制度具体内容:建立定期会晤机制,班级管理委员会原则上一个月召开一次碰头会,畅谈班级的管理思路及交流个别重点学生的不同教育教学方法,以便使任课教师之间互相了解,对学生的教育能够互通,形成教育合力。对学生的学科成绩的发展,对学生的思想品德的发展,可以重点对象、重点学科、重点关注,解决学生中存在的重要问题,并提出下阶段的工作目标。

6.确定班级管理委员会制度的评价与考核机制:阶段式考核,分为学期中评价考核和学期末评价考核。学期期中时,学生处将同年级部领导组织班级部分学生座谈,了解工作委员会的执行情况,以此作为评价的一方面依据;同时,由班级委员会的其他成员对班主任进行评价打分,班主任同样对自己班级管理委员会的成员做好评价,其中教师评价纳入教师期中绩效考核的一部分,学生评价纳入学生的综合评价体系。学期末,学生处将会同年级部依据优秀班集体评选条例进行评价。对优秀班集体的奖励,将以分数形式折合到相关任课老师的绩效考核中。

请对该制度创新过程的科学性进行评价。

三、实训题

请结合自己所在班级的实际情况,围绕班级同学学习中的迟到早退、课外较多时间沉溺于打游戏等问题,通过调查研究,并与辅导员、主要学生干部等讨论沟通,提出自己对班级管理的制度创新,并尽可能使该制度能够在所在班级实际运行,并在运行一段时间后评估运行效果,反思制度创新中存在的问题与不足,从而进一步优化制度。

四、调研题

我国的生育政策经历了20世纪80年代以前的放开生育,20世纪80年代开始的独生子女政策,21世纪以来的单独二孩政策、全面二孩政策,不过从目前情况看,全面二孩政策下的生育率并没有达到预想的效果。请从刺激生育的角度看,通过具体调查研究提出一些生育政策创新的建议。

第九章　管理创新方法与训练

凡是有人的地方就有管理,大学生既是管理的客体,又是管理的主体。无论是处于学校环境,还是社会环境以及未来的工作环境,都会遇到各种各样的管理问题。如何正确认识和分析管理问题,采取新的思路方法去突破现有管理中存在的问题,达到更高的管理绩效,这就需要大学生熟悉和了解有关管理创新的理论知识和科学原理,从而吸收前人关于管理创新的科学成果,更好地贡献自身在管理中的价值。

第一节　管理与管理创新概述

纵观人类社会的历史不难发现,管理是小到一个家庭,大到一个国家的各种组织由弱变强或由强变弱的根本。实践证明,一个单位、一家企业,在其他条件不变的情况下,不同的管理层和不同的管理方式方法可以完全改变其原有状态,既可能使其起死回生,也可能使其一败涂地。

一、管理与管理者

(一)管理

管理是指一个协调工作活动的过程,以便能有效率和有效果地同别人一起或通过别人实现组织的目标。对管理的理解,不同的学派有不同的侧重。例如,功能学派认为,管理是计划、组织、指挥、协调和控制;行为学派认为,管理是利用各种手段,把人的积极性充分调动起来;管理科学学派认为,管理是利用数学模型进行方案选择;决策学派认为,管理就是决策。

1.管理的定义

管理是对组织的有限资源进行有效整合以达成组织既定目标与责任的动态创造性活动。计划、组织、指挥、协调及控制等行为活动是管理活动中按职能划分的一类活动。管理定义图解如图9-1所示。

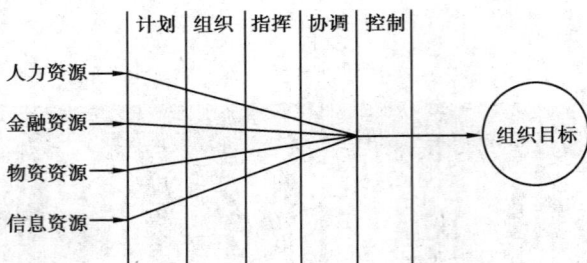

图9-1　管理定义图解

为了更好地解释管理这个定义的具体内涵,还需要理解4个方面的概念:

①管理是一个过程,代表了一系列进行中的、有管理者参与的职能或活动。

②管理活动主要是一种协调,这样就区分了管理岗位与非管理岗位。

③管理是为实现组织目标服务的载体,管理本身是没有目标的,不能为管理而管理,而只能服务于"实现组织目标"。

④管理工作是在特定环境下开展的。

2.管理的性质

管理通过组织安排社会活动,使其有序进行,因而具有二重性;同时,具体管理活动又与特定的管理目的和管理内容相关,具有自身独特的性质。

1)管理的二重性

马克思主义管理理论指出,任何社会的管理都具有两重属性,即自然属性和社会属性。管理中的指挥劳动和监督劳动就体现了自然属性和社会属性的统一。

(1)自然属性

"指挥劳动"是同生产力直接相联系的,是由共同劳动的社会化性质产生的,是进行社会化大生产的一般要求和组织劳动协作过程的必要条件。它表现了管理的自然属性。

(2)社会属性

"监督劳动"是同生产关系直接相联系的,是由共同劳动所采取的社会结合方式的性质产生的,是维护社会生产关系和实现社会生产目的的重要手段。它表现了管理的社会属性。

2)管理的独特性质

管理既是一种方法,也是一种艺术;既是一个过程,也是一种目标。管理是一门科学,一种系统化的并到处适用的知识,同时管理也是一种文化。管理的独特性质包括动态性、科学性、艺术性、创造性及经济性。

(1)动态性

面对组织外部环境的变化和内部因素的变动时,对各项资源的流入流出和内部流动的平衡与调节、分析与控制的管理工作。

(2)科学性

管理作为一个活动过程,管理实践活动中存在着一系列基本的客观规律,要遵循规律,利用科学的方法分析问题、解决问题。

（3）艺术性

管理无定法,面对同一个问题不同的管理者往往会采取不同的方式方法,在管理实践中需要管理者灵活地运用管理理论知识与经验,将管理理论与具体的实践活动有机、巧妙结合。

（4）创造性

在原有管理模式的基础上,根据实际情况变化创造一种新的更有效的方法来整合企业内外资源,以实现既定管理目标。

（5）经济性

管理作为一种提高企业经营业绩的手段,其自身必然带来成本,关键是提高的业绩与增加的成本相比有多大的净收益。

3.对管理的新认识

管理的基本原则与过程是:还管理中的各项事物以本来面目—科学分析确定"最佳状态";时刻监视事物变化;对偏差及时调整、控制、还原。

管理其实很简单:管理=管人理事+管事理人。连动物都会管理,人类要向动物学习规范管理的本能(动物开启的法则)。

（二）管理者

管理活动中,作为管理主体的管理者,必须要去管人理事、管事理人,需要为管理活动做计划、设目标、协调相互关系,控制活动过程,这自然对管理者的能力素质提出了要求,尤其在当代社会,作为一个管理者必须具有相应的能力素质。

1.科学决策能力

美国著名管理学家赫伯特·西蒙曾强调,决策是管理的心脏,管理是由一系列决策组成的,管理就是决策。我国古代帝王治国理政也十分看重"谋与断"的重要性,唐代房玄龄、杜如晦就因卓越的政治谋略得名,被后人尊称为房谋杜断。科学决策的能力作为管理者首要的管理能力,是企业家制订恰当的发展战略、计划、方向的保证。要提升科学决策的能力,具体而言,就要做到看清本质、抓住关键、当机立断、敢于负责。

1）看清本质

看清本质强调把握事情的本来面貌,防止在管理活动中被错误信息所干扰。面对管理现象,不同管理对象、甚至管理者本人都会有各种各样的想法,这很容易使管理者处于困局之中,作为优秀的管理者必须能够摆脱各种各样的干扰,看清并抓住问题本质所在。

2）抓住关键

管理活动的影响因素众多,管理者需要解决的问题也很多,作为管理者必须能抓住抓准重点,避免"捡芝麻、丢西瓜"导致本末倒置。由此要求管理者善于分析事情的主要矛盾和次要矛盾,认清事情的"本末""轻重""缓急",然后从重要的方面下手。

3）当机立断

面对管理中的突发问题,能抓住时机,做出明智选择,体现出管理者的决断力。对一件事,任何人都有自己不同的角度,一些聪明人可能会从各个角度来分析问题,但有决断力的当事人却知道什么时候该停止议论,毫不迟疑做出决定。人生的重大抉择不少便是如此,正所谓"当断不断,反受其乱","机不可失,时不再来"。

4)敢于负责

决策是有风险的,作为管理者要敢于担当责任,勇于承担决策风险带来的责任。

2.知人善任的能力

现代人力资源管理强调要把合适的人放到合适的位置上去,以事得其人、人尽其才。为此,作为管理者必须具有识人能力和用人能力。

1)识人能力

要求作为管理者善于识别他人的优点、不足、行为动机、工作态度,以便在管理中更好地用人。

2)用人能力

要求作为管理者能够用人所长、避人所短。古语有云:尺有所短,寸有所长。在组织中的每个人都不会是十全十美的,都有各自的优势和缺陷。作为管理者,就要能容人之短,用其所长。汉高祖刘邦在洛阳的南宫庆功宴上,总结自己战胜项羽的原因:"论运筹帷幄之中,决胜于千里之外,我不如张良;论抚慰百姓供应粮草,我又不如萧何;论领兵百万,决战沙场,百战百胜,我不如韩信。可是,我能做到知人善用,发挥他们的才干,这才是我们取胜的真正原因。"奥格尔维也说过,如果我们每个人都雇佣比我们自己更强的人,我们就能成为巨人公司。哲理故事《鹦鹉的价值》同样延续了这一观点,真正的领导人,不一定自己能力有多强,只要懂信任、懂放权懂珍惜,就能团结比自己更强的力量,从而提升自己的身价。

3.沟通协调的能力

松下幸之助有句名言,企业管理过去是沟通,现在是沟通,未来还是沟通。管理者的真正工作就是沟通。不管到了什么时候,企业管理都离不开沟通。有资料表明,企业管理者70%的时间用在沟通上,开会、谈判、谈话、做报告是最常见的沟通方式,以及对外拜访、约见等。另外,企业中70%的问题是由于沟通障碍引起的,无论是工作效率低,还是执行力差,以及领导力不高等,归根结底都与沟通有关。沟通协调能力能增强组织员工的凝聚力和向心力,促进组织持续健康发展。作为管理者必须掌握沟通法则并避免沟通障碍。

1)掌握沟通法则

(1)威尔德定理

人际沟通始于聆听,终于回答。

(2)牢骚效应

让团队成员将自己心中的不满发泄出来。对那些未能实现的意愿和未能满足的情绪,千万不要压制,而是要让它们发泄出来,这对人的身心发展和工作效率的提高都非常有利。

(3)杰亨利法则

让你的团队成员把点子大声说出来。坚信相互理解,能提高知觉的精确性,并促进沟通的效果。

（4）沟通的位差效应

平等交流是有效沟通的保证。在企业内建立平等的沟通渠道,可大大增加领导者与团队之间的协调沟通能力,使他们在价值观、道德观、经营哲学等方面很快地达成一致。

2)避免沟通障碍

从信息交流的有效性出发,沟通障碍可分为倾听障碍、理解障碍和认同障碍。

（1）倾听障碍

倾听障碍是指听不准确或听不清楚对方所说的话,原因可能是多方面的,排除个体生理疾病的情况,避免倾听障碍就要注意恰当的语言表达方式、适宜的时间选择以及良好的沟通环境等外部环境因素。

（2）理解障碍

理解障碍是指听不懂或不能完全明白所表达的意思,原因主要是个体认知和情感方面的,避免理解障碍就要选择通俗易懂的语言、运用简洁的言语结构和保持平和的态度。

（3）认同障碍

认同障碍是指不赞成或反对对方的思想、观念等,选择沟通的主体是避免认同障碍的关键。

4.制度设计与执行能力

管理离不开制度和规范。作为管理者,设计和执行制度的能力可帮助管理者合理地处理管理事务进而有效提升组织效益。因此,作为管理者,就要具有设计合理制度、严格执行制度、确保制度效果的能力。

1)设计合理制度能力

制度至关紧要,制度设计合理可在既定的资源条件下使利用效益最大化。作为管理者,应能抓住主要矛盾,在充分考虑各种影响因素的基础上提出相对科学、合理、可操作的制度方案,促进管理问题的有效解决。

2)严格执行制度的能力

每个组织都有自己不可违背的"管理制度天条",需要管理者与管理对象坚决遵守。由此要求管理者不仅自己能率先垂范、模范遵守制度,而且能要求管理对象严格遵守制度,做到人人遵守制度、令行禁止。

3)制度修正和完善的能力

世上没有十全十美的制度,任何制度都有漏洞。"千里之堤,溃于蚁穴","差若毫厘,谬以千里",当管理制度因时间、地点、环境等因素的变化而出现问题时,管理者能敏锐意识到问题,并及时发现并修补制度漏洞,避免由此而带来的严重后果。

5.应对危机的能力

美国著名管理学家斯蒂文·芬克指出,危机如纳税与死亡一样不可逃避。在管理活动中,管理者经常会遇到各种各样的危机,如资源突然缺乏、人员突然流失、任务突然变更等危机。应对危机的能力能帮助管理者及时有效地应对外部挑战和处理突发事件,是保障企业稳定发展至关重要的管理能力。要提升应对危机的能力,具体而言,就要掌握危机处理的原则与策略(见表9-1),务必做到主要领导一定要到现场;一定要第一时间到现场;一定要到第一现场。

表9-1　危机处理的原则与策略

	时间性	主动性	真实性、全面性	专业性
三T	Tell it fast 尽快提供情况	Tell your own tale 以我为主提供情况	Tell it all 提供全部情况	
四不如	被动去说不如主动去说	别人来说不如自己来说	大家来说不如专人来说	外行来说不如内行来说
四度	速度反应要快	态度诚恳、负责、积极解决问题	梯度有序、有计划、有步骤地进行	尺度要符合相关政策、法律

二、管理创新

根据美国科学基金会给出的定义,技术创新是指"将新的或改进的产品、过程或服务引入市场"。可见,技术创新主要立足市场变化、追求新奇性以满足消费者需求的差异化。相比较而言,管理创新则强调与组织外部环境和内部问题的匹配性,以改善内部运行效率,提高组织绩效或作为技术创新的支撑。

(一)什么是"管理创新"

事实上,在整个创新研究领域中占主导地位的是技术创新,直到20世纪80年代,美国学者Stata才明确提出管理创新问题。他指出,日本企业的竞争力赶超美国,并多年居于世界之首,正是依靠管理创新的作用;与日本企业形成对比,美国公司衰落的原因就在于管理创新的缺失[①]。自此,管理创新逐渐受到理论家和实业家的重视。

1.管理创新的定义

管理创新(management innovation)是指新的管理思想、管理实践、管理过程或管理结构等的创造、决策和实施,这些与组织普遍接受的或标准化的管理有着重大的背离,但能有利于实现组织目标。对管理创新的内涵需要从以下4个方面进行理解:

1)组织变革

管理创新包括管理思想、内部实践、过程或结构等方面的变革,或几种形式的结合。具体表现为:提出一种新的经营思路并加以有效实施;创设一个新的组织机构并使之有效运转;提出一个全新的管理方式方法;设计一种新的管理模式;进行一项制度创新等。

2)自主创新

管理创新是管理者借助于系统的观点,利用新思维、新技术、新方法,创造一种新的

①叶清.大学生创新人格特征及其培养[J].教育学术月刊,2010(11):73-77

更有效的资源整合范式。这种资源整合范式必须是其所不熟悉的,而不是照搬其他企业已证实的管理创新成果。

3)经济高效

管理创新能帮助组织内资源的有效利用并提高组织工作效率和绩效①,以尽可能少的投入获得尽可能多的产出综合效益,从而实现获得更高经济效益的组织目标。

4)决策实践

管理创新是指一种新的有效整合资源以达到组织目标和责任的具有动态反馈机制的全程式管理。它包括创造、决策和实施3个阶段。那些没有经过决策予以实施的创新方案不能视为管理创新②。

2.管理创新的内涵

管理创新使得富有创造力的组织能够不断地将创造性思想转变为某种有用的结果。管理者需要把握管理创新的价值追求、核心要点、精神实质、理论体系及发展基础,才能真正实现组织变革。

1)价值追求是"以人为本"

20世纪30年代前,土地、机械设备和资金被看成管理的中心,人被看成同工具、机器一样,只具有使用的价值。20世纪50年代中期,美国诺贝尔经济学奖得主舒尔茨提出的人力资本理论,将人力资源研究推向更深层次,认为人是唯一能够增长和发展的资源,而其他所有资源都是受机构的法则支配的。20世纪80年代兴起的"公司文化"和"追求卓越"等热潮也大肆宣扬"以人促产""一切着眼于人"等人本管理思想,认为"人就是人,并不是什么人员,人是不会由他人真正激励起来的,因为那扇门是从里面锁上的,他们应当在一种有助于自我激励、自我评价、自我信任的气氛中工作"。

2)核心要点是"再造"

管理创新提倡的核心概念是再造。再造概念的创始者米切尔·汉默和詹姆斯·钱皮所下的定义:再造,就是对公司的流程、组织结构和文化进行彻底的、急剧的重塑,实现绩效的飞跃。企业再造的第二层概念,再造的重塑对象是企业的战略、增值、营运流程及领导阶层等,不仅对流程进行再造,而且还要将以职能为核心的传统企业改造成以流程为核心的新型企业。

3)精神实质是"求异、求新、求变、求优"

美国管理学家戴尔在《管理的理论和实践》指出,如果管理人员只限于继续做那些过去已做过的事情,那么,即使外部条件和各种资源都得到充分的利用,他的组织充其量也不过是一个墨守成规的组织。这样下去,很有可能造成衰退,而不仅是停滞不前的问题,在竞争的情况下,尤其是这样。

美国学者平肖也指出,我们生活在这样一个时代,即进行有效创新的能力已成为事

①李志,陈培峰,蒲清平,等.大学生综合素质与实践能力研究[M].重庆:重庆大学出版社,2014:163-174.
②习近平在中国共产党第十九次全国代表大会上的报告.

业成功的基本决定因素的时代。如果竞争就是创新，就是创造和改进产品、服务和加工过程，那么，不创新就是死亡。

创新是组织活力的源泉，是组织生存和发展的基本因素。世界著名企业在开发目标、决策方法、管理制度和聘任制度上都有其独特的管理创新。例如，美国贝尔公司以"摧毁今天的产品和技术"为研究开发目标；兰德尔公司创立德尔菲法；通用汽车公司总裁斯隆采用事业部制；德国创立弹性工作时间制度；德鲁克提出目标管理法，等等。

4）理论体系是"系统与权变"

系统理论产生于生物学的研究，它自产生就被管理理论借鉴和吸收。可认为，现代管理是以系统思维方法运作的。它要求从整个组织及其与环境的相互作用的角度看待组织，既要看到各子系统的独立作用，又要看到整体和全局，还要看到组织与外界环境的联系和作用。

权变理论产生于20世纪70年代，它为管理理论和方法运用于现代管理实践指明了方向。它要求在管理中具体情况具体分析，灵活处理各种问题，认为不存在什么普遍适用的"放之四海而皆准"的最好的管理理论和方法。

5）发展基础是"管理人员的专业化"

"管理是实践，而不是科学，也不是专业，虽然它里面包含着科学和专业的因素，但要把管理工作'专业化'，给经理人员发'执照'，那就会给我们的经济和社会造成莫大的损失。"（美国管理学家德鲁克）

执照、文凭、资格证书不能保证管理的必然成功，但现代管理的实践表明，许多成功的管理者都接受过正规的管理教育。管理人员的专业化已成为现代管理的必要基础。

美国管理学家艾伯斯也在《现代管理原理》一书中指出，成为专业职业必须有两个基本条件：要有系统整体的知识及应用这些知识的必要技能；要遵守为指导职业和个人行为而制订的一套规范。

3. 管理创新的特征

管理创新被认为，技术或产品（服务）创新与企业绩效之间的中介变量[1]，具有较强的系统性，难以被竞争对手模仿，因而被认为企业长期竞争优势的主要来源之一[2]。在推动企业发展、建设国家与企业创新体系中，与技术创新起着同等甚至更重要的作用[3]。与技术创新相比，管理创新在产生过程、内容形式和实施结果方面具有自身特点。

1）漫长而艰巨的道路产生管理创新成果

从管理创新的产生过程来看，管理创新具有长期性、艰巨性和创新性的特点。

---

① 习近平在中国共产党第十九次全国代表大会上的报告.

② 习近平在中国科学院第十九次院士大会、中国工程院第十四次院士大会上的讲话.

③ 张晓明，郗春媛. 大学生创新人格核心特质研究[J]. 高等教育研究，2002（03）：80-83.

（1）长期性

管理创新是一项长期的、持续的、动态的工作过程。管理创新是一个漫长、渐进的过程，大部分的管理创新的实施过程都要经历很长的时间段，几年至几十年，有些时候甚至无法界定管理创新的始末。

（2）艰巨性

管理创新因其综合性、前瞻性和深层性而颇为艰巨。人们的观念、知识、经验等以及组织目标、组织结构、组织制度，关系人的意识、权力、地位、管理方式及资源的重新配置，这必然会牵涉各个层面的利益，使得管理创新在设计与实施中遇到诸多"麻烦"。

（3）创新性

管理创新以原有的管理思想、方法和理论为基础，充分结合实际工作环境与特点，积极汲取外界的各种思想、知识和观念。在汲取合理内涵的同时，创造出新的管理思想、方法和理论。其重点在于突破原有的思维定式和框架，创造具有新属性的、增值的东西。典型的管理创新及其本质特征见表9-2。

表9-2　典型的管理创新及其本质特征

例　子	概念描述	本质特征
现代研究实验 Modern Research Lab	一种管理技术创新的新架构，目的在于促进技术和产品创新	新的架构
事业部模式 M-Form	企业面对复杂的多产品和多市场的情形所采用的一种新的组织结构	新的组织结构
丰田生产系统 Toyota Production System	以提升生产效率、减少浪费为目的的一组新的实践和流程。	新的实践和流程
全面质量管理 Total Quality Management	以减少质量缺陷、提升客户满意度为目的的一组新的流程和实践	新的流程和实践
贴现法 Discounted Cash Flow	通过增加时间维度来改善投资和预算决策的新技术	新的技术
单元式制造 Cellular Manufacturing	一种在生产单元中管理任务的新流程，目的在于提升员工的满意度和生产产量	新的流程
作业成本法 Activity-Based Xosting	以提供更加现实的成本估计为目的的一种分配成本的新实践与新技术	新的实践与技术
现代装配线 Modern Assembly Line	以提升生产效率，降低成本为目的的一组新的时间和流程	新的实践和流程
平衡计分卡 Balanced Score Card	为了做出更加明智的决策，整合不同类型信息的一组新的技术和实践	新的技术与实践

2)隐蔽的非物质成果具有排他性

从管理创新的内容形式来看,管理创新具有隐蔽性、排他性和非物质性的特点。

（1）隐蔽性

管理创新体现的是经验,甚至是感觉。因劳动者文化水平的限制、理论成熟度和劳动者意愿等原因,管理知识储存在劳动者头脑中,难以或者不愿用语言加以描述,构成了纯粹的隐性知识。

（2）非物质性

管理创新的内容一般不具有物质性,仅少数部分可用文字、图表等书面形式呈现。这种非物质性体现出模糊性和不确定性,也使管理创新的结果较难界定,很难受到专利的保护。

（3）排他性

管理创新往往只针对特定的体系,该体系由不同的因素和关系构成而具有高度的复杂性。在应用中所表现出的效用,不仅不同企业之间存在较大差异,而且同一企业在不同时期也可能存在较大差异。这种微乎其微的迁移和推广的可能性,使管理创新的内容具有排他性。

3)实施管理创新的效益与风险并存

从管理创新的实施结果来看,管理创新具有效益性和风险性的特点。

（1）效益性

管理创新并不是为了创新而创新,而是为了更好地实现组织的目标,要取得效益和效率。通过技术创新提高产品技术含量,使其具有技术竞争优势,获取更高利润。通过管理创新,建立新的管理制度,形成新的组织模式,实现新的资源整合,从而建立起企业效益增长的长效机制。但是,管理创新结果很难与技术创新以及其他组织绩效分离。因此,管理创新突显描述性,其过程包含更多个人主观因素,因而增加了管理创新绩效测量的难度。

（2）风险性

风险是无形的,管理创新并不总能获得成功。创新作为一种具有创造性的过程,包含着许多可变因素、不可知因素和不可控因素,这种不确定性使得创新必然存在着许多风险。具体表现为内容复杂、投入回报不确定、创新效果难以量化和不可实验。管理创新的结果既可能类似于丰田通过其精细化管理等创新实践赶超通用和福特等强劲竞争对手,主导欧美市场的繁荣景象,也可能类似于国内某些企业因实施业务流程再造等管理实践陷入困境的尴尬局面。

总之,管理创新是一项高风险性系统工程,要求对组织的惯例或基因进行根本性的改变,除了高风险性,其难度也往往超过一般的组织变革和技术创新,加上管理创新要求跟组织情境紧密结合,而组织间内外环境的差异性增加了找到一个有效且通用的创新方式或途径的难度;同时,管理创新是一项关乎组织未来命运的重大决策,对组织影响的全局性超过一般技术创新。

(二)为什么要"管理创新"

当今,经济、市场、技术等方面的环境变化迅猛,竞争激烈。经济关系的日益国际化及新技术革命的突飞猛进,更好像两副催化剂,使得本已十分激烈的竞争更趋白热化。[①]持续动态的环境为企业生存与发展带来了前所未有的挑战,如何应对环境变化成为当前的热点问题。

人们普遍认为,创新是企业获得竞争力,把握和追随环境动态,确保组织适应环境需求的有力武器。在技术趋同化日益显著的背景下,作为组织竞争力持续和重要来源的管理创新更成为企业适应环境变化、解决内部运行问题的重要途径。

1.管理创新的地位

正如美国管理学家 E.戴尔所说,如果管理人员只限于继续做那些过去已做过的事情,那么,即使外部条件和各种资源都得到充分的利用,他的组织充其量也不过是一个墨守成规的组织。这样下去,很有可能会造成衰退,而不仅是停滞不前的问题。如果能慧眼独具,刻意创新,即便是资金匮乏,技术力量薄弱,设备陈旧,工艺落后甚至濒临破产边缘的企业,也可在不利的条件下争得生存和发展的生机和活力。

不管对宏观层面的国家和民族还是对微观层面的企业或社会子系统,管理创新都具有极其重要的地位。

材料9-1:管理创新案例两则

案例1:有一段时间,英国政府雇佣私人船只运送犯人,按照装船的人数付费,多运多赚钱。很快弊端出现了:罪犯的死亡率非常之高。政府官员绞尽脑汁想降低罪犯运输过程中的死亡率,包括派官员上船监督,限制装船数量等,却都实施不下去。最后,他们终于找到了一劳永逸的办法,就是将付款方式变换了一下:由根据上船的人数付费改为根据下船的人数付费。船主只有将人活着送达澳大利亚,才能赚到运送费用。新政策一出炉,罪犯死亡率立竿见影地降到了百分之一左右。后来,船主为了提高生存率还在船上配备了医生。

案例2:第二次世界大战期间,美国空军降落伞的合格率为99.9%,这就意味着从概率上来说,每一千个跳伞的士兵中会有一个因为降落伞不合格而丧命。军方要求厂家必须让合格率达到100%才行。厂家负责人说他们竭尽全力了,99.9%已是极限,除非出现奇迹。军方(也有人说是巴顿将军)就改变了检查制度,每次交货前从降落伞中随机挑出几个,让厂家负责人亲自跳伞检测。从此,奇迹出现了,降落伞的合格率达到了百分之百。

1)国家和民族的潜在"基础国力"

管理创新作为社会发展的运筹性因素,对一个国家、一个民族是一种潜在的"基础国力"。人类社会发展的实践表明,一个国家、一个民族由弱变强或由强变弱在很大程度上反映出管理水平的高低。

事实上,在讨论人类社会赖以发展的资源及其发展活动的组织时无一能离开管理,好的管理可以丰富这些资源并有效利用,可以使人类社会经济活动更有成效,可以使生

---

①叶清.大学生创新人格特征及其培养[J].教育学术月刊,2010(11):73-77.

产力中的人的要素和物质的要素得到很好的结合,可以使生产关系适应生产力的发展,上层建筑适应经济基础的发展。管理不仅是一种潜在性的国力,而且是一种投资小、收效大,有时还是见效最快的国力。只要潜在的智能性的要素在一定的条件下转化为直接的现实的生产力,它的现实作用就充分显示出来。管理创新产生于智能想法,也就是潜能,一旦其合理性方案纳入实践之中,潜在的基础国力,就转为了现实的基础国力——生产力的各个方面的统一。这种转化需要依赖于教育、实验。

无疑,管理创新本身也是一个巨大的工程。要提高整个国家、民族的管理水平和各个层次的管理技能,依赖于管理中的思想创新,依赖于对过去、对现在的实践的总结。经过一定范围内的实践检验,然后把局部经验转化为整体的指导原则,发挥整体效益。这种方法在许多国家都引起高度重视。

2)管理创新对组织系统具有整体推动、关系协调、革新体制的作用

一项管理创新,无论发生在什么样的系统,无论其作用是在一个点、一条流程线、一个管理方面,还是在全局,管理创新都会使这个点、这条线、这个层面得到长足的发展而影响全局。在这种态势下,组织的思想、观念和意识等可较容易地为大多数人,甚至是全部人所接受。这样,每个人(至少是大多数人)都可在其所处的点上或线上充分发挥作用,从而对整个单位有整体推动作用。

在管理活动中,管理意识的各种要素、各种形式必然作为相互作用的有机整体影响人的行为,显示其调节和控制作用。管理创新意识是管理意识中的理性因素,是从事物的本质、规律性的方面反映管理实践的过程,在指导管理实践的过程中,这种理性起根本性的指导作用。

管理的调控作用,不仅表现在对组织内部活动的调节、控制上,而且还表现在对组织存在环境的调控上。管理活动不能脱离环境而存在,它必须对系统自我存在和发展的环境与条件有充分的认识,才能有效地推动管理活动的开展和发展。

2.管理创新的必要性

创新能赋予资源新的能力,并使其创造价值[1]。创新常被视为经济发展的根本动力,因而也成了经济增长理论的核心概念,并且吸引了大量经济学者和管理学者投身于创新现象研究。

对于企业来说,只有通过市场检验的创新才能称得上是真正成功的创新,但企业要想使技术或产品创新通过市场检验,就得做好许多中间环节的工作,如创立创新型文化、组织结构、激励机制等[2]。可见,企业创新是多维的,既包括技术或产品创新,又包含管理创新。管理创新是经济社会环境、外部市场竞争和内部发展状况对企业的综合要求。

1)科技、经济和社会发展的要求

随着我国高新技术迅猛发展,企业竞争从传统的人力、财力和资源占有量方面的较

[1]李志,陈培峰,蒲清平,等.大学生综合素质与实践能力研究[M].重庆:重庆大学出版社,2014:163-174.
[2]习近平在中国科学院第十九次院士大会、中国工程院第十四次院士大会上的讲话.

量转变为现代化的知识、管理和技术方面的比拼。社会主义市场经济体制下,企业必须将"引进来"与"走出去"相结合,与国际现代化的生产、管理方式接轨。建设富强、民主、文明、和谐、美丽的社会主义现代化强国的发展目标进一步向企业提出了高效、优质、绿色、可持续的发展要求。

2)市场经济和激烈的市场竞争的要求

近百年来,丰田生产模式、平衡计分卡、事业部制、全面质量管理、贴现现金流、单元制造①等管理创新事件均在不同时期轰动管理学界,引发一波又一波管理变革的浪潮,从而有效推动了管理实践效率的提升及整个管理学科的发展。国内也涌现出了管理创新浪潮。例如,海尔集团的"人单合一"双赢模式、联想的"大船结构"管理模式等②,这些管理创新实践帮助企业在竞争中渐显优势,成为行业领先者。

"以产定销"的计划经济时代已成为过去,信息化为经济市场化、国际化提供了生产力基础。企业的生存必将是全球范围内的生存。全球电子数据交换系统EDI,使企业在产品生产和供应方面的地理概念与时间概念大大淡化,资金流通与商品流通日趋市场化、全球化。这些变化既给企业带来了机遇和挑战,又给企业带来了更高的要求与残酷的竞争。

3)企业现状和深化企业改革的要求

管理要合理组织生产力,同时又要不断调整生产关系。当今我国企业正处于生产力大发展、生产关系大变革的环境之中。要提高企业经济效益,经济增长方式必须从粗放经营转到集约经营上来,即由"总量增长型"向"质量效率型"转变。

管理者逐渐意识到管理创新作为企业外部环境和内部资源适配和整合的结果,能够为企业带来持续竞争优势,有利于提高资源使用效率、推动企业稳定健康发展、增强企业核心竞争力和形成企业家阶层③。

三、管理创新的管理理论基础

随着社会、经济、文化的迅速发展,特别是信息技术的发展与知识经济的出现,世界形势发生了极为深刻的变化。面对信息化、全球化、经济一体化等新的形势,企业之间竞争加剧,联系增强,管理出现了深刻的变化与全新的格局。

(一)社会系统学派理论

社会系统学派的代表人物是美国著名的管理学家切斯特·巴纳德。1938年,他发表了《经理人的职能》,认为组织是一个复杂的社会系统,应从社会学的观点来分析和研究管理的问题。

社会系统学派的主要内容可归纳为以下4个方面:

①组织是一个是由个人组成的协作系统,个人只有在一定的相互作用的社会关系

①张晓明,郗春媛.大学生创新人格核心特质研究[J].高等教育研究,2002(03):80-83.

②高美才,陈勃.大学生创新能力的三维性研究[J].江苏高教,2003(01):26-28.

③叶清.大学生创新人格特征及其培养[J].教育学术月刊,2010(11):73-77.

下,同他人协作才能发挥作用。

②巴纳德认为,组织作为一个协作系统都包含3个基本要素:能互相进行信息交流的人们;这些人们愿意作出贡献;实现一个共同目的。因此,组织的要素是:信息交流;作贡献的意愿;共同的目的。

③组织是两个或两个以上的人所组成的协作系统,管理者应在这个系统中处于相互联系的中心,并致力于获得有效协作所必需的协调。因此,经理人员要招募和选择那些能为组织目标的实现而做出最好贡献并能协调地工作在一起的人员。

④经理人员的作用就是在一个正式组织中充当系统运转的中心,并对组织成员的活动进行协调,指导组织的运转,实现组织的目标。根据组织的要素,巴纳德认为,经理人员的主要职能有3个方面:提供信息交流的体系;促成必要的个人努力;提出和制订目标。

(二)决策理论

决策理论学派是以统计学和行为科学为基础的,运用电子计算机技术和统筹学的方法的一门新兴的管理学派。主要代表人物有赫伯特·西蒙、詹姆斯·马奇,核心理论是赫伯特·西蒙提出的决策理论。

决策理论的主要内容可归纳为以下4个方面:

1.决策贯穿管理的全过程,决策是管理的核心

西蒙指出,组织中经理人员的重要职能就是作决策。他认为,任何作业开始之前都要先做决策,制订计划就是决策,组织、领导及控制也都离不开决策。

2.系统阐述了决策原理

西蒙对决策的程序、准则、程序化决策及非程序化决策的异同及其决策技术等做了分析。西蒙提出,决策过程包括4个阶段:收集情况阶段;拟订计划阶段;选定计划阶段;评价计划阶段。这4个阶段中的每一个阶段本身就是一个复杂的决策过程。

3.在决策标准上,用"令人满意"的准则代替"最优化"准则

以往的管理学家往往把人看成以"绝对的理性"为指导,按最优化准则行动的理性人。西蒙认为,事实上这是做不到的,应该用"管理人"假设代替"理性人"假设,"管理人"不考虑一切可能的复杂情况,只考虑与问题有关的情况,采用"令人满意"的决策准则,从而可做出令人满意的决策。

4.一个组织的决策根据其活动是否反复出现可分为程序化决策和非程序化决策

经常性的活动的决策应程序化以降低决策过程的成本,只有非经常性的活动,才需要进行非程序化的决策。

(三)管理过程学派理论

管理过程学派又称管理职能学派、经营管理学派,主要致力于研究和说明"管理人员做些什么和如何做好这些工作",侧重说明管理工作实务。开山鼻祖是法约尔,当代最著名的代表人物是哈罗德·孔茨。

管理过程学派的主要特点是将管理理论同管理人员所执行的管理职能,也就是管理

人员所从事的工作联系起来。他们认为,无论组织的性质多么不同(如经济组织、政府组织、宗教组织及军事组织等),组织所处的环境有多么不同,但管理人员所从事的管理职能却是相同的,管理活动的过程就是管理的职能逐步展开和实现的过程。

管理过程学派把管理的职能作为研究的对象,他们先把管理的工作划分为若干职能,然后对这些职能进行研究,阐明每项职能的性质、特点和重要性,论述实现这些职能的原则和方法。管理过程学派认为,应用这种方法就可把管理工作的主要方面加以理论概括,并有助于建立起系统的管理理论,用以指导管理的实践。

(四)经验主义学派理论

经验主义学派认为,管理学就是研究管理经验,认为通过对管理人员在个别情况下成功的和失败的经验教训的研究,会使人们懂得在将来相应的情况下如何运用有效的方法解决管理问题。其代表人物有彼得·德鲁克、欧内斯特·戴尔、艾尔弗雷德·斯隆、亨利·福特和威廉·纽曼。

经验主义学派理论的主要内容可归纳为以下3个方面:

①管理应侧重于实际应用,而不是纯粹理论的研究。

②管理者的任务是了解本机构的特殊目的和使命,使工作富有活力并使职工有成就;处理本机构对社会的影响和对社会的责任。

③实行目标管理的管理方法。德鲁克理论给管理学的最大贡献是他提出任务(或目标)决定管理,并据此提出目标管理法。

目标管理则结合以工作为中心和以人为中心的管理方法,使职工发现工作的兴趣和价值,从工作中满足其自我实现的需要。同时,企业的目标也因职工的自我实现而实现,这样就把工作和人性二者统一起来了。目标管理在当今仍是运用最多的管理方法。

(五)权变理论

权变理论自20世纪70年代在美国兴起以来,受到管理界的广泛重视。"权"是指权衡,"变"是指变化。权变不是权术,是领导艺术的原则性和灵活性的完美结合。"没有绝对最好的东西,一切随条件而定"是权变管理的核心思想。

权变理论认为,在企业管理中要根据企业所处的内外条件随机应变,没有什么一成不变、普遍适用的"最好的"管理理论和方法。强调在管理中,要根据组织所处的内外部条件随机应变,针对不同的具体条件寻求不同的最合适的管理模式、方案或方法。其代表人物有卢桑斯、菲德勒、豪斯等人。

权变理论的主要内容可归纳为以下3个方面:

①权变理论就是要把环境对管理的作用具体化,并使管理理论与管理实践紧密地联系起来。

②环境是自变量,而管理的观念和技术是因变量。这就是说,如果在某种环境条件下,能更快地达到目标,就要采用某种管理原理、方法和技术。

③权变管理理论的核心内容是环境变量与管理变量之间的函数关系就是权变关系。环境可分为外部环境和内部环境。外部环境又可分为两种:一种是由社会、技术、经济和

政治、法律等所组成;另一种是由供应者、顾客、竞争者、雇员及股东等组成。内部环境基本上是正式组织系统,它的各个变量与外部环境各变量之间是相互关联的。

（六）战略管理理论

安索夫《公司战略》一书的问世,开创了战略规划的先河。到1976年,安索夫的《从战略规则到战略管理》一书出版,标志着现代战略管理理论体系的形成。

企业战略管理是企业高层管理人员为了企业长期的生存与发展,在充分分析企业内外部环境的基础上,确定和选择达到目标的有效战略,并将战略付诸实施、控制和评价的一个动态管理过程。

企业战略实质上是企业的一种"谋划或方案";而战略管理则是对企业战略的一种"管理",具体说就是对企业的"谋划或方案"的制订、实施与控制。企业的战略目的在于战胜对手,创造公司长期良好的绩效。"整合"是战略的首要特色。企业为了要战胜对手,必须配合企业决策环环相扣的特性,将企业自愿做合理化的运用与分配:人事,财务,营销,生产,研发为一体的战略。

四、管理创新的价值评价

在主客体的相互关系中,客体满足主体的需要的程度,是否对主体的发展具有肯定的作用,这种作用或关系的表现就成为价值。管理创新的价值评价实质上是对管理创新的作用的一个质和量的分析。

从质上证明,是用来说明管理创新方案是否能使系统优化;从量上证明,是用来说明管理创新方案优越性和合理性的程度。对一个管理创新的作用的质、量的评价,要把握以下3个方面:

（一）是否实现"合目的性"与"合规律性"相统一

管理创新的目的和规律本身就是一对矛盾。认识的符合目的性是认识与人的现实需要相符合的性质和趋势。柯普宁说,当人的活动产物同社会需要比较,并回答在何种程度上将导致实现人的目的时,就产生合理与不合理的问题,除此之外,说现实或思想是合理的与不合理的,那是没有意义的。这反映了认识是将合目的性视作决策参考的基础因素。

管理创新的合目的性与合规律性统一,即指二者在决策过程中是相互依存、相互规定的,它们不能分割而孤立思考。目的与规律不一致,这个目的最终不能实现;管理创新的规律离开了管理创新主体有目的的参与,这个规律也没法发生作用。因此,要在实践过程中做好这两个统一。美国经济学家保罗·克鲁格曼认为,这是增加经济竞争力的源泉所在。

（二）是否实现"合价值性"与"合工具性"相统一

管理创新必须考虑"合价值性"与"合工具性"以及二者的关系问题,应该做到二者的统一。所谓"管理创新的合价值性",是制订的决策必须以人和社会的根本利益为出发点,有利于人和社会的生存及长远发展,即同人类和社会发展的终极目标相一致。所谓"管理创新的合工具性",是指在拟订和实施管理过程中采用的工具和手段具有有效性、可行性、逻辑性。这些逻辑工具包括硬件工具,如一定历史条件下的统计技术、分析技术、数理模型,还包括软件工具,如科学的方法论、认识论、历史观等。

管理创新的"合价值性",一方面,要求管理主体运用逻辑工具决策系统效益时以战略价值和协调价值为方向,否则管理主体有可能选择缺乏可行性的、脱离实际的决策工具,导致决策的盲目性;另一方面,管理创新要重视效益决策的逻辑性,如果忽视了对达到目的的工具、手段、逻辑的关注,则会产生"乌托邦式"价值理想主义思想。

因此,应用马克思主义认识论和唯物史观的观点,从客观实际出发,使小系统范围内的应用工具和科学的决策服从战略的持续发展,把决策过程中的质与量统一起来。

（三）是否实现"合情"与"合理"相统一

人既具有理性思维又具有情感、意志等非理性因素,这使得主体理性常受到人的情感等非理性因素的制约与调控。人的理性因素与非理性因素的统一就构成了完整的认知结构和人性结构。因此,管理创新的决策既要体现和符合人的理性要求,又要体现和符合人的感情、心理等非理性的要求。

在管理决策过程中,"合理"是在"合情"允许范围内的"合理",任何"合理"都要考虑人的心理承受力,否则即使是合理的管理创新决策也得不到支持。它虽然在理论上符合逻辑性、规律性,在实践上符合某种形式化的规则,由于它超越新旧转换、理论和实践转换的承受度,不能激发管理系统中人的积极性;反过来,如果决策过分考虑情感、心理等非理性因素而忽视或违背人的理性因素,那么这种管理创新决策也只能是缺乏特殊性的无创意的决策。

因此,从认识论的角度看,管理创新合理的决策是"合情"与"合理"二者的统一。合情合理的决策既是考虑了决策系统的情感因素,又是充分考虑了实践过程中客体系统的心理承受能力。

总而言之,管理创新本身就是"实践—认识—再实践—再认识"的过程。在这一过程中,要运用普遍联系和系统论的方法综合考察目的与规律、战略与近期、合理与合情的关系,使理论和实践达到具体的历史的统一。

第二节　管理创新的内容及影响因素

管理创新就要把新的管理要素(如新的管理方法、新的管理手段、新的管理模式等)或要素组合引入管理系统,以更有效地实现组织目标的活动。

一、管理创新的类型划分

（一）管理创新的类型划分

根据一个完整的管理创新过程中创新重点的不同，可将管理创新分为理念创新、制度创新、组织创新、技术创新及文化创新5个主要方面。

1. 理念创新

管理理念是指管理者或管理组织在一定的哲学思想支配下，由现实条件决定的经营管理的感性知识和理性知识构成的综合体。管理理念创新能使管理者产生比以前更好地适应环境的变化，并更有效地利用资源的新概念或新构想。

管理理念必定受到一定社会的政治、经济、文化的影响，是组织战略目标的导向、价值原则，同时管理的观念又必定折射在管理的各项活动中。管理观念创新包括新的市场观念、开拓创新观念、人力资本观念和社会责任观念等。

2. 制度创新

制度创新就是组织根据内外环境需求的变化和自身发展壮大的需要，对自身运行方式、原则规定的调整和变革。管理制度创新要以反映组织运行的客观规律、体现组织运作的客观要求、充分调动组织成员的劳动积极性为出发点和归宿。

总之，制度创新需要从社会经济角度来分析企业系统中各成员之间的正式关系的调整和变革。不断调整和优化企业所有者、经营者、劳动者三者之间的关系，使各个方面的权利和利益得到充分的体现，使组织的各种成员的作用得到充分发挥。

3. 组织创新

企业系统的正常运行，既要求具有符合企业及其环境特点的运行制度，又要求具有与之相适应的组织形式。通过科学合理的机构设置和结构形式，建立一种紧凑的组织，灵活、敏捷地提高组织效率。

机构设置主要涉及管理劳动的横向分工的问题，把对企业生产经营业务的管理活动分成不同部门的任务。结构形式主要涉及管理劳动的纵向权力分配问题，即所谓的集权和分权问题。机构设置和结构形成又会受到企业活动的内容、特点、规模及环境等因素的影响。

因此，不同的企业有不同的组织形式；随着经营活动的变化，同一企业在不同的时期也要求组织的机构和结构不断调整。组织创新的目的在于更合理地通过组织管理人员的努力，来提高管理劳动的效率。

4. 技术创新

现代企业的一个主要特点是在生产过程中广泛运用先进的科学技术。高新技术渗透商品生产过程的产、供、销各个环节。谁率先技术创新，拥有先进技术，生产出成本更低、效用更大、更能满足消费者需要的新产品，谁就会在竞争中处于不败之地。

技术水平是反映企业经营实力的一个重要标志，技术创新也是管理创新的主要内容。技术创新主要表现在要素创新、要素组合方法的创新及产品创新3个方面。

1）要素创新

要素创新包括材料创新、设备创新和人力资源创新。

2）要素组合方法的创新

要素组合方法的创新包括生产工艺与生产过程的组合。

3）产品创新

产品是企业向外界最重要的输出，也是组织对社会做出的贡献。产品创新包括产品品种和结构的创新。产品品种创新要求企业根据市场需求的变化，根据消费者偏好的转移，及时地调整企业的生产方向和生产结构，不断开发用户喜欢的产品。产品结构创新在于不改变原有品种的基本性能，对现有产品结构进行改进，使其生产成本更低，性能更完善，使用更安全，更具市场竞争力。

5.文化创新

世界著名企业管理学家迈克尔·汉默指出，一个组织不只是一系列产品和服务的组合，它同时也是人文团体。同其他社会团体一样，它也培育了特殊的形式即企业文化。

现代管理发展到文化管理阶段，可以说已到达顶峰。企业文化通过员工价值观与企业价值观的高度统一，通过企业独特的管理制度体系和行为规范的建立，使得管理效率有了较大提高。

创新不仅是现代企业文化的一个重要支柱，而且还是社会文化中的一个重要部分。如果文化创新已成为企业文化的根本特征，那么，创新价值观就能得到企业全体员工的认同，行为规范就会得以建立和完善，企业的创新动力机制就会高效运转。

（二）按照创新独立程度进行分类

根据创新的独立程度不同，管理创新策略可分为首创型创新策略、"改创型"创新策略和"仿创型"创新策略。

1.首创型创新策略

首创型创新是观念上和结果上有根本突破的创新，通常是首次推出且对经济和社会发展产生重大影响的全新的产品、技术、管理方法和理论。这类创新本身要求全新的技术、工艺以及全新的组织结构和管理方法。首创型创新还常常引起产业结构发生变化，从而彻底改变组织的竞争环境和基础。

2."改创型"创新策略

"改创型"创新是指在自己现有的特色管理或在别人先进的管理思想、方式、方法上进行顺应式或逆向式的进一步改进，现在的特色管理是自己所独有但尚未系统化或完全成型的管理方式。日本是采用这种管理创新策略的典型国家。

日本的企业管理水平在第二次世界大战后是很落后的，20世纪50年代日本派了大批人去美国学习企业管理技术，邀请许多美国的专家到日本讲学，并结合日本的传统文化和国民气质，创造出了全新的日本企业管理模式，最终使美国反过来向日本学习其某些管理方法。

3."仿创型"创新策略

"仿创型"创新策略是创新度最低的一种创新活动,其基本特征在于模仿性。在创新理论的创始人熊彼特看来,模仿不能算是创新,但模仿是创新传播的重要方式,对推动创新的扩散具有十分重要的意义,没有模仿的创新的传播可能十分缓慢,创新对社会经济发展和人类进步的影响也将大大地减小。

(三)按照创新过程进行分类

根据创新的过程是量变还是质变,管理创新策略可分为渐进式创新策略和突变式创新策略。

1.渐进式创新策略

渐进型创新是指通过不断的、渐进的、连续的小创新,最后实现管理创新的目的。这种创新策略从小的方面入手,不至于猛烈攻击既得利益者的利益,易于被这群人所接受。由于许多大创新需要与之相关的若干小创新的辅助才能发挥作用,而且小创新的渐进积累效应常常促进创新发生连锁反应,导致大创新的出现。因此,单个小创新虽然带来的变化是小的,但它的重要性不可低估。

它说明企业的管理创新是从无数的小创新开始的,当大量的小创新不断地改善着企业的经营管理,并达到一定程度时就会产生导致质变的大创新。这种创新具有渐进性、模仿性,创新的周期一般较长,而创新的效果却不错。

日本的企业多采用这种渐进式管理创新策略,日本政府在公务员改革过程中也采用了这种策略,通过有计划地每年逐渐减少公务员数量的办法,加以编制法定化的配套措施,使日本的公务员改革取得了成功,值得我国在制订机构的方案时学习借鉴。

2.突变式创新策略

突变式创新是指企业的管理首先在前次管理创新的基础上运行,经过一段时间,直到创新的条件成熟或企业运行到无法再适应新情况时,就打破现状,实现管理创新质的飞跃。它具有突变性,创新的周期相对较短,而创新的效果相对较好。这种突变式管理创新的实现通常由专业管理人员、企业家来实现。

欧美的企业和政府的管理创新多采用这种策略。例如,20世纪80年代初英国政府实现的"私有化运动",以及20世纪90年代初由美国、英国、澳大利亚、新西兰等国家实行的"重塑政府"行动,在短时间内,政府的管理理论和管理实践都发生了重大变化。

(四)按照创新方式进行分类

根据创新的方式,管理创新策略可分为独立型创新策略、联合型策略和引进型创新策略。

1.独立型创新策略

独立型创新的特点是依靠自己的力量自行研制并组织生产,同时独立创新型创新的成果往往具有首创性。

国外大型企业大多拥有自己的研究开发机构,因而其研究工作特别是涉及公司特色产品的核心技术,多以自身力量进行,这样可做到技术保密,使自己处于行业竞争中的领先地位。

其缺点是应用此策略的企业在投入了巨资且研究项目已经或将要取得成功时,有可能会发现同样的产品或发明已被别人领先创新出来,不但失去了占领市场的先机,而且造成人力、物力、财力的巨大损失。

2.联合型创新策略

联合型创新策略是若干组织相互合作进行的创新活动。联合创新往往具有攻关性质,可更好地发挥各方的优势。但是,这种创新活动涉及面广,组织协调及管理控制工作比较复杂。

然而,随着科学技术的发展、高新技术的兴起,许多重大的创新项目,无论从资金、技术力量以及该创新项目内容的复杂性,都并非一个企业或组织所能承担。因此,联合创新就变得日益重要。

联合不仅包括企业和企业之间的合作,企业和科研机构以及高校进行联合创新,甚至各国政府都开始采取联合创新的策略,并且这种企业和其他部门的合作以及政府的跨国的合作变得越来越普遍。

3.引进型创新策略

引进型创新策略是从事创新的组织从其他组织引进先进的技术、生产设备、管理方法等,并在此基础上进行创新。这种创新的开发周期相对较短,创新的组织实施过程有一定的参照系,风险性相应降低。但是,这种创新策略需要对引进的技术进行认真的评估和消化。

二、影响管理创新的因素

管理创新引进或产生的影响因素是管理创新的起点,其影响因素或机理是研究者需要解决的首要问题。管理创新的影响因素具有多维性,包括个体内部条件和外部环境因素。

(一)个体内部条件

管理创新的主体需要明确的创新目标、良好的心智模式、一定的创新能力,并且在此基础上善于利用基础管理条件,同时充分了解企业发展特点。

1.明确的创新目标

管理创新目标比一般目标更难确定,因为创新活动及创新目标具有更大的不确定性。尽管确定创新目标是一件困难的事情,但如果没有一个恰当的目标则会浪费企业的资源,这本身又与管理的宗旨不符。

2.良好的心智模式

这是实现管理创新的关键。心智模式是指由于过去的经历、习惯、知识素养、价值观等形成的基本固定的思维认识方式和行为习惯。创新主体具有的心智模式:一是远见卓识;二是具有较好的文化素质和价值观。

3.具备创新能力

管理创新主体必须具备一定的能力才可能完成管理创新,创新管理主体应具有核心能力、必要能力和增效能力。核心能力突出地表现为创新能力;必要能力包括将创新转化为实际操作方案的能力,从事日常管理工作的各项能力;增效能力则是控制协调加快进展的各项能力。

4.善于利用基础管理条件

管理创新往往是在基础管理上产生的。善于利用基础管理条件所提供的信息、资料、规则,有助于管理创新的顺利进行。

5.了解企业发展特点

现代企业之所以要进行管理上的创新,是为了更有效地整合本企业的资源,以完成本企业的目标和任务。因此,这样的创新就不可能脱离本企业和本国的特点。创新主体只有充分了解企业特点,才能因地制宜地进行管理创新。管理创新行为路径图如图9-2所示。

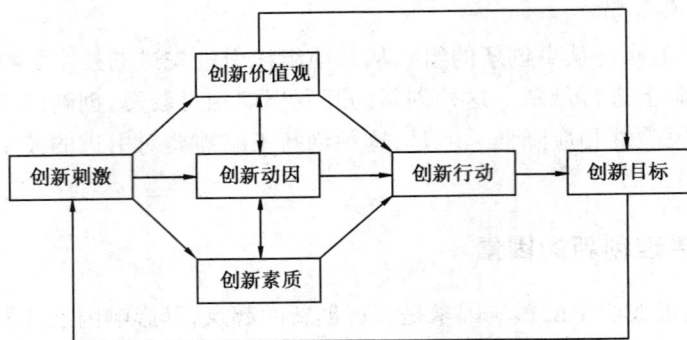

图9-2　管理创新行为路径图

(二)外部环境因素

企业的管理创新不能脱离企业的实际情况,企业的制度、组织特征、文化因素及人力资源等因素都会影响管理创新的结果。

1.制度因素

研究者从宏观层面采用比较法突出制度和社会经济条件在新管理思想和实践形成过程中的重要性。例如,Guille通过4个国家的实践验证了7组制度因素对新的管理理念和技能引进的影响;Kossek分析了行业和企业层面制度因素对人力资源管理创新引进的影响。

2.组织特征因素

管理创新总是发生在特定的组织内部,组织特征是引发组织管理创新的主要情境因素[1]。现有的相关研究表明,组织规模、组织年龄、组织绩效及组织成员受教育程度和组织内部沟通状况范围等组织特征都会影响组织的管理创新倾向[2]。

①组织规模与管理创新倾向之间存在一定的相关性。一些研究发现,小型组织比较灵活,因而有较高的管理创新倾向;另一些研究表明认为,大型组织拥有更多的资金、高素质的人力资源和知识存量,因此更有能力实施管理创新;还有的研究采取折中的观点,认为不同规模的组织擅长不同性质的管理创新,即小型组织擅长新颖性创新,而大型组织则擅长那些需要投入较多资源的创新。目前来说,未能在大型组织和小型组织中谁的管理创新倾向更加明显这个问题上达成一致。

②虽然组织创新倾向与组织年龄关系密切,但现有研究并未就组织年龄与管理创新倾向关系达成一致。随着年龄的增长,组织可能会因组织惯性、路径依赖等原因而懒于创新[3]。然而,随着年龄的增长,组织能积累更多的知识,组织的知识存量不仅是管理创新的基础,而且还能促进组织积累更多的知识并不断开展管理创新[4]。

③组织绩效下降常被视为组织实施管理创新的重要信号和直接动因。根据企业行为理论,企业行为总是由问题驱动,企业拿自己过去的绩效或其他企业的绩效作为参照系进行比较。一旦发现自己当下的绩效低于参照系,就会设法加以提升。同时,遇到的问题越新、越复杂,企业实施管理创新行为的冲动就越强烈[5]。

④组织成员的受教育程度会影响他们的管理创新意向和执行力。研究发现,组织成员的受教育程度越高,对组织问题的认识越深刻,就越有可能接触新的观念[6]。因此,接受组织变革和创新的意愿也就越强烈,而且也越有吸收能力和执行力来执行管理创新。

⑤创造信息和知识的能力是组织不断反省并开展创新活动的内在驱动力。因此,组织内部沟通越顺畅,组织成员接触到的新信息和新想法越多,对问题的判断能力就越强,于是就越有可能通过管理创新来解决问题[7]。

3.文化因素

文化因素研究探索个人观念和态度对组织引进和实施管理创新的作用,认为管理创新的结果就是对现状的强化。部分研究立足于组织文化对管理创新决策的作用,其他则从创新过程着手。两者达成共识:组织认知一旦建立很难改变,组织引进管理创新不仅

---

[1]习近平在中国科学院第十九次院士大会、中国工程院第十四次院士大会上的讲话.

[2]包玉泽,谭力文,王璐.管理创新研究现状评析与未来展望[J].外国经济与管理,2013,v.35;No.416(10):43-51.

[3]Tushman, M L, Anderson P. Technological discontinuities and organizational environments[J]. Administrative Science Quality,1986,31(3):439-465.

[4]Staw B M, Epstein L D. What bandwagons bring: Effects of popular management techniques on corporate performance, reputation and CEO pay[J]. Administrative Science Quality,2000,45(3):523-556.

[5]Birkinshaw J, et al. Management innovation happens[J]. MIT Sloan Management Review,2006,33(4):81-88.

[6]Mol M, Birkinshaw J. The sources of management innovation: When firms introduce new management practices[J]. Journal of Business Research,2009,62(12):1269-1280.

[7]James H S, et al. The adoption, diffusion and evolution of organizational form: Insights from the agrion sector[R]. Working Paper, University of Missouri,2010.

是高层管理者的意愿,其结果不只体现管理者的意图,还是整个组织文化的需要。

4.人力资源因素

人力资源因素研究探讨组织内部员工因素对管理创新采用和扩散的影响。Osterman收集了美国全国范围内大量组织员工的数据,Chi等对某区域或行业部分员工进行调查。他们的研究结论表明,员工培训是影响管理创新尤其是人力资源创新被员工接受,并得以在组织内部顺利扩散的主要因素;拥有更多自主权和责任的员工更容易接受人力资源管理创新项目、全面质量管理或团队合作等新管理实践。

不少学者研究了工会组织对员工接受创新程度的影响,认为拥有工会组织的企业,员工更能接受创新,因为工会组织为他们提供了倾诉心声的渠道,并确保员工的就业安全。

第三节　管理创新的实施

一、管理创新的过程和阶段

管理创新过程研究关注的是管理创新实现的整个过程,旨在揭示管理创新的内生机制,总结和提炼不同管理创新过程共有的规律。

(一)管理创新的过程

理论派和实践派形成一种共识:管理创新符合"缺乏引起需要,优势需要决定动机,动机导致行动"的基本行为过程,它是在企业内外环境变化刺激和创新主体价值观双重作用下,创新主体意识到企业管理中存在不足或有进一步提高的必要而引起的。管理创新各视角研究内容及时序关系图如图9-3所示。

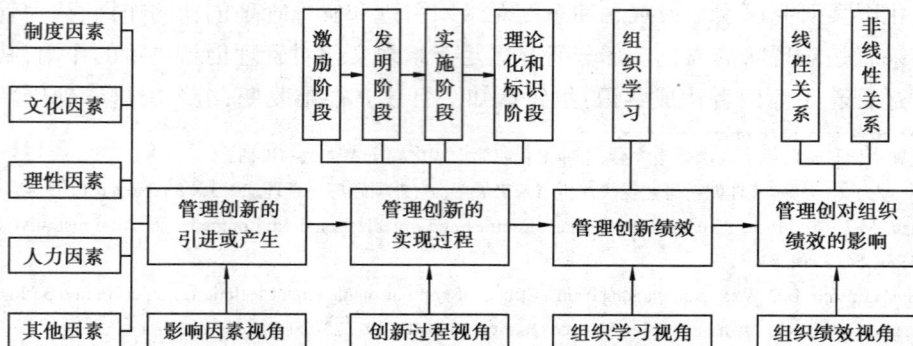

图9-3　管理创新各视角研究内容及时序关系图

1.管理创新四阶段过程模型

在收集和调查了全世界近100年来出现的包括 M 型组织、全面质量管理、平衡计分卡及现代集成生产线等典型管理创新实践或方法的基础上,伦敦商学院管理创新实验室成员,首先提出管理创新四阶段过程模型。该模型包括:对现状的不满,从其他来源寻找灵感,发明新实践,以及争取内部和外部的认可。

1)对现状的不满

在几乎所有的案例中,管理创新的动机都源于对公司现状的不满,或是公司遇到危机,或是商业环境变化以及新竞争者出现而形成战略型威胁,或是某些人对操作性问题产生抱怨。

例如,Litton 互联产品公司是一家为计算机组装主板系统的工厂,位于苏格兰的Glenrothes。1991 年,George Black 受命负责这家工厂的战略转型。当时,他说:"我们曾是一家前途黯淡的公司,与竞争对手相比,我们的组装工作毫无特色。唯一的解决办法就是采取新的工作方式,为客户提供新的服务。这是一种刻意的颠覆,也许有些冒险,但我们别无选择。"George Black 推行了新的业务单元架构方案。每个业务单元中的员工都致力于满足某一个客户的所有需要。他们学习制造、销售、服务等一系列技能。这次创新使得客户反响获得极大改善,员工流动率也大大降低。

当然,不论出于哪一种原因,管理创新都在挑战组织的某种形式,它更容易产生于紧要关头。

2)从其他来源寻找灵感

管理创新的灵感很难从一个公司的内部产生。很多公司盲目对标或观察竞争者的行为,导致整个产业的竞争高度趋同。只有通过从其他来源获得灵感,公司的管理创新者们才能够开创出真正全新的东西。其他来源包括:管理思想家和管理宗师的观念、思想和理论,无关的组织和社会体系的成功经验,以及未经证实却非常有吸引力的新观念等。

(1)管理思想家和管理宗师的观念、思想和理论

1987 年,Murray Wallace 出任了惠灵顿保险公司的 CEO。在惠灵顿危机四伏的关键时候,Wallace 读到了汤姆·彼得斯的新作《混沌中的繁荣》(*Thriving on Chaos*)。他将书中的高度分权原则转化为一个可操作的模式,这就是人们熟知的"惠灵顿革命"。Wallace 的新模式令公司的利润率大幅增长。

(2)无关的组织和社会体系的成功经验

20 世纪 90 年代初,总部位于丹麦哥本哈根的助听器公司奥迪康推行了一种激进的组织模型:没有正式的层级和汇报关系;资源分配是围绕项目小组展开的;组织是完全开放的。几年后,奥迪康取得了巨大的利润增长。而这个灵感却源于公司 CEO——Lars Kolind 曾经参与过的美国童子军运动。Kolind 说:"童子军有一种很强的志愿性。当他们集合起来,就能有效合作而不存在任何等级关系。这里也没有钩心斗角、尔虞我诈,大家目标一致。这段经历让我重视为员工设定一个明确的'意义',这种意义远远超越了养家糊口。同时,建立一个鼓励志愿行为和自我激励的体系。"

(3)未经证实却非常有吸引力的新观念

在斯隆管理学院攻读 MBA 课程时,Schne derman 深受 Jay Forrester 系统动态观念的

影响。加入 ADI 前,他在贝恩咨询公司做了 6 年的战略咨询顾问,负责贝恩在日本的质量管理项目。Schneiderman 深刻地了解日本企业,并用系统的视角看待组织的各项职能。因此,当 ADI 的 CEO Ray Stata 请他为公司开发一种生产质量改进流程时,他很快就设计出了一整套的矩阵,涵盖了各种财务和非财务指标。这也就是管理创新方式——"平衡计分卡"的原型。

3)发明新实践

与其他创新一样,管理创新也有风险巨大、回报不确定的问题。很多人无法理解创新的潜在收益,或担心创新失败会对公司产生负面影响,因而会竭力抵制创新。

管理创新人员将各种不满的要素、灵感以及解决方案组合在一起,组合方式通常并非一蹴而就,而是重复、渐进的,但多数管理创新者都能找到一个清楚的推动事件。

4)争取内部和外部的认可

管理创新在实施之前,很难准确判断其收益是否高于成本。因此,对于管理创新人员来说,争取他人对新创意的认可是关键。这种认可包括组织内部接受和外部人士支持。

(1)组织内部接受

在管理创新的最初阶段,获得组织内部的接受比获得外部人士的支持更为关键。这个过程需要明确的拥护者。如果有一个威望高的高管参与创新的发起,就会大有裨益。另外,只有尽快取得成果才能证明创新的有效性,然而,许多管理创新往往在数年后才有结果。因此,创建一个支持同盟并将创新推广到组织中非常重要。

(2)外部人士支持

管理创新的另一个特征是需要获得"外部人士支持",以说明这项创新获得了独立观察者的印证。在尚且无法通过数据证明管理创新的有效性时,高层管理人员通常会寻求外部认可来促使内部变革。外部人士包括 4 种:商学院的学者,他们密切关注各类管理创新,并整理总结企业碰到的实践问题,以应用于研究或教学;咨询公司,他们通常对这些创新进行总结和存档,以便用于其他的情况和组织;媒体机构,他们热衷于向更多的人宣传创新的成功故事;行业协会。

2.Birkinshaw 管理创新过程模型

Birkinshaw 等进一步从横向和纵向两个角度构建管理创新过程模型。其中,横向代表管理创新过程的 4 个阶段:激励、发明、实施、理论化和标识;纵向代表内部促进者和外部促进者在各阶段采取的行动。管理创新过程模型图如图 9-4 所示。

1)构成及特点

内部推动者是指为了组织利益发起创新,实施创新,实现创新理论化并使其在组织内部扩散的内部员工。

外部推动者则是指来自组织外部的独立咨询师和学术专家等,他们影响创新过程,为提高创新效力提供建议,并实现管理创新理论化和外部扩散等。外部推动者能在创新的各个阶段带来专业化的知识,在激励阶段提供思路和专业见解,在发明阶段提高可靠性,在实施阶段参与调研,并促进创新的理论化和标识形成等。

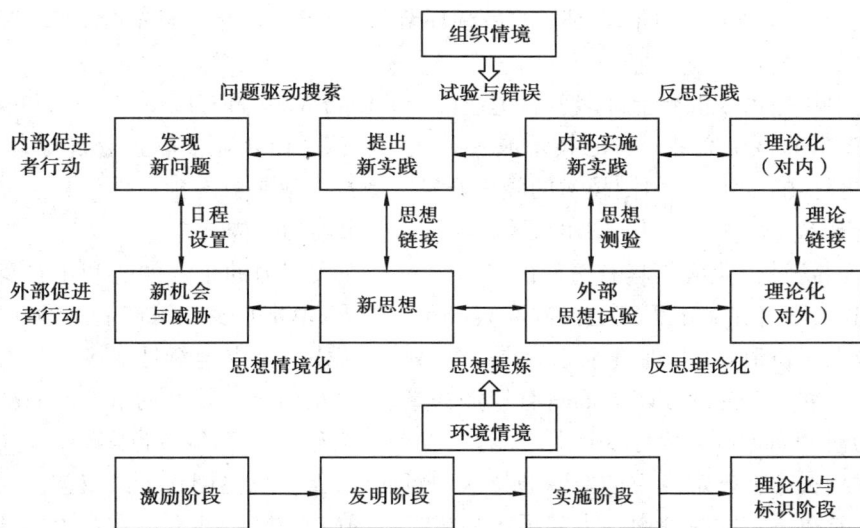

图9-4　管理创新过程模型图

2）意义

该模型不仅强调创新过程的阶段性，得出管理创新是一个环环相扣的过程，从发现新问题到最后理论化形成一个连续不间断且持续推进的整体，同时还强调内部和外部促进者的作用及两者之间的互动关系。

（二）企业创新管理的阶段

1.模仿创新阶段

模仿创新是指企业通过学习模仿率先创新者的创新思路和创新行为，吸收成功的经验和失败教训，引进购买或破译率先者的核心技术和技术秘密，并在此基础上改进完善，进一步开发。对于面广量大的中小企业来说，应从模仿创新开始，踏踏实实地进行技术积累、消化、吸收和"二次创新"，以逐步培育出一支善于创新的人才队伍，不断增强自己的研究开发实力。

大量事实表明，模仿创新是中小企业以最小代价、最快速度追赶世界先进水平的现实途径，是最终实现自主创新的必经阶段。历史上，美国工业的发展正是得益于对欧洲国家先进技术的模仿创新；日本战后经济振兴的奇迹正是得益于对世界发达国家，尤其是美国工业技术的模仿创新；韩国也是通过模仿创新，迅速改变落后面貌并跃进新兴工业化国家行列的。

根据清华大学经济管理研究创新调查，我国企业特别是小型企业采用模仿创新战略的占绝大多数。另据中科院政策与管理研究所1994年对全国大中型工业企业的10%抽样调查，在1 884家企业的1 600项创新项目中采用模仿跟踪创新战略的占80%以上，可见模仿创新对现阶段我国工业企业具有普遍意义。

2.自主创新阶段

自主创新是指企业通过自身努力，攻破技术难关，形成有价值的研究开发成果，并在此基础上依靠自身的能力推动创新的后续环节,完成技术成果的商品化,获取商业利润的创新活动。

自主创新是当今世界上许多著名企业推崇的创新战略,具有以下3个显著的特点:第一,核心技术的自主突破。核心技术或主导技术应该是由企业依靠企业自身力量,独立研究开发获得的。第二,关键技术的领先开发。新技术成果具有独占性。自主创新企业必须以技术率先性作为努力追求的目标。第三,新市场的率先开拓。

自主创新对企业成长具有重要的意义。具有强大实力的企业如能利用自身优势自主开发创新,则可在一定程度上控制新兴产业的发展,奠定自身在该产业的领袖地位,从而获得极大经济利益,并促进企业的进一步成长。第一,自主创新是市场竞争力的有力武器。自主创新首先在技术方面具有较强的壁垒,这是由于新技术的解密、消化、模仿需要一定的时间,而从投资到形成生产能力,发展成为较强的竞争者也需要一定的过程。专利制度从法律上确定自主创新者的技术创新地位,保护自主创新者的权益。因此自主创新企业能在一定的时期内独占某项产品或工艺的核心技术,使自己在竞争中处于有利的地位。第二,自主创新一般都是新市场的开拓者和营销网络的率先建立者,在产品投放市场的初期,自主创新企业可获得大量的垄断利润。通过转让新技术专利和技术诀窍,也可获得相当可观的收入。

二、管理创新的方法

(一)管理创新的一般方法

1.头脑风暴法

头脑风暴法是美国创造工程学家A.F.奥斯本在1939年发明的一种创新方法。这种方法的目的在于创造一种自由奔放的思考环境,诱发创造性思维的共振和连锁反应,产生更多的创造性思维。

1)含义

头脑风暴法是通过一种别开生面的小组畅谈会,在较短的时间内充分发挥群体的创造力,从而获得较多的创新设想。当一个与会者提出一个新的设想时,这种设想就会激发小组内其他成员的联想。当人们卷入"头脑风暴"的洪流之后,各种各样的构想就像燃放鞭炮一样,点燃一个,引爆一串。

2)规则

头脑风暴法的规则有以下7个方面:

①不允许对别人的意见进行批评和反驳,任何人不作判断性结论。

②鼓励每个人独立思考,广开思路,提出的改进设想越多越好,越新越好。允许相互之间的矛盾。

③集中注意力,针对目标,不进行私下交谈,不干扰别人的思维活动。

④可补充和发表相同的意见,使某种意见更具说服力。

⑤参加会议的人员不分上下级,平等相待。

⑥不允许以集体意见来阻碍个人的创造性意见。

⑦参加会议的人数不超过10人,时间限制在20 min到1 h。

3)应用

头脑风暴法达到讨论1 h时能产生数十个乃至几百个创造性设想的效果。因此,它适用于问题比较单纯,目标较明确的决策。

在实际应用中,又发展出"反头脑风暴法",做法与头脑风暴法一样,对一种方案不提肯定意见,而是专门挑毛病、找矛盾。它与头脑风暴法一反一正正好可以相互补充。

2.综摄法

综摄法是由美国麻省理工学院教授戈登在1952年发明的一种开发潜在创造力的方法。这种方法可帮助人们发挥潜在的创造力,打开未知世界的窗口。

1)含义

综摄法是以已知的东西为媒介,把毫不相关、互不相同的知识要素结合起来创造出新的设想,也就是汲取各种产品和知识精华,综合在一起创造出新产品或知识。

2)操作步骤

运用综摄法分为两个阶段,即准备阶段和实施阶段。两个阶段的具体操作步骤如下:

在准备阶段需要确定会议室、会议时间、参加人员和指导员。其中,参加人员约10名,参加者可以为不同专业的研究人员,但须是内行;指导员应具备使用本方法的一切常识及细节问题,如两大思考原则、4种模拟技巧、实施要点等。

在实施阶段,主持人需向与会者介绍本方法的大意及实施概要以及4种模拟技巧、两大思考方式等;但是,主持人先不公开议题,而介绍与研究课题有关的更广泛的资料,引导与会者进行讨论,启发他们的灵感;当讨论涉及解决问题时,主持人再明确提出来,并要求参加者按两条原则和4种模拟法积极构思解决问题的方案;最后,整理综合各种方案,寻找出最佳方案。

3)基本原则

综摄法包括异质同化和同质异化两个基本原则。

(1)异质同化原则

异质同化原则即"变陌生为熟悉"。这实际上是综摄法的准备阶段,是指对待不熟悉的事物要用熟悉的事物、方法、原理和已有的知识去分析对待它,从而提出新设想。

(2)同质异化原则

同质异化原则即"变熟悉为陌生"。这是综摄法的核心,是对熟悉的事物、方法、原理及知识去观察分析,从而启发出新的创造性设想。

3.逆向思维法

顺向思维的常规性、传统性往往导致人们形成思维定式,是一种从众心理的反映。因此,往往使人形成一种思维"框框",阻碍着人们创造力的发挥。这时,如果转换一下思路,用逆向法来考虑,就可能突破这些"框框",取得出乎意料的成功。

1)含义

逆向思维也称求异思维,是对司空见惯的似乎已成定论的事物或观点反过来思考的一种思维方式。敢于"反其道而思之",让思维向对立面的方向发展,从问题的相反面深入地进行探索,树立新思想,创立新形象。

逆向思维法是指为实现某一创新或解决某一常规思路难以解决的问题,而采取反向思维寻求解决问题的方法。

2)特点

逆向思维法由于是反常规、反传统的,因此具有与一般思维不同的特点。

(1)突破性

这种方法的成果往往冲破传统观念和常规,常带有质变或部分质变的性质,因此往往能取得突破性的成就。

(2)新奇性

由于思维的逆向性,改革的幅度较大,因此必然是新奇、新颖的。

(3)普遍性

逆向思维法适用的范围很广,几乎适用于一切领域。

3)类型

常见的逆向思维法主要有3种类型,即反转型逆向思维法、转换型逆向思维法和缺点逆用思维法。

(1)反转型逆向思维法

反转型逆向思维法是指从已知事物的相反方向进行思考,产生发明构思的途径。"事物的相反方向"常常从事物的功能、结构和因果关系3个方面作反向思维。

(2)转换型逆向思维法

转换型逆向思维法是指在研究问题时,由于解决这一问题的手段受阻,而转换成另一种手段,或转换思考角度思考,以使问题顺利解决的思维方法。

(3)缺点逆用思维法

缺点逆用思维法是一种利用事物的缺点,将缺点变为可利用的东西,化被动为主动,化不利为有利的思维发明方法。这种方法并不以克服事物的缺点为目的;相反,它是将缺点化弊为利,找到解决方法。

4.检核表法

检核表法几乎适用于任何类型与场合的创造活动,故称"创造方法之母"。

1)含义

检核表法是指在考虑某一个问题时,先制成一览表对每个项目逐一进行检查,以避免遗漏要点,获得观念的方法,可用来训练学生思考周密,避免考虑问题有所遗漏。

2)特点

检核表法通过使用一张一览表对需要解决的问题逐项进行核对,从各个角度诱发多种创造性设想,可促进创造发明、革新或解决工作中的问题。

检核表法是一种多渠道的思考方法,包括迁移法、引入法、改变法、添加法、替代法、缩减法、扩大法、组合法及颠倒法等创造技法。

3)优势

实践证明,这是一种能大量开发创造性设想的方法。它能启发人们缜密地、多渠道地思考和解决问题,并广泛运用于创造、发明、革新和企业管理上。它的要害是一个"变"字,而不把视线凝聚在某一点或某一方向上。

5.信息交汇法

信息交汇可通过本体交汇、功能拓展、杂交、立体动态4个方式进行。总之,信息交汇法就像一个"魔方",通过各种信息的引入和各个层次的交换会引出许多系列的新信息组合,为创新对象提供了千万种的可能性。

1)含义

信息交汇法通过若干类信息在一定方向上的扩展和交汇,来激发创造性思维,提出创新性设想。信息是思维的原材料,大脑是信息的加工厂。通过不同信息的撞击、重组、叠加、综合、扩散、转换,可诱发创新性设想。

2)抓好两个环节

要正确运用信息交汇法,必须注意抓好以下两个环节:

(1)搜集信息

搜集信息的重点放在搜集新的信息,只有新的信息才能反映科技、经济活动中的最新动态、最新成果,这些往往对企业有着直接的利害关系。

(2)拣选信息

拣选信息包含着核对信息、整理信息和积累信息等内容。

3)把握两个要点

搜集、整理信息的目的都是运用信息。运用信息要把握快和交汇两个要点。只有快,才能抓住时机。交汇是指这个信息与那个信息进行交汇,这个领域的信息与那个领域的信息进行交汇。只有把信息和所要实现目标联系起来进行思考,才能创造性地实现目标。

(二)管理创新的具体措施

创新就是要求领导者在尊重客观实际的基础上,突破思维空间的限制和束缚,即邓小平倡导的"解放思想,实事求是"。

1.如何提高管理创新的决断力

中央电视台"经济论坛"节目曾对2002年中国10大杰出企业家做过现场调查,他们对创新的含义最一致的理解就是"打破框框"。创新的最大障碍就是无法脱离固有的思维定式或思维框架。

1)打开思维空间,让思维避免"霍布森选择"陷阱

国外学者把只有一种方案可供选择的决策,称为"霍布森选择"。思维的空间大一些,领导者就会有更大选择余地,突破诸多"霍布森选择"限制。

选择匮乏是过去的管理,一般是管内部管下属,因而导致了思维的局限性。打开空间才能生存,打开空间才能发展,打开空间才能由外看内,打开空间才能由大看小。

现代管理要做好以下4个层次的管理:

①管好自己——管理的起点。

②管好下属——管理的重点。

③管好与同级的关系——管理的难点。

④管好外部关系和外部资源——管理的亮点。

2)缩短思维时间,让思维跳出"布里丹选择"误区

要做到思维创新,不仅要求领导者善于打破框框,拓宽决策和用人的选择余地或独辟蹊径,而且要求领导者在面临较大选择空间时善于把握机遇,加快思维创新速度。

(1)正确决策最重要的原则是给出满意的标准并排序

管理就是决策,有些领导者决策时总希望最优、最佳。然而,实际中决策是理性的,有时还很痛苦。因此,管理者在决策时,必须减少感情、情绪因素的影响,尤其在进行重大项目选择、财务筹划、资本运作时,应特别清晰、理智地决策,要有一个明确的价值取向,对标准进行清晰的排序。

(2)既要善于选择,还要学会放弃

当选择了51%的价值,就要毫不犹豫地放弃49%的机会成本,全力把51%变成100%。善于决断是良好的思维品质。领导者要学会务实,必要时要降低目标,赢得时间。

3)确定价值取向,让领导者具有远见目光

在社会主义道路的探索过程中,我们是"摸着石头过河"。可是,一些领导者只知道目标是过河,但并不清楚过河的目的是什么。于是,出现了如:"今天摸一块石头,明天再摸一块石头","刚才摸的石头是方的,过一会儿摸的是圆的",以及"摸着、摸着就只知道摸石头,不记得过河"的现象。其实,"摸石头"不是目的,为老百姓创造什么产品或服务,为社会作贡献,才是他们应该考虑的最主要的问题。

因此,领导者一定要有远见,要在决策和预测、效率和效益、成本和升值以及目标和目的这样一些问题上具有明确的价值取向。这样,领导者的思路才会更清晰、更开阔、更有远见、更有创造性。

价值取向标准排序的原则如下:

①决策没有预测重要。

②效率没有效益重要。

③成本没有升值重要。

④目标没有目的重要。

2.如何提高管理创新的应变力

1)认清管理幅度是有限的

1957年英国历史学家诺斯古德·帕金森写的小册子《官场病——帕金森定律》,阐述

了机构人员膨胀的原因及后果。

一个不称职的官员有3条出路:申请退职,让位给能干的人;让一位能干的人协助自己工作;任用两个水平比自己更低的人当助手。任用两个平庸的助手既可分担工作,又不会对自身权力构成威胁,因而对于不称职的官员本身而言,只有第三条路最适宜。可是,对于整个机构而言,这两个助手既不能上行下效,还可能继续增加更多无能的助手。如此类推,就形成了一个机构臃肿、人浮于事、相互扯皮、效率低下的领导体系。

一个组织人浮于事的根本原因在于其知识、能力、经验和精力有限。因此,管理幅度也有限。当今时代,各种现代化办公设备普及运用,网络技术的快速发展以及管理者个人能力、受教育程度和自身素质不断提高,这都大大扩充了管理幅度。

2)建立动态学习型组织或扁平式组织结构

管理幅度的大小会影响管理结构。现有的管理结构主要是管理幅度窄、层次多的宝塔式组织结构和管理幅度宽、层次少的扁平式组织结构。

动态学习型组织是根据外界的变化随时调整思路、策略,及时、有效地进行决策组织。它强调组织对外部环境变化的应变能力。

扁平化模式是指通过减少中间层次、缩短管理通道和路径、增大管理宽度和幅度,促进信息传递与沟通,提高管理效益与效率。其特点是管理层次少,管理费用低,管理跨度大,信息沟通时间短。这种扁平化结构使组织的上下沟通更快捷,便于组织对环境变化做出迅速反应。

3)善用权变艺术实施管理

权变管理理论认为,不存在一种普适的管理原则和方法,管理只能依据具体情况行事。管理艺术重在权变是要因人而变、因事而变、因环境条件而变,不变就没有管理创新。

权变理论和权变艺术的启发,要想取得领导绩效,不能单纯靠领导者和被领导者的能力和素质,要靠领导者与被领导者的适应和"匹配",是领导者与所处环境以及目标任务之间的适应和"匹配"。

具体而言,在制订决策时多协商,执行决策时多命令;在下属能力强时多协商,下属能力弱时多命令;在任务复杂时多协商,在任务明确时多命令;在时间允许时多协商,在时间紧急时多命令。

总之,权变艺术没有唯一答案,但有正确答案。例如,邓小平提出的"一国两制"就是权变的典范。这里的"一国"是坚定的原则,"两制"是高度的灵活性,将邓小平"柔中寓刚,绵里藏针"的领导艺术诠释得淋漓尽致。

3.如何提高管理创新的激励力

管理就是激励。当员工在工作中的行为表现符合组织文化、符合领导意图、符合决策目标时,管理者给予掌声、鲜花、奖金、提拔。"激"主要解决动力、动机问题;"励"是反馈、评价、强化。

激励是两个分别的阶段,"激"在行为之前,"励"在行为之后,这是管理激励最基本的逻辑。因此,激励就是不断地强化原有行为的过程,而激励艺术就是行为强化的艺术。

1)先我后他,相互激励

"先我后他"不是自私自利而是管理的一个规律。从逻辑上说,应该先激励自我,再去激励他人。这就形成了激励三部曲:自我激励;激励他人,激励众人;相互激励。

领导者在激励他人时,应特别注意选择激励的对象,把握5个激励标准。

①激励会实干的人,而不是激励会评论的人。

②激励有能力的人,而不是激励努力工作的人。

③激励高效益工作的人,而不是激励高强度工作的人。

④激励善于创新的人,而不是激励因循守旧的人。

⑤激励独立思考的人,而不是激励听话的人。

2)先心后智,从潜能到显能

中科院一项研究报告显示,中国人实际能力平均得分仅有6.98分,而世界上很多国家人的实际能力平均得分为25～45分。

举世公认聪明睿智的中国人的能力评分这么低的原因是潜能很大,但显能很小。根本原因在于我们没有把人们的智力、创造力激励出来。

潜能不经过激励会变成无能,一旦经过激励就能变成显能,进一步还会变成效能。实现"人才强国",就要通过心智的激励,让潜能变成显能。其中,"心"是指心理,"智"是指智慧。

3)先分别激励,后综合激励

现代管理以人为本,激励要对不同的人采用不同的激励内容、手段、方法,因人而异。

个别化激励同时要注意重点激励和一般激励的平衡,强调对人的真正尊重。综合激励就要建立和完善激励制度。

激励制度是第一位的,激励艺术是第二位的。制度和艺术的互补需要领导加以修炼。

4.如何在管理创新的过程中有效发挥权力的作用

权力就是影响力,包括强制性影响力和非强制性影响力。强制性影响力与地位、职务相关;非强制性影响力与人的品德、人格、气质、能力、知识、业绩、专长及领导艺术相关。

美国著名领导学家柯维认为,现代领导者的才能就是其影响力,真正的领导者是能够影响别人、使别人追随自己的人物。因此,高层管理者要重点在品德、个人气质、领导艺术方面增强软权力,中、基层管理者则要在技能专长、知识能力和工作业绩方面增强软权力。

1)巧用非强制性影响力

(1)非强制性的影响力是双向的,是领导者与追随者之间相互作用

领导者既是施力者,向追随者施加着影响力,同时又是受力者,主动接受着追随者的影响。领导者只有积极追随自己的追随者,才可能成为真正的领导者;追随者只有积极

追随自己的领导者,才可能成为潜在的领导者。

(2)非强制性影响力是多方面的影响力,可叠加起来发挥作用

领导者有意识地叠加自身的非强制性影响力,会产生"1+1>2"的放大效果。因此,领导者要善于发现和利用自身的资源,关键是根据自身情况,选择其中一个或几个影响力,然后叠加以增强个人领导魅力。

(3)非强制性影响力是不连续性的,要提高警惕、以身作则

领导者的非强制性影响力与领导环境、领导事件直接相关,随着领导环境的变化而变化,随着领导事件的发生而发生。当一个领导者勤勤恳恳为群众办实事时,他拥有这种非强制性影响力;但当他以权谋私或饱食终日时,就会丧失这种影响力。

2)善于授权,发挥权力最大价值

(1)适度授权

"权威阀"理论是指作为领导要给下级确定一个权力限度,在一定限度之内,领导者给下级足够的自由,一旦超过了这个限度,领导者就运用职位权力坚决地压制下来,让下级产生敬畏之心,这样才会令行禁止。因此,领导人授予权力时,一定让下级了解"阀门"在什么地方,"度"有多大,效期有多长。

(2)把握授权原则

授权原则主要包括"因事授权"和"视能授权"。"因事授权"体现了权力服务于任务,实现任务效益最大化;"视能授权"体现了权力服务于主体,实现主体效能最大化。

(3)权责统一,常态监管

领导者拥有权力的同时必须承担一定的责任,否则有权无责,权力缺乏监督会滋生腐败、滥用职权等问题;有责无权,工作无法正常开展。在权责统一的基础上,还应加强外部监督和管理,实现"权力在阳光下运行"。

5.如何提高整个组织的管理创新能力

1)有意识地进行管理创新

很多单位建立了研发实验室,或为某些个人指定了明确的创新职责。但有多少公司建立了专门的组织架构来培育管理创新?要成为一个管理创新者,第一步须向整个组织推销其观念。

2)创造一个怀疑的、解决问题的组织文化

当面临挑战时,单位员工会如何反应?他们会开始怀疑吗?他们是会借助竞争者采用的标准解决方案,还是会更深入地了解问题,努力发现新的解决之道?只有最后一条路才能将组织引向成功的管理创新,管理者应鼓励员工寻求解决问题,而非选择逃避。

3)寻求不同环境中的类比和例证

应向一些高度弹性的社会体系学习,向富有创新性的团队或组织学习,鼓励员工去不同的国家工作也非常有价值,这样可以开阔员工的视野,并激发思维。

4)培养低风险试验的能力

有一家公司的管理人员不断鼓励员工及团队提出管理创新办法。但他们很快意识

到，要想使能动性转化为有效性，就不能放任所有的新主意在整个组织内蔓延。他们规定，每种创新只能在有限的人员范围和有限的时间内进行。这既保证了新创意有机会实施，同时也不会危害到整个组织。

5）利用外部的变革来源来探究你的新想法

当组织有能力自己推进管理创新时，有选择性地利用外部的学者、咨询顾问、媒体机构以及管理大师们，会很有用。有3个基本作用：新观念的来源；作为一种宣传媒介让这项管理创新更有意义；使组织已完成的工作得到更多的认可。

6）持续地进行管理创新

真正的成功者绝非仅进行一两次的管理创新；相反，他们是持续的管理创新者。通用电气就是一个例子。它不仅成名于其"群策群力"原则和无边界组织，还拥有很多更为古老的创新，如战略计划、管理人员发展计划、研发的商业化等。

【思考与训练】

一、管理创新案例思考

一位年轻有为的炮兵军官上任伊始，到下属部队视察其操练情况。他在几个部队都发现同样的问题：在一个单位操练中，总有一名士兵自始至终站在大炮的炮管下面，纹丝不动。军官不解，究其原因，得到的答案是：操练条例就是这样要求的。军官回去反复查阅军事文献，终于发现，长期以来，炮兵的操练条例仍按照非机械化时代的规则。站在炮管下的士兵的任务是负责拉住马的缰绳（在那个时代，大炮是由马车运载到前线的），以便在大炮发射后调整由于后坐力产生的距离偏差，减少再次瞄准所需要的时间。现在大炮的自动化和机械化水平很高，已不再需要这样一个角色了，但操练条例一直没有调整，因此才出现了"不拉马的士兵"。军官的发现使上级对条例做了符合实际的调整，并使他获得了国防部的嘉奖。

霍英东是香港传奇性实业界人士。他7岁丧父，1942年开始帮助母亲经营杂货店，1945年转营驳运业务。1958年创办霍兴业堂公司、有荣置业公司，经营建筑、酒楼、百货、驳运、石油等。1992—1996年任香港总商会会长。

霍英东初入生意场是在香港鹅颈桥市开一间杂货店。第二次世界大战后，他卖掉杂货店的股权，做起煤炭生意。后来，他又同人家去东沙岛采集海草（药）。20世纪50年代初期，香港房地产业刚刚兴起，霍英东看准时机，开了家立信置业公司，他出手不凡，一改以往出售"整幢楼宇"的老章法，试行房地产工业化新办法。当大家全力投入"地产战"时，霍英东想到建造大厦缺不了沙。于是，他出重金向外国订购挖沙船，每20 min可挖沙2 000 t，再卖给建筑商，利润可观。霍英东取得香港供应海沙的专利权。而后，他又生一计：港岛面积太小，随着香港城市的繁荣发展，肯定需要填海造地。他即下快手，一举购进美国、荷兰的工具设备,承包了香港当时最大规模的海底水库淡水湖的第一期工程,打破了外资垄断香港工程产业的旧局面。

霍英东身上体现出他具有出色的判断力、商业智慧与过人的创业胆识,在看似漫无边际地发散思维后,能将其中有价值的东西集中收敛,最终达到创造目标。

思考:如何理解这个案例? 这个案例在管理创新上给了你哪些启示?

二、管理创新实训

1.调查你所处的学校,了解学生管理组织系统设置、管理制度建设,概括学生管理模式,分析并归纳有利于和不利于创新型人才培养的方面,提出创新性建议。

2.调查一个企业,了解组织机构设置、主要规章制度建设和管理运行模式,分析判断其创新环境状况,并访谈企业员工印证分析判断结论的正确性。

3.调查身边同学存在的问题,如打游戏的问题、逃课的问题、能力提升主动性问题等,思考传统的管理方法存在的弊端,提出创新的管理方法,并分析该方法的效果。

参考文献

［1］Amabile T M.The Motivation to Be Creative［J］.Harvard Business Review，1987.

［2］Amabile T M.The Social Psychology of Creativity［M］.New York：Springer，1983.

［3］Amabile T M.Creativity in Context［M］.Boulder Colo：West view Press，1966.

［4］Amabile T M，B M Staw，L L Cummings（Eds.）.A model of creativity and innovation in organization［J］.In Aldine Publishing Company，Research in Organizational Behavior，1988（10）：123-167.

［5］Amabile,Conti,Coon,et al.Assessing the work environment for creativity[J].Academy of Management Journal, 1996, 39(5):1154-1184.

［6］Andrew Henley，Prancoise Contreras，Juan C.Espinosa，David Barbosa.Entrepreneurial intentions of Colombian business students［J］.Emerald journal.2017（31）.

［7］Bandura A. Social foundations of thought and action：A social cognitive theory［M］. Englewood Cliffs,NJ：Prentice-Hall,1986.

［8］Barron F，Harrington DM.Creativity, intelligence and personality［J］.Annual Review of Psychology,1981,32（2）：439-476.

［9］Barron，Frank，Harrington，et al. Creativity, Intelligence, and Personality［J］. Annual Review of Psychology，1981，32（1）：439-476.

［10］Beatrice Olawumi. Undergraduates' Involvement in Entrepreneurial Opportunities and Attitude to Academic Work：Implications for Counselling［J］.De Gruyter,2017（16）.

［11］Csikszentmihalyi M.Implications of a system Perspective of the study of creativity［M］. IN R.J.Sternberg（Ed）.Handbook of creativity.UK：Cambridge University Press,1999：313-335.

［12］Damanpour F.Organizational innovation：A meta-analysis of effects of determinants and moderators［J］.Academy of Management Journal,1991（34）：555-590.

［13］DUBOSSON-TORBAY M，OSTERWALDER A，PIGNEUR Y. E-business model design，classification and measurements［J］.Thunderbird international business review，2002,44（1）：5-23.

［14］E J Lowe. The Routledge. Guidebook to Locke's Essay Concerning Human Understanding ［M］.New York：Routledge Press,2013：41-45.

［15］ELIZABETH D. How to train people to think more creatively［J］. Management Development Review,1995,10（8）：28-33.

［16］Fast L, Funder D. Personality as manifest in word use: Correlations with self-report, acquaintance-report, and behavior［J］. Journal of Personality and Social Psychology, 2008,（94）:334-346.

［17］Fleith D S. Teacher and student perceptions of creativity in the classroom environment ［J］.Roeper Review,2000,22(3).

［18］Ford C M. A theory of individual creative action in multiple social domains［J］. Academy of Management Review,1996(21):1112-1142.

［19］G Altshuller.Innovation Algorithm:TRIZ, systematic innovation and technical creativity ［M］.Worcester:Technical Innovation Center,Inc.,1999:1-312.

［20］Guo Wei Wang, Qing Shan Li, Wei Hong, Jing Sun. Development of Innovative Thinking Ability of College Students and the Innovation in the Work of Students［J］. Advanced Materials Research,2012(427).

［21］Henry J.The study of conscious experience in psychological science［J］.British Journal of Psychology,1999(4):533-543.

［22］Ian Y Blount, James A Hill.Supplier diversification by executive order:Examining the effect reporting compliance, education and training, outreach, and proximity to leadership have on government procurement behavior with minority business enterprises ［J］.Journal of Purchasing and Supply Management,2015(4).

［23］Joe Tidd.创新管理——技术变革、市场变革和组织变革的整合［M］.北京:中国人民大学出版社,2019.

［24］John Locke.An Essay Concerning Human Understanding［M］.北京:中国人民大学出版社,2012.

［25］Karkienr A.The Individual and His Society［M］.NewYork:Columbia University Press, 1939:12.

［26］Linton R.The Study of Man［M］.New York:Appleton,1936:464.

［27］Martin Lackeus.Does entrepreneurial education trigger more or less neoliberalism in education［J］.De Gruyter.2016(0151).

［28］Oldham G R, Cummings A.Employee creativity, Personal and Contextual Factors at Work［J］. Academy of Management Journal,1996(39):607-634.

［29］Peter F.Drucker.创新与企业家精神［M］.北京:机械工业出版社,2018.

［30］Rhodes M.An analysis of creativity［J］.Phi Delta Kappan,1961(42):305-310.

［31］Rita G Klapper, Vanina A Farber. In Alain Gibb's footsteps:Evaluating alternative approaches to sustainable enterprise education (SEE) ［J］. International Journal of Management Education,2016(3).

［32］Roberto Chavez, Wantao Yu, Mark A Jacobs, et al. Manufacturing capability and organizational performance:The role of entrepreneurial orientation［J］. International Journal of Production Economics,2017.

［33］Rotetr J B.The development and applicantion of social learning theory:Selected papers

[M].New York:Praeger,1982.

[34] Runco M A. Personal Creativity and Culture. In S. Lau, A. H. H. Hui, G. Y. C. Ng（Eds），Ceartivity（When East Meets West）[M]. New Jersey: Word Scientific, 2004: 9-22.

[35] Schaefer C E. Creativity attitude survey [M]. Jacksonville, IL: Psychologists and Educators,Inc,1971.

[36] Seun Azeez Olugbola.Exploring entrepreneurial readiness of youth and startup success components:Entrepreneurship training as a moderator[J].Elsevier journal,2016(4).

[37] Simona Vasilach, Johana Rinciog.Curricular improvements for entrepreneurial education [J].De Gruyter,2017(32).

[38] 罗伯特·索拉索.心理科学与21世纪——21世纪的心理科学与脑科学[M].朱莹, 等,译.北京:北京大学出版社,2002:296.

[39] Stuart Crainer.创新的本质[M].北京:中国人民大学出版社,2017.

[40] Taylor A, Greve H R. Superman or the fantastic four Knowledge combination and experience in innovative teams[J]. Academy of Management Journal, 2006, 49(4): 723-740.

[41] Veronika Bikse, Inese Lusena-Ezera, Baiba Rivza, et al. The Transformation of Traditional Universities into Entrepreneurial Universities to Ensure Sustainable Higher Education[J].Journal of Teacher Education for Sustainability,2016(16).

[42] Victoria Harte, Jim Stewart. Develop. evaluate. embed. sustain: enterprise education for keeps[J].Education+Training,2012(4).

[43] Welsch P K. The nurturance of creative behavior in educational environments: A comprehensive Curriculum approach[D]. Michigan: University of Michigan, 1980.

[44] Williams F E. Intellectual creativity and the teacher [J]. The Journal of Creative Behavior, 1967,1(2):173-180.

[45] Zhou J, Shalley C E. Research on Employee Creativity: A Critical Review and Directions for Future Research [C]. Research in Personnel and Human Resource Management,Oxford,England Elsevier,2003:165-217.

[46] 尼尔·布朗,斯图尔特·基利.学会提问[M].北京:机械工业出版社,2013.

[47] 熊彼特.何畏,等,译.经济发展理论:对利润、资本、信贷、利息和经济周期的考察 [M].北京:商务印书馆,1965:86.

[48] 约瑟夫·熊彼特.经济发展理论[M].何畏,等,译.北京:商务印书馆,1990:5.

[49] 包玉泽,谭力文,王璐.管理创新研究现状评析与未来展望[J].外国经济与管理, 2013,35(10):9.

[50] 陈德辉.多层面组织创造力模型的探索[D].大连:大连理工大学,2012.

[51] 陈敬全,孙柳燕.创新意识[M].上海:上海科学技术出版社,2010:2.

[52] 陈若松.论创新能力的内在整合[J].求索,2003(5):169-170.

[53] 陈天祥.中国地方政府制度创新的角色及方式[J].中山大学学报:社会科学版,2002

(03):111-118.

[54]陈先达.马克思主义哲学原理[M].北京:中国人民大学出版社,2003:155.

[55]舒新城,夏正农.辞海[M].上海:上海辞书出版社,1980:1222.

[56]崔总合,杨梅.企业技术创新能力评价指标体系构建研究[J].科技进步与对策,2012(07):139-141.

[57]笪远平.大学生成才与创新能力培养[J].中国青年研究,2004(7):130-133.

[58]戴庆倩,朱其锋.浅析大学生错误恋爱观成因及解决对策[J].延安职业技术学院学报,2012,26(06):20-21.

[59]董奇.托兰斯的创造力研究工作[J].心理科学与教育,1985(02):40-42.

[60]杜维.治理理论视域下大学生参与高校治理研究[D].西安:西安电子科技大学,2019.

[61]方珏.大学生创新人格的结构与内涵[J].人力资源开发,2017(22):7-8.

[62]冯明荣.论创新教育层面下体育教育的价值评价和实现[J].教育与现代化,2010(4):25-28.

[63]冯正刚.创新意识"结构"初探[J].广东社会科学,2002(01):1-6.

[64]傅家骥.技术创新学[M].北京:清华大学出版社,1998:130.

[65]傅世侠.创新、创造与原发创造性[J].科学技术与辩证法,2002(1):39-42.

[66]甘自恒.中国化马克思主义创新论[M].桂林:广西师范大学出版社,2009:1-5.

[67]高美才,陈勃.大学生创新能力的三维性研究[J].江苏高教,2003(1):26-28.

[68]龚丽,谢丽芸.大学生创业心理特征及对策研究[J].青年探索,2009(03):68-72.

[69]郭广生.创新人才培养的内涵、特征、类型及因素[J].中国高等教育,2011(5).

[70]郭建如,邓峰.高校人才培养改革对大学生创新能力的影响[J].高等教育研究,2020,41(7):70-77.

[71]郭娜娜.Amabile创造力理论述评[J].知识经济,2012(10):51.

[72]何春岐,王永明.论思想政治理论课中大学生创新意识的培养[J].黑龙江高教研究,2008(05):127-128.

[73]何杜明,滕发祥.大学生创新能力的知识结构[J].黑龙江高教研究,2006(1):169-171.

[74]侯海荣,向欣,唐楠,等.大学生创新创业教育的现状与思考——基于对吉林省25所高校的实证调查[J].现代教育科学,2017(12):30-37,42.

[75]胡阳阳.员工感知的领导情绪智力对员工创造力的影响——员工创新素质的调节作用[J].人力资源管理,2017:90-91.

[76]黄艾华.论当代大学生创新素质培养[D].武汉:华中师范大学,2006.

[77]黄殿臣.大学生综合素质评价体系的研究[J].黑龙江高教研究,2001(5):37-39.

[78]黄希庭.人格心理学[M].杭州:浙江教育出版社,2002:6.

[79]霍斯顿.动机心理学[M].沈阳:辽宁人民出版社,1990.

[80]霍涌泉.意识心理世界的科学重建和发展前景——当代意识心理学新进展研究[D].南京:南京师范大学,2005.

[81] 吉尔福特.创造性才能——它们的性质、用途与培养[M].施良方,等,译.北京:人民教育出版社,1991.

[82] 纪宝成.怎样培养创新型人才注重创新人格的培养[J].求是,2006(24):35-36.

[83] 蒋晓虹,卢永嘉.大学生创新能力的学理分析和培养要素[J].苏州大学学报:哲学社会科学版,2009,6(11):117-118.

[84] 蒋永福,刘敬茹.认知图式与信息接受[J].图书馆建设,1999:3.

[85] 解恩泽.科学蒙难集[M].长沙:湖南科学技术出版社,1998:1-21.

[86] 荆其诚,等.心理学的意识概念——意识与大脑[M].北京:人民出版社,2003:44.

[87] 居占杰,刘洛彤.创新创业教育背景下大学生创新能力培养问题研究——基于G大学经济学专业本科生调查的分析[J].湖南师范大学教育科学学报,2016,15(02):71-75.

[88] 孔德萍.大学生创新人格塑造途径探寻[J].思想政治教育研究,2007(05):113-115.

[89] 李志,陈培峰,蒲清平,等.大学生综合素质与实践能力研究[M].重庆:重庆大学出版社,2014.

[90] 李冬.高校创新人才培养机制探讨[J].中国高校科技,2014(11):44-45.

[91] 李卫华,苏国红.创新人才培养的哲学反思[J].江淮论坛,2013(03):91-94.

[92] 李醒民,皮尔逊.怀疑和批判是科学的生命[J].民主与科学,2003(02):18-21.

[93] 李玉,温恒福.论教师创新活动的动力机制与激励策略[J].教育理论与实践,2012,32(14):23-26.

[94] 李志,陶宇平.大学生心理及其调适[M].重庆:重庆大学出版社,1998:175.

[95] 李志,朱帆.国外企业员工创新能力研究进展及相关启示[J].西南交通大学学报:社会科学版,2007,4(8):114-117.

[96] 李志.高新技术企业企业家创造性研究[M].重庆:重庆大学出版社,2013:12.

[97] 林崇德.创新人才与教育创新研究[M].北京:经济科学出版社,2009.

[98] 林崇德.创造性心理学的几项研究[J].山东师范大学学报:人文社科版,2014(6):7-16.

[99] 林崇德.培养和造就高素质的创造人才[J].北京师大学报,1999(1).

[100] 林崇德,等.心理学大辞典[M].上海:上海教育出版社,2003:223.

[101] 林耀华.民族学通论[M].北京:中央民族大学出版社,1997:12-130.

[102] 刘宝文.创新素质的20个要素[N].教育文摘周报,2001-08-15.

[103] 刘惠琴,白勇毅,林功实.创新与创造的若干概念辨析[J].清华大学教育研究,2000(3):14-16.

[104] 刘琳琳.基于大学生创新心理动机的创新力研究[J].科学管理研究,2014,32(06):111-114.

[105] 刘明亮,张胜利.简析转变大学生就业观念的现实思考[J].就业与保障,2020(04):33.

[106] 刘培育.创新思维导论[M].北京:大众文艺出版社,1999:105-106.

[107] 刘圻.创新的逻辑——公司价值与商业模式重塑[M].北京:清华大学出版社,2019.

[108] 刘同辉.中体而西用,返本以开新——中西人格心理学思想之比较研究[D].上海:华东师范大学,2006:25.

[109] 刘新影.当代大学生消费现状及对策[J].广西质量监督导报,2020(06):220-221.

[110] 刘玥.浅析当代大学生错误恋爱观的主要表现[J].统计与管理,2016(11):191-192.

[111] 刘助柏,梁辰.知识创新学[M].北京:机械工业出版社,2005:130.

[112] 柳新华.创新致胜济南市[M].济南:山东人民出版社,2000:243.

[113] 卢森锴,陈远英.巨磁电阻效应及其研究进展[J].世界科技研究与发展,2008(01):84-88.

[114] 路长胜,肖东平,许峰.新编大学生就业与创业指导[M].成都:电子科技大学出版社,2013.

[115] 罗百辉,陈勇明.生产管理工具箱[M].北京:机械工业出版社,2011:685-686.

[116] 罗钢.文化研究读本[M].北京:中国社会科学出版社,2000.

[117] 中国社会科学院语言研究所词典编辑室.现代汉语词典[M].北京:商务印书馆,2019:950.

[118] 中共中央马克思恩格斯列宁斯大林著作编译局.马克思恩格斯全集:第1卷[M].北京:人民出版社,1995:129.

[119] 中共中央马克思恩格斯列宁斯大林著作编译局.列宁唯物主义和经验批判主义[M].北京:人民出版社,1998:198.

[120] 毛天虹.创造视角下的两种文化交融[D].合肥:中国科学技术大学,2008.

[121] 孟繁英,赵志超.西方功利主义思潮对当代大学生的影响分析[J].学校党建与思想教育,2017(14):51-53.

[122] 彭聃龄.普通心理学[M].北京:北京师范大学出版社,2006:233-235.

[123] 彭宗祥,徐卫,徐国权.大学生创新创造读本[M].上海:华东理工大学出版社,2003:192.

[124] 彭宗祥,等.大学生创新创造读本[M].上海:华东理工大学出版社,2003:249.

[125] 皮亚杰.儿童心理学[M].北京:商务印书馆,1981.

[126] 戚炜颖.人格魅影[M].北京:北京大学出版社,2007.

[127] 桑春红.创新人格是当代大学生的理想人格[J].黑龙江高教研究,2008(04):126-128.

[128] 尚勇.创新纵论[M].北京:经济管理出版社,2003:223.

[129] 盛红勇.大学生创造力倾向与心理健康相关研究[J].中国健康心理学杂志,2007,15(2):111-113.

[130] 水志国.头脑风暴法简介[J].学位与研究生教育,2003(01):44.

[131] 孙爱军.马克思主义联系观与创新性思维的形成[J].山西教育学院学报,2002(04):1-3.

[132] 孙德刚,吴欣桐.工程类专业大学生创新创业素质实证研究[J].高教探索,2016(05):124-128.

[133] 孙雍君.斯滕伯格创造力理论述评[J].自然辩证法通讯,2001(10):29-36

[134] 陶仁杰.当代大学生创新意识培育研究[D].南昌:南昌大学,2017.

[135] 田宪华,刘禹.大学生创新人格问卷的初步编制[J].中外企业家,2016(21):156-157.

[136] 王汉清,况志华,王庆生,等.大学生创新能力总体状况调查分析[J].高等教育研究,2005(09):88-93.

[137] 王冀生.大学文化的科学内涵[J].高等教育研究,2005(10):5-10.

[138] 王婕.大学生领导力对创造力的影响机理研究[D].杭州:浙江大学,2013.

[139] 王荣.新疆高校大学生创新意识培养探析[D].新疆:新疆大学,2010.

[140] 王树祥.浅谈高等教育如何培养创新人才[J].中国教育教学杂志:高等教育版,2006(12):158-159.

[141] 王亚娟.培养大学生创新能力之路径探析[J].价值工程,2011(14):245-246.

[142] 王益明,耿爱英.实用心理学原理[M].济南:山东大学出版社,1997:124-140.

[143] 卫荣凡.大学生应有的综合素质[J].广西商业高等专科学校学报,2002(01):2-6.

[144] 卫彦瑾.就业蓝皮书显示:大学生自主创业比例持续上升[EB/OL].2018-06-23.

[145] 乌元春.美国西北大学校长:通识教育更易培养创新力[EB/OL].2010-07-26.

[146] 吴岱明.科学研究方法学[M].长沙:湖南人民出版社,1987.

[147] 吴岱明.科学研究方法学初探[J].武汉大学学报:社会科学版,1987(03):41-46.

[148] 吴国珍.斯滕伯格的智力三元理论述评[J].湖南师范大学社会科学学报,1994(01):40.

[149] 吴红,杜严勇.创造与创新辨析——兼论创造学与创新学[J].科学管理研究,2007,25(3):32-33,41.

[150] 吴永光.论女大学生创新人格的培养[J].教育探索,2012(11):137-138.

[151] 武海英.加强高校创新教育[N].人民日报,2015-03-11.

[152] 习近平在中国共产党第十九次全国代表大会上的报告.

[153] 习近平在中国科学院第十九次院士大会、中国工程院第十四次院士大会上的讲话.

[154] 王琪琪.大学生创新素质现状特征及创新意识培养开发的探索性研究[D].重庆:重庆大学,2012.

[155] 杨洁.企业创新论[M].北京:经济管理出版社,1999.

[156] 杨名声,等.创新与思维[M].北京:教育科技出版社,2002.

[157] 姚凤云,苑成存.创造学理论与实践[M].北京:清华大学出版社,2006:156-161

[158] 叶清.大学生创新人格特征及其培养[J].教育学术月刊,2010(11):73-77.

[159] 叶蓉,文峥嵘.职业素养通修教程[M].天津:天津大学出版社,2014:34.

[160] 衣新发.卡特尔心理健康思想解析[M].杭州:浙江教育出版社,2015:9.

[161] 殷陆君.人的现代化:心理·思想·态度·行为[M].成都:四川人民出版社,1985.

[162] 用什么鼓励科技创新?这些企业的做法简单粗暴效果杠杠的![N].中国高新技术导报,2019-05-17.

[163] 于丽荣,郭艳红.大学生创新教育[M].武汉:武汉大学出版社,2012.

[164] 俞锋.培养大学生的核心竞争力——创新人格[J].现代教育科学,2003(04):

81-83.

[165] 造就创新的人才——加强技术创新发展高科技实现产业化述评之三[N].人民日报,1999-08-26(5).

[166] 张彪.如何应对大学生的功利主义[N].光明日报,2014-06-17(013).

[167] 张庆林,邱江.思维心理学[M].重庆:西南师范大学出版社,2007:205-236.

[168] 张庆林.创造性研究手册[M].成都:四川教育出版社,2002:3.

[169] 张庆林.当代认知心理学在教学中的应用[M].重庆:西南师范大学出版社,1995.

[170] 张庆林.元认知的发展与主体教育[M].重庆:西南师范大学出版社,1997.

[171] 张世富.民族心理学[M].济南:山东教育出版社,1996.

[172] 张武升.教育创新论[M].上海:上海教育出版社,2000:421.

[173] 张晓明,郗春媛.大学生创新人格核心特质研究[J].高等教育研究,2002,23(2):4.

[174] 张秀峰,陈士勇.大学生创新创业教育现状调查与思考——基于北京市31所高校的实证调查[J].中国青年社会科学,2017,36(03):94-100.

[175] 张雪莉,李恩宇,王悦.大学生参与高校管理的现状探析[J].教育教学论坛,2020(04):17-18.

[176] 赵婵,等.大学生职业发展与就业创业指导[M].湘潭:湘潭大学出版社,2015(08):41.

[177] 赵修渝.关于知识创新的人才素质的研究[J].探索,2003(2).

[178] 郑朝卿,拔尖创新人才选拔培养新论[M].北京:清华大学出版社,2017.

[179] 郑景丹.大学生创新意识培养研究[D].太原:中北大学,2016.

[180] 郑清春,王娜.高校创新教育的内涵、问题及路径选择[J].黑龙江高教研究,2017(09):159-161.

[181] 赵铸.美国高校创新教育给我们的启示[J].西南民族大学学报:人文社科版,2008(02):267-269.

[182] 中国大百科全书总编辑委员会《心理学》编辑委员会普通心理学编写组.中国大百科全书·心理学:普通心理学[M].北京:中国大百科全书出版社,1987:29.

[183] 中国社会科学院语言研究所词典编辑室.现代汉语词典[M].北京:商务印书馆,1982:950.

[184] 周福盛,齐丽丽,乔爱军.基于"头脑风暴法"的通用技术教学设计及评价——以"常用的创造技法"为例[J].职业技术教育,2012,33(08):37-39.

[185] 周天梅,杨小玲.论罗杰斯的创造观与创新教育[J].外国教育研究,2003(11):9-12.

[186] 周万春,刘冬敏."和田十二法"在平面连杆机构设计中的应用[J].中州大学学报,2009,26(02):119-122.

[187] 朱春玲,刘永平.企业创新型人才素质模型的构建——基于中国移动通信集团调研数据的质性研究[J].管理学报,2014,11(12):1737-1744.

[188] 朱洪波.论高等学校创新人才培养的重要性[J].贵州大学学报:社会科学版,2004(3):112-117.

[189] 朱辉荣,王平义,白榕.研究生创新素质测评体系在复试中的构建[J].黑龙江高教

研究,2012,30(06):141-143.

[190] 朱丽兰.知识正在成为创新的核心[N].人民日报,1998-07-23.

[191] 朱卫嘉.大学生心理素质培养与训练[M].成都:西南交通大学出版社,2002.

[192] 朱贤智,等.理学大词典[M].北京:北京师范大学出版社,1989:65.

[193] 朱永新.创新教育论[M].南京:江苏教育出版社,2001:69-72.

[194] 庄寿强.创新、创造及其与高等教育相关概念之探析[J].煤炭高等教育,2004(2):66-71.